Stadtsoziologie

Hartmut Häußermann ist Professor am Institut für Sozialwissenschaften der Humboldt-Universität zu Berlin. *Walter Siebel* ist Professor für Soziologie an der Universität Oldenburg.

Hartmut Häußermann, Walter Siebel

Stadtsoziologie

Eine Einführung
Unter Mitarbeit von Jens Wurtzbacher

Campus Verlag
Frankfurt/New York

Bibliografische Informationen der Deutschen Bibliothek
Die Deutsche Bibliothek verzeichnet diese Publikation in der Deutschen Nationalbibliografie.
Detaillierte bibliografische Daten sind im Internet über http://dnb.ddb.de abrufbar.
ISBN 3-593-37497-8

Das Werk einschließlich aller seiner Teile ist urheberrechtlich geschützt. Jede Verwertung ist ohne Zustimmung des Verlags unzulässig. Das gilt insbesondere für Vervielfältigungen, Übersetzungen, Mikroverfilmungen und die Einspeicherung und Verarbeitung in elektronischen Systemen.
Copyright © 2004 Campus Verlag GmbH, Frankfurt/Main
Umschlaggestaltung: Guido Klütsch, Köln
Satz: Horst Brühmann, Frankfurt am Main
Druck und Bindung: Druckhaus »Thomas Müntzer«, Bad Langensalza
Gedruckt auf säurefreiem und chlorfrei gebleichtem Papier
Printed in Germany

Besuchen Sie uns im Internet: www.campus.de

Inhalt

Was ist Stadtsoziologie? Einleitung 11

I. Urbanisierung und Strukturwandel

1. **Verstädterung, Urbanisierung und Großstadtkritik** 19
   1.1 Urbanisierung und Verstädterung 19
   1.2 Gesellschaftlicher Strukturwandel 24

II. Städtische Lebensweise und urbane Kultur

2. **Die Funktionalisierung des Soziallebens** 35
   2.1 Georg Simmel und der Sozialcharakter des Großstädters 35
   2.2 Die Charaktereigenschaften des Großstädters 36
   2.3 Die Ambivalenz der Urbanisierung 39
   2.4 Urbanisierung und Arbeitsteilung 40

3. **Die Stadt als soziales Laboratorium – Robert Park und die**
   Chicago School of Sociology 45
   3.1 Stadtforschung »aus der Erfahrung der Reportage« 45
   3.2 Städtische Lebenswelten als Gegenstand verstehender Sozialforschung ... 48
   3.3 *To see life* – das Forschungsprogramm des Robert Park 49

4. **Die Polarität von Öffentlichkeit und Privatheit** 55
   4.1 Öffentlichkeit und Privatheit als Grundkategorien der bürgerlichen
       Großstadt 55

4.2	Genese der Polarität von Öffentlichkeit und Privatheit	59
4.3	Wandel und Verfall der Polarität von Öffentlichkeit und Privatheit	63
4.4	Die Notwendigkeit begrifflicher Weiterentwicklung	65

5. Der städtische Konsumentenhaushalt ... 67

5.1	Die Einbindung in Versorgungssysteme	67
5.2	Die ökologisch problematischen Folgen des städtischen Konsumentenhaushalts	69

6. Der Traum von der Idylle im Grünen: Suburbanismus ... 72

7. Die Gemeinde als empirisches Objekt ... 78

7.1	Gemeinde als Paradigma oder Objekt	79
7.2	Die Gemeindestudie als Methode	81
7.3	Die Aktualität von Gemeindestudien	85

III. Stadt als empirischer und theoretischer Gegenstand

8. Die Stadt als Subjekt? ... 89

8.1	Die Europäische Stadt und die Entstehung der modernen Gesellschaft	90
8.1.1	Die Stadt als Triebkraft des Wandels bei Engels und Marx	90
8.1.2	Die Stadt als Geburtsstätte von Kapitalismus und Rationalität bei Max Weber	92
8.2	Größe, Dichte und Heterogenität als Merkmale der Stadt	93
8.3	Die Stadt als Einheit der Reproduktion – New Urban Sociology	97
8.4	Die Stadt ist keine unabhängige Variable – Zusammenfassung	100

9. Gemeinde, lokale Gemeinschaft und Nachbarschaften ... 103

9.1	Der doppelte Bedeutungsgehalt des Gemeindebegriffs	103
9.2	Die Dichotomie *Gemeinschaft* versus *Gesellschaft*	103
9.3	Dörfer in der Stadt	107
9.4	Nachbarschaft früher und heute	110

| 9.5 | Netzwerk statt Nachbarschaft | 112 |
| 9.6 | Entlokalisierte Netze | 115 |

10. Wie werden Städte produziert? ... 117

10.1	Die soziologische Bedeutung der Stadtstruktur	117
10.2	Vier theoretische Erklärungsansätze	118
10.2.1	Die sozialökologische Theorie	119
10.2.2	Die New Urban Sociology	122
10.2.3	Die ökonomische Theorie	126
10.2.4	Die politische Theorie der Stadt	128
10.3	Politische Steuerung und die Kräfte des Marktes	132

IV. Stadt und Ungleichheit

11. Der Segregationsbegriff ... 139

11.1	Was heißt Segregation?	139
11.2	Wie entwickelte sich bisher die Segregation?	147
11.3	Warum ist Segregation ein Problem?	149
11.4	Soziale und ethnische Segregation	151

12. Soziale Segregation ... 153

12.1	Ursachen der Segregation	153
12.2	Das Angebot an Wohnraum	155
12.3	Die Wohnungsnachfrage	157
12.3.1	Ressourcen	157
12.3.2	Präferenzen	158
12.4	Quartiere der Ausgrenzung	160
12.5	Effekte der Segregation	162
12.5.1	Das Quartier als Lernraum – Milieueffekte	166
12.5.2	Die materielle Benachteiligung marginalisierter Quartiere	168
12.5.3	Symbolische Benachteiligung	169
12.6	Die kumulativen Effekte sozialer Segregation – Zusammenfassung	170

13. Ethnische Segregation ... 173

13.1 Die Wohnbedingungen von Migrantenhaushalten ... 174
13.2 Ethnische Segregationsmuster ... 176
13.3 Erklärungsvorschläge ... 177
13.3.1 Ethnisch spezifische Merkmale der Nachfrage ... 177
13.3.2 Strukturelle Ursachen ... 178
13.4 Pro und contra Segregation ... 179
13.5 Die Unschärfen der Segregationsdiskussion ... 183
13.5.1 Segregation ist nicht gleich Segregation ... 183
13.5.2 Falsche Annahmen zu den Effekten physischer Nähe ... 184
13.5.3 Segregation hat ambivalente Wirkungen ... 187
13.6 Lokale Problemlagen ... 189
13.7 Modelle gelingender Integration ... 190

14. Feministische Stadtkritik – Theoretische Konzepte, empirische Grundlagen, praktische Forderungen ... 196

14.1 Bestandsaufnahmen ... 197
14.2 Historische Entwicklungslinien ... 200
14.3 Zur städtischen Krise der Reproduktionsarbeit ... 203
14.4 Wider das dichotome Denken ... 206
14.5 Praktische Forderungen an Stadtpolitik und Stadtplanung ... 209

V. Ausblicke auf die Stadtforschung

15. Stadtsoziologische Ausblicke – ein abschließendes Gespräch ... 217

Wichtige Vertreter der Stadtsoziologie ... 225
Glossar ... 227
Weiterführende Literatur ... 233
Literaturverzeichnis ... 239
Sachregister ... 257
Personenregister ... 261
Abbildungsnachweise ... 264

Danksagung

Der Entstehungsprozess dieses einführenden Lehrbuches zur Stadtsoziologie profitierte von der Mithilfe vieler Personen, denen wir an dieser Stelle unseren herzlichen Dank aussprechen.

Besonders zu danken haben wir Jens Wurtzbacher, der das ursprüngliche Manuskript gekürzt und für die Zwecke eines einführenden Lehrbuchs redaktionell bearbeitet hat. Von ihm stammen mehrere der thematischen ›Kästen‹, große Teile des Glossars, die Lernfragen am Ende der Kapitel sowie die kommentierte Personenliste. Susanne Frank, Juniorprofessorin für Stadt- und Regionalsoziologie an der Humboldt-Universität zu Berlin, danken wir für die Übernahme der Ko-Autorenschaft des Kapitels zur feministischen Stadtkritik.

Weiterhin konnten wir uns auf die Mitarbeit von Sandra Bernien, Andrea Janssen, Simon Ott, Nina Runde und Karen Sievers bei der Erstellung der Bibliographie, der Recherche nach geeigneten Bildern sowie bei der Korrektur des Manuskripts verlassen. Unser Lektor Adalbert Hepp vom Campus Verlag hat dieses Projekt mit großer Geduld begleitet. Auch ihm sei an dieser Stelle herzlich gedankt.

Was ist Stadtsoziologie?
Einleitung

Eine Einführung in die Stadtsoziologie hat viel zu erzählen. Gibt es einen vielfältigeren Gegenstand als die Stadt? Wohl kaum! Städte haben eine lange Geschichte hinter sich, wandeln sich ständig und bergen eine unüberschaubare Fülle an Anregungen für jeden Sozialforscher. Darüber hinaus werden die Städte von ihren Bewohnern ganz unterschiedlich wahrgenommen. Würden wir Sie, als Leserin oder Leser, befragen, was für Sie die Stadt ausmacht, dann bekämen wir vermutlich viele, aber wenig übereinstimmende Antworten. Und genauso umfangreich wie die individuellen Wahrnehmungen der Stadt ist das Spektrum der Positionen, das die Soziologie zur Entdeckung der Stadt beitragen kann.

Wir möchten mit dieser Einführung die grundlegenden Perspektiven und Themen vorstellen, auf die sich die Stadtsoziologie gründet und die sie bis heute umtreiben. Welche Fragen richten Soziologen an das städtische Leben und an die Entwicklung der Städte? Welche wichtigen Ergebnisse haben sie vorzuweisen, und welche wissenschaftlichen Konzepte haben sie zur strukturellen Beschreibung der Städte vorgeschlagen? Die Frage nach dem Neuen, das mit der modernen Großstadt in die Welt kam, stand am Ausgangspunkt der Stadtsoziologie. Wie ist dieses Neue zu erklären, was bedeutet es für die Menschen und den Staat? Die Erfahrungen der Verstädterung und Urbanisierung prägten zu Beginn des 20. Jahrhunderts neben den Sozialwissenschaften auch die Literatur und die bildenden Künste. Die Großstädte fungierten als Laboratorien der Moderne, dort konzentrierten sich die ökonomischen, sozialen und kulturellen Veränderungen der entstehenden Moderne.

Die Geschichte der Stadtsoziologie ist die Geschichte ihres Gegenstands

Die Entwicklung der Soziologie als akademischer Disziplin ist eng mit der Geschichte ihres Gegenstands verbunden. Die soziale Wirklichkeit war mit den theoretischen Gebäuden der Ökonomie und der Philosophie allein nicht mehr erklärbar. In den Erklärungslücken entstand die Soziologie als eine Wissenschaft, die den gesellschaftlichen Wandel zu ihrem Gegenstand machte. Sie ist ein Kind der Aufklärung und der kapitalistisch organisierten Industrialisierung im 19. Jahrhundert. Welche Kräfte waren es, die die Jahrhunderte dauernde Ordnung, die als naturgegeben oder gottgewollt gegolten hatte, plötzlich zusammenbrechen ließen? Was trieb diese Umwälzungen voran und wie konnte der soziale Zusammenhalt trotzdem bewahrt werden? Diese Fragen bewegten die ersten Soziologen, und auch die Stadtsoziologie ist ein Produkt dieser Neugierde.

Die Herausbildung der modernen Großstadt war mit tief greifenden Veränderungen der Lebensbedingungen und der Lebensart verbunden. Während des Lebens von nur einer Generation verwandelte die Industrialisierung die provinzielle Residenzstadt und Garnison Berlin in die größte Mietskasernenstadt der Welt oder schuf aus einer trostlosen Sumpflandschaft, wo in keiner Ansiedlung mehr als 500 Einwohner gelebt hatten, die größte Maschinerie zur Produktion von Kohle und Stahl in ganz Europa – die Stadtlandschaft des Ruhrgebiets. Diese Art von Stadtentwicklung hatte mit der bis dato bekannten Stadtgeschichte herzlich wenig zu tun. Sie folgte weder der rationalistischen Ästhetik barocker Stadtanlagen noch der grazilen Logik allmählichen Wachstums durch die emsige Tätigkeit von Kaufleuten und Handwerkern auf einer Vielzahl kleiner Parzellen. Auch das städtische Bürgertum – von Max Weber noch ins Zentrum der *Europäischen Stadt* gerückt – war an dieser Entwicklung wenig beteiligt. Eine neue Gesellschaft brach sich Bahn, die sich neue Städte schuf, alte aufbrach und explosionsartig anschwellen ließ. Sie zog in diesen Agglomerationen derartige Menschenmassen zusammen, dass den verschüchterten Aristokraten und alteingesessenen Stadtbürgern nichts anderes übrig blieb, als diese als bedrohlich fremde Rasse wahrzunehmen. Der Sog der Industrialisierung zog Massenwanderungen in die Großstädte nach sich; dort entstand eine neue soziale Schicht: die *Arbeiterklasse*, das *Proletariat*.

Intellektuelle Reaktionen ließen nicht lange auf sich warten. Die *konservative Stadtkritik* machte die industrielle Großstadt verantwortlich für das Elend, das sich in den Familien der Fabrikarbeiter vor allen Augen breit machte. Diese Stadtkritik war reaktionär, sie forderte nichts weniger als die Abschaffung der großen Städte und die Rückkehr der Menschen in die Kleinstädte und Dörfer. Sie nährte die Illusion, mit der Rückkehr zum – idealisierten – Landleben verschwänden auch die Übel der industriellen Großstadt auf Nimmerwiedersehen. Wenn die konservative Stadtkritik auch hellsichtig die Verluste an Gemeinschaft beschrieb, die mit dem sozialen Wandel verbunden waren, und drastisch das Elend ausmalte, das auf die Menschen zukam, so blieb sie doch blind für deren Ursachen: Die Industrialisierung ging mit einem fundamentalen Umsturz der etablierten Herrschaftsverhältnisse einher.

Eine ganz andere Reaktion auf den Wandel war die *progressive Gesellschaftstheorie*, an deren Anfang die Schrift von Friedrich Engels *Die Lage der arbeitenden Klasse in England* (Engels 1974 [1845]) steht. Für Engels war die Großstadt nur Bühne und Katalysator sozialer Krisen, die unausweichlich mit der kapitalistischen Gesellschaftsform verknüpft seien. Eine Rückkehr zu früheren Zuständen sah er als weder wünschenswert noch möglich an. Für ihn gab es nur den Weg nach vorne, hin zu einer weiteren Steigerung der gesellschaftlichen Dynamik bis zu jener letzten Krise, aus der lediglich eine Revolution herausführen würde.

Stadtsoziologie und Stadtpolitik

Neben der konservativen Stadtkritik einerseits, die den Untergang gewohnter Lebensverhältnisse beklagte und sich um die Stabilität der Gesellschaft sorgte, und der progressiven Gesellschaftskritik andererseits, die in der modernen, industriellen Großstadt die Bühne und den Durchlauferhitzer eines notwendigen sozialen Wandels erkannte, stand noch bei der Entstehung der Stadtsoziologie ein drittes Interesse Pate: der Informationsbedarf der Verwaltungen, die damit begannen, das städtische Chaos zu ordnen und die Lebensverhältnisse zu verbessern.

Die empirische sozialwissenschaftliche Großstadtforschung begann, das lässt sich mit gutem Recht behaupten, als Gesundheitsforschung. Da Seuchen, hohe Sterblichkeit und zahlreiche körperliche Entwicklungsschäden mit dem Wachstum der frühkapitalistischen Städte verbunden waren, wurde die stadtkritische Bewegung hauptsächlich von Medizinern angeführt. Engels' Bericht über die Lage der städtischen Arbeiterschaft stützte sich weitgehend auf Berichte von Ärzten und Leichenbeschauern, und auch das Elend in den Mietskasernen von Berlin wurde zuerst von Gesundheitsinspektoren und Krankenkassen-Berichten öffentlich gemacht. Bereits im 18. Jahrhundert hatte man die Sterblichkeitsraten und Todesursachen zwischen Land- und Stadtbewohnern verglichen, um Hinweise zur Seuchenbekämpfung zu gewinnen. Die Sterblichkeitsrate lag in den Städten weitaus höher als auf dem Land. Wer waren die neuen Stadtbewohner, die die behäbigen Residenz- und Bürgerstädtchen zu anonymen Großstädten umwandelten, und deren Bedarf an Wohnraum, an medizinischer und technischer Versorgung so schwer zu decken war? Dies interessierte die Kommunen. Sie wollten wissen, wer zuwanderte, wer blieb, wer wieder fortzog und wo in der Stadt sich die größten Probleme finden ließen.

In der zweiten Hälfte des 19. Jahrhunderts wurde eine differenzierte Bevölkerungsstatistik entwickelt, die – gestützt auf eigene städtische Ämter – den Kommunen half, ihr Steueraufkommen, den Bedarf an Bauland und die Anforderungen an kommunale Infrastruktureinrichtungen abzuschätzen. Angesichts der außerordentlich hohen Mobilität, die zu massiven Bevölkerungsverschiebungen und einem explosionsartigen Wachstum der Städte führte, wurden seit 1870 auch Wanderungen innerhalb der Städte und über die Stadtgrenzen hinweg erfasst. Man erhob Alter und Beruf, später auch Daten zu ökonomischen, soziologischen und psychologischen Aspekten, da man, um das rapide Wachstum der Städte zu steuern, auch über die Gesetzmäßigkeiten der Entwicklung und deren Ursachen wissen wollte.

Für Politik und Verwaltung waren und sind allerdings nur solche Fragen relevant, die mit deren Aufgabenstellungen verknüpft und mit deren Instrumentarium bearbeitbar sind. Der Soziologie wurden und werden von dort auch heute noch andere und engere Fragen gestellt, als sie sie in der Reflexion krisenhafter Veränderungsprozesse der Gesellschaft zu beantworten hat. Die soziologische Forschung steht, wenn sie sich zu weitgehend darauf einlässt, in der Gefahr, zu einem Steigbügelhalter der Verwaltungen zu werden. Anstatt grundlegender Auseinandersetzungen mit Gesellschaftstheorie erwartet die Verwaltung praxisrelevante Daten und Prognosen.

Diese Spannung kennzeichnete die Stadtsoziologie von Anfang an; als *Stadtplanungssoziologie* (Schäfers 1970) einerseits liefert sie der Verwaltung nach deren Kriterien relevante Informationen, als gesellschaftstheoretisch angeleitete Soziologie andererseits fragt sie nach den Ursachen und Konsequenzen der Urbanisierung und setzt sich mit Problemen auseinander, die außerhalb des Handlungsspielraums einer vorwiegend technisch-räumlichen Planung stehen. Die Soziologie der Stadt kann dieses Spannungsverhältnis nicht zur einen oder anderen Seite hin auflösen, will sie nicht akademische Theorie ohne Bezug zur politischen Praxis sein oder praxisbezogene Datenbeschaffung ohne theoretische Reflexion. Aber nur theoretische Reflexion kann die Soziologie über das Alltagswissen der Praktiker hinausheben und damit für die politische Praxis erst produktiv machen.

›Stadt‹ ist zunächst nur ein Begriff, der eine bestimmte Siedlungsstruktur benennt: Bebauungs- und Bewohnerdichte vor allem. Mit ›Stadt‹ werden üblicherweise auch andere Berufstätigkeiten verbunden als mit ›ländlichen‹ Räumen, und andere Haushaltsformen. Was ›Stadt‹ *soziologisch* bedeutet, wird eine der Leitfragen dieses Buches sein. Dass sie insgesamt nicht als soziologischer Gegenstand betrachtet, sondern vielmehr entsprechend der Überlagerung von ökonomischen, sozialen, geographischen und politischen Prozessen in Analysen einzelner Fachdisziplinen aufgelöst werden müsse, hat Saunders (1987) mit einiger Plausibilität dargelegt. Krämer-Badoni (1991) hat mit Recht dagegen gehalten, dass sie als empirischer Gegenstand dennoch existiere und eine Herausforderung für die soziologische Analyse darstelle. Wie Soziologen im Zuge der Entwicklung der Stadtsoziologie mit diesem Problem umgegangen sind, wollen wir ebenfalls darlegen.

Wie ist das Buch aufgebaut?

In diesem Buch werden wir weder die eine noch die andere Perspektive hervorheben. Unsere Absicht ist es, eine gleichermaßen real- wie theoriegeschichtlich angeleitete Einführung in die Stadtsoziologie vorzulegen. Gleichzeitig werden wir uns bemühen, praktisch verwertbare Ergebnisse der soziologischen Forschung zur Stadtentwicklung darzustellen. Wir haben die unterschiedlichen Kapitel des Textes in fünf thematische Teile untergliedert.

Teil I gibt eine Einführung in die empirischen Veränderungen der Sozialstruktur ab Mitte des 19. Jahrhunderts und eröffnet eine historische Perspektive auf die Geburtsstunde der soziologischen Stadtforschung.

Im *Teil II* beschreiben wir in sechs schlaglichtartigen Kapiteln die Besonderheiten der urbanen Lebensweise; die charakterliche Haltung der Großstädter, das vielfältige Nebeneinander unterschiedlicher Lebenswelten in der Stadt, die Unterscheidung einer öffentlichen und einer privaten Sphäre und schließlich die Einbindung der urbanen Haushalte in abstrakte Versorgungssysteme. Wir streifen auch die Motive der Suburbanisierung.

Teil III haben wir der empirischen Analyse und theoretischen Reflexion der Großstadt gewidmet. Dabei geht es uns zunächst um die Frage, ob die Stadt für sich selbst, zum Beispiel unabhängig vom Staat, ein souveräner sozialer und politischer Akteur sein kann. Die Stadt ist aber nicht allein ein abstraktes System, sondern von Interesse sind auch die sozialen Beziehungen zwischen Menschen, die in der unmittelbaren Umgebung wohnen, die Nachbarn, mein Freundeskreis, die Mitglieder im Sportverein, die Kirchengemeinde. Darauf, wie sich Gemeinschaften in der Großstadt generieren und wandeln, werden wir ebenfalls zu sprechen kommen. Abschließend stellen wir mehrere theoretische Erklärungsmuster vor, wie sich die Stadt in struktureller Hinsicht entwickelt. Dies legt das notwendige Fundament für die Auseinandersetzung mit dem stadtsoziologischen Hauptthema, der Segregation.

Diesem ist *Teil IV* gewidmet: Mit Segregation beschreibt man eine Struktur oder ein Muster, in dem verschiedene soziale Gruppen verschiedene Teilgebiete der Stadt vorrangig bewohnen. Die Sozialökologen der *Chicago School of Sociology* haben dies ausführlich untersucht. Für die marxistische Analyse der Stadt ist Segregation nicht das ausgewogene Ergebnis von Konkurrenz und Anpassung, sondern ein Produkt der Herrschaft und gleichzeitig der Ausdruck ungleicher Verteilung von Lebenschancen. Wir setzen uns anhand empirischer Forschungen mit den Folgen sozialräumlicher Segregation in Städten auseinander, versuchen das Für und Wider abzuwägen und gehen auf die lange planungspolitische Diskussion zur sozialräumlichen Verteilung unterschiedlicher Gruppen im Stadtgebiet ein. Die feministische Stadtkritik ist ein integraler Bestandteil der Debatte um soziale Ungleichheiten in der Stadt.

Teil V ist als abschließendes Zwiegespräch der Autoren konzipiert. Darin werden nochmals wichtige Punkte zusammengefasst und ein Ausblick auf zukünftige relevante Forschungsfragen im Zusammenhang mit städtischer Entwicklung gegeben.

Wir haben es bewusst unterlassen, Bücher oder Positionen so ausführlich zu schildern, dass sich das Lesen der Originaltexte erübrigt. Uns war durchaus bewusst, dass sich an ein stadtsoziologisches Einführungsbuch sehr verschiedene Erwartungen richten werden und haben uns deshalb um eine uns sinnvoll erscheinende

Schnittmenge bemüht. Explizit nicht beabsichtigt war, eine Dogmengeschichte bzw. eine wissenschaftssoziologisch korrekte Abhandlung der Spezialdisziplin ›Stadtsoziologie‹ vorzulegen. Wir schildern die Entwicklung der Stadtsoziologie nicht als Kampf von Ideen oder Schulen und liefern letztlich auch keinen Überblick über die aktuellen Probleme der Stadtentwicklungspolitik in Deutschland, Europa oder gar der ganzen Welt.

Auch haben wir nicht angestrebt, einen hinreichenden Überblick über die internationale Entwicklung der Stadtsoziologie zu geben. Zwar spielt die internationale Debatte bei den Themen und Kontroversen selbstverständlich eine Rolle, eine Einführung in den rasch wachsenden Literaturbestand war angesichts der Vielfalt der Themen aber nicht unsere Absicht.

Wir haben versucht, Stadtsoziologie und Stadtpolitik getrennt zu halten. Das ist nur für die Zwecke der Begrenzung in diesem Buch zu rechtfertigen, in Forschung und Lehre ist die soziologische und die politikwissenschaftliche Thematisierung von Stadt dagegen kaum sinnvoll auseinander zu halten. Daher wird die Trennung auch in diesem Buch nicht ganz strikt durchgehalten. Aber im Großen und Ganzen sind Fragen der politischen Herrschaft, der Steuerung, der Bürgerbeteiligung, der Machtverteilung und der neuen Formen lokaler Politik weitgehend ausgespart. Diese Themen würden ihrerseits eine separate Einführung rechtfertigen.

Schließlich haben wir darauf verzichtet, die Entwicklung der Stadtsoziologie in der DDR darzustellen. Dort gab es selbstverständlich Anknüpfungen an die Thematisierung der Stadt bei Marx und Engels (vgl. Grundmann 1984), aber auch umfangreiche empirische Forschungen zu Großwohnsiedlungen (vgl. zum Beispiel Kahl 2003) und zu Stadtmilieus. Stadtforschung hatte in der DDR neben der Industrie- und Betriebssoziologie eine prominente Stellung, aber Theorie und Forschung waren insgesamt politisch derart kontrolliert, dass die veröffentlichten Berichte stark von den legitimatorischen Bemühungen um eine ›sozialistische Lebensweise‹ geprägt sind (vgl. Ettrich 1992, Kuhn 1997). Mit dem Ende des Realsozialismus haben sie so sehr an Relevanz und Aktualität verloren, dass sie in der Stadtsoziologie heute überwiegend nur noch von historischem Interesse sind. Wir hoffen, dass wir damit einen lesbaren Weg zwischen systematisierender Darstellung einerseits und Bericht über wichtige Forschungsergebnisse andererseits gefunden haben, der möglichst viele Leser dazu motiviert, die Bücher selbst zu lesen, die sie im Folgenden nur aus zweiter Hand kennen lernen werden.

I. Urbanisierung und Strukturwandel

1. Verstädterung, Urbanisierung und Großstadtkritik

Sowohl die großstadtkritischen als auch die großstadtfreundlichen Theoretisierungsversuche am Ende des 19. und Beginn des 20. Jahrhunderts sind nur historisch aus der raschen Verstädterung der deutschen Gesellschaft heraus zu verstehen. Dabei bezeichnet Verstädterung die Konzentration der Bevölkerung in den Städten – also die Veränderung der Siedlungsstruktur. Im Unterschied wird unter Urbanisierung die damit verbundene Veränderung der Lebensweise verstanden. Diese Unterscheidung wird zwar in der Literatur zur Stadt nicht immer durchgehalten, für soziologische Zwecke ist sie allerdings sehr wichtig. Nur durch eine Trennung der beiden Tatbestände kann man dem Phänomen auf die Spur kommen, dass es Verstädterung auch ohne Urbanisierung geben kann – und umgekehrt auch Urbanisierung ohne Verstädterung.

1.1 Urbanisierung und Verstädterung

Verstädterung und Industrialisierung hängen zeitlich und sachlich eng zusammen, können aber nicht in ein kausales Verhältnis zueinander gebracht werden. Die Industrie in Deutschland hat sich zunächst außerhalb der Städte dort entwickelt, wo Rohstoffe und Energie (Holz, Wasser) verfügbar waren. Allerdings wäre die im 19. Jahrhundert massiv einsetzende Industrialisierung nicht ohne Verstädterung denkbar gewesen – und umgekehrt die Verstädterung nicht ohne Industrialisierung. Hier trafen zwei Entwicklungen aufeinander, die sich gegenseitig verstärkten, und die deshalb auch eine derart große Dynamik entwickelten. Dies zeigt der historische Ablauf der Verstädterung und Industrialisierung (vgl. Häußermann/Siebel 2000 b, 106 ff.).

Das Bevölkerungswachstum in Deutschland vollzog sich in zwei Phasen: Für eine erste ›Bevölkerungsexplosion‹ am Beginn des 19. Jahrhunderts waren vor allem die Liberalisierung der Heiratsvorschriften und die medizinischen Fortschritte verantwortlich. Die Geburtenzahlen schnellten in die Höhe, die Zahl der Kinder und Jugendlichen nahm erheblich zu. In dieser ersten Phase des Bevölkerungswachstums bestand noch keine Möglichkeit zu einer anderen räumlichen Verteilung der Bevölkerung. Auf dem Lande entstand daher der *Pauperismus*, denn der Arbeitsplatzspielraum war noch »agrargesellschaftlich eng« (Bergmann 1970, 13) und die Nahrungsmittelversorgung konnte mit dem Bevölkerungsanstieg nicht Schritt halten. Nur durch Hungersnöte könne sich ein Gleichgewicht zwischen Bevölkerungszahl und Nahrungsmittelproduktion einstellen, so lautete die pessimistische Prognose von Thomas Malthus in seinem *Essay on the Principle of Population* aus dem Jahr 1798 (vgl. ders. 1977, 37). Allerdings hatte seine Untersuchung einen gravierenden Denkfehler. Er verlängerte die in der Vergangenheit beobachteten Trends linear in die Zukunft, ohne überhaupt in Betracht zu ziehen, dass geänderte Rahmenbedingungen diese Trends brechen könnten, dass beispielsweise durch technische Veränderungen in Gestalt des Kunstdüngers oder den Einsatz neuartiger Maschinen in der Landwirtschaft der Nahrungsmittelertrag ganz erheblich gesteigert werden könnte. Zunächst jedoch schien sich die Malthus'sche Annahme zu bewahrheiten, Massenarbeitslosigkeit und Massenelend beherrschten die Zustände auf dem Land, es wurde von ›Überbevölkerung‹ gesprochen. Dieser ›Bevölkerungsstau‹, der drohte eine Hungerkatastrophe auszulösen, führte bis zur Mitte des 19. Jahrhunderts zu einer verstärkten Auswanderung nach Übersee. Produktivitätsfortschritte in der Landwirtschaft und die Binnenwanderung mit der ab Mitte des Jahrhunderts einsetzenden Industrialisierung entschärften die Situation. Das Existenzminimum an Nahrungsmitteln konnte wieder gedeckt werden. In den 70er Jahren des 19. Jahrhunderts fand eine zweite Phase der Binnenwanderung im Zuge der zweiten großen Industrialisierungswelle statt. Bis zum Ende des 19. Jahrhunderts wuchs die Großstadtbevölkerung enorm, die absolute Zahl der Landbevölkerung blieb gleichzeitig konstant. Von einer Land*flucht* zu sprechen führt deshalb in die Irre, es machten sich vielmehr nur diejenigen auf den Weg in die Stadt, die auf dem Land keine Arbeit finden konnten und dort als überflüssige Belastung galten. Was die Abwanderer allerdings in den Städten erwartete, war auch nicht sonderlich verlockend: Losgerissen von der Familie fanden sie sich miserablen Wohngelegenheiten wieder, die harte Fabrikarbeit wurde schlecht bezahlt und die Arbeitsbedingungen waren gefährlich. Mit diesem ›Image‹ betraten die industriellen Großstädte den Schauplatz der modernen Geschichte. Die ›Hochindustrialisierungsphase‹ war zugleich die Phase des größten Bevölkerungswachstums in der deutschen Geschichte. Bis zum Beginn der 1870er Jahre verliefen Geborenen- und Sterbeziffern ungefähr parallel, dann sank die Sterblichkeit stark ab und die Geborenenziffer stieg an. Die Geburtsjahrgänge um 1905 zählten zu den zahlenstärksten Alterskohorten, die jemals in Deutschland existierten (vgl. Reulecke 1997, 69). Obwohl zwischen 1871 und 1910 etwa 2,7 Mio. Menschen aus Deutschland auswanderten, nahm die Bevölkerung des deutschen Reiches um 58,1 % zu! Das Bevölkerungswachstum bildete die Grundlage des Städtewachstums: Lebten etwa 1871 ungefähr 2 Mio. Deutsche in Großstädten und wenig mehr als 26 Mio. in ländlichen Gemeinden, so standen 1910 bereits 14 Mio. Großstädter und immer noch etwa 26 Mio. in ländlichen Gemeinden. Betrachtet man nicht nur die Großstädte sondern alle Städte, so hat sich in dieser Zeit der Schwerpunkt der Bevölkerungsverteilung vom Land in die Stadt verschoben: Lebten 1871 von 100 Deutschen 36,1 in städtischen und 63,9 in ländlichen Gemeinden, so hatte sich dieses Verhältnis bis 1910 glatt umgekehrt: Nun lebten von 100 Deutschen 60 in städtischen und 40 in ländlichen Gemeinden[1] (vgl. Bergmann 1970, 18).

---

1 Solche eindrucksvollen Beschreibungen sind freilich nicht ohne Probleme, wie die Unterscheidung zwischen dem rechtlichen und dem statistischen Stadtbegriff zeigt: Legt man einen statistischen Stadtbegriff zugrunde (Gemeinden über 2000 Einwohner), dann kam das gesamte Bevölkerungswachstum ausschließlich den Städten zugute, während die Landbevölkerung etwa gleich blieb. Aber man muss das statistische Problem solcher Aussagen beachten: Sobald eine Landgemeinde die Grenze von 2000 Einwohnern überschritten hatte, wurde sie

In Deutschland setzten Industrialisierung und Verstädterung später ein als in England und Frankreich. Während im Jahre 1850 in Deutschland nur 15 % der Bevölkerung in Orten mit mehr als 5000 Einwohnern lebten, waren es in Frankreich 19 % und in England bereits 45 % (vgl. Zimmermann 1996, 16). Die Verstädterung vollzog sich in Deutschland insbesondere ab den ›Gründerjahren‹ (1870er Jahre) dann besonders rasch, aber erst in der Zeit nach dem Zweiten Weltkrieg erreichte Deutschland einen ähnlich hohen Verstädterungsgrad wie England.

Die Dynamik der Verstädterung ergab sich aus dem Zusammentreffen enormer Wanderungsbewegungen mit den gesellschaftlichen Umwälzungen im Zuge der Industrialisierung. Die Hochphase der Verstädterung zwischen 1870 und 1925 ging einher mit einer Binnenwanderung, die Köllmann als die »größte Massenbewegung der deutschen Geschichte« (Köllmann 1959, 385) bezeichnet; eine neue Völkerwanderung. Zwischen 1860 und 1925 verließen etwa 22 bis 25 Mio. ihre Ursprungsgemeinde. »Fast die Hälfte aller Deutschen lebte bereits 1907 nicht mehr in der Gemeinde, in der sie geboren waren: jeder zweite Deutsche hatte also in irgendeiner Form an der Binnenwanderung Anteil« (ebd., 386).

Altersstruktur

Durch die Zuwanderung vor allem junger Leute entwickelte sich eine besondere Altersstruktur in den Großstädten und Industriezentren. Die Zahl der Menschen im arbeitsfähigen Alter war in den Städten zunächst deutlich höher als im Reichsdurchschnitt (Reulecke 1997, 76). Die ›jungen‹ Industriestädte hatten einen extrem hohen Anteil an unter 15-Jährigen und einen sehr niedrigen Anteil von Menschen im Rentenalter. Das Wachstum der Bevölkerung in den Großstädten um die Jahrhundertwende resultierte nicht nur aus der Zuwanderung, sondern auch aus einem Geburtenüberschuss, denn die Zuwanderer brachten die ländliche ›Fertilität‹ in die Städte mit. Die Anteile der Altersklassen zwischen 15 und 40 Jahren waren in den Großstädten vor 1900 deutlich höher als im Reichsdurchschnitt (vgl. Reulecke 1997, 208). Erst in der nächsten Generation, ab 1900, begann die Kinderzahl der städtischen Bevölkerung zu sinken (vgl. Marschalck 1984), ein Prozess, der schon damals die Stadtkritiker beunruhigte und Anlass zu allerlei Phantasien über die Verderblichkeit des Stadtlebens gab. Die »Jugendlichkeit« der Bevölkerung war um die Wende vom 19. zum 20. Jahrhundert ein Kennzeichen der großstädtischen Altersstruktur – bis zur Wende vom 20. zum 21. Jahrhundert hat sich dagegen ein höherer Altersdurchschnitt in den Städten entwickelt, als er im Umland der Städte und in ländlichen Gebieten anzutreffen ist.

---

zur Stadt, selbst wenn alle ihre Bewohner weiterhin in der Landwirtschaft tätig waren. Teilweise handelt es sich also auch um ein statistisches Artefakt. Legt man den rechtlichen Stadtbegriff zugrunde, dann gibt es zwar immer noch ein starkes Wachstum (8 Mio. auf 19 Mio. von 1871 bis 1910 in den Städten), aber die Landbevölkerung wuchs immerhin auch noch von 16 auf 21 Mio. (Reulecke 1997, 70). Bei dieser Betrachtung werden allerdings ›Industriedörfer‹, die – wie im Fall Hamborn – über 100 000 Einwohner hatten, zur Landbevölkerung gezählt.

Jahrhundertelang war es für die große Mehrheit der Menschen normal, am Geburtsort aufzuwachsen und auch sein gesamtes Leben dort zu verbringen. Überlandreisen waren gefährlich und beschwerlich, nur reiche Leute konnten sich Reisen mit der Kutsche leisten. Mobilität galt bis ins 19. Jahrhundert hinein prinzipiell als verdächtig. Mobile Menschen waren unangepasst – wie zum Beispiel das ›fahrende Volk‹ der Gaukler – oder kriminell, indem sie sich ihren Lebensunterhalt durch Überfälle oder Mundraub sicherten. Der Kreis der Familie war der Hort der sozialen Sicherheit. Man gehörte ihr durch Geburt an und genoss die lebenslange Fürsorge, zu der sie verpflichtet war. Andere Versorgungsinstitutionen existierten auf dem Land nicht und in der Stadt nur für bestimmte Berufsgruppen. Die damaligen Familien hatten allerdings nicht die Form, die wir heute für selbstverständlich halten. Die vormoderne Familie war eine Produktions- und Lebensorganisation, der auch Nicht-Blutsverwandte angehörten, die Knechte und Mägde auf dem Land, die Gesellen und das Hauspersonal in der Stadt. Dass diese statischen Verhältnisse durch die Verstädterung völlig aus dem Rahmen gerieten und viele Menschen mit einer völlig neuen Lebensweise Bekanntschaft machen mussten, erklärt die überwiegende Skepsis, die den Städten zunächst entgegenschlug. Wohin das alles führen würde, war eben wirklich noch nicht absehbar.

Der Umfang der Wanderungsprozesse war dabei viel größer als die Wanderungsbilanzen ahnen lassen. Denn die meisten Leute, die vom Land in die Stadt wanderten, blieben nicht dort. Viele zogen wieder zurück, wenn es dort etwas zu tun gab – in der Regel also im Sommer – und kamen wieder in die Stadt, wenn die Ernte eingebracht war. Saisonale oder wöchentliche Pendelbewegungen zwischen Stadt und Land gab es in großer Zahl. Viele zogen auch nach kurzem Aufenthalt weiter in eine andere Stadt, auf der dauernden Suche nach einem wenigstens etwas besseren Leben, um der elenden Existenz, die ihnen die städtischen Verhältnisse boten, zu entkommen. Für die meisten aber waren selbst die bescheidensten Lebensmöglichkeiten in der Stadt noch eine Verbesserung gegenüber der Hungerexistenz auf dem Lande.

Mobilität war auch ein Merkmal der städtischen Lebensweise selbst. Das beschränkte Angebot an Wohnungen und die Schwierigkeit, die Miete regelmäßig zu bezahlen, zwangen zu häufigen Umzügen. Viele Arbeiter- und Tagelöhnerhaushalte mussten sich – gerade wenn sie sich durch Geburten vergrößerten – eine kleinere, billigere Wohnung suchen um die gewachsene Kinderzahl ernähren zu können (vgl. Häußermann/Siebel 2000 a, 59 ff.).

Das Erscheinungsbild der für die Zuwanderer neu errichteten Viertel entsprach tatsächlich jenem Bild vom ›Häusermeer‹, das die an offene Grünflächen gewöhnten Landbewohner erschreckte und abschreckte (Abb. 1.1 auf S. 24).

Die Wohndichte in den Städten war unvergleichlich höher als auf dem Land – und die hohe Einwohnerdichte gehört zu den Erfahrungen, die soziologische Theorien über die Großstadt regelmäßig ins Zentrum stellen. Das dichte Zusammenwohnen ist der augenfälligste und dauerhafteste Unterschied zwischen ›Stadt‹ und ›Land‹ – aber selbst zwischen den Großstädten gab es dabei erhebliche Unterschiede.

Tabelle 1.1 zeigt die unterschiedliche Entwicklung der Wohndichte und der Wohnungsstrukturen in ausgewählten deutschen Städten:

Stadt	Behausungsziffer: Bewohner je Wohngebäude		Bruttowohndichte: Bewohner je Hektar mit Häusern bebaute Fläche		Bewohner je Wohnung	
	1890	1905	1890	1905	1890	1905
Berlin	55	50	745	719	4,2	3,8
Breslau	37	38	443	423	4,1	3,9
Dresden	27	26	318	277	4,2	3,7
Altona	20	20	456	366	4,2	4,1
Kiel	20	25	358	310	4,8	4,1
Mageburg	27	33	293	274	4,3	3,9
Halle	22	25	169	262	4,4	4,3
Königsberg	30	30	377	317	4,5	4,2
Köln	14	16	305	321	4,4	4,2
Düsseldorf	18	20	235	250	4,5	
Elberfeld	18	18	336	305	4,2	
Barmen	18	18	340	283	4,2	
Krefeld	15	13	312	241	–	
Aachen	18	15	370	355	4,2	
Wiesbaden	19	17	264	284	4,1	
Frankfurt am Main	17	18	173	266	4,7	4,7
München	23	23		248	4,0	3,9

Tabelle 1.1 Indikatoren der Wohndichte 1890 und 1905

Berlin ist bei der Bruttowohndichte (Bewohner je ha mit Häusern bebauter Fläche) ein Extremfall: Der Wert ist fast doppel so hoch wie derjenige der in der Tabelle nachfolgenden Stadt, Breslau. Von 1890 bis 1905 nimmt er in den meisten Städten als Folge der regen Bautätigkeit und der Ausdehnung der Siedlungsfläche ab. Wo dies nicht der Fall ist, handelt es sich um Städte, die erst später von der Industrialisierung erfasst werden.

An der Behausungsziffer (Bewohner je Wohngebäude) kann man die Gebäudestruktur der Städte erkennen: Ein Strukturunterschied zeigt sich in der Tabelle zwischen den ersten acht Städten, die alle in Ost- bzw. Norddeutschland liegen; dies sind Städte mit einer ›Mietskasernen‹-Struktur. Die Städte in West- und Süddeutschland haben deutlich niedrigere Werte. Dort wurde auch in den Hochphasen der Verstädterung an einer vergleichsweise niedrigen und weniger dichten Bebauung festgehalten (zur Begründung vgl. Fehl 1992).

Die Dichte der Bebauung sagt allerdings nichts über die Belegungsdichte der Wohnungen aus: Die Werte für die Zahl der Bewohner pro Wohnung sind in allen Städten etwa gleich hoch (in Berlin sogar relativ niedrig), und sie nehmen zwischen 1890 und 1905 überall ab. Präzisere Vorstellungen zur Wohnungsversorgung würde der Indikator ›Wohnfläche pro Kopf‹ ermöglichen, aber solche Daten stehen für die Zeit vor 1918 nicht zur Verfügung.

Abb. 1.1 Dichte innerstädtische Bebauung

Neben der hohen Mobilität und der großen Wohndichte war die Geschwindigkeit des Wandels das dritte Element, das den Prozess der Verstädterung prägte. Ein extremes Beispiel für diese Geschwindigkeit ist das Einwohnerwachstum von Berlin: Die Einwohnerzahl verdreifachte sich zwischen 1860 und 1890, obwohl die Stadt bereits vorher zu den größten in Deutschland gehört hatte (vgl. Tabelle 1.2). Man lebte in dieser Stadt als Fremder praktisch nur unter meist einander ebenfalls Fremden, deren Zusammensetzung sich zudem laufend änderte. Dauerhafte Nachbarschaftsbeziehungen oder lebenslange Bekanntschaften, wie sie für die dörfliche Lebensweise typisch waren, bildeten unter diesen Bedingungen eine seltene Ausnahme.

1.2 Gesellschaftlicher Strukturwandel

Neue soziale Fragen waren mit der Industrialisierung und Verstädterung eng verbunden. Die Ständegesellschaft löste sich auf und jahrhundertelang eingelebte Bindungen wurden problematisch. In den Städten sammelte sich eine hochmobile Masse

	Einwohner	Zunahme	Zunahme	1860 = 100
1860	563 000			
1871	932 000	369 000	65,3	165,3
1890	1 953 800	1 021 800	109,6	346,5
1900	2 705 900	752 100	38,5	479,9
1910	3 734 300	1 028 400	38,0	662,2
1919	4 024 300	290 000	7,8	713,7
1939	4 338 800	31 450	7,8	769,4

Tabelle 1.2 Bevölkerungsentwicklung Groß-Berlin 1860–1939

von vor allem jungen Männern, deren Arbeitskraft von der Industrie nachgefragt wurde. Aber auch allein stehende junge Frauen fanden in großem Ausmaß als Hauspersonal Beschäftigung. In den prekären Wohn- und Lebensverhältnissen der Städte wurde eine neue Klasse sichtbar, das *Proletariat*. Diese erschien doppelt bedrohlich: Einmal wegen ihrer ›unzivilisierten, zügellosen‹ Lebensweise, zum anderen, weil sie begann die bestehenden Machtverhältnisse infrage zu stellen. Für das deutsche Kaiserreich stellte sich die Frage, ob die Integration dieser neuen Klasse in die bestehenden politischen Strukturen gelingen könne oder ob deren Mitglieder ihrerseits die politischen Strukturen nachhaltig verändern würden oder gar durch eine Revolution in der Lage wären einen radikalen Umsturz herbeizuführen.

Der gesamte politische Apparat und die gesellschaftlichen Institutionen mussten den neuen Verhältnissen angepasst (›modernisiert‹) werden. Die gesellschaftlichen Umstände in Deutschland gegen Ende des 19. Jahrhunderts waren dafür aber besonders ungünstig. Agrarier und Bauern stellten sich in prinzipiellen Gegensatz zu den neuen politischen, sozialen und wirtschaftlichen Tendenzen im deutschen Reich und entwickelten eine weitreichende und wirksame ideologische Argumentation, nach der es die besondere Pflicht des Staates sei, den ›natürlichen Konservatismus‹ der Landbevölkerung und deren Staatstreue zu stützen und zu belohnen. Gleichzeitig begann das städtische Bürgertum aus Angst vor der erstarkenden Sozialdemokratie, sich autoritären Staatsauffassungen zu nähern. Jenseits wirtschaftspolitischer Interessenunterschiede bildete sich eine reaktionäre politische Koalition, die unter dem Banner von Agrarromantik und Großstadtfeindschaft ihr politisches Interesse an der Unterdrückung der Arbeiterbewegung umsetzte. Der ›reaktionäre Konservatismus‹ der herrschenden Klasse ging auf immer größere Distanz zu den Prozessen der Verstädterung, Urbanisierung und Industrialisierung.

Die Glorifizierung des Bauernstandes wurde zu einem Topos, um den sich der gesamte Widerstand gegen Modernisierung und Demokratisierung der Gesellschaft sammelte. Das Landleben wurde verklärt, die weitere Verstädterung als Gefahr des

Untergangs der Nation bezeichnet (vgl. Zimmermann/Reulecke 1999). Diese Strömungen wurden unterstützt und verstärkt durch Theorien, die auf scheinbar wissenschaftlicher Grundlage die Verderbnis der Großstadtentwicklung analysierten.

Großstadtfeindliche Ideologien

Wilhelm Heinrich Riehl, geb. 1823, gilt mit seiner 1853 erschienen Schrift *Die Naturgeschichte des Volkes als Grundlage einer deutschen Sozialpolitik* als Begründer der Volkskunde. Er marschierte damit der Großstadtkritik zu einem Zeitpunkt voran, als es noch überhaupt keine nennenswerten Großstädte im deutschen Reich gab (vgl. Bahrdt 1998, 60). Er häufte nicht lediglich Vorurteile aufeinander, sondern war ein sehr genauer Beobachter. Allerdings interpretierte er seine Beobachtungen und Prognosen ausschließlich als Verluste, der Blick für neu entstehende Sozialformen fehlte ihm völlig. »Das Land und die kleine Stadt wandert aus nach der Großstadt. Die überwiegende Masse dieser Einwanderer besteht aber auch aus einzelnen Leuten, die noch keinen festen Beruf haben, kein eigenes Hauswesen, die in der großen Stadt erst ihr Glück machen wollen. Es ist ihnen daheim zu langsam vorwärts gegangen, in der großen Stadt aber hoffen sie ernten zu können, ohne gesät zu haben. Sicher finden nur wenige dieses geträumte Glück, die Mehrzahl dagegen strömt nach einiger Zeit wieder ab; dafür treten aber wieder ebenso viele und noch mehr Nachströmende ein, die ebenso rasch wieder verschwinden. Nicht durch die seßhafte, sondern durch die flutende und schwebende Bevölkerung werden unsere Großstädte so ungeheuerlich. [...] Unterläßt der Staatsmann aber die Erwägung des sozialen Moments, dann wird die Zunahme der großstädtischen Volksmasse von einem wahrhaft vernichtenden Gewicht für unsere ganze Zivilisation. [...] Die Herrschaft der Großstädte wird zuletzt gleichbedeutend werden mit der Herrschaft des Proletariates« (Riehl 1925 [1853], 96 f.; dort auch die folgenden Zitate). Aus den revolutionären Ereignissen des Jahres 1848 hatte Riehl den Schluss gezogen, dass sich die alte Ständegesellschaft auflöse, und dass sich eine Art sozialräumlicher Polarisierung herausbilde: die »Mächte [...] ›des sozialen Beharrens‹« auf dem Land und die »der ›sozialen Bewegungen‹« in der Stadt. Die Großstadt erschien ihm als Sammelbecken eines geschichts- und traditionslosen Proletariats.

Bei Riehl wird die Großstadt zum Subjekt einer Geschichte, die geradewegs in den Untergang führt. Auf Musik und Malerei üben die Großstädte »den gleichen zersetzenden Einfluss« aus, dort finde man eine »Überhebung der rein technischen Meisterschaft über die Schöpfungen des vollen, aus der Tiefe des Geisteslebens geborenen Künstlertums«. Damit war schon in der Mitte des 19. Jahrhunderts der Grundton der konservativen Großstadtkritik angeschlagen: Ein Murmeln von ›Tiefe‹ und ›Seele‹, von einer dunklen ›Wesenhaftigkeit‹, verbunden mit Geschichte und Natur. Intellektualität, Technik und Rationalität schienen geradewegs der Hölle entstiegen zu sein.

2. Der Münchner Statistiker *Georg Hansen* publizierte 40 Jahre nach Riehl 1889 sein Buch *Drei Bevölkerungsstufen*. Darin radikalisierte er Riehls Gedanken zu einer reaktionären Agrarromantik (Hansen 1915) und unterschied die Klassen der Bauern, des bürgerlichen Mittelstandes und der besitzlosen Arbeiter. Hansen deutete als erster die Binnenwanderung vom Land in die Stadt als naturgesetzliches Phänomen und versuchte statistisch nachzuweisen, dass nur die erste Klasse, der Stand der Grundbesitzer

›dauernd‹ sei. Aus dem Verschwinden von Familiennamen aus den städtischen Bürgerlisten schloss er, dass die städtische Bevölkerung zum Aussterben verdammt sei und innerhalb zweier Generationen vollständig durch Zuzug vom Lande ersetzt werden müsse. Die Lebensfähigkeit der Stadt bleibe also nur gewährleistet, wenn fortwährend Landbevölkerung in die Städte strömt. Daraus mussten nach Hansen politische Konsequenzen gezogen werden: Eine weitsichtige Regierung müsse dafür sorgen, dass der Bauernstand erhalten bleibt, denn »der Bauer [hat] die städtische Bevölkerung nicht bloß mit Butter und Käse, sondern vor allem auch mit Menschen zu versorgen« (zit. nach Bergmann 1970, 52; dort auch die folgenden Zitate).

3. *Otto Ammon* mischte um die Jahrhundertwende die biologistische Kritik an der Stadt mit rassistischen Theorien. Die in die Stadt Wandernden waren nach seiner ›naturwissenschaftlichen‹ Theorie Langköpfe. Die Rundköpfe blieben auf dem Land. Weil die Langköpfe zwar intellektuell leistungsfähig, biologisch aber nicht reproduktionsfähig seien, ergab sich daraus ein Problem. Der Aufstieg in die sozial höheren Berufe, die Zugehörigkeit zur Elite und die Spezialisierung auf ›Gehirn-Arbeit‹ werde mit dem Erlöschen der Lebensfähigkeit bezahlt. Das Großstadtleben führe zu physischen und psychischen Entartungen, weshalb die Großstadt auf die ständige Blutzufuhr aus dem Bauernstand angewiesen bleibe. In der Stadt wohnen »[d]ie geistig hoch entwickelten Männer […], die durch ihre prächtigen Farben und ihre Düfte den Sinn erfreuen, jedoch nicht das Vermögen besitzen, Samen zu erzeugen. Und das städtische Proletariat erzeugt zwar Samen in Menge, aber seine Früchte sind nicht wohlschmeckend und nicht nahrhaft […] weil sie weder den rechten Boden, noch die notwendige Sonne und Feuchtigkeit haben« (nach ebd., 60 f.). Allein der Bauernstand sei körperlich und seelisch gesund und fruchtbar. Die Städter seien der freien Natur entwöhnt und damit zur physischen aber auch zur geistigen Entartung verdammt. Die Stadt ist »Grab des Menschengeschlechts und […] Hort der umstürzlerischen Sozialdemokratie« (nach ebd.).

4. Mit Oswald Spenglers Werk *Der Untergang des Abendlandes* (1918–22) erlebte die Großstadtfeindlichkeit ihren letzten Höhepunkt. In Spenglers Werk floss ein von Nietzsche inspirierter Kulturpessimismus mit der ernüchternden Erfahrung des Ersten Weltkrieges zu einer düsteren Deutung der industriellen Moderne zusammen. Spengler konzipierte jegliche Kultur in Analogie zu einem Organismus, der entsteht, aufwächst, einen entwicklungsgeschichtlichen Höhepunkt überschreitet und dann abstirbt. Die Großstadt ist für ihn das signifikanteste Merkmal der Spätzeit einer Kultur. »Der Steinkoloß ›Weltstadt‹ steht am Ende des Lebenslaufes einer jeden großen Kultur« (Spengler 1950 b [1918–22], 117) »[D]ie Riesenstadt [saugt] das Land aus, unersättlich, immer neue Ströme von Menschen fordernd und verschlingend, bis sie inmitten einer kaum noch bevölkerten Wüste ermattet und stirbt. Wer einmal der ganzen sündhaften Schönheit dieses letzten Wunders aller Geschichte verfallen ist, der befreit sich nicht wieder« (ebd., 120 f.). In der Großstadt tritt der Nomade auf, der Parasit, »der Großstadtbewohner, der reine, traditionslose, in formlos fluktuierender Masse auftretende Tatsachenmensch, irreligiös, intelligent, unfruchtbar, […] ein ungeheurer Schritt zum Anorganischen, zum Ende« (Spengler 1950 a, 43). Die Stadt saugt das Land aus, verschlingt immer neue Ströme von Menschen. Vom Bauerntum der mütterlichen Erde und damit vom natürlichen Erleben von Schicksal, Zeit und Tod bleibt die Stadt abgeschnitten. Der zerstörerische Geist zernagt alles, was von echter, gewachsener Kultur noch leben

> dig ist. »Es ist der formlos durch alle Großstädte flutende Pöbel an Stelle des Volkes, die wurzellose städtische Masse [...] an Stelle des mit der Natur verwachsenen, selbst auf dem Boden der Städte noch bäuerlichen Menschentums einer Kulturlandschaft« (ebd., 456f.). Hier sind die klassischen Topoi der Großstadtkritik beisammen: Pöbel statt Volk, wurzellos statt erdverbunden. Die Großstadt wird dabei identisch mit der Vorstellung einer ›formlosen‹, das heißt unkontrollierbaren Masse: »Die Masse ist das Ende, das radikale Nichts« (Spengler 1950 b, 443). Spengler allerdings teilte die Hoffnung der Agrarromantiker nicht, für ihn gab es keine Hoffnung auf Regeneration durch ländliches Leben. Großstadt ist für ihn der letzte und unvermeidliche Schritt in den Untergang des Abendlandes. Damit verlieh er dem weit verbreiteten Kulturpessimismus und der bürgerlichen Krise nach dem Ende des Ersten Weltkrieges eine Stimme.

Bis weit in die erste Hälfte des 20. Jahrhunderts hinein waren die großstadtfeindlichen Ideen außerordentlich populär und politisch einflussreich, Spenglers Buch beispielsweise erreichte Traumauflagen. Die Nationalsozialisten griffen dieses Gedankengut auf und radikalisierten es. Ihr mörderischer Antisemitismus brauchte nur jene Topoi zu übernehmen, mit denen die Großstadtkritik den Großstadtmenschen charakterisiert hatte: Parasit, Nomade, unfruchtbar, wurzellos, intellektualisiert, Todfeind aller echten, tiefen, wesenhaften Kultur.

Die Großstadtkritik konnte auch deshalb so wirksam sein, weil die reale Anschauung genügend Anhaltspunkte für apokalyptische Visionen bot: ungesunde Wohnverhältnisse, katastrophale Bedingungen für Kinder, Zwang zu extremer Mobilität, keine Ruhe und keine Privatheit in den dichten Quartieren und überbelegten Wohnungen, keine Entscheidungsspielräume und keine Planungsmöglichkeiten angesichts unsicherer, unsteter Minimaleinkommen. Stabile soziale Beziehungen blieben undenkbar, solange sich keine Sesshaftigkeit in der Großstadt herausbildete – und dies alles fand vor dem Hintergrund der früheren ländlich-agrarischen Existenz statt! Für die Zuwanderer blieb die Großstadt gleichbedeutend mit katastrophalen Arbeitsbedingungen, mit ausbeuterischen Arbeitsbeziehungen und mit politisch-kultureller Diskriminierung. Wer sollte da das hohe Lied auf die Großstadt singen?

In der Epoche, die aus Dörfern Städte und aus Städten Großstädte machte, fand sich keine einzige einflussreiche Theorie, die der großen Stadt positive Seiten abgewonnen hätte! Während sich ringsherum die Welt fundamental veränderte, pflegten die damaligen Eliten ihre träumerische Sehnsucht nach der ländlichen Idylle. In den Schulbüchern und wissenschaftlichen Zeitschriften war allerorten vom Unglück der Veränderung, vom Niedergang der Kultur zu lesen.

Diese Hegemonie durchbrach die um die Wende zum 20. Jahrhundert auftretende soziologische Stadtforschung (vgl. hierzu Lindner 2004). Deren Grundgedanken werden wir in den Kapiteln des folgenden Teils ausführlich erläutern. Dabei wird sich zeigen, dass auch sie auf den Gegensatz von ländlicher und städtischer Lebensweise abzielte, allerdings mit dem Interesse, diesen analytisch zu durchdringen.

Fragen

- Erläutern Sie die Begriffe *Verstädterung* und *Urbanisierung*.
- Welche maßgeblichen Entwicklungen umfasste der soziale Strukturwandel hin zur industriellen Moderne?
- Worin sahen die populären Kritiker der Großstadt den Gegensatz zwischen Stadt und Land?

II. Städtische Lebensweise und urbane Kultur

Wenn von ›Stadt‹-Soziologie die Rede ist, ist logisch impliziert, dass es noch etwas anderes geben muss als ›Stadt‹. Der Unterschied zwischen Stadt und Land bildet einen alten Topos der Stadtsoziologie. Nach Einebnung der rechtlichen, ökonomischen und politischen Autonomie der Städte im Zuge der Herausbildung der Nationalstaaten im 17. und 18. Jahrhundert, konnten die Städte nicht mehr ohne Weiteres als eigenständige Gesellschaften beschrieben werden, wie es Max Weber für die mittelalterlichen Städte getan hatte. Aus Städten waren Gemeinden geworden, die sich vor allem durch Größe und die Art des Wirtschaftens, nicht mehr durch unterschiedliche rechtliche und politische Institutionen von Landgemeinden unterschieden. Aber dennoch repräsentierten die Städte eine andere gesellschaftliche Realität – insbesondere die mit der Industrialisierung entstehenden Großstädte. Diese zu analysieren und in ihren Konsequenzen zu beschreiben, wurde zum Ausgangspunkt einer Soziologie der Stadt.

Was ist das soziologisch Spezifische an der Großstadt? Bis zum Anfang des 20. Jahrhunderts blieben die Großstädte Inseln einer gänzlich anderen Produktions- und Lebensweise im Vergleich zum dünn besiedelten, von der Agrarproduktion bestimmten Land. ›Land‹ war gleichbedeutend mit bäuerlichem Leben, dort war man noch weit entfernt von den Anfängen einer ›modernen Gesellschaft‹. In den Städten aber veränderte sich alles, und zwar ziemlich schnell. Die Lohnarbeit in der Industrie und das Zusammenleben mit vielen Fremden auf engstem Raum ließen eine Fortsetzung gewohnter Lebensverhältnisse nicht zu. Dies waren die Ursachen für eine andere, eben ›urbane Lebensweise‹.

Jedes der fünf folgenden Kapitel wird sich mit jeweils einer Besonderheit des urbanen Lebens auseinandersetzen: Zunächst wird im 2. Kapitel anhand der Überlegungen Georg Simmels der spezifische Sozialcharakter der Großstädter erläutert. Danach geht es darum, die Stadt als ein vitales Nebeneinander verschiedener, untereinander abgeschlossener Lebenswelten zu beschreiben; dies geschieht hauptsächlich anhand der Schriften der Chicago School of Sociology im 3. Kapitel. Für Hans-Paul Bahrdt (1998 [1961]) ordneten sich der städtische Raum und das städtische Sozialleben nach den beiden polaren Kategorien Öffentlichkeit und Privatheit. Dieser zentralen Unterscheidung haben wir das 4. Kapitel gewidmet. Im 5. Kapitel geht es um die Einbindung der Haushalte in abstrakte Märkte und Versorgungssysteme, also um die Herausbildung des städtischen Konsumentenhaushaltes im Vergleich zur ländlichen Selbstversorgerwirtschaft. Der Suburbanismus ist, das sagt schon die Bezeichnung, nicht wirklich eine urbane Lebensweise. Wir beschreiben ihn im 6. Kapitel als ein Ergebnis der Entwicklung neuer Transportmöglichkeiten einerseits und der Sehnsucht vieler Stadtbewohner nach einem Leben im Grünen, vor den Toren der Stadt andererseits. Diese fünf thematischen Punkte charakterisieren zusammengenommen den soziologischen Unterschied zwischen dem sozialen Leben auf dem Land und in den Städten.

2. Die Funktionalisierung des Soziallebens

2.1 Georg Simmel und der Sozialcharakter des Großstädters

Georg Simmel machte sich als erster Soziologe systematische Gedanken über die neue Qualität des sozialen Lebens in der Großstadt. In seinem 1903 veröffentlichten Essay *Die Großstädte und das Geistesleben* – ein paradigmatischer Text für die stadtsoziologische Theoriebildung – bestimmte er die städtischen Verhaltensweisen und Lebensstile in ihrer spezifischen Differenz zur Kleinstadt oder zum Dorf (Simmel 1995 [1903]). Im Gegensatz zu den bereits im ersten Kapitel erläuterten kulturpessimistischen Einschätzungen seiner Zeitgenossen, warf Simmel einen eher nüchternen Blick auf die moderne Großstadt. Er stellte zunächst fest, dass die Begegnungen zwischen Großstädtern ziemlich unpersönlich und deren Kommunikation stark zweckbezogen blieben. Anders als im Dorf, wo jeder jeden kannte, begegneten sich die Großstädter jeweils nur in begrenzten Rollen. Die verschiedenen *Verkehrskreise* einzelner Personen überlagerten sich nicht, das heißt dem Händler begegnete man als Kunde, den anderen Arbeitern als Kollege oder seinen Sportfreunden nur als Sportfreund. Funktionale Rollen strukturierten die sozialen Beziehungen. Welchen anderen Verkehrskreisen jemand noch angehörte, darüber wussten die beteiligten Personen nicht Bescheid. Anders als auf dem Land oder in der Kleinstadt, wo sich die verschiedenen Verkehrskreise personell viel stärker überlagerten und es völlig normal war, den Inhaber des örtlichen Lädchens außerdem als Nachbarn persönlich zu kennen und gleichzeitig als engagierten Helfer bei der freiwilligen Feuerwehr zu schätzen, blieb ein Großteil der städtischen Kontakte segmentär und auf einen abgegrenzten Bereich bezogen.

Die sozialen Beziehungen zwischen den Großstädtern erscheinen Simmel besonders geeignet für die Integration von Fremden. Da die Beziehungen zu den anderen in der Regel auf funktional begrenzte Zwecke beschränkt und damit weitgehend unpersönlich bleiben, ist es auch keine Voraussetzung für die Aufnahme von Kontakten oder Beziehungen, dass man sich gegenseitig als ganze Person anerkennt. Man bleibt sich im Umgang fremd, die persönliche Akzeptanz ist keine Voraussetzung für eine funktional begrenzte Beziehung. Damit kann man ohne größere Probleme, die sich aus einer Diskrepanz zwischen den eigenen Vorlieben und Werten und denen anderer ergeben könnten, mit sehr viel mehr Menschen in eine unproblematische

Beziehung treten, als wenn man den anderen in allen Aspekten seiner Persönlichkeit akzeptieren müsste. Die Großstadt schafft damit einen sozialen Raum für akzeptierte Differenzen, in dem sich Unbekannte und Fremde leichter bewegen und einordnen können als in den geschlossenen sozialen Kreisen des Dorfes. Die Ausdifferenzierung funktionaler Rollen ist der eine Aspekt der ›neuen‹, der großstädtischen Lebensweise.

Der zweite Aspekt betrifft das *Geistesleben* der Großstädter selbst, in heutigen Worten hätte Simmel von *Mentalitäten* oder *Einstellungen* gesprochen. Neben der Analyse der formalen Beziehungskreise ging es ihm darum, auch bestimmte Verhaltensweisen und Charaktereigenschaften als typisch großstädtisch zu erklären, sein Studienobjekt war dabei die Großstadt Berlin. Diese Mentalitäten, die mit dem unpersönlichen Umgang in alltäglichen Begegnungen verbunden waren, waren in der damaligen Diskussion über die Großstadt durchaus – allerdings im negativen Sinne – populär. Die konservative Stadtkritik beklagte sich seit langem lauthals über den Untergang alles Persönlichen in der großstädtischen Massenkultur. Allgemein galt als ausgemacht, dass der Großstädter ›entwurzelt‹ sei, und der Großstadt jegliche gemeinschaftliche ›Seele‹ fehlen würde. Simmels besondere Leistung bestand darin, in diesem homogenen geistigen Umfeld einen nüchtern-analytischen Zugang zur sozialen Realität der entstehenden Großstadt entwickelt zu haben, der nicht nur weitgehend frei von den kulturpessimistischen Vorbehalten seiner Zeitgenossen war, sondern in den neuen sozialen Phänomenen, die den Großstadtkritikern Anlass für Weltuntergangsgesänge waren, noch gesellschaftlichen Fortschritt zu erkennen. Für Simmel führt die Großstadtbildung nicht zum Untergang der Zivilisation, sondern zu deren Weiterentwicklung!

2.2 Die Charaktereigenschaften der Großstädter

Reserviertheit, *Blasiertheit* und *Intellektualismus*, diese Eigenschaften studierte Simmel an seinen Berliner Mitmenschen, wo er von 1893 bis 1912 als Privatdozent lehrte, damals die mit Abstand größte Stadt des Deutschen Reiches. Seine Überlegungen zur Großstadt sind eng verbunden mit Simmels gesellschaftstheoretischem Entwurf, hauptsächlich niedergelegt in seiner *Philosophie des Geldes*. Gesellschaft beginnt für ihn dort, »wo mehrere Individuen in Wechselwirkung treten« (Simmel 1992 a [1900], 17) und Soziologie ist die Wissenschaft von den Formen, in denen sich diese Wechselwirkungen ausprägen. Diese Beziehungsformen lassen sich alle zwischen zwei Polen ansiedeln: Auf der einen Seite der Skala steht die Liebesbeziehung, in der zwei Menschen ohne jede Reserve, mit all ihren gemachten Erfahrungen und ihren Zukunftshoffnungen, mit all ihren verschiedenen Rollen und Erwartungen zueinander in Beziehung treten; auf der anderen Seite befindet sich das Beziehungssystem der Geldwirtschaft. Hier interagieren die Akteure in hoch spezialisierten Teilausschnitten ihres Lebens, ohne sich dabei von Emotionen leiten zu lassen, zum Beispiel als Devisenhändler an den Börsen der verschiedenen Länder. Mit der Entwicklung der großen Städte nehmen die letzteren, die funktionalen und abstrakteren Beziehungsformen zu. Damit spielt die Großstadt in Simmels Soziologie eine zentrale Rolle, denn die *Formen der Vergesellschaftung* (die Art und Weise der Beziehungen zwischen Individuen) wandeln sich mit der Zahl der beteiligten Individuen: »Man wird [...] aus den alltäglichen Erfahrungen heraus zugeben, daß eine Gruppe von einem gewissen Umfang an zu ihrer Erhaltung und Förderung Maßregeln, Formen und Organe ausbilden muß, deren sie vorher nicht bedarf, und daß andererseits engere Kreise Qualitäten und Wechselwirkungen aufweisen, die bei ihrer numerischen Erweiterung unvermeidlich verloren gehen« (ebd., 63). Aber allein das Vorhandensein einer Vielzahl von Personen in der Stadt garantiert noch nicht, dass Wechselbeziehungen eingegangen werden. Dafür sind Interessen, Motive, Bedürfnisse und ökonomische Notwendigkeiten die Voraussetzung: »Eine sehr große Zahl von Menschen kann eine Einheit nur bei entschiedener Arbeitsteilung bilden; [...] weil erst die das [...] Aufeinander-angewiesen-Sein erzeugt, das jeden [...] mit jedem in Verbindung setzt, und ohne das eine weit ausgedehnte Gruppe bei jeder Gelegenheit auseinanderbrechen würde« (ebd., 64).

Neben der Zahl der Beteiligten bestimmt die Dichte, die räumliche Nähe bzw. Distanz, die Formen der Wechselbeziehungen zwischen den Individuen. In seiner »Soziologie der Sinne« (Simmel 1993 [1908]) hat Simmel dem Auge eine dominante Funktion unter den Sinneswahrnehmungen zugewiesen. Diese Dominanz des Auges spielt in seiner Beschreibung der Großstadt eine wichtige Rolle. Die optischen Eindrücke in den Straßen der Stadt, »die rasche Zusammendrängung wechselnder Bilder, der schroffe Abstand innerhalb dessen, was man mit einem Blick umfaßt, die Unerwartetheit sich aufdrängender Impressionen« (Simmel 1995 [1903], 117) führe zu einem »raschen und ununterbrochenen Wechsel äußerer und innerer Eindrücke«. Damit einher gehe eine »Steigerung des Nervenlebens« (ebd., 116), die typisch für die Wahrnehmung in der großen Stadt sei.

Die Großstadt wird also beschrieben als ein Raum, in dem eine Überfülle kurzer, heftiger, schnell wechselnder und sehr verschiedenartiger Eindrücke auf den Betrachter einstürzen – um so intensiver, je größer Zahl und Dichte der Bevölkerung sind.

Wie können die Großstädter mit dieser »Zumutung« leben? Und wie kann daraus eine höhere Kultur, eine Zivilisation erwachsen? Das Zusammenwirken von kapitalistischer Geldwirtschaft und dichtem Großstadtleben mündet in eine Theorie der Urbanität, in der »die reine Sachlichkeit in der Behandlung von Menschen und Dingen« (ebd.) dominiert, die »gegen alles eigentlich Individuelle gleichgültig« ist und die Menschen zu »an sich gleichgültigen Elementen« (ebd.) umformt. Für Simmel ist die Großstadt ein »Gebilde von höchster Unpersönlichkeit« (ebd., 121).

Gleichgültigkeit und Indifferenz sind Voraussetzungen urbanen Zusammenlebens, da »gegenseitige Fremdheit und Abstoßung« (ebd., 123) Alltagsbedingung des Großstadtlebens sind, kommt man sich besser nicht so nah, denn »in dem Augenblick einer irgendwie veranlaßten nahen Berührung [würde die Fremdheit] sogleich in Haß und Kampf ausschlagen« (ebd.).

Simmel kennzeichnet den Umgang der Großstädter untereinander mittels dreier Merkmale:

1. *Intellektualität*: Die Großstädter durchdringen alle Beziehungen mit rationalem Kalkül. Der Verstand ist das unempfindlichste, am wenigsten auf die vielfältigen Reize reagierende Organ. Die Intellektualisierung dient als »ein Schutzorgan, [...] ein Präservativ des subjektiven Lebens gegen die Vergewaltigungen der Großstadt« (ebd., 117 f.).
2. *Blasiertheit*: Die Großstädter wiegen sich in der Gewissheit, alles schon einmal erlebt zu haben, nichts kann sie mehr überraschen. Ihre Sinne sind gegenüber der ständigen Überreizung durch die Großstadt abgestumpft. »Wie ein maßloses Genußleben blasiert macht, weil es die Nerven solange zu ihren stärksten Reaktionen aufregt, [...] so zwingen ihnen auch harmlosere Eindrücke durch die Raschheit und Gegensätzlichkeit ihres Wechsels so gewaltsame Antworten ab, reißen sie so brutal hin und her, daß sie ihre letzte Kraftreserve hergeben und, in dem gleichen Milieu verbleibend, keine Zeit haben, eine neue zu sammeln. Die so entstehende Unfähigkeit auf neue Reize mit der ihnen angemessenen Energie zu reagieren, ist eben jene Blasiertheit, die eigentlich schon jedes Kind der Großstadt im Vergleich mit Kindern ruhigerer und abwechslungsloserer Milieus zeigt« (ebd., 121).
3. *Reserviertheit:* Der ständige Kontakt mit einer Vielzahl fremder Menschen an jedem Ort der Stadt zwingt die Großstädter zu einer Distanziertheit gegenüber anderen, die sich bis zu »leise[r] Aversion«, »Fremdheit und Abstoßung« (ebd., 123) steigern kann. Es ist weder möglich noch wünschenswert, mit allen diesen Personen in Kontakt zu treten. »Wenn der fortwährenden äußeren Berührung mit unzähligen Menschen so viele innere Reaktionen antworten sollten, wie in der kleinen Stadt, in der man fast jeden Begegnenden kennt und zu jedem ein positives Verhältnis hat, so würde man sich innerlich völlig atomisieren und in eine ganz unausdenkbare seelische Verfassung geraten. Teils dieser psychologische Umstand, teils das Recht auf Mißtrauen, das wir gegenüber den in flüchtiger Berührung vorüberstreifenden Elementen des Großstadtlebens haben, nötigt uns zu jener Reserve, infolge deren wir jahrelange Hausnachbarn oft nicht einmal von Ansehen kennen und die uns dem Kleinstädter so oft als kalt und gemütlos erscheinen läßt« (ebd., 122 f.).

2.3 Die Ambivalenz der Urbanisierung

Intellektualisierung, Blasiertheit, Reserviertheit bezeichnen eine spezifische Qualität der Beziehungen der Großstädter untereinander und zu ihrer Umgebung. Diese Form der Wechselbeziehungen unter den Individuen wird nun auf mehreren Stufen entfaltet und erklärt:

- als Schutzmechanismus gegen die Überfülle schnell wechselnder Eindrücke. Größe und Dichte der Großstadt zwingen zu einem Abwehrverhalten, das den Großstädter vom Kleinstädter und Dörfler unterscheidet.
- Größe und Dichte der Großstadt bedingen eine besondere Organisation des städtischen Lebens, die wiederum bestimmte, rationalistische Verhaltensweisen erzwingt. »Durch die Anhäufung von so vielen Menschen mit so differenzierten Interessen greifen ihre Beziehungen und Bethätigungen zu einem so vielgliedrigen Organismus ineinander, daß ohne die genaueste Pünktlichkeit in Versprechungen und Leistungen das Ganze zu einem unentwirrbaren Chaos zusammenbrechen würde. [...] So ist die Technik des großstädtischen Lebens überhaupt nicht denkbar, ohne daß alle Thätigkeiten und Wechselbeziehungen aufs pünktlichste in ein festes, übersubjektives Zeitschema eingeordnet würden« (ebd., 119 f.).
Rechenhaftigkeit zeigt sich auch in der Rationalisierung der Raumorganisation. Bis ins 19. Jahrhundert wurden Häuser mit Eigennamen bezeichnet. Diese Kennzeichnung des Ortes als eines besonderen, individuellen wird in der Großstadt durch das objektive, vom besonderen Ort abstrahierende Prinzip der Straßen und Hausnummern ersetzt, das eine exakte geographische Verortung erlaubt (Simmel 1992 a, 711 f.). Es war übrigens die napoleonische Besatzung am Anfang des 19. Jahrhunderts, die die Nummerierung der Häuser in Deutschland einführte. Simmel argumentiert nicht allein mit der unmittelbaren sinnlichen Wirkung der Großstadt, sondern auch mit technischen Notwendigkeiten: Die wachsende Größe und Dichte der Stadt erfordern eine rationale Organisation von Zeit und Raum, welche nun wiederum ihrerseits den Großstädtern die Tugenden der »Pünktlichkeit, Berechenbarkeit, Exaktheit« aufzwingen (Simmel 1995, 120).
- Auf einer dritten Argumentationsstufe verweist Simmel auf die besondere Ökonomie der Stadt. Die Stadt ist Sitz der Geldwirtschaft, und die Blasiertheit des Städters ist »der getreue subjektive Reflex der völlig durchgedrungenen Geldwirtschaft« (ebd., 121). Indem sie alle qualitativen Differenzen auf solche des rein quantitativen Geldwerts reduziert, ermöglicht die Geldwirtschaft jene Sachlichkeit und Indifferenz gegenüber Menschen und Dingen, die sich der Großstädter auch als Schutzpanzerung gegen die Überforderung seiner Sinneswahrnehmung zulegen muss. Städtische Ökonomie ist Marktökonomie, städtische Produktion ist Produktion für den Markt und damit für den unbekannten Abnehmer. Auch

dies verstärkt eine großstadttypische Distanziertheit, wie sie in der überschaubaren Nähe und Geschlossenheit ländlicher Sozialbeziehungen undenkbar wäre.

Die prekäre Balance, die durch Distanz ermöglicht und aufrechterhalten wird, ist zugleich die Bedingung von persönlicher Freiheit. Darin, diesen Zusammenhang zu erkennen, besteht eine besondere Leistung von Simmel. Blasiertheit und Reserviertheit sind die Instrumente einer gleichsam negativen Integration.

Simmels stadtsoziologischer Entwurf erschöpft sich nicht in der Beschreibung und Erklärung von neuen, stadttypischen Verhaltensweisen. Was die städtischen Verhaltensformen bestimmt, bildet für ihn auch das Fundament einer spezifischen Produktivität der Stadt. Markt, Geldwirtschaft, Vielzahl und Dichte der Bevölkerung ermöglichen und erzwingen eine immer weitergehende Spezialisierung sowohl der arbeitsteiligen Produktion als auch des Angebots von Gütern und Dienstleistungen: Die Städte »erzeugen darin so extreme Erscheinungen, wie in Paris den einträglichen Beruf des Quatorzième: Personen, durch Schilder an ihren Wohnungen kenntlich, die sich zur Dinerstunde in angemessenem Kostüm bereithalten, um schnell herangeholt zu werden, wo sich in einer Gesellschaft 13 am Tisch befinden. Genau im Maße ihrer Ausdehnung bietet die Stadt immer mehr die entscheidenden Bedingungen der Arbeitsteilung: einen Kreis, der durch seine Größe für eine höchst mannigfaltige Vielheit von Leistungen aufnahmefähig ist, während zugleich die Zusammendrängung der Individuen und ihr Kampf um den Abnehmer den Einzelnen zu einer Spezialisierung der Leistung zwingt, in der er nicht so leicht durch einen anderen verdrängt werden kann« (ebd., 127 f.).

2.4 Urbanisierung und Arbeitsteilung

Spezialisierte Arbeitsteilung führt zu hoch spezialisierten Angeboten, die nur in einer großen Stadt eine genügend große kaufkräftige Nachfrage finden[2]: In der Großstadt findet das ausgefallenste Angebot noch genügend Käufer, hier gibt es auch für sehr spezielle Kulturleistungen ein ökonomisch tragfähiges Publikum. Das differenzierte Angebot wiederum erweitert die Differenzierung der Bedürfnisse: »Der Anbietende muß in dem Umworbenen immer neue und eigenartigere Bedürfnisse hervorzurufen suchen. Die Notwendigkeit, die Leistung zu spezialisieren, um eine noch nicht ausgeschöpfte Erwerbsquelle, eine nicht leicht ersetzbare Funktion zu finden, drängt auf Differenzierung, Verfeinerung, Bereicherung der Bedürfnisse des Publi-

---

2 Zu Beginn des 19. Jahrhunderts, als Simmel diesen Text schrieb, gab es noch keine elektronische Massenkommunikation und kein Internet. Für innovative Angebote bzw. Kulturleistungen, die sich am Markt erst noch etablieren müssen, gilt die Aussage aber auch noch im 21. Jahrhundert.

kums, die ersichtlich zu wachsenden personalen Verschiedenheiten innerhalb dieses Publikums führen müssen« (ebd., 128). So können sich in der großen Stadt Angebot und Nachfrage, Arbeitsteilung und Geschmack gegenseitig zu immer weiteren Differenzierungen steigern – und das gilt auch für Lebensstile. Simmel erkennt darin die Produktivität der großen Stadt.

Simmel arbeitet die Ambivalenz der Urbanisierung heraus: Arbeitsteilung und Marktdifferenzierung nötigen zwar den Einzelnen, seine Besonderheit und Eigenart zu betonen. Dieser Prozess der Individualisierung fände ohne die typische Reserviertheit und Distanz der städtischen Lebensweise in der Dichte der Großstadt keinen sozialen Raum. In dem Maße, in dem die Großstadt Ort von Blasiertheit, Reserviertheit und Intellektualisierung ist, ist sie aber auch Ort der Emanzipation aus engen sozialen Kontrollen und Ort der Individualisierung. Größe, Anonymität und Einsamkeit in der Großstadt sind zugleich die Voraussetzungen der Freiheit (ebd., 123 f.). Das Individuum gewinnt »Eigenart und Besonderheit« (ebd., 124). Die Großstadt »gewährt nämlich dem Individuum eine Art und ein Maß persönlicher Freiheit, zu denen es in anderen Verhältnissen gar keine Analogie gibt: sie geht damit auf eine der großen Entwicklungstendenzen des gesellschaftlichen Lebens überhaupt zurück, auf eine der wenigen, für die eine annähernd durchgängige Formel auffindbar ist« (ebd., 123 f.).

Individuelle Freiheit wird in der Großstadt nicht nur negativ durch den Fortfall der sozialen Kontrollen des Dorfes oder der Kleinstadt ermöglicht, sondern auch, indem Arbeitsteilung und hoch differenzierte Marktangebote Spielräume für individualisierte Lebensweisen eröffnen, »was dann schließlich zu den tendenziösesten Wunderlichkeiten verführt, zu den spezifisch großstädtischen Extravaganzen des Apartseins, der Kaprice, des Pretiösentums, deren Sinn gar nicht mehr in den Inhalten solchen Benehmens, sondern nur in seiner Form des Andersseins, des Sich-Heraushebens und dadurch Bemerklichwerdens liegt« (ebd., 128).

Das Grundgerüst der Stadtsoziologie Simmels kann mit drei Schlagworten charakterisiert werden:

1. *Mehrdimensionalität:* die Stadt als besondere Siedlungsform: Größe und Dichte; die Stadt als Ort einer besonderen Lebensweise; die Stadt als Ort einer besonderen Ökonomie, Geldwirtschaft.
2. *Wechselwirkung:* die besondere städtische Ökonomie, die besondere Lebensweise des Großstädters sowie Größe und Dichte der Stadt steigern sich gegenseitig in ihrer Wirkung. Erst ihr Zusammenwirken bildet das Spezifikum der großen Stadt.
3. *Produktivität:* die Stadt als ökonomisch produktiver Ort einer hoch differenzierten Arbeitsteilung, rechenhaften Verhaltens und der Geldwirtschaft; die Stadt als kulturell produktiver Ort der Intellektualisierung und der Differenzierung des Geschmacks; die Stadt als sozial produktiver Ort der Individualisierung.

Simmels stadtsoziologischer Essay war der erste Versuch, die industrielle Großstadt vorurteilsfrei zu beschreiben und zu erklären. Er beruht auf Überlegungen, die er eher beiläufig für einen Vortrag auf einer Bauausstellung in Dresden zu Papier gebracht hatte. Seine Leistung ist angesichts der Großstadtfeindschaft, die um 1900 und auch später vor allem in den politisch tonangebenden Kreisen der deutschen Gesellschaft herrschte, nicht zu überschätzen.

Dass Simmel dazu fähig war, die überwältigende Erfahrung der industriellen Urbanisierung unvoreingenommen wahrzunehmen und wissenschaftlich zu verarbeiten, mag auch mit seiner persönlichen Situation zusammenhängen. Simmel war Privatdozent in Berlin. Er wurde erst im zweiten Anlauf an der Berliner Humboldt-Universität als Extraordinarius aufgenommen. Simmel war Soziologe, eine damals kaum anerkannte Wissenschaft und er gehörte in einer Zeit des – auch an den Universitäten – grassierenden Antisemitismus einem Kreis jüdischer Intellektueller an. Simmel war ein Außenseiter im wissenschaftlichen Betrieb wie in der Gesellschaft.

Man kann Simmels kurzen »Exkurs über den Fremden«, erschienen 1908 (Simmel 1992 b), als Analyse seiner eigenen Situation lesen. Er bezeichnet den im Handel engagierten Juden als den klassischen Typus des Fremden in Europa. Als der »schlechthin Bewegliche kommt [er] gelegentlich mit jedem einzelnen Element in Berührung, ist aber mit keinem einzelnen durch die verwandtschaftlichen, lokalen, beruflichen Fixiertheiten organisch verbunden« (ebd., 766). Darin liegt eine besondere Objektivität begründet: weil der Fremde viele Gruppen kennt, keiner aber eindeutig zugehört, »steht er allen diesen mit der besonderen Attitüde des Objektiven gegenüber. [...] Der objektive Mensch ist durch keinerlei Festgelegtheiten gebunden, die ihm seine Aufnahme, sein Verständnis, seine Abwägung des Gegebenen präjudizieren könnten. [...] Er ist der Freiere, praktisch und theoretisch, er übersieht die Verhältnisse vorurteilsloser, mißt sie an allgemeineren, objektiveren Idealen und ist in seiner Aktion nicht durch Gewöhnung, Pietät, Antezedenzien gebunden« (ebd., 766 f.). Diese Haltung prägt offensichtlich Simmels Analyse der Großstadt. Am Ende seines Großstadt-Essays schreibt er, die Großstädte seien »eines jener großen historischen Gebilde, in denen sich die entgegengesetzten, das Leben umfassenden Strömungen wie zu gleichen Rechten zusammenfinden und entfalten. Damit aber treten sie, mögen ihre einzelnen Erscheinungen uns sympathisch oder antipathisch berühren, ganz aus der Sphäre heraus, der gegenüber uns die Attitüde des Richters ziemte. Indem solche Mächte in die Wurzel wie in die Krone des ganzen geschichtlichen Lebens eingewachsen sind, dem wir in dem flüchtigen Dasein einer Zelle angehören – ist unsere Aufgabe nicht, anzuklagen oder zu verzeihen, sondern allein zu verstehen« (Simmel 1995, 131).

Man kann Simmels Darstellung der Rolle des Fremden und des großstädtischen Sozialcharakters unschwer auch als Beschreibungen des Soziologen lesen (vgl. Srubar 1992, 44). Wie der Großstädter begegnet auch der Soziologe dem, was er um sich herum wahrnimmt, mit distanzierter Gleichgültigkeit. Er betrachtet alles mit dem objektivierenden Blick des Fremden, dem eben das erklärungsbedürftig erscheint, was den Alltag der Menschen ausmacht und daher von ihnen gerade fraglos als selbstverständlich hingenommen wird. Der Sozialforscher sieht dort Typisierbares und objektiv bedingte Regelmäßigkeiten, wo jeder Einzelne überzeugt ist, sich als Individuum zu verhalten. Das lässt auch die Soziologie blasiert erscheinen. Aber eine Wissenschaft, deren Geschäft es ist, das Alltägliche und Gewohnte aufzuklären, muss unweigerlich befremdlich wirken, denn sie stellt gerade dort ihre Fragen, wo andere nur hergebrachte Selbstverständlichkeiten und fraglos Richtiges sehen.

Was eine Theorie in den Blick nimmt und was sie ausblendet, macht ihre Qualität aus. Simmels Blick ist dominiert von der überwältigenden Erfahrung eines gänzlich neuen Phänomens, der industriellen Großstadt. Simmel fragt nach den Veränderungen, die damit in die Welt gekommen sind, und er tut das vor dem Hintergrund des Gegensatzes von Stadt und Land. Simmel beschreibt die Großstadt aus der Perspektive dessen, der von außen in sie eintritt, mit einem gleichsam ethnologischen Blick. Material seiner Analyse ist das, was sich dem Beobachter im öffentlichen Raum der Stadt erschließt. Dieser besondere Blick ist produktiv, aber er ist auch selektiv.

Simmels Essay hätte bahnbrechend sein können, da er sowohl methodisch als auch inhaltlich zahllose Anregungen für weitere Forschung enthielt. Allerdings fand das gesamte soziologische Werk Simmels nach seinem Tod in Deutschland lange keine Rezeption und inspirierte deshalb auch keine entsprechenden Forschungen. Anders dagegen in den USA. Dort wurden an der Universität Chicago die Gedanken Simmels aufgegriffen, einige seiner Texte erschienen sogar übersetzt im *American Journal of Sociology*. 1938 entwickelte Louis Wirth in direkter Auseinandersetzung mit Simmel seine Theorie zur *Urbanität als Lebensform* (Wirth 1974 [1938]). Dort fügt er für eine umfassende soziologische Analyse der Stadt, den Charakterhaltungen der Großstädter noch die analytischen Ebenen des sozialen Organisationssystems und der physisch realen Struktur hinzu.

Das Department für Soziologie der Universität Chicago war seit der Jahrhundertwende der maßgebliche Schrittmacher für die gesamte amerikanische Soziologie und ab 1913, mit dem Eintritt von Robert Park in das Department, auch für die soziologische Stadtforschung. Mit einer innovativen Vielfalt von Methoden wurde dort die empirische Erforschung der Stadtkultur vorangetrieben (vgl. Lindner 1990), während sich die deutsche Stadtsoziologie weder während der Weimarer Republik noch im Nationalsozialismus nennenswert weiter entwickeln konnte.[3]

---

3 Erst nach dem Zweiten Weltkrieg wurde die Stadtsoziologie mit dem Import des amerikanischen Forschungsstandes und den empirischen Methoden der *Chicago School of Sociology* gleichsam neu gegründet. Diese bestimmten dann zunächst auch in Deutschland weitgehend die empirische Erforschung der Stadt (vgl. Pfeil 1972; Friedrichs 1983).

Fragen

- Was meint Simmel mit der *Funktionalisierung* des Lebens in der Großstadt?

- Welche drei Merkmale kennzeichnen für Simmel den Charakter der Großstädter und wie lassen sich diese Charaktereigenschaften näher beschreiben?

- Worin bestand Simmels Verdienst für die spätere Stadtsoziologie im Vergleich zu vielen seiner Zeitgenossen?

3. Die Stadt als soziales Laboratorium – Robert Park und die *Chicago School of Sociology*

Was Simmel umtrieb – die Frage, wodurch sich die Einstellungen der Großstädter von denen der Landbewohner unterschieden –, war nicht das vorrangige Interesse der Chicagoer Soziologen, die in den ersten Jahrzehnten des 20. Jahrhunderts das Weltzentrum der Stadtforschung bildeten.

Als Robert Park, eine zentrale Figur der Soziologie in Chicago, im Wintersemester 1899/1900 einige Vorlesungen bei Georg Simmel in Berlin besuchte, hatte er neben einem abgeschlossenen Studium der Philosophie bereits zwölf Jahre Reportertätigkeit in Minneapolis, Denver, New York und Chicago hinter sich. Ähnlich wie Simmel war er also ein profunder Kenner großstädtischer Vielfalt. Für Park stellte die Stadt Chicago ein gigantisches soziales Laborexperiment dar, das er insgesamt zum Thema seiner empirischen Forschung machte. Nicht der Gegensatz von Stadt und Land, sondern die Lebenswelten unterschiedlicher sozialer Gruppen innerhalb der Stadt, deren physische und soziale Binnenstruktur, wurden zum Forschungsfeld.[4] Die Gedanken Simmels – und insbesondere seine theoretische Fassung von Gesellschaft als einem Geflecht verschiedenster *Wechselwirkungen* – fielen bei ihm auf fruchtbaren Boden.

3.1 Stadtforschung »aus der Erfahrung der Reportage«

Rolf Lindner leitet die besonderen Leistungen der Chicagoer Soziologen aus »der Erfahrung der Reportage« her (Lindner 1990, 2004). Er zeigt, wie eng die Entstehung einer Massenpresse und eine bestimmte Art von Journalismus mit der Urbanisierung

---

4 Weder begann mit dem Eintritt Parks die soziologische Tradition der Universität Chicago noch endete sie mit dessen Emeritierung im Jahr 1933. Er stellt aber sicherlich die zentrale Figur des Departments in den Jahren zwischen 1916 und 1933 dar. Diese Zeit wird allgemein als die produktivste des Departments anerkannt und als das so genannte ›goldene Zeitalter‹ der *Chicago School of Sociology* bezeichnet. Im Verlauf des Kapitels wird noch deutlich werden, dass hier der Begriff ›Schule‹ im strengen Sinn (etwa so wie bei der Durkheim-Schule) nicht angebracht ist. Bei der *Chicago School* handelte es sich um einen loses Netzwerk von Forschern, die durch theoretische Grundüberzeugungen verbunden waren.

verknüpft sind. Die Urbanisierung brachte neue Formen der Massenkommunikation hervor, der Stoff dieser Massenkommunikation war wiederum die Urbanisierung in all ihren neuartigen Erscheinungen: eine klassische Wechselwirkung im Simmelschen Sinn. Die zunehmende Vielfalt der Lebensweisen und -welten innerhalb der Stadt steigerten die Neugier der Großstadtbewohner und deren Bedürfnis, über die Mauern der eigenen hinaus und in die fremden Lebenswelten hinein zu blicken. Dieses Interesse ließ eine neue Form der Presse entstehen, die nicht mehr von akademisch gebildeten Abonnenten, sondern vom Straßenverkauf lebte und die vorbeieilenden Passanten unmittelbar ansprechen musste. Die Massenpresse und das Kino wurden zum *Zauberteppich* (Wenzel 2001), mit dem die Stadt in all ihren unbekannten Orten, fremden Menschentypen und geheimen Winkeln besichtigt werden kann. Berichte über Menschen, Einrichtungen und Ereignisse werden zu Sensationen, die »gemessen an unseren Erfahrungen, Erwartungen und Vorstellungen ungewöhnlich sind« (Lindner 1990: 20). Die Stadt wird zum exotischen Ort, von dem sich Unerhörtes berichten lässt, aber gleichzeitig lassen die Berichte die Exotik verblassen und stimulieren die Suche nach neuen Unerhörtheiten.

»Die Zeitung neuen Typs ist eine zentrale Institution und Instanz des Übergangs von der Tradition zur Moderne, der sich als Übergang vom Land zur Stadt, von der Alten Welt zur Neuen Welt darstellt« (ebd.). Die ›innere Urbanisierung‹, also das Vertrautwerden mit den neuen Erscheinungen der Großstadt, wird durch die Großstadtpresse vorangetrieben. Es entstehen verschiedene Genres von Reportagen, die als Vorläufer der Stadtkulturforschung der *Chicago School* betrachtet werden können. Der Prototyp der Entdeckung großstädtischer Lebenswelten durch den Journalismus ist der Polizeireporter. Er definiert Neuigkeiten im Sinne des Außergewöhnlichen und Normwidrigen, und er sucht die Orte auf, wo die Wahrscheinlichkeit, dass man solche erfährt, am größten ist: den Gerichtshof, die Hospitäler, die Leichenhallen, die Polizeistationen und Feuerwehrbrigaden.

Die Rollenreportage stellt eine besondere Form dar, bei der der Reporter die Nachricht nicht aufspürt, sondern sie ›macht‹, indem er in eine bestimmte Rolle hineinschlüpft und über seine Erlebnisse berichtet. Sie ist eine Vorform der sozialwissenschaftlichen Methode der *teilnehmenden Beobachtung*. Elizabeth Cochrane beispielsweise ließ sich als geistig verwirrt in ein berüchtigtes ›Irrenhaus‹ einweisen und schilderte die Situation der Patienten und die Behandlungsmethoden aus eigenem Erleben. Ein Frauengefängnis beschrieb sie von innen, nachdem sie sich hatte verhaften lassen, und als angeblich Kranke überprüfte sie die medizinische Versorgung in einer Armenklinik. Auch die Innenwelt der Heilsarmee und die Reaktionen des Straßenpublikums recherchierte sie als verkleidete Kämpferin gegen Armut und Alkoholismus.

Dagegen vermittelten die *Milieu-Reportagen* Impressionen aus dem metropolitanen Leben verschiedener Zuwanderergruppen. Deren Thema ist die »Binnenexotisierung, die die amerikanische Großstadt des 19. Jahrhunderts durch die Immigran-

Die Stadt als soziales Laboratorium 47

Abb. 3.1 Wohnverhältnisse in New York an der Wende zum 20. Jahrhundert

ten aus aller Herren Länder erfährt [...]. Die Bilder, die der Journalist zeichnet, sind solche von der Kultur und den Ritualen der verschiedenen ethnischen Gruppen, sind Skizzen vom Leben und Treiben in den ethnischen Vierteln [...]« (ebd. 37).

Politische Themen werden im Genre des *muckraking* aufgegriffen; sozialkritische Artikel, die diejenigen, die sich in der Öffentlichkeit rechtschaffen geben, als Heuchler entlarven, Geschäftsverbindungen zwischen Ganoven und Politikern, Polizisten und Richtern aufdecken und so die herkömmlichen Vorstellungen von Gut und Böse durcheinander wirbeln, nicht viel anders als in den Kriminalromanen der ›schwarzen Serie‹.

Noch heute bekannt als Begründer der Sozialfotografie ist Jacob A. Riis, der mehr als zwei Jahrzehnte als Reporter in New York gearbeitet hat. Er überschritt die Linie punktueller Sensationsbeschreibung mit Reportagen über die soziale Umgebung derjenigen Mord- und Selbstmordfälle, die in den Sensationsreportagen ausgeschlachtet wurden. Bereits 1889 veröffentliche er in einem Magazin die Artikelserie *How the Other Half Lives: Studies Among the Tenements of New York* (siehe jetzt Riis 1997). Der Text illustriert mit Fotografien das Innere der Wohnungen, Kellerlöcher und dunklen Hinterhöfe und wurde zur Sensation. Riis' Darstellung schildert die

Wohnverhältnisse, vor allem in den Mietskasernen und skizziert die Wohnsituation der ethnischen Bevölkerungen anhand eines Stadtplans der Ethnien.

Der Leser wird in Mietskasernenwohnungen geführt, charakteristische Einrichtungen des Slums werden ihm vorgestellt, wie zum Beispiel das Billigrestaurant und die schäbigen Logierhäuser. Er geht auf einzelne Wohnviertel (Chinatown, Jewtown usw.) ein, beschreibt Bevölkerungsgruppen und -typen (Straßenjungen, Gangs) und schildert eindringlich die Situation junger Fabrikarbeiterinnen. Die Darstellungen waren mit Plänen und Statistiken versehen und können daher »durchaus als ein früher Beitrag zur Großstadtforschung« (Lindner 1990, 32) gelesen werden.

Die Reportagen, die sich dieser Vielfalt (der Großstadt) verdanken, bieten mit ihren Beschreibungen der Stadt, mit ihren Darstellungen großstädtischer Einrichtungen und Berufsgruppen und mit ihren Geschichten über ethnische Viertel und deren Bewohner den Lesern Ersatz für fehlende Anschauung, bringen Fremdes nahe und machen Neues verständlich. Der Reporter fungiert in diesem Kontext als Kundschafter, der seinen Lesern vom Glanz und Elend der Großstadt berichtet. »Stellvertretend für den Leser tritt er die Reise ins Innere von Metropolis an: [...] Als Kundschafter entwickelt der Reporter Recherchetechniken, die dem Image des Abenteurers ebenso wie den veränderten Gegebenheiten in der großstädtischen Welt entsprechen: die Beobachtung und das Interview, die Untersuchung vor Ort und die *Undercover-Recherche*« (ebd., 46).

3.2 Städtische Lebenswelten als Gegenstand verstehender Sozialforschung

Die Funktion der Journalisten und des Zeitungswesens reflektierte Robert Park in vielen seiner Schriften. Weder die Methoden noch die Inhalte seiner Soziologie sind zu verstehen ohne seine eigenen journalistischen Erfahrungen. Im Mittelpunkt stehen Erkundungen und Beobachtungen. Seine Studenten werden dazu angehalten, die Stadt zu Fuß zu erkunden, mit den Leuten zu reden und ihre Beobachtungen detailliert festzuhalten: *Get the feeling* (ebd., 116). Große Bedeutung haben Gespür und Gefühl, der Instinkt des Nachrichtenmannes für Nachrichten, sein untrüglicher Riecher: *The art of looking* (ebd., 117) und das *nosing around* (ebd., 29). »Park setzte den Akzent weniger auf methodische Rigorosität als vielmehr auf soziologische Phantasie« (ebd., 122). Er suchte nach dem Authentischen, Genuinen und Wirklichen und bemühte sich um ein Verständnis des Fremden ohne moralische Vorurteile oder Besserungsabsichten. Es handelte sich um ein »interessenlose[s] Interesse, das sich dem ›anderen‹ zuwendet, um es zu verstehen, nicht um es zu verändern« (ebd., 268).

Park war mit dieser Haltung des neutralen Beobachters eine ähnliche Ausnahmeerscheinung in der damaligen amerikanischen Soziologie wie Simmel in Deutschland mit seiner differenzierten Analyse der Großstadt angesichts der Dominanz eines konservativen Kulturpessimismus. Mehr als ein Drittel aller Professoren, die sich bis 1900 in den USA mit Soziologie beschäftigten, waren ausgebildete Theologen. Die Soziologie orientierte sich als praktische Wissenschaft an den sozialen Problemen der Zeit und unterstützte die Bemühungen der Sozialreformer. Zeitgenössisch wurde sie *Big-C-Soziologie* genannt, weil sie sich vorwiegend mit *charity, crime, and correction* beschäftigte. Auch in der soziologischen Abteilung der Universität von Chicago war diese Orientierung vorherrschend. Demgegenüber weicht der Ansatz von Park, der unverstellte Blick des Reporters, erheblich ab. Wir haben es gleichsam mit einem »kulturellen Dissidenten« (ebd., 245) zu tun, der jegliche moralische Bewertung seiner Untersuchungsgegenstände abwehrt und zu einem Verständnis ungekannter und abweichender Lebensformen ›von innen‹ kommen will.

3.3 *To see life* – das Forschungsprogramm des Robert Park

Die Reportage wird für Park zum Modell der soziologischen Erforschung der Stadt. Damit ist nicht nur das methodische Postulat der Vorurteilsfreiheit und der direkten Beobachtung gemeint, sondern auch seine inhaltliche Konzeption von dem, was ›Stadt‹ ist: Sie interessiert ihn nicht als eine besondere Einheit, er blickt auf die Stadt nicht von außen, sondern er sieht nach innen in die Stadt, um deren Binnenstruktur zu untersuchen. Die Stadt interessierte Park als Ganzes eigentlich überhaupt nicht. Vielmehr sind für ihn die einzelnen, vielfältigen Lebenswelten, die vielen Kulturen von Interesse, die nur in der Großstadt zu beobachten sind. Was städtisch ist, konkretisiert sich nur in den Teilkulturen, in den *communities*. Dieses Bild von der Stadtkultur als einer Kultur der Differenz drängte sich dem unvoreingenommenen Beobachter in der rasant expandierenden Industriestadt Chicago unmittelbar auf, in die Menschen aus den unterschiedlichsten Kulturen strömten.

Die Hintergrundfolie der Einwanderungsstadt ist wie die Form der Reportage für Park doppelt bedeutsam: Sowohl methodisch als auch konzeptionell.

- Methodisch deshalb, weil Fremdheit die für Park prototypische soziologische Wahrnehmungsweise darstellt. Wie Simmel thematisiert auch Park die Figur des Fremden an zentraler Stelle; Simmel spricht vom Fremden als »objektive[m] Mensch[en]« (Simmel 1992 b, 767), Park vom *marginal man* (Park 1928). Beide bezeichnen damit eine Idealfigur, die durch unvoreingenommene Erfahrung ausgezeichnet ist. Räumliche und soziale Mobilität hat den *marginal man* von seinen traditionalen Wahrnehmungs- und Orientierungsmustern entfremdet, in die neue Kultur ist er aber (noch) nicht integriert. Er lebt auf der Grenze, bleibt ein distanzierter Beobachter. Sowohl Parks *marginal man* als auch Simmels *Fremder* sehen klarer und objektiver auf bestehende Gruppierungen als es deren Mitglieder je im Stande wären.

- Konzeptionell war die Erfahrung der Einwanderungsstadt für Park insofern bedeutsam, als mit dem Zuzug von Einwanderern in den verschiedenen Gebieten der Stadt verschiedene *communities* mit eigenen sozialen Normen und Institutionen entstanden waren, die sich aus mitgebrachten Traditionen und der Auseinandersetzung mit der neuen Umwelt entwickelt hatten. Die monumentale Studie seines Vorgängers William Isaac Thomas und dessen Kollegen Florian Znaniecki über die eingewanderten Bauern aus Polen (Thomas/Znaniecki 1995 [1918–1920]) war und ist hierfür richtungweisend.

Die Territorien der verschiedenen *communities* bilden die einzelnen Steine, aus denen sich das urbane Mosaik der Großstadt zusammensetzt. Ihre Verteilung über das Stadtgebiet entsteht durch die Konkurrenz der sozialen Gruppen um materielle und räumliche Ressourcen. Daraus ergibt sich, dass jede soziale Gruppe in der Stadt dasjenige Quartier besetzt hält, welches die besten Bedingungen für ihre spezifische Lebensweise (ethnische Homogenität, gemeinsame Interessen, Temperamente, Lebensstile) bietet. Die Mitglieder der jeweiligen ethnischen Gruppe werden von diesen Gebieten angezogen, sie bewegen sich dahin, ›wo sie sich zugehörig fühlen‹. Es sind also immer schon soziale Gebilde, die zu räumlich abgrenzbaren Einheiten führen, die durch eigene Normen, Traditionen und Verhaltensmuster geprägt sind. Park nennt die so entstandenen zugleich physischen und sozialen Einheiten *natural areas*. Natürliche Gebiete deshalb, weil in ihnen eine optimale Anpassung zwischen Umwelt und Bewohnern als Ergebnis eines ›natürlichen‹ Konkurrenzkampfes stattgefunden habe. Er betont dabei das Zusammenspiel von physischen und sozialen Faktoren, von Natur und Kultur. In deren Interaktion und gegenseitigen Transformationen bildet sich das heraus, was Stadt heißt, es entsteht ein Flickenteppich kleiner Welten, Kolonien, Distrikte, segregierter Gebiete: Städte innerhalb der Stadt.

Park beschreibt und erklärt diese sozialräumliche Struktur der Stadt in Analogie zur Tier- und Pflanzenökologie, wonach die Verteilung der verschiedenen Spezies im Raum aus dem darwinistischen Kampf um die Erhaltung der Art entsteht. Wegen dieser Analogie zur Tier- und Pflanzenökologie wird mit Bezug auf die Chicagoer Soziologie auch von der Schule der Sozialökologie gesprochen. Die Analogie zur Pflanzenwelt begründet für Park offensichtlich den Glauben an eine Ordnung, die sich immer wieder als neues Gleichgewicht zwischen äußeren und inneren Bedingungen herstellt, und bewahrt ihn davor, alles Neue und Abweichende gleich mit der Elle des ›abweichenden Verhaltens‹ zu messen. Park ist deshalb vor allem an der vorurteilslosen Beschreibung der vielen verschiedenen Kulturen in der Stadt interessiert. Insgesamt schwankt er aber bei der ›wissenschaftlichen Bewertung‹ zwischen der Betonung von Freiheit, die diese Welten als Möglichkeitsraum bieten, und der Warnung vor Desintegrationserscheinungen.

In der Beschreibung solcher Gebiete sind die klassischen empirischen Studien der Chicagoer Soziologie entstanden. »Alle diese Studien [...] versuchen, den Zusammenhang von Stadtraum und Verhaltensmustern ganzheitlich zu erschließen« (Lindner 1990, 104). So entstand eine Vielzahl von Studien zur Großstadtkultur, die sich beispielsweise mit der Lebenswelt der Wanderarbeiter und Obdachlosen, mit dem Zusammenleben im jüdischen Ghetto und mit kriminellen Jugendlichen beschäftigten (eine ausführliche Liste findet sich ebd.). Das Interesse der beteiligten Forscher richtete sich auf die subjektive Logik von Lebensläufen und Verhaltensweisen, um deutlich zu machen, dass gesellschaftliche Randgruppen nicht nur als Opfer gesellschaftlicher Verhältnisse betrachtet werden dürfen, sondern auch als Akteure gesellschaftlicher Innovation. Dieser Zugang stellte der einseitigen Auffassung von der Großstadt als Ort der Entfremdung die Interpretation als Emanzipationszusammenhang gegenüber, in dem neue Rollen, neue Kulturen und neue Lebensweisen entstehen können (vgl. auch ders. 2004, 113 ff.).

Nels Anderson, *The Hobo (1923)*

Die Studie zu den amerikanischen Wanderarbeitern, den Hobos, die sich auf Güterzügen durchs Land und von Arbeitsstelle zu Arbeitsstelle bewegten, entstand im Jahr 1923 als erste der ethnologischen Studien in Parks Forschungsprogramm ›*to see life*‹. Hauptsächlich durch teilnehmende Beobachtung erkundet Nels Anderson die Welt der Hobos in Chicago. Der Autor selbst war zwischen 1906 und 1912 als Wanderarbeiter durch die USA gereist, bevor er 1921 das Studium der Soziologie aufnahm.
Die Zeit der Hobos begann nach dem Ende des *Civil War* und erlebte eine Hochzeit gegen Ende des 19. Jahrhunderts. Die Nation dehnte sich nach Westen aus und viele entwurzelte Kriegsveteranen begannen als Erntehelfer, Bau- oder Waldarbeiter durchs Land zu ziehen. Während der Weltwirtschaftskrise in den 1930er Jahren erlebte das Hobotum einen erneuten Boom. Anderson unterschied in seiner Studie drei Typen. Den *Saisonarbeiter,* auch Hobo erster Klasse genannt, der verschiedene Anstellungen, je nach Jahreszeit besitzt. Den *Hobo,* der zwar auch als Saisonarbeiter unterwegs ist, dazwischen aber immer mal wieder Pausen in verschiedenen Städten einlegt. Und schließlich den *Tramp,* der eher nach der Romantik des Herumreisens sucht als nach bezahlter Arbeit.
Das Chicago der 1920er Jahre diente als Vermittlungszentrum für Saisonarbeiten, dort erfuhr man von den besten Arbeitsgelegenheiten; außerdem war die Stadt der größte Eisenbahnknotenpunkt der USA. Sie bot genügend Unterkunftsmöglichkeiten für den Winter und Angebote zu kostenloser Gesundheitsversorgung. Die Zahl der Hobos in Chicago um 1920 schwankte zwischen 30 000 und 75 000, je nach Jahreszeit und Konjunktur. Etwa ein Drittel wohnten ständig in der Stadt, die verbleibenden zwei Drittel fluktuierten schnell, bei guter Arbeitssituation blieb man nicht länger als eine Woche, in schlechteren Zeiten oder im Winter drei Wochen bis zu einem Monat.
Chicagos *Hobohemia* lag im Zentrum der Stadt, innerhalb des so genannten *Loop* – des inneren Ringes der Hochbahn – und umfasste hauptsächlich vier Straßenzüge:

Auf der *West Madison Street*, auch *Sklavenmarkt* genannt, befanden sich die meisten Arbeitsvermittlungsbüros, im Jargon der Hobos *man catchers* genannt. Dort wurden Jobs für alle Teile der USA vermittelt und man konnte dort bereits die entsprechenden Vertragsbedingungen und die Bezahlung aushandeln. Vor allem jüngere Hobos hielten sich dort auf, die die Stadt so schnell wie möglich wieder verlassen wollten und nach einem passenden Ziel suchten. Frauen waren in dieser Gegend so gut wie keine anzutreffen.

Die *State Street* oder *Hobohemian Playground* bildete das Unterhaltungs- und Vergnügungsviertel der Hobos. In den billigen Hotels lebten diejenigen, die nicht sofort wieder aufbrechen wollten, die in der Stadt Arbeit gefunden hatten oder sich von gespartem Geld über Wasser halten konnten. Die billigsten Übernachtungsmöglichkeiten waren die *flop houses*, wo die Gäste für das Recht bezahlten, sich in einem großen Schlafsaal auf den Boden legen zu dürfen. Dort befanden sich aber auch Unterkünfte der Wohlfahrtsorganisationen, zum Beispiel der Heilsarmee. Dies war die Gegend der *home guards*, der Hobos, die sich für den gesamten Winter in der Stadt einquartierten.

Als *Bughouse Square* (*bug*: Wanze) wurde die Region der Hobo-Intellektuellen bezeichnet, die *Chicago Avenue*. Auf umgestülpten Holzkisten standen dort an jeder Ecke Redner und gaben ihre Sicht der Welt preis, von den Passanten mit mehr oder weniger Aufmerksamkeit bedacht. Anderson beschreibt die Atmosphäre dieser Gegend als das Rendezvous zwischen Denkern, Träumern und chronischen Agitatoren. Die durchreisenden Hobos kamen nie in diese Gegend, sie wurde frequentiert von Leuten die Muße zum Zuhören mitbringen konnten. Niemand nahm allerdings die Redner sonderlich ernst.

Im *Grant Park*, östlich der Michigan Avenue, hielten sich im Sommer vor allem junge Hobos auf. Entlang des Ufers des *Lake Michigan* lag eine Reihe so genannter *jungles*. In der Regel befanden sich diese Lagerplätze im Freien neben Eisenbahnstrecken oder an den Stadträndern. In den *jungles* konnte man seine arbeitsfreie Zeit verbringen, Wäsche waschen, Verpflegung zubereiten und ausruhen. Nels Anderson bezeichnete diese Plätze als Orte der absoluten Demokratie: Weder Rassen- noch Statusunterschiede spielten eine Rolle, alle hatten dort die gleichen Pflichten. Die *jungles* waren ein Platz der Begegnung und der Kommunikation – allerdings mit einem Tabu: die Vergangenheit der einzelnen Personen wurde niemals angesprochen.

In den Straßen von Hobohemia befanden sich auch billige *Lunchhouses*, wo man Essen für die Hälfte der sonst im Distrikt üblichen Preise bekommen konnte, außerdem Kleiderbörsen und Läden für gebrauchtes Werkzeug, Kinos und in so genannten *Barber Colleges* boten Schüler des Friseurhandwerks Rasuren und Haarschnitte umsonst an. Hobohemia bot für die Wanderarbeiter nicht nur jegliche Infrastruktur sondern auch diverse Möglichkeiten sich über Gelegenheitsarbeiten, Straßenhandel oder Trickbetrügerei einen bescheidenen Lebensunterhalt zu beschaffen.

Nels Anderson beleuchtet noch viele interessante Aspekte des Lebens der Hobos in der Stadt Chicago. Sein Mentor Robert Park betrachtete die Forschungsarbeit als Pilotstudie für sein weiteres exploratives Forschungsprogramm, dass sich aus dem Stil der Reportage ableitete und auch auf ein breites Publikum zielte.

»Nicht nur Transport und Kommunikation, sondern die Segregation der städtischen Bevölkerung erleichtert tendenziell die Mobilität des Individuums. Die Prozesse der Segregation errichten moralische Distanzen, die die Stadt zu einem Mosaik von kleinen Welten machen, die sich berühren, aber nicht durchdringen. Dies macht es für die Individuen möglich, schnell und leicht von einem moralischen Milieu in ein anderes zu wechseln, und ermutigt das faszinierende aber gefährliche Experiment, zur selben Zeit in zahlreichen verschiedenen benachbarten, aber andererseits weit getrennten Welten zu leben. Dies fördert einen oberflächlichen und abenteuerlichen Charakter des städtischen Lebens; es kompliziert soziale Beziehungen und produziert neue, unterschiedliche individuelle Typen. Es bringt gleichzeitig Möglichkeiten und Abenteuer hervor, die sich zum Stimulus des städtischen Lebens hinzuaddieren, und wirkt für junge und frische Nerven als besondere Attraktivität. Die Anziehungskraft von großen Städten ist vielleicht eine Folge von Anregungen, die direkt auf Reflexe wirken. Als einen Typus menschlichen Verhaltens kann man es erklären, wie die Attraktion des Feuers für die Motte [...]« (Park/Burgess 1974, 40f., Übersetzung HH/WS). Das Bild von Motte und Feuer verdeutlicht die Ambivalenz zwischen Abenteuer und Gefahr, zwischen neuen Möglichkeiten faszinierender Erfahrungen und der Bedrohung durch den Untergang.

Über die *natural areas* hinaus gibt es aber auch Leidenschaften und Temperamente, die nicht so eindeutig an soziale Gruppen und ihre spezifischen Gebiete gebunden sind, die sich vielmehr um bestimmte Aktivitäten bilden. Auch sie können ihre eigenen Orte haben, aber meist nur vorübergehend und zu bestimmten Zeiten: »Es ist unvermeidlich, dass sich Individuen, die dieselben Formen von Aufregung suchen, egal ob es sich um Pferderennen oder um große Opern handelt, von Zeit zu Zeit an den selben Orten befinden. Das Ergebnis ist, dass in der Organisation, die das Stadtleben spontan herstellt, die Bevölkerung dazu tendiert, sich selbst zu segregieren, nicht nur entlang ihrer Interessen, sondern entlang ihrer Geschmäcker oder ihrer Temperamente. Die daraus sich ergebende Verteilung der Bevölkerung ist wahrscheinlich ziemlich verschieden von der, die durch Beschäftigungsinteressen oder ökonomische Bedingungen hervorgebracht wird« (ebd., 43). Park nennt diese Segregation nach Lebensstilen eine *moral region* (ebd., 45) und betont, dass es bestimmte Milieus gibt, in denen sich unterdrückte Impulse, Leidenschaften und Ideale von der dominanten moralischen Ordnung emanzipieren und ausleben können. Dabei handelt es sich offensichtlich nicht nur um dauerhafte Wohnstandorte, sondern auch um Orte für bestimmte Zwecke. Die Menschen kommen mit undisziplinierten Leidenschaften, Instinkten in die Welt – Park verweist an dieser Stelle ausdrücklich auf Freud. Zivilisation ist die Kontrolle dieser wilden, natürlichen Dispositionen. Sie gelingt nie vollständig. Also muss es Orte geben, wo diese Leidenschaften zum Ausdruck kommen können in einer zumindest erträglichen Weise.

Zu solchen Orten, an denen sich bestimmte Temperamente und soziale Gruppen sammeln, zählt er auch die Aufenthalts- und Wohnorte der Armen, der Kriminellen, der exzeptionellen Personen im Allgemeinen. Sie können sich nicht mit den ›normalen‹ Menschen mischen. »Wir müssen daher diese *moral regions* akzeptieren und die mehr oder weniger exzentrischen und exzeptionellen Leute, die sie bewohnen, als in einem gewissen Sinne wenigstens Teil des natürlichen, wenn nicht normalen Lebens einer Stadt betrachten« (ebd.).

Die ›Kultursoziologie‹ Parks bildet nur eine Seite der *Chicago-Schule*. Ernest Burgess, ein anderer Protagonist, beobachtete dagegen die Gesetzmäßigkeiten der räumlichen Strukturierung: Er entwarf ein Stadtentwicklungsmodell, beschäftigte sich mit dem Phänomen der residentiellen Segregation oder mittels epidemiologischer Ansätze mit abweichendem Verhalten und Kriminalität. Burgess suchte mit vorwiegend quantitativen Methoden nach allgemeinen Gesetzmäßigkeiten der sozialräumlichen Entwicklung, wie sie noch heute vorwiegend in der Stadtgeographie Anwendung finden (vgl. Heineberg 2000, aber auch Friedrichs 1983 und 1995).

Das wichtigste theoretische und methodische Konzept der *Chicago School*, das noch heute eine zentrale Rolle in der Stadtforschung spielt, ist sicherlich das der sozialen Segregation (siehe hierzu die Kapitel 11, 12 und 13). Segregationsforschung ist nach Friedrichs »der zentrale Bereich der Stadtanalyse« (Friedrichs 1983, 216). Aber auch die dichte Beschreibung unterschiedlicher städtischer Lebenswelten und deren räumliche Verortung innerhalb der Stadt ist ein bleibendes Erbe der *Chicago School of Sociology*, das heute vor allem von der Stadtethnographie bzw. der Europäischen Ethnologie gepflegt wird. Die methodologischen Innovationen aus Parks Forschungsprogramm *to see life* wurden grundlegend für die qualitative Sozialforschung. In jüngster Zeit hat Sighard Neckel die Spuren einer »dritten« Chicago School aufgenommen und ist auf eine nach wie vor lebendige Forschungstradition im Geiste Robert Parks gestoßen (Neckel 1997).

Fragen

- Welches Forschungsinteresse hatte Robert Park an der Großstadt?
- Wie setzte er dieses Forschungsinteresse methodisch um?
- Welches zentrale Thema der Stadtforschung ging von der *Chicago School of Sociology* aus und was ist dessen Gegenstand?

4. Die Polarität von Öffentlichkeit und Privatheit

Bis jetzt haben wir uns mit dem spezifischen Charakter von Großstadtbewohnern und mit dem vitalen Nebeneinander verschiedener städtischer Lebenswelten beschäftigt. Nun wird es um die Unterscheidung zweier polarer Handlungssphären innerhalb der Großstadt gehen, denen jeweils unterschiedliche normative Standards zugrunde liegen, die Sphären der Privatheit und der Öffentlichkeit. Hans Paul Bahrdt (1998 [1961]) hat die Polarität zwischen Privatheit und Öffentlichkeit als zentrales Merkmal von Urbanität angesehen.

Simmel nahm das Verhalten der Großstädter nur ausschnitthaft in den Blick, nur mit denjenigen Aspekten, die im öffentlichen Raum für das Auge des Betrachters sichtbar werden. Mit dieser Konzentration ist eine einschneidende Begrenzung verknüpft, denn im öffentlichen Raum zeigt sich nur ein Teil des Lebens, nur ein Teilspektrum des Verhaltens. Großstädter haben auch eine Privatsphäre, eine Familie und einen Freundeskreis. Würde sich der Großstadtbewohner dort ebenso blasiert, reserviert und intellektuell-distanziert verhalten, wie Simmel es als typisch für die Großstädter beschrieben hat, bekäme er bald Schwierigkeiten. Die private Wohnung ist der hauptsächliche Ort, an dem die emotional aufgeladenen, intimen Sozialbeziehungen gelebt werden – und der ausschließlich dafür vorgesehen ist. Dort kommt es zu einer Vertiefung menschlicher Beziehungen, die es auf dem Land kaum gab.

4.1 Öffentlichkeit und Privatheit als Grundkategorien der bürgerlichen Stadt

Als Hans-Paul Bahrdt 1961 sein Buch *Die moderne Großstadt* publizierte, war die Erfahrung der Großstadt bereits alltäglich geworden. Ein Großteil der Menschen lebte wie selbstverständlich in Großstädten, und es gab bereits eine Fülle von empirischen Studien zu den verschiedensten Phänomenen des Lebens in großen Städten. Beides erlaubte einen viel differenzierteren Blick auf die Stadt und die städtische Lebensweise.

Auch Bahrdt geht es um die städtische Besonderheit, vergleicht also die Stadt mit dem Land, insofern steht er in der Tradition der von Simmel begründeten Großstadtsoziologie. Auch er fragt nach Urbanität als einer Lebensweise, die sich von der ländlichen Lebensweise systematisch unterscheiden lässt, aber er tut dies nicht mehr nur anhand des Verhaltens im öffentlichen Raum. Zentral sind für ihn die Kategorien von Privatheit und Öffentlichkeit, die zwei soziale und zugleich räumliche Sphären benennen, in die sich das städtische Leben polarisiert. Diese Polarität zwischen Öffentlichkeit und Privatheit ist für ihn die spezifische Trennlinie zwischen städtischer und ländlicher Lebensweise: »Eine Stadt ist eine Ansiedlung, in der das gesamte, also auch das alltägliche Leben die Tendenz zeigt, sich zu polarisieren, das heißt entweder im sozialen Aggregatzustand der Öffentlichkeit oder in dem der Privatheit stattzufinden. Es bilden sich eine öffentliche und eine private Sphäre, die in engem Wechselverhältnis stehen, ohne dass die Polarität verloren geht. [...] Je stärker Polarität und Wechselbeziehung zwischen öffentlicher und privater Sphäre sich ausprägen, desto ›städtischer‹ ist, soziologisch gesehen, das Leben einer Ansiedlung« (Bahrdt 1998 [1961], 83 f.). Es sind also nicht bestimmte Verhaltensweisen, sondern es ist die Polarisierung von Verhalten in unterschiedliche Qualitäten, in die intime Privatheit einerseits, in die distanzierte und stilisierte Öffentlichkeit andererseits, wodurch sich die Stadt vom Land unterscheidet.

Für das Verhalten im öffentlichen Raum greift Bahrdt auf den Markt als Metapher zurück, ähnlich Simmels Metapher von den ›rein sachlichen‹ Beziehungen im Geldverkehr. Marktbeziehungen stellen hoch spezialisierte, funktional spezifische Kontakte dar, wie eben die Kontakte zwischen Händlern und Kunden, die einander sonst nicht kennen. Auf dem Markt kommen zwar Kontakte zustande, aber diese bleiben partiell. Die Tauschpartner treten nur mit einem Ausschnitt ihrer Persönlichkeit, in einer bestimmten Rolle in Beziehung zueinander. Man kennt den Verkäufer in der Regel nicht persönlich. Der Markt ist ein offenes Sozialgefüge. Das Individuum bleibt innerhalb bestimmter Grenzen frei, Kontakte aufzunehmen mit wem und aus welchem Anlass es will. Die sozialen Beziehungen in der Stadt gewährleisten eine – wie Bahrdt es nennt – »unvollständige Integration« (ebd., 86). Gemeint ist damit, dass in die jeweilige Interaktion nur ein Aspekt der Persönlichkeit ›eingebracht‹ wird, andere hingegen unberücksichtigt oder verborgen bleiben. Durch die Teilnahme am Markt ist eine Person in ein Tauschsystem integriert, diese Integration zielt aber nicht auf die ganze Person, deshalb nennt er sie ›unvollständig‹. Ob jemand noch ein guter Flötenspieler, gläubiger Christ oder treuer Ehemann ist, interessiert dabei überhaupt nicht – und kann in der Regel auch nicht thematisiert werden, ohne dem anderen ›zu nahe‹ zu treten. Es fehlt ein festes vorgegebenes soziales Bezugssystem, das die Beziehungen der Individuen lückenlos und vollständig definiert.

›Unvollständige Integration‹ gibt es nicht in geschlossenen Systemen. »Unter einem solchen wollen wir eine Sozialordnung verstehen, in der so gut wie alle sozialen Beziehungen durch ein dichtes, theoretisch lückenloses Netz personaler Bindungen vermittelt sind. Um ein Beispiel zu nennen: In ländlichen, feudal geordneten Verhältnissen begegnet einem Bauern der Bewohner des Nachbardorfes als zweiter, nichterbender Sohn des Bauern X, der zu den Leuten des Grafen Y gehört, welcher wiederum mit dem eigenen Herrn, dem Junker Z, zwar verwandt, aber verfeindet ist usw. Die Vermitteltheit besteht einerseits darin, daß das lückenlose Beziehungssystem einen vermittelnden Leitfaden anbietet. Es legt fest, als was der andere gegeben ist – er ist niemals ein völlig Unbekannter, man kann ihn einordnen. Andererseits aber schiebt sich das Beziehungssystem, in das man den anderen einordnet, stets auch zwischen die Subjekte, das heißt, es macht die Begegnung der Individuen mittelbar. Es verhindert, daß sich Individuum und Individuum als Individualitäten begegnen. Die Individualität bleibt eingehüllt in die Erscheinungsformen der sozialen Gruppe« (ebd., 87).

Die Abwesenheit eines festen vorgegebenen sozialen Bezugssystems, das die Beziehungen der Individuen weitgehend vordefiniert, ist die Voraussetzung dafür, dass Individuen sich als Individualitäten überhaupt begegnen können. Die Möglichkeit, anonym bleiben zu können, ist die Voraussetzung der Individualisierung. Die Anonymität der großen Stadt eröffnet die Chance, sein Leben immer neu beginnen zu können, weil einen niemand genau kennt und damit auch niemand einen auf seine Vergangenheit verpflichten kann. Man kann gleichsam unter Abstraktion von der eigenen Biographie in jedem neuen Kontakt versuchen, seine Identität neu zu konstruieren. Und man kann selber darüber entscheiden, welchen Ausschnitt der eigenen Persönlichkeit man anderen gegenüber preisgibt, und welchen man verbirgt (vgl. Goffman 2003).

Die ›unvollständige Integration‹ ist für Bahrdt aber nur die negative Voraussetzung der Öffentlichkeit. Damit dennoch Kontakt und Arrangement zustande kommen, etwa auf dem Markt oder in der politischen Öffentlichkeit, aber auch im Straßenraum der Stadt, ist mehr vonnöten als die Tatsache, dass man einander nicht kennt. Öffentlichkeit entsteht erst dort, wo durch spezifische Stilisierungen des Verhaltens dennoch Kommunikation und Arrangement zustande kommen (vgl. Bahrdt 1998 [1961], 93). Wie geht das vor sich? Bahrdt verweist hier zunächst einmal auf Regeln, die besagen, was man nicht tun sollte.

Ein Großteil der Normen städtischen Verhaltens sind *Distanznormen*, das heißt Regeln, die dazu dienen, Distanz aufrechtzuerhalten. Der Großstädter, der den engen Raum eines öffentlichen Verkehrsmittels oder ein Restaurant betritt, grüßt nicht, mischt sich nicht in fremde Gespräche ein, im Gegenteil, hört demonstrativ weg, damit aus seiner räumlichen Nähe keine soziale Belästigung wird. Das Verhalten anderer muss gleichgültig betrachtet werden. Demonstrative Aufmerksamkeit ist verpönt. Jeden Polizisten würde man in Verwirrung bringen, wenn man sich danach erkundigte, wie er sein Wochenende verbracht habe und wie es seinen Kindern gehe. Die Funktion dieser Distanzregeln ist die Kontrolle unerwünschter Interaktionen. Sie dienen dem Schutz der eigenen Privatheit, aber auch dem Schutz der Privatheit des anderen. Was die konservativen Großstadtkritiker als Anonymität, Fremdheit, Desinteresse und Verfall persönlicher Beziehungen beklagten, ist Voraussetzung für die Entfaltung von Individualität – das hat bereits Simmel betont. Man achtet die Individualität des anderen, indem man ihm seine private Sphäre lässt, ihn nicht mit neugierigen Fragen bedrängt und schon gar nicht versucht, ihn zu kontrollieren.

Neben den Regeln zur Aufrechterhaltung der Distanz muss es aber auch Regeln geben, wie im öffentlichen Raum der Stadt dennoch Interaktionen zustande kommen. Wie können Distanzen überbrückt werden, ohne die Notwendigkeit von Distanz zu leugnen?

- Zum einen durch die *Stilisierung des Verhaltens*: Dazu gehört, dass der Kanon der Themen, auf die hin Fremde angesprochen werden können, strikt festgelegt ist: nach der Uhrzeit oder dem Weg, oder nach Feuer für die Zigarette. Zur Stilisierung gehört auch eine besondere Darstellung, die Überbetonung bestimmter Signale. Stilisierungen haben die Funktion, das, was andere wahrnehmen sollen, möglichst deutlich zu zeigen. »Man begnügt sich also nicht damit, den anderen zuerst durch einen engen Torweg gegen zu lassen, sondern tritt ausdrücklich zurück und unterstreicht dieses Zurücktreten mit einer Geste« (ebd., 90).
- Zum anderen durch *Repräsentation*: In der Haltung des Städters wird die Mitteilung überdeutlich stilisiert und zugleich kommuniziert durch Repräsentation, etwa durch Gesten und Kleidung, gar nicht so unähnlich den Fassaden der Häuser, die ja auch etwas über ihre Bewohner mitteilen.

Stilisierung, Repräsentation, darstellendes Verhalten und *Distanzregeln* sind nach Bahrdt die positiven Voraussetzungen für Öffentlichkeit. Diese Verhaltensweisen wiederum haben Konsequenzen, die schon Simmel als Erhöhung der Reflexionsfähigkeit beschrieben hat: »Ein Merkmal sozialer Ordnungen, die den Aggregatzustand der Öffentlichkeit kennen, ist der hohe Grad an Bewußtsein vieler in ihr vorkommender sozialer Verhaltensweisen. Die Distanz, der ständige wachsame Umgang mit Halbfremden, der Zwang zur Selbstdarstellung und damit zu einer Distanzierung zu sich selbst, die Konfrontation mit vielen Möglichkeiten der Soziierung, unter denen gewählt wird, der Zwang, die verschiedenen Soziierungen, die man eingeht und deren Zuordnung nicht durch ein lückenloses System vorgegeben ist, miteinander in Einklang zu bringen, all das führt zu höherer Bewußtheit und zu einer Vergeistigung des gesellschaftlichen Lebens« (ebd. 94).

Der ständige Kontakt mit Fremden erzeugt aber auch Unsicherheit. Die Öffentlichkeit ist ein Raum, in dem das eigene Verhalten dem Blick eines unbestimmten Jedermann jederzeit ausgesetzt ist. Bahrdt unterstellt deshalb ein Bedürfnis, bestimmte Verhaltensweisen zu verbergen, als eine Reaktion auf die Diskrepanz zwischen physischer Nähe und sozialer Distanz bzw. Fremdheit, wie sie für den öffentlichen Raum der Stadt charakteristisch ist. Bestimmte Verhaltensweisen werden dem Blick der Öffentlichkeit entzogen und im Schutz der Privatheit ausgelebt. Die ›unvollständige Integration‹ ist Voraussetzung für die Möglichkeit von Privatheit – und weckt zugleich das Bedürfnis nach Privatheit. Die Privatsphäre ist ein Schonraum, in dem sich Entfaltungschancen für Individualität bieten, für Kultivierung von Emotion und Intimität.

Diese Polarität zweier unterschiedlicher Lebenssphären bildet sich auch baulich ab: Der Baublock mit seiner funktionalen Differenzierung ist deren räumliches Abbild. »Der Baublock schuf zwei Räume, fast könnte man sagen, zwei Welten, die zwar innig aufeinander bezogen, aber deutlich voneinander getrennt existieren: erstens die Welt der öffentlichen Plätze und Straßen, in der die Kirchen und anderen öffentlichen Gebäude an hervorragenden ›repräsentativen‹ Stellen lagen; zweitens die Welt der privaten Wohnbauten und ihrer Höfe und Gärten, deren privater Charakter dadurch gesichert war, daß der Zugang zu jeder Zelle auf einem Umweg über die öffentlichen Straßen erfolgte. In der Mitte dieser Blöcke lagen ursprünglich keine für sich bestehenden Wohnbauten, sondern Gärten. So wurde das Privatleben, insofern es sich unter freiem Himmel abspielte, durch die Häuser selbst von der Öffentlichkeit der Straße geschieden. Die Wohnräume waren durch die Mauern vor der Straße, auf der es keinen motorisierten Verkehr gab, ausreichend geschützt. Die Fenster der ›repräsentativen‹ Räume waren Fenster zur Öffentlichkeit. Bei Bedarf konnten Fensterläden und Vorhänge vor dem Einblick von außen schützen. Die Fassade der Häuser war spätestens seit der Renaissance ›repräsentativ‹ gestaltet und hatte damit eine echte soziale Funktion« (ebd., 117).

Wie es zu dieser Polarisierung von Öffentlichkeit und Privatheit kommt, erklärt Bahrdt im Wesentlichen psychologisch. Aus dem ›Bedürfnis‹, bestimmte Verhaltensweisen zu verbergen, entstehe Privatheit. Aber woher kommt dieses Bedürfnis? Wäre es universell, dann dürfte es nicht erst in der mitteleuropäischen Stadt zu beobachten sein, sondern müsste genauso ein ländliches Phänomen sein – und auch der Städte außerhalb Europas. Dass sich das Leben in der Stadt zwischen Öffentlichkeit und Privatheit polarisiert, ist aber keineswegs ein universelles Phänomen. Es gibt auch Städte ohne öffentliche Sphäre (vgl. zum Beispiel zur orientalischen Stadt: Wirth 2001, 325 ff.).

4.2 Genese der Polarität von Öffentlichkeit und Privatheit

Die Polarität von Öffentlichkeit und Privatheit ist eine historische Kategorie, das heißt, sie ist an bestimmte gesellschaftliche Voraussetzungen gebunden, die nur in bestimmten Kulturen und bestimmten Epochen auftreten. Sie hat sich in der bürgerlichen europäischen Stadt herausgebildet und mit der bürgerlichen Stadt droht sie auch wieder zu verschwinden – zumindest ändert sie ihre Erscheinungsformen. Bahrdt hat sein Modell des urbanen Verhaltens am Verhalten auf Märkten entwickelt. Aber auch der Markt ist kein zeitloses, universelles Phänomen. Markt entsteht, wenn jenseits der Oikoswirtschaft die Tauschvorgänge zunehmen. Oikoswirtschaft nennt man das Versorgungssystem eines Großhaushaltes, in dem alle Mitglieder zugleich Produzenten und Konsumenten sind, ein System geschlossener Kreisläufe der Selbstversorgung, wie sie für Klöster und Feudalhöfe, aber auch für bäuerliche Haushalte bis ins 19. Jahrhundert typisch waren. Markt entsteht als eine besondere ökonomische Beziehung, in der ökonomisch relevante Tätigkeiten von anderen Tätigkeiten abgetrennt und als besonderer Tauschvorgang, eben auf dem Markt, organisiert werden (vgl. ausführlich dazu 5. Kapitel). Sie sind damit nicht mehr nur eingebunden in ein Verwandtschaftssystem, das enge Netzwerk der Nachbarn oder in persönliche Abhängigkeitsbeziehungen. Marktbeziehungen sind Beziehungen zwischen Akteuren, die durch ökonomische Interessen und nicht durch politische Macht oder soziale Beziehungen wie Verwandtschaft oder Freundschaft miteinander verbunden sind. Um solche Märkte herum sind Städte gewachsen (vgl. Häußermann/Siebel 2000 b, 91 f.).

Die Privatsphäre der bürgerlichen Familie entsteht erst im 18. und 19. Jahrhundert. Das Wort *Familie* selbst findet sich in der deutschen Umgangssprache erst seit Beginn des 18. Jahrhunderts, vorher sprach man lediglich von *Haus*. Die Hausgemeinschaft war in erster Linie eine Wirtschaftseinheit zur Selbstversorgung. Das *ganze Haus* (Brunner 1968) war die Einheit von Wohnen, Arbeiten und Erholung, von Verwandten und Arbeitskräften, von Mensch und Tier, von Produktion und Konsum. Einem durchschnittlichen ländlichen Haushalt gehörten zehn bis zwanzig, manchmal bis zu fünfzig Personen an. Noch größer waren die fürstlichen oder bischöflichen Großhaushalte. Im Verlauf der Geschichte wurden Teile der produktiven Arbeit aus der Hausgemeinschaft ausgelagert und an einem besonderen Ort, im Betrieb, organisiert. In diesem Prozess der räumlichen Trennung von Wohnen und Arbeiten ändert sich der Arbeitsprozess: Die Elemente von Nicht-Arbeit, Erholung und Gespräch, werden aus dem Arbeitsprozess herausgelöst und am Abend und Wochenende als Freizeit konzentriert. So entsteht die zeitliche Trennung von Wohnen und Arbeiten, die überhaupt erst Raum und Zeit dafür lässt, dass sich Privatheit entfalten kann. Zurück bleiben Wohnung und Freizeit als Ort und Zeit nicht-produktiver Tätigkeiten und familiärer Vertrautheit. Privatheit gewinnt ihren eigenen physischen, sozialen und zeitlichen Raum erst mit der Abtrennung ökonomisch relevanter Tätigkeiten und mit der Ausgliederung nicht verwandter Personen aus der Hausgemeinschaft. Es entsteht die bürgerliche Privatsphäre als Gegenüber zur Öffentlichkeit, wo geschützt vor dem Blick der Fremden Intimität, Emotionalität und individuelle Eigenart kultiviert werden können.

Beides zusammen, die Ausweitung des Marktes als Voraussetzung europäischer Stadtbildung und die Trennung von Wohnen und Arbeiten als Voraussetzung von Privatheit, sind die Vorbedingungen für die Polarität von Privatheit und Öffentlichkeit als dem zentralen Merkmal der Stadtdefinition, wie Bahrdt sie vornimmt. »Das städtische Leben, so wie wir es kennen, ist [...] dadurch charakterisiert, daß die Dualität und das Wechselverhältnis von Öffentlichkeit und Privatheit das ganze Leben zu beherrschen beginnen, und zwar aller, die am städtischen Leben teilnehmen […]. Die Neigung, immer mehr Verhaltensweisen, Geschehnisse, Institutionen entweder der privaten Sphäre vorzubehalten oder in die Öffentlichkeit zu verweisen, ist gleichzeitig das entscheidende Merkmal bürgerlichen Lebens. Diese Behauptung möchte man mit der vorangehenden fast für identisch halten. In der Tat ist es das Bürgertum, das die Stadt zu dem gemacht hat, was wir heute als Stadt bezeichnen« (Bahrdt 1998 [1961], 106).

Öffentlichkeit und Privatheit als Grundkategorien bürgerlicher Gesellschaft

Den Prozess der Herausbildung von Öffentlichkeit und Privatheit als Grundkategorien der bürgerlichen Gesellschaft hat Jürgen Habermas in seinem Buch *Strukturwandel der Öffentlichkeit* nachgezeichnet, das ebenfalls 1961 erschienen ist. Öffentlichkeit ist für Habermas eine »historische Kategorie« (Habermas 1997 [1961], 51), das heißt ein Phänomen, das an eine ganz bestimmte gesellschaftliche Situation gebunden ist, nämlich die liberale bürgerliche Gesellschaft. Wie das Wort Familie kommt auch der Begriff Öffentlichkeit im deutschen Sprachraum erst im 18. Jahrhundert auf. »Wenn Öffentlichkeit erst in dieser Periode nach ihrem Namen verlangt, dürfen wir annehmen, daß sich diese Sphäre, jedenfalls in Deutschland, erst damals gebildet und ihre Funktion übernommen hat; sie gehört spezifisch zur ›bürgerlichen Gesellschaft‹, die sich zur gleichen Zeit als Bereich des Warenverkehrs und der gesellschaftlichen Arbeit nach eigenen Gesetzen etabliert« (ebd., 56).
Habermas untersuchte, wie sich die Kategorien Öffentlichkeit und Privatheit entfalteten. Privat ist zunächst die Sphäre der ökonomischen Reproduktion der Gesellschaft. Sie wird zur privaten dadurch, dass Produktion und Austausch der Güter von Eingriffen der öffentlichen Gewalt abgesondert werden. So entsteht allmählich eine aus dem Herrschaftssystem und dessen machtförmig geregelten ökonomischen Beziehungen (Tributpflicht, Leibeigenschaft, Hand- und Spanndienste) abgesonderte Marktökonomie als private Sphäre gegenüber der öffentlichen Gewalt bzw. des Staates. Der positive Begriff des Privaten umfasst deshalb zunächst im Kern die freie Verfügung des Eigentümers über seine Produktionsmittel. Zentrum der bürgerlichen Privatsphäre ist der private Bereich des selbständigen Warenproduzenten. Der Schutz des Eigentums nicht gegenüber dem Neid und Diebstahl der Mitmenschen, sondern gegenüber dem Zugriff des Staates ist der ursprüngliche Sinn der bürgerlichen Privatsphäre! Diese Privatleute verständigen sich untereinander über die Regeln des Austauschs ihrer Produkte. Diese Kommunikation ist der Beginn der bürgerlichen Öffentlichkeit. Hier bildet sich das öffentliche Räsonnement, die ›vernünftige‹ Diskussion unter Privatleuten mit gleichen Interessen.
Das Modell solchen Räsonnements ist nach Habermas der literarische Salon. Dort gibt es zum ersten Mal einen eigenständigen ›Diskurs‹, der nicht von Angestellten oder Mitgliedern der Kirche bzw. des Hofs bestimmt wird, wo bisher die Fähigkeiten, zu lesen und zu schreiben, weitgehend monopolisiert waren. Die Verständigung der gebildeten Bürger als eigenständige Subjekte über das allgemein Menschliche, das heißt, über das ›richtige Leben‹, über Vernunft und Gerechtigkeit, in der Auseinandersetzung

> mit Literatur im Salon auf der einen, und die Verständigung der privaten Eigentümer als selbständige Produzenten über die Regelungen des Austausches untereinander auf der anderen Seite, sind die Quellen der bürgerlichen Öffentlichkeit. Diese drängt zunächst auf Trennung von Staat und Gesellschaft, von öffentlicher Gewalt und privater Produktion. Diese Trennung von Staat und Gesellschaft wiederholt sich noch einmal innerhalb der bürgerlichen Gesellschaft als Trennung zwischen privater Intimsphäre und dem öffentlichen Bereich des Marktes bzw. der Stadt. Fundamental ist deshalb zunächst die Trennung von Staat und Gesellschaft als Sphäre der öffentlichen Gewalt einerseits, und privatem Bereich andererseits. »Die Privatsphäre umfaßt die bürgerliche Gesellschaft im engeren Sinne, also den Bereich des Warenverkehrs und der gesellschaftlichen Arbeit; die Familie mit ihrer Intimsphäre ist darin eingebettet. Die politische Öffentlichkeit geht aus der literarischen hervor; sie vermittelt durch öffentliche Meinung den Staat mit Bedürfnissen der Gesellschaft« (ebd., 90). Der Begriff der bürgerlichen Öffentlichkeit meint die Sphäre der zum Publikum versammelten Privatleute, die in öffentlichem Räsonnement Angelegenheiten von allgemeinem Interesse verhandeln (vgl. ebd., 86). Die Begriffe Öffentlichkeit und Markt verweisen auf Herrschaftsfreiheit. Weder eine politische noch eine ökonomische Macht darf die Diskussion der beteiligten Privatleute verzerren. Die beteiligten Warenbesitzer dürfen sich hinsichtlich ihrer ökonomischen Potenz nicht so sehr voneinander unterscheiden, dass einer von ihnen oder Gruppen von ihnen monopolartig oder kartellartig auf den Preismechanismus Einfluss nehmen können. Nur das Argument darf gelten oder nur die Qualität der Ware. Auf dem liberalen, machtfreien Markt stellt sich im freien Tausch der richtige Preis des Gutes her. Ähnlich muss sich in der herrschaftsfreien Diskussion der Öffentlichkeit das Publikum der Privatleute mittels Argumenten über das im allgemeinen Interesse liegende Richtige verständigen.

Die Polarität von Öffentlichkeit und Privatheit ist mehr als nur ein Merkmal zur Beschreibung der bürgerlichen Stadt. Beide Pole sind normativ hoch aufgeladen mit den Idealen der bürgerlichen Gesellschaft. Öffentlichkeit steht für die Freiheit von ökonomischer und politischer Herrschaft, also für das Ideal der durchgesetzten Demokratie. Privatheit steht für das Ideal der bürgerlichen Familie als Verbindung autonomer Individuen in rückhaltlosem Vertrauen und lebenslanger Treue. Bahrdts Charakterisierung der urbanen Lebensweise ist mehr als nur die neutrale Beschreibung einer von vielen Möglichkeiten urbanen Verhaltens. Sie ist Grundbedingung eines humanen Umgangs unter Fremden und damit ein normativ notwendiges Element des Großstadtlebens. Bahrdt nennt sie eine ›urbane Tugend‹: »Der urbane Mensch setzt in jedem Falle voraus, daß der andere – mag dessen Verhalten noch so sonderbar sein – eine Individualität ist, von der her sein Verhalten sinnvoll sein kann. […] Das Verhalten ist geprägt durch eine resignierende Humanität, die die Individualität des anderen auch dann respektiert, wenn keine Hoffnung besteht, sie zu verstehen« (Bahrdt 1998, 164).

4.3 Wandel und Verfall der Polarität von Öffentlichkeit und Privatheit

Zwischen Ideal und Wirklichkeit besteht immer eine mehr oder minder große Kluft. Der Zugang zu den öffentlichen Sphären von Markt und Politik bleibt stets beschränkt, ähnlich wie auch der öffentliche Raum der Stadt niemals ein für alle gleichermaßen zugänglicher Raum gewesen ist. Um Zugang zur bürgerlichen Öffentlichkeit zu gewinnen, muss man über Bildung und Eigentum verfügen. Dies ist nur dann kein herrschaftssicherndes, Exklusivität garantierendes Kriterium, wenn prinzipiell jeder die Chance hat, Bildung und Eigentum zu erwerben. »Öffentlichkeit ist dann garantiert, wenn die ökonomischen und sozialen Bedingungen jedermann gleiche Chancen einräumen, die Zulassungskriterien zu erfüllen« (Habermas 1990, 157). Das Modell der bürgerlichen Öffentlichkeit ist gebunden an das Modell einer Gesellschaft von Kleinwarenproduzenten (soziologische Bedingung), an den freien Wettbewerb (ökonomische Bedingung) und an den prinzipiellen Ausgleich von Angebot und Nachfrage (theoretische Bedingung).

Die Voraussetzungen der bürgerlichen Gesellschaft sind also komplex und hoch prekär. Und so, wie die bürgerliche Gesellschaft selber historisch entstand, kann sie auch wieder verschwinden, wenn sich die soziologischen, ökonomischen und theoretischen Bedingungen ihrer Existenz verändern. Habermas benennt einige Tendenzen, die die Dialektik von Öffentlichkeit und Privatheit bedrohen:

1. Der Verfall der Trennung zwischen Staat und Gesellschaft: Mit dem Funktionswandel des Staates vom Nachtwächterstaat hin zum gesellschaftsgestalteten Wohlfahrtsstaat greift der Staat »durch Gesetz und Maßnahme tief in die Sphäre des Warenverkehrs und der gesellschaftlichen Arbeit ein« (ebd., 233). In der so »repolitisierte[n] Sozialsphäre« (ebd., 268) ist die Trennung von Gesellschaft und Staat, von Öffentlichkeit und Privatheit verwischt. Es entstehen verstaatlichte Bereiche der Gesellschaft und vergesellschaftete Bereiche des Staates »ohne Vermittlung der politisch räsonierenden Privatleute. Das Publikum wird von dieser Aufgabe durch andere Institutionen weitgehend entlastet« (ebd.). Habermas spricht von einer »Refeudalisierung« (ebd., 292) der Öffentlichkeit, insbesondere durch die Verbände, die im Ziel, private Interessen in öffentliches Handeln umzusetzen, weitreichende politische Macht entwickeln, ohne intern öffentlich kontrolliert zu werden. Dies wird noch verstärkt durch die Konzentration des Kapitals, die öffentlich wirksame Macht in privaten Händen entstehen lässt. Damit schwindet die soziologische Voraussetzung des liberal-bürgerlichen Modells, die Gesellschaft als Gesellschaft gleich schwacher Kleinwarenproduzenten.
2. Großbetriebe beinhalten eine Arbeitssphäre, die weder privat noch öffentlich ist. In diesem Zusammenhang zitiert Habermas Bahrdt: »Der Oikos eines Großunternehmens durchsetzt mitunter das Leben einer Stadt und bringt jene Erschei-

nung hervor, die mit Recht als Industriefeudalismus bezeichnet wird« (ebd., 241). Die Privatsphäre des selbständigen Privateigentums zerfällt. Auf der einen Seite entsteht die Berufsarbeit als quasi öffentliche Tätigkeit, auf der anderen Seite eine von allen produktiven Funktionen gereinigte familiale Intimität. Die Familie wird ausgegliedert aus dem System der gesellschaftlichen Arbeit. Die abhängige Arbeit wird zur Normalform der Beschäftigung. Die sozialstaatlichen Netze treten anstelle der familialen Netze. Übrig bleibt eine privatistisch verengte Intimsphäre und ein zunehmend politisch werdender Bereich der Großorganisationen. Es entwickelt sich eine Scheinprivatheit, in der Konsumgüter, Freizeitindustrie und Massenmedien die Privatsphäre kolonialisieren.

Ähnlich spricht auch Bahrdt vom Verfall der Polarität von Öffentlichkeit und Privatheit. Einerseits konstatiert er eine Entprivatisierung der Privatsphäre. Die ökonomisch relevante Tätigkeit des normalen Stadtbewohners ist nicht die des Privatmannes, sondern wird im Großbetrieb in Form abhängiger Lohnarbeit organisiert. Damit verlieren die private und öffentliche Sphäre an Relevanz. Beide werden zu prinzipiell beliebigen Tätigkeitsbereichen, weil ihre ökonomische Bedeutung in den großen Betrieben der Industrie und der Verwaltung absorbiert worden ist. Damit aber wird die Privatsphäre entleert. Sie verkommt »zum sterilen Glück im Winkel. [...] Irgendwo im Diesseits versucht man, ohne die Welt im Ganzen zu verändern, ein kleines Jenseits zu etablieren« (Bahrdt 1998, 140). »Die Privatwelt ist zur verbarrikadierten Fluchtburg geworden [...]« (ebd., 141). Soweit soziale Unterschiede in der Privatsphäre noch bestehen, sind es solche der Kaufkraft, aber nicht des Inhalts. Überall dominiert die Vorstellung vom Glück im Winkel.

Andererseits wird die Stadt als Ort der Öffentlichkeit und des Marktes entwertet. Ökonomie und Politik werden entlokalisiert, im nationalen oder übernationalen Zusammenhang organisiert, damit wird auch die lokale Politik ihres Gehalts entleert. Durch den wachsenden Einfluss von Großunternehmen auf kommunale Belange und die Geheimhaltung lokaler Politik, die unter anderem aus den Zwängen resultiert, Planungen, die für die Bodenpreise relevant sind, geheim halten zu müssen, um nicht in einer privatwirtschaftlich organisierten Wirtschaft Spekulationen auszulösen, die die Verwirklichung der Planung verhindern würden. Bahrdt konstatiert daher in seiner Einleitung zur Neuausgabe 1969 eine ›Desurbanisierung‹ der Stadt, das heißt eine Ausbreitung von Bereichen, die weder öffentlichen noch privaten Charakter haben. Dem entgegenzuwirken verlange weit mehr als Städtebau, namentlich Bildungspolitik, »Reform der Eigentumsordnung und der Institutionen von Verwaltungen und Politik« (ebd.). Auch Bahrdt handhabt also Öffentlichkeit und Privatheit als kritische Kategorien, anhand derer er Chancen und Deformationen von Stadtpolitik und Stadtentwicklung diskutiert. Gerade angesichts mancher aktueller Phänomene der Stadtentwicklung ist diese kritische Funktion von hoher Aktualität. So lässt sich beobachten, dass die Bereiche, die weder öffentlich noch privat sind, heute selbst den Markt erobern, also jenen ›Ort‹, den Bahrdt zum Ausgangspunkt und Modell seiner Theorie genommen hat. Der Handel und damit die stadtbildende Funktion in Europa, verläßt die Kernstädte. Mit dieser *Entzentralisierung der modernen Stadt* (Herlyn 1998, 18) entstehen im Umland Shopping-Center, die Öffentlichkeit simulieren, indem sie physische Elemente des öffentlichen Raums nachbilden, juristisch aber privatem Recht unterliegen (vgl. Hoffmann-Axthelm 1995).

Die Grenzen zwischen Staat und Gesellschaft verschwimmen. Politik und Ökonomie sind zunehmend überlokal, oberhalb der Ebene einer Kommune organisiert. In den riesigen Bürokratien privater und öffentlicher Verwaltungen entstehen Arbeitsbereiche, die sich der Differenzierung von Privatheit und Öffentlichkeit entzogen haben. Die Privatsphäre wird entleert zum bloßen Rückzugsort. All das führt nach Habermas und Bahrdt zum Verfall der Polarität von Privatheit und Öffentlichkeit. Dieser Verfall zeigt sich auch im Wandel der physischen Struktur der Stadt und ihrer Nutzungen: Historische Gebäude werden umgebaut und ganz anderen Zwecken dienstbar gemacht, so dass ihre Fassaden mehr verbergen, was hinter ihnen geschieht, als dass sie es der Öffentlichkeit mitteilen würden. Der Verkehr verdrängt die Vielfalt der Funktionen, die früher im öffentlichen Raum der Stadt ihren Ort hatten, an spezialisierte Orte wie Senioren-Begegnungsstätten, Kinderspielplätze, Shopping-Malls und sorgfältig vom Fahrverkehr getrennte Spazierwege. Der öffentliche Raum verkümmert zur bloßen Verkehrsfläche. Das städtische Bürgertum selbständiger Kaufleute, Handwerker und Gewerbetreibender ist nicht mehr die bestimmende soziale Gruppe in einer Stadt. Die Interessen überlokal orientierter Kapitale und die Politik von Europäischer Union, Bund und Ländern bestimmen heute wesentlich die Geschicke einer Stadt und damit auch ihre Struktur. Vor allem aber ist die Stadt nicht mehr die Einheit des Alltags ihrer Bürger. Heute organisieren immer mehr Menschen ihr Leben arbeitsteilig über verschiedene Gemeinden einer Region, teilweise sogar über die Grenzen von Nationen hinweg. So verliert der Straßenraum vor der privaten Wohnung die Bedeutung des Gegenübers zur eigenen Privatsphäre. Er wird auch subjektiv zum bloßen Verkehrsraum.

4.4 Die Notwendigkeit begrifflicher Weiterentwicklung

Mit einem schleichenden Bedeutungsverlust der Polarität von Privatheit und Öffentlichkeit wird die Gültigkeit dieser Charakterisierung des Urbanen für die Epoche bürgerlicher Städte nicht in Frage gestellt, wohl aber für die heutigen Verhältnisse in modernen Großstädten. Diese entsprechen immer weniger jenem Typus bürgerlicher Stadt, für die diese Kategorien gegolten haben. Im Sinne der Definition von Bahrdt werden die Städte dadurch weniger städtisch, die Lebensweise weniger urban. Wenn sich die Städte und die Lebensweise ihrer Bürger aus den Kategorien, mit denen sie in der ersten Hälfte des 20. Jahrhunderts beschrieben worden sind, gleichsam heraus entwickeln, können diese als kritischer Maßstab eines ›Verfalls‹ benutzt werden – und die Liste der Abgesänge ist inzwischen lang. Andererseits kann dies aber auch als Notwendigkeit einer Weiterentwicklung der Kategorien begriffen werden, mit denen das spezifisch Städtische erfasst werden kann. Heute bilden die sozialräumliche Substanz der Stadt auf der einen, und Urbanität als eine Lebensweise auf der anderen Seite zwei unterschiedliche Themenbereiche. »Die Stadt als gebaute Form und Urbanität als eine Lebensweise müssen getrennt betrachtet werden, da sie auch in der Wirklichkeit zu getrennten Realitäten geworden sind« (Harvey 1988, 307, Übersetzung HH/WS). Sie sind nicht länger synonym.

Fragen

- Was meint Hans Paul Bahrdt mit der Polarität von Öffentlichkeit und Privatheit im städtischen Leben?
- Welche Voraussetzungen braucht die städtische Öffentlichkeit?
- Inwiefern kann man von einem Wandel der Polarität von Öffentlichkeit und Privatheit sprechen?

5. Der städtische Konsumentenhaushalt

Neben dem spezifischen Charakter des Großstädters, der Koexistenz unterschiedlicher, einander fremder Gruppen in der Stadt und der Polarisierung von Öffentlichkeit und Privatheit in der modernen Großstadt bildet die Einbindung des städtischen Haushalts in gesellschaftlich organisierte Versorgungssysteme (vgl. Egner 1976; Andritzky 1992) die vierte Besonderheit des urbanen Soziallebens. In der Agrargesellschaft war das *ganze Haus* eine Einheit der Selbstversorgung. Die Haushaltsmitglieder stellten den überwiegenden Teil dessen, was sie für ihren täglichen Lebensunterhalt brauchten, selbst her: Nahrung, Kleidung, Möbel, Gebäude, aber auch Dienstleistungen wie die Betreuung von Kindern, Kranken oder Alten und die existenzielle Sicherung in Notfällen bzw. im Alter. Das *ganze Haus* war eine *Oikoswirtschaft*, das heißt ein geschlossener ökonomischer Kreislauf von Produktion und Konsum (vgl. Brunner 1968; Andritzky 1992).

5.1 Die Einbindung in abstrakte Versorgungssysteme

Max Weber hat die europäische Stadt unter anderem als Marktort definiert, das heißt, als eine Siedlung, deren Bewohner den überwiegenden Teil ihrer Bedürfnisse durch den Kauf von Gütern und Dienstleistungen auf dem Markt befriedigen (Weber 2000, 2). Die Nicht-Einbindung in die Oikoswirtschaft wurde damit zum Definitionskriterium der städtischen Wirtschaftsweise erhoben. Die Unterscheidung von *Oikoswirtschaft* auf dem Land und *Marktwirtschaft* in der Stadt ist idealtypisch. In der empirischen Wirklichkeit war und ist die Stadt ebenso wenig ausschließlich Marktwirtschaft wie das Land ausschließlich Selbstversorgungswirtschaft sein kann, sobald Städte entstehen. Schließlich muss auf dem Land ein Mehrprodukt erwirtschaftet werden: Es müssen mehr Lebensmittel produziert werden, als die in der Landwirtschaft tätige Bevölkerung selber verbraucht, damit die Städte überhaupt entstehen können. Andererseits blieben städtische Haushalte noch weit über das Mittelalter hinaus in beträchtlichem Maße Selbstversorger (vgl. Ipsen 1992). Selbst heute gibt es nach wie vor vielfältige Formen der Hausarbeit, das heißt Tätigkeiten vor allem von Frauen (zum Beispiel Essenszubereitung), aber auch von Männern (zum Beispiel

Reparaturen technischer Geräte), die der (Selbst-)Versorgung der Haushaltsmitglieder dienen. Dennoch markiert die Gegenüberstellung von *Oikos-* und *Marktwirtschaft* einen wichtigen Unterschied der städtischen und der ländlichen Lebensweise.

Der städtische ›*Vergabehaushalt*‹, der den Großteil der von ihm benötigten Dienstleistungen und Güter nicht mehr in Eigenarbeit der Haushaltsmitglieder erstellt, sondern vom Markt, von privaten und öffentlichen Dienstleistungsorganisationen bezieht, ist historisch ein sehr junges Phänomen (vgl. Häußermann/Siebel 2000 a, 20 ff.). Unter städtischen Verhältnissen ist Selbstversorgung mit Wasser, Energie, Lebensmitteln und anderen Gütern des täglichen und längerfristigen Bedarfs sowie die eigenständige Entsorgung der Abwässer und Abfälle nur noch in Ausnahmefällen möglich. Der normale städtische Haushalt ist fest eingebunden in gesellschaftlich organisierte Versorgungssysteme, für die üblicherweise auch Anschlusszwang besteht (vgl. Gleichmann 1976). Die Selbstversorgungsökonomie des ganzen Hauses reduziert sich unter diesen Bedingungen auf die Hausarbeit im engeren Sinne, auf Kochen, Putzen und kleine Reparaturen.

Parallel zur Verfeinerung der Bedürfnisse wächst die Stadt zu einer hochkomplexen Maschinerie zur Versorgung der privaten Haushalte mit allem Lebensnotwendigen. Es entstehen die technischen Infrastrukturen der Wasser-, Gas- und Elektrizitätswerke, die Kanalisation, die Straßenbeleuchtung und die Einrichtungen des öffentlichen Personennahverkehrs. Daneben wird eine umfangreiche soziale Infrastruktur aufgebaut: Gesundheitsämter und Krankenhäuser, Jugendfürsorge und Altenheime, Kindergärten, Badeanstalten und andere Freizeiteinrichtungen. Annähernd gleichzeitig zum System der *öffentlichen Daseinsvorsorge* entsteht die unübersehbare Vielfalt privatwirtschaftlicher Güter-, Dienstleistungs- und Vergnügungsangebote: vom Lebensmittelgeschäft über die Reinigungsfirma und Arztpraxis bis hin zu Kneipe, Kino und Sportverein. Geburt und Tod, Hochzeit und große Feste, früher private Angelegenheiten, werden ausgelagert in besondere privatwirtschaftliche und öffentliche Einrichtungen. Die ›Maschine Stadt‹ mit ihrer Überfülle an Gütern und Dienstleistungen und der städtische Konsumentenhaushalt, der ohne diese Versorgungsapparaturen nicht mehr existieren könnte, produzieren sich gegenseitig. Die privaten Haushalte werden vergesellschaftet.

Im Zuge des wirtschaftlichen Aufschwungs nach 1948, nicht zuletzt gefördert durch den funktionalistischen Städtebau und den sozialen Wohnungsbau, ist diese Lebensweise für die Masse der Bevölkerung zur Normalität geworden. Sie wurde den Menschen teilweise aufgezwungen durch die ökonomische Überlegenheit der betrieblichen Organisation von Arbeit gegenüber der Haushaltsproduktion, durch Vorschriften der Verwaltungen, durch Sachzwänge der Verstädterung und der technischen Entwicklung (vgl. Häußermann/Siebel 1995, 134–174).

Die Lebensweise des Konsumentenhaushalts ist aber nicht allein ein Ergebnis von Zwängen. Dass sie sich als Normalität hat durchsetzen können, liegt auch daran, dass sich in dieser Lebensweise eine emanzipatorische Hoffnung zu realisieren schien, die von Anfang an mit der Stadt verknüpft war: die Hoffnung auf Befreiung vom Naturzwang. In der Stadt muss man nicht täglich ums eigene Überleben mit einer unkultivierten Natur kämpfen. Man muss sein Wasser nicht vom Brunnen holen, kein Holz im Wald schlagen, um kochen zu können, und man braucht auch keinen Kartoffelacker zu bearbeiten, um etwas zum Essen zu haben. In Agrargesellschaften bedeutete diese Lebensweise, vom Zwang zur Arbeit (wenigstens teilweise) befreit zu sein. Heute verheißt die moderne Dienstleistungsgesellschaft die Befreiung von jeglicher Arbeit, sofern man die allgegenwärtig angebotenen Güter und Dienste bezahlen kann. Die Stadt verspricht ein Leben, das der Hoffnung auf ›Freiheit jenseits der Notwendigkeit‹ näher kommt.

5.2 Die ökologisch problematischen Folgen des städtischen Konsumentenhaushalts

Die moderne städtische Lebensweise ist ein Triumph über die Abhängigkeit des Menschen von der Natur. Lebensweisen erscheinen um so städtischer, je weniger sie von Zeitrhythmen der Natur diktiert werden und je weniger sie von natürlichen physischen Bedingungen abhängig sind. Aber die Herrschaft über Natur und die städtische Lebensweise als Ausdruck der Unabhängigkeit von Natur produzieren Folgen, die mittlerweile die Fortexistenz der Menschheit selbst infrage stellen. Diese Lebensweise, so scheint es, zerstört ihre eigenen Grundlagen. Die Natur, auf der die Stadt als künstlichste aller Welten errichtet ist, hält sie nicht mehr aus.

Die Verallgemeinerung dieser Lebensweise in der Bundesrepublik offenbarte auch deren ökologisch problematische Folgen. Umwelthistoriker sprechen vom *Fünfziger-Jahre-Syndrom* (Pfister et al. 1996, 21): Es kam zu einer rapiden Steigerung des Energie- und Rohstoffverbrauchs, zur Zersiedlung des Wohnens durch Suburbanisierung, zur Expansion der Industrie in die Fläche, zur Industrialisierung der Landwirtschaft, zur Dominanz des Pkw-Verkehrs, zum Massenkonsum und zu einer Zunahme des Abfalls. Die Lebensweise des städtischen Konsumentenhaushaltes hat den Städter zu einem Schädling werden lassen, der Energie und Ressourcen verbraucht und Müll und Gift produziert.

Die Lebensweise, wie sie sich typischerweise in Westeuropa und Nordamerika entfaltet hat, ist andererseits für die überwiegende Mehrheit der Menschen das Idealbild einer erstrebenswerten Zukunft – und das nicht nur wegen ihrer greifbaren materiellen Vorteile, sondern auch aufgrund der emanzipatorischen Hoffnungen, die sie mit der europäischen Urbanität verbinden. Wenn allerdings alle Menschen auf der Erde so lebten, wäre das das Ende jeglicher Zukunft. Im Jahrzehnt nach 1980 verbrauchten bereits 20 Prozent der Weltbevölkerung annähernd vier Fünftel des

Welteinkommens (Sachs 1994, 19). Würden alle sechs (und demnächst zehn) Milliarden Menschen der Erde so leben wie die schmale Oberschicht der entwickelten Industrieländer, so würde das Ökosystem zusammenbrechen. Wenn es zutrifft, dass mindestens zwei Planeten – manche sprechen von fünf bis sechs (vgl. ebd., 20) – vom Typus der Erde als Ressourcenquelle und Mülldeponien notwendig wären, um allen Menschen dieser Erde ein Leben nach den Mustern der westeuropäischen und nordamerikanischen Mittelschicht zu erlauben, dann ist diese Lebensweise nicht universalisierbar. Damit verliert sie auch ihren humanen, emanzipatorischen Gehalt und entpuppt sich als ein auf Herrschaft beruhendes Privileg.

Angesichts dieser Situation gibt es nur zwei Auswege. Entweder die heute auf der Welt herrschende extreme Ungleichheit wird aufrechterhalten, wenn notwendig mit Gewalt, oder aber es wird ein ökologischer Umbau der Städte eingeleitet, der allerdings mehr beinhalten müsste als nur technische Veränderungen. Neben der Einführung besserer Wärmeisolation und ökologisch verträglicher Haus- und Stadttechniken wird eine Änderung der urbanen Lebensweise notwendig sein (vgl. dazu Gestring et al.1997). Die Vorstellung, Wohnen sei im Kern ein Ort der Erholung und des verpflichtungsfreien Tuns, wird dann in Frage gestellt, wenn man den Fußboden nicht mehr mit umweltschädlichen Putzmitteln säubern, die Toilette nicht mit giftigen Substanzen reinigen kann, wenn man aufwändige Mülltrennsysteme verantwortungsvoll handhaben und Pflanzenkläranlagen oder solartechnische Systeme warten muss. Es muss nicht unbedingt Verzicht sein, der eine nachhaltige ökologisch verträgliche urbane Lebensweise erst möglich macht, aber der städtische Vergabehaushalt, der konsumiert, ohne sich mit Arbeit und Verantwortung belasten zu müssen, wird dann der Vergangenheit angehören.

Durch die Industrialisierung und die Durchsetzung des marktförmigen Tausches sind Stadt als physische Struktur und Urbanität als städtische Lebensweise nicht mehr deckungsgleich. Stadt, Vorstadt und Land – alle sind in den gleichen Prozess der Urbanisierung integriert, und die Probleme der Landbevölkerung bzw. der Dritten Welt werden in die Stadt durch Zuwanderung importiert. So entsteht eine *Verländlichung* der Stadt, die die komplementäre Entwicklung zur Urbanisierung des Landes darstellt (vgl. ebd., 308). Die neuen Widersprüche entstehen innerhalb des Urbanisierungsprozesses selbst. Der von seinen Subsistenzmitteln getrennte, in vergesellschaftete, das heißt marktförmig oder bürokratisch organisierte Versorgungssysteme integrierte Konsumentenhaushalt ist universell geworden. Er findet sich in Tokio wie in Leer, beim Berliner Single wie bei der Bauernfamilie. Selbst die Bewohner israelischer Kibbuzim kaufen Eier auf dem Markt und tiefgefrorene Hähnchen, beziehen ihren Strom aus der Steckdose und sind sozialversichert – allerdings in unterschiedlichem Maße, je nach Ausgestaltung der staatlichen Wohlfahrtssysteme.

Die Frage nach der städtischen Lebensweise ist wie die Frage nach den gesellschaftlichen Konflikten und nach der Form sozialer Ungleichheit nicht mehr allein auf der Folie des Stadt-Land-Gegensatzes zu bearbeiten, sondern muss die Analyse von Wandlungstendenzen und Binnendifferenzierungen innerhalb einer urbanisierten Gesellschaft einschließen.

Fragen

- Welche Unterschiede bestehen zwischen *Oikos*- und *Markt*wirtschaft?
- Was meint die Bezeichnung *städtischer Vergabehaushalt*?
- Welche problematischen Folgen entstehen durch die Konsumtätigkeiten städtischer Haushalte?

6. Der Traum von der Idylle im Grünen: Suburbanismus

Die Effekte von Größe, Dichte und Heterogenität für Charakter und Mentalitäten der Stadtbewohner, wie Simmel sie beschrieben hat, sind gebunden an eine Siedlungsstruktur (die Großstädte an der Wende vom 19. zum 20. Jahrhundert), die eine hohe Wohndichte erzwang. Herbert Gans (1974 a) hat in seiner Kritik an den verallgemeinernden Thesen zur urbanen Mentalität, wie sie Louis Wirth formuliert hatte, bereits auf die unterschiedlichen Milieus in den Innenstädten und in den suburbanen Wohngebieten hingewiesen. Die Wahl des Lebensstils und die Wahl des Wohnstandorts beruht im Gegensatz zur Verstädterungsphase heute stärker auf Freiwilligkeit. Man muss daher fragen, ob sich die von Simmel behaupteten Mentalitäts-Effekte überhaupt noch ergeben können, wenn die Stadtbewohner ihren Wohnstandort je nach Mentalität und Lebensstil auswählen können – und nicht ihre Mentalitäten durch die Qualitäten eines irgendwie vorgegebenen Wohnortes geprägt werden.

Die Verstädterung im 19. Jahrhundert spülte Millionen von Menschen vom Land in die neu entstehenden Städte. Wie wir beschrieben haben, bildete sich im Zuge der Urbanisierung für die Masse der Menschen erst das heraus, was wir heute mit *Privatleben* bezeichnen. Die Erwerbsarbeit wurde aus dem Privathaushalt weitgehend ausgelagert, dieser entwickelte sich zum Hort der Emotionalität und Intimität. Im Verlauf der Urbanisierung wurden die Privathaushalte immer kleiner und durch die Einbettung in die Versorgungssysteme von Staat (Bildungs- und Gesundheitssystem, Arbeitslosen-, Krankheits- und Rentenversicherung) und Markt (Angebot von Massenkonsumgütern und Dienstleistungen) blieb die Lebensführung immer weniger auf die Unterstützung und Risikoabsicherung durch Familie und Verwandtschaft angewiesen (vgl. 5. Kapitel). Die Ausweitung dieser funktionalen Unabhängigkeit und die Lockerung der Einbindung in verwandtschaftliche Systeme waren auch mit dem Niedergang von Anpassungszwängen und sozialen Kontrollen verbunden. Daraus folgte eine wachsende soziale Emanzipation, die eine individuelle Lebensführung begünstigte.

Die Verstädterung war allerdings auch mit erheblichen Belastungen verbunden. Die schlecht ausgestatteten Wohnungen der lohnabhängigen Massen mussten überbelegt werden, damit der Mietpreis bezahlt werden konnte. Das Erwerbseinkommen lag in der Regel am Rande des Existenzminimums. Die Propaganda der konservativen Großstadtkritik verdammte die Großstädte in Bausch und Bogen – und sie hatte aufgrund der Zustände in den Arbeitervierteln eine gewisse Überzeugungskraft. Eine dauerhafte, bezahlbare und den eigenen Ansprüchen zumindest einigermaßen genügende Wohnung zu finden – das war ein entscheidender Aspekt von Integration und sozialem Aufstieg in der Großstadt.

Zum Leitbild eines ›guten‹ Lebens – zumal einer Familie – gehörte seit Beginn der Industrialisierung und Verstädterung das Leben im Haus mit eigenem Garten. Die kulturelle Etablierung des Familienleitbildes im Laufe des 18. Jahrhunderts wurde unter anderem durch Zeitschriften wie *Die Gartenlaube* unterstützt. Die von der Verstädterung erzwungene urbane Lebensweise wurde also von Beginn an von der Vorstellung einer suburbanen Lebensweise herausgefordert, die die äußeren Nachteile der dichten Stadt und die unklaren Verhältnisse der städtischen Massenkultur abstreifen konnte. Die kulturelle und bauliche Kritik vor allem an derjenigen Stadt, die in der Hochphase der Verstädterung in der Gründerzeit entstand, setzte der Realität das Wunschbild vom Wohnen in der Kleinfamilie in einer durchgrünten und sonnendurchfluteten Umgebung entgegen – und dies konnte aus schlichtem Platzmangel nur heißen: Raus aus der Stadt! (Vgl. Rodenstein 1988.)

Der Auszug der Mittelschichten ins suburbane Eigenheim wurde nach dem Zweiten Weltkrieg zu einem der zentralen Trends der Stadtentwicklung in allen westeuropäischen Ländern – in den USA hatte er bereits früher begonnen. Möglich wurde er durch dasjenige Gesellschaftsmodell, das heute als *Fordismus* bezeichnet wird: Steigerung der Produktivität der Güterproduktion durch Rationalisierung und Beteiligung der Lohnarbeiter an den Produktivitätsgewinnen durch Steigerung der Massenkaufkraft. Es kam zu einer historisch einmaligen Anhebung des Konsumniveaus. Die massenhafte Verbreitung privater Pkws ermöglichte eine größere räumliche Unabhängigkeit, die eine suburbane Lebensweise für viele Haushalte ermöglichte.

Mit der beginnenden Suburbanisierung der Bevölkerung verlagerte sich das Bevölkerungswachstum mehr und mehr ins Umland. Die großen Zerstörungen in den Städten schufen nach dem Zweiten Weltkrieg die Gelegenheit, auch in den innerstädtischen Gebieten die Auflockerung und Durchgrünung beim Wiederaufbau zu realisieren. Große, staatlich gelenkte Stadterneuerungsprojekte beseitigten viele hoch verdichtete Altbaugebiete und ersetzten sie durch ›moderne‹, weniger dichte Baustrukturen. Mit höheren Einkommen stieg außerdem die Wohnfläche pro Person in den Altbauten an. In der Summe liegt daher die Bevölkerungsdichte heute in den Großstädten deutlich unter den Werten vor dem Zweiten Weltkrieg – in den innerstädtischen Altbaugebieten liegt sie heute nur noch zwischen einem Drittel und der Hälfte der Werte von vor 1939 (vgl. die Zahlen zu Berlin in Häußermann/Kapphan 2000, 125).

Die suburbane Lebensweise ist gekennzeichnet durch das Leben in der Kernfamilie, das heißt Eltern mit Kind. Der Lebensstil ist stark familienzentriert, denn die besseren Wohnmöglichkeiten für Kinder bilden das zentrale Motiv für den Auszug aus der beengenden Großstadt. Neben den suboptimalen äußeren Bedingungen für das Aufwachsen von Kindern sind aber auch unerwünschte soziale Einflüsse ein Grund dafür, die gemischten innerstädtischen Quartiere zu verlassen und sich in den sozial homogeneren Vorstadtgebieten anzusiedeln. Mehr Fläche, mehr Grün, mehr soziale Homogenität – das sind die Attraktivitäten des suburbanen Lebens (vgl. Fishman 1999).

Nach dem Zweiten Weltkrieg wurde folgendes Muster zu einem zentralen Bestandteil der Normalbiographie, wie sie millionenfach angestrebt und realisiert wurde: Als Jugendlicher zieht man zu Ausbildungszwecken in die Großstadt, nach Abschluss der beruflichen Bildung und gelungenem Einstieg in eine berufliche Laufbahn beginnt die Familienkarriere (vgl. Herlyn 1990 a). Heirat, Geburt von Kindern, Eigentumsbildung und Umzug ins Umland bilden ein Modell, dessen Realisierung durch steuerliche Begünstigung unterstützt wird. Es war und ist ein Mittelschicht-Modell. Aber die Schicht der Facharbeiter konnte sich daran ebenso beteiligen wie das Heer mittlerer Angestellter und Beamter, die sich auf diese Weise auch symbolisch von den unteren Schichten distanzieren konnten. Außerdem ist die suburbane Lebensweise ein Familienmodell. Für Menschen, die sich bewusst gegen ein solches Modell entscheiden, ist das suburbane Leben deshalb auch nur von begrenzter Attraktivität.

Das Familienmodell galt bis in die 1970er Jahre als die einzige erstrebenswerte biographische Form. Seitdem hat es an Gewicht verloren, und verschiedene Formen individualisierter oder alternativer Lebensformen haben sich quantitativ ausgebreitet (vgl. Spiegel 1976; Häußermann/Siebel 2000 a). Diese zeichnen sich insbesondere durch Kinderlosigkeit aus und haben daher eine weit geringere Affinität zu suburbanen Verhältnissen. Die Ausbreitung neuer Wohn- und Lebensstile ist stark beeinflusst durch den Wandel im Rollenverständnis von Frauen, die sich – nachdem sich das durchschnittliche Niveau der weiblichen Bildungsqualifikation dem der jungen Männer angeglichen hat – in immer geringerer Zahl auf die Rolle der Hausfrau und Mutter festlegen lassen wollen, wenn damit die Entfaltung ihrer beruflichen Fähigkeiten beschnitten wird. Die großen Schwierigkeiten, Berufs- und Mutterrolle zu vereinbaren, veranlassen viele Frauen dazu, auf die Mutterrolle zu verzichten – und damit verliert auch eine suburbane Wohnkarriere weitgehend ihre Attraktivität. Alleinstehende bzw. Paare ohne Kinder bevorzugen die innerstädtischen Wohnorte. Sie suchen das vielfältige Dienstleistungsangebot der Innenstadt – also eben jene Differenzierung und Spezialisierung, die Georg Simmel als ein Charakteristikum der großstädtischen Ökonomie und Kultur bezeichnet hatte. Sie pflegen auch gerne jenen alltäglichen Umgang, wie Simmel und Bahrdt ihn beschrieben haben: Flüchtige Kontakte, Distanziertheit in zufälligen Begegnungen, zweckgerichtete Kontakte in mehreren, sich nicht überlappenden Verkehrskreisen (zum Beispiel in Beruf, Sport oder Nachbarschaft). Die urbane Lebensweise findet also neue und wieder zahlreichere Anhänger.

Abb. 6.1 Suburbanes Siedlungsgebiet in Ludwigsburg

Die Aussage von Simmel, die dichte und heterogene großstädtische Umwelt bringe einen bestimmten Sozialcharakter hervor, beinhaltet eine These über Kontext-Effekte: Die dichte und heterogene Großstadt fördert bestimmte Verhaltensweisen und erzeugt bestimmte Mentalitäten, die sich am Fremden und Unbekannten nicht stoßen und ihm so einen eigenen sozialen Raum lassen. Die soziologische Definition der Stadt beruht auf dem Zusammenhang zwischen »Größe von Bezirk und Menschenzahl« (Simmel 1995, 126) und deren sozialer Organisation. Simmel sah darin eine »weltgeschichtliche Korrelation zwischen der Vergrößerung des Kreises und der persönlichen, innerlich-äußerlichen Freiheit« (ebd.), also die Entstehung eines sozialen Raumes für persönliche Freiheit und Individualisierung. Der dafür grundlegende Gedanke wird von ihm so ausgedrückt: Die »Quantität des Lebens [setzt sich] sehr unmittelbar in Qualität und Charakter um« (ebd.). Mit dem Theorem eines Zusammenhangs zwischen Quantität und Qualität des sozialen Lebens werden spezifische Effekte von *Größe* und *Dichte* behauptet. Die Großstadt stellt gleichsam einen spezifischen Sozialisationsraum dar, eine ›Schule der Toleranz‹, die sich aus den ›inneren Abwendungen‹ und der wechselseitigen Reserviertheit ergibt, wie sie für Großstadtbewohner typisch sind (vgl. 2. Kapitel). Um die Wende vom 19. zum 20. Jahrhundert, als diese Gedanken formuliert wurden, war die hohe Dichte des Zusammenwohnens und die große Zahl zusätzlicher täglicher Besucher vor allem in der Innenstadt eine epochal neue Erfahrung.

Spiegelbildlich zu dieser Umwelt-These war es in der Mitte des 20. Jahrhunderts eine verbreitete Annahme, die Einfamilienhaus-Gebiete am Stadtrand erzeugten bei ihren Bewohnern *Privatismus* und *Familismus*, und trügen so zur Entpolitisierung und Verkleinbürgerlichung bei. Herbert Gans (1969) hat dagegen nachgewiesen, dass die Bewohner einer Vorortsiedlung nicht erst dort zur Familienorientierung gelangt sind, sondern diese bereits vorher hatten und gerade deshalb ihren Wohnort dorthin verlagerten. Sie suchten nach sozialer Homogenität und einem Leben in sehr viel geschlosseneren Verkehrskreisen als die Großstadtbewohner, abgesichert durch hohe Bodenpreise und in jüngerer Zeit immer öfter durch räumliche Barrieren und Überwachungsanlagen.

Die These, dass es einen Zusammenhang zwischen Lebensstilen und Wohnweise bzw. Wohnstandort gebe, ist inzwischen weitgehend akzeptiert. Dadurch hat sich die Antwort auf die Frage nach dem Zusammenhang zwischen Stadtentwicklung und Lebensweise umgekehrt: Nicht mehr die Stadtentwicklung prägt die Lebensweisen, sondern die Lebensweisen prägen die Stadtentwicklung.

Wenn der Begriff der Urbanität an Größe, Dichte und Heterogenität als objektive Merkmale einer großstädtischen Lebensweise geknüpft ist – welche Folgen hat dann der säkulare Trend einer abnehmenden Bevölkerungsdichte? Schrumpfen bedeutet Rückgang von Größe und Dichte und unter Umständen auch von Heterogenität. Auf der Folie dieses Urbanitätsbegriffs kann Schrumpfen nur als *Erosion des Städtischen* interpretiert werden.

Simmel hat mit seiner Beschreibung von urbanen Mentalitäten und Verhaltensweisen am Anfang des 20. Jahrhunderts einen neuen Sozialcharakter beschrieben, dessen Auftreten an eine neue (großstädtische) Umwelt gebunden war. Für diese Umwelt war die Bevölkerungs- und Interaktionsdichte ein charakteristisches Merkmal, aber ihre Besonderheit lag auch darin, dass sie durch die Geldwirtschaft geprägt war. Die Geldwirtschaft hat sich inzwischen verallgemeinert, sie trennt das ›Städtische‹ nicht mehr vom ›Ländlichen‹ oder von der Kleinstadt. Auch die ländlichen Räume sind heute insofern urbanisiert.

Die abnehmende Bevölkerungsdichte beruht auf einer Verbesserung der Wohnverhältnisse und auf der Ausdehnung der Städte, und sie ist zusätzlich motiviert durch den Wunsch, eine größere räumliche Distanz zwischen die verschiedenen sozialen Gruppen und Milieus zu halten. Je mehr dieser Prozess voranschreitet, je homogener die Wohnmilieus werden, desto weniger dürften die Städte die Orte sein, an denen sich aus der sozialen Dichte der unfreiwilligen Interaktionen jene Mentalitäten ergeben, die durch innere Distanzierung sozialen Raum für Heterogenität auf engem physischen Raum schaffen. Die Städte sind dann nicht mehr jene ›Erziehungsanstalten‹ für großstädtische Verhaltenweisen, wie Simmel sie beschrieben hat. Mit der Urbanisierung der gesamten Gesellschaft müssen sie entweder von jedem einzelnen Individuum als ziviles Verhalten verinnerlicht sein, oder neue Formen der Abgrenzung und Abschottung werden auch in den Städten zu einer neuen Normalität. Urbanität – jene Lebensweise, die für die Integration des Fremden gegenüber kleinstädtischen Verhältnissen so wichtig ist, wird nicht mehr durch städtebauliche Arrangements und hohe Funktionsdichte reproduziert, sie muss zu einem Merkmal von im Sozialisationsprozess von Familie und Schule erlernten sozialen Verhaltensweisen werden, wenn die Städte Orte jener Toleranz bleiben sollen, die sie in der Phase des Übergangs von einer traditionalen zur modernen Gesellschaft waren.

Fragen

- Warum ist der *Suburbanismus* keine im klassischen Sinne städtische Lebensweise?
- Wodurch wurde die suburbane Lebensweise ermöglicht?
- Was motiviert diejenigen, die in eine suburbane Umgebung umziehen?

7. Die Gemeinde als empirisches Objekt

Die vorherigen Kapitel waren den spezifisch großstädtischen Sozialformen gewidmet. Dabei handelte es sich einerseits um Folgewirkungen des gesellschaftlichen Umbruchs, die in der Großstadt deutlich sichtbar wurden, andererseits um Effekte einer Siedlungsform, die es zuvor nicht gegeben hatte. Deshalb wurde die Großstadt zum interessantesten empirischen Forschungsfeld für die Sozialforschung. Hier schienen sich die abstrakten gesamtgesellschaftlich wirksamen Prozesse wie unter einer Lupe auf engstem Raum studieren zu lassen. Das war einer der Gründe, weshalb in der ersten Hälfte des 20. Jahrhunderts ein neuer Forschungszweig entstand: Gemeindestudien, das heißt die Erforschung der sozialen Ordnung und der sozialen Beziehungen innerhalb einer Stadt oder Gemeinde. Die Gemeinde selbst spielte dabei, je nach Ausrichtung der Forschung, unterschiedliche Rollen. Sie stand

a) entweder als Fallbeispiel stellvertretend für die Totalität der gesamten Gesellschaft und zeigte damit sämtliche Aspekte des sozialen Lebens in seiner Komplexität,
b) oder sie repräsentierte einen speziellen Gegenstand, einen Teilaspekt des sozialen Lebens in seinen Bezügen zu anderen Aspekten, Institutionen und Prozessen,
c) oder aber es ging darum, die Besonderheiten einer bestimmten Stadt oder Gemeinde genauer zu erforschen.

Gemeindestudien standen am Anfang der empirischen Sozialforschung überhaupt (vgl. für Deutschland: Kern 1982; Hengartner 1999). Im Rahmen einer ›Volkskunde‹ wurden Lebensweise und Lebensgewohnheiten der Bevölkerung in unterschiedlichen Regionen und Gemeinden beschrieben. Gemeinden wurden dabei als lokale Sozialsysteme begriffen, deren Unterschiedlichkeit noch nicht durch die Wirkungen von Industrialisierung und Modernisierung nivelliert worden waren. Bis Ende 1927 wurden in den USA 154 vollständige Gemeindeuntersuchungen durchgeführt, außerdem 2621 Untersuchungen in Gemeinden, die spezielle Teilprobleme zum Gegenstand hatten (Korff 1976, 93). Die empirische Sozialforschung in den USA entwickelte sich zunächst ausschließlich in Form von Gemeindestudien (*Community Studies*) als Studien zu einzelnen Gemeinden. Dies war deshalb plausibel, weil sich die USA viel stärker auf die lokalen *communities* gründete, als dies bei den europäischen Fürstenstaaten jemals der Fall war; *communities* zählen zu den Grundfesten der amerikanischen Gesellschaft (vgl. Bell/Newby 1982). Sie werden in den USA als eine der Grundformen der Gesellschaft angesehen – eine Perspektive, der sich auch René König angeschlossen hatte. Er sah Gemeinden neben ihrer »handgreiflich[...] institutionell-organisatorische[n] Außenseite« durch »lokale[...] Einheit«, »soziale[...] Interaktionen und gemeinsame[...] Bindungen sowie Wertvorstellungen« (König 1958, 28) charakterisiert.

7.1 Gemeinde als Paradigma oder Objekt

Die berühmteste Untersuchung einer Gemeinde, die mit dem Anspruch antrat, ein Abbild der Gesellschaft im Kleinen zu liefern, war die des Ehepaars Lynd in den Jahren 1924/25 (Lynd/Lynd 1957). Obwohl die Autoren sich ursprünglich nur für die religiösen Praktiken interessierten, untersuchten sie nicht nur religiöse Institutionen, sondern auch deren Beziehungen zu allen anderen Institutionen der *community* und setzten damit die Standards für moderne Community-Studien. Die erste *Middletown-Studie* thematisierte unterschiedliche Lebensweisen, verschiedene Bildungs- und Freizeitinstitutionen, das bürgerschaftliche Leben sowie die religiösen Praktiken. Das Forscherehepaar wollte, wie die beiden selbst formulierten, synchron die ineinander verwobenen Trends des Lebens einer kleinen amerikanischen Stadt beschreiben. Heraus kam eine materialreiche und lebendige Beschreibung des Familien- und Gemeindelebens zwischen 1890 und 1925. Sie thematisierten die Muster der sozialen Beziehungen, die Wirkungen informeller Gruppen (wie zum Beispiel Nachbarschaft) und formeller Institutionen (wie Kirche usw.). Eine ihrer Hauptthesen war, dass sich das Gemeindeleben von 1890 bis 1925 stärker formalisiert habe, was unter anderem an der sprunghaft gestiegenen Anzahl von Freizeitclubs ablesbar sei. Die Lynds interviewten 124 Arbeiterklassenfamilien und 40 Angehörige der Business Class, analysierten Dokumente von lokalen Institutionen, Statistiken, Unterlagen von Gerichten und Schulen sowie die Zeitungen; außerdem benutzten sie Tagebücher, Protokolle von Vereinen und Sammelalben. Die wichtigste Methode war allerdings die der teilnehmenden Beobachtung. Die veröffentlichte Studie war eine Sensation, allein im Jahre 1929 erlebte sie sechs Auflagen.

Einige methodische Probleme von Gemeindestudien lassen sich schon an diesem ersten Beispiel zeigen:

a) Es stellt sich die Frage, ob die Begrenzung der Untersuchung auf soziale Beziehungen innerhalb der Gemeinde nicht schon ein Artefakt in dem Sinne darstellt, als Beziehungen, die die Gemeindegrenzen überschreiten, wichtiger sein könnten, so aber gleichsam als nicht-existent erklärt werden.
b) Letztlich ist nicht erkennbar, wie stark das Bild ist, das ein teilnehmender Beob-

achter von einer Gemeinde zeichnet, von seinen Theorien – um nicht zu sagen: von seinen Vorurteilen – geprägt wird.

Middletown war eine prosperierende Industriestadt, erlebte aber in den späten 1920er Jahren einen wirtschaftlichen Niedergang und – ebenso wie alle anderen Städte – durch die Weltwirtschaftskrise einen tiefen Einschnitt in ihrer Entwicklung. Die dadurch hervorgerufenen Veränderungen im Gemeindeleben wollten die Lynds erneut in einer Replikationsstudie untersuchen und kehrten im Jahre 1935 noch einmal für einige Wochen in die Gemeinde zurück. Für diese Wiederholungs- oder Replikationsstudie wählten sie eine quasi-experimentelle Untersuchungsanordnung, wobei sie ihre vorhergehende Untersuchung als Nullmessung der Struktur und Kultur des Gemeindelebens der Zeit vor der Depression interpretierten. Nun wurde gefragt, ob die Kultur der Gemeinde intakt geblieben war, ob das Vertrauen in Selbsthilfe und der Glaube an die Zukunft noch bestand, ob sich die alten Werte und das Gemeinschaftsgefühl erhalten und weiterentwickelt hatten oder ob die latenten Spaltungen inzwischen deutlicher zu spüren waren. Die Lynds ergänzten die Studie des Gemeindelebens und der Familien nun durch eine Analyse der Machtstrukturen. Dabei zeigte sich, dass im Mittelpunkt der Gemeinde eine Familie stand, deren Industriebetrieb der wichtigste Arbeitgeber der Gemeinde war. Dies war in der ersten Studie gar nicht erwähnt worden. Jetzt aber wurde deutlich, in welch enormem Ausmaß das gesamte Leben der Gemeinde von dieser Familie abhing.

Insgesamt hatte die Toleranz in der Stadt einerseits zugenommen (beispielsweise hinsichtlich der Religion), andererseits hatte sie im Hinblick auf politische und ökonomische Angelegenheiten deutlich abgenommen. Das galt zum Beispiel für die Einstellung gegenüber den Gewerkschaften, deren Forderungen mit der Ideologie von Geschäftsleuten begegnet wurde. Auch wurde immer wieder darauf hingewiesen, dass es in Middletown keine Klassen gebe. Ein Befund der Lynds war jedoch, dass die Unterschiede zwischen den Klassen deutlicher als zehn Jahre zuvor hervortreten.

Während die erste Untersuchung noch das *typische* Leben in einer *typischen* Gemeinde studieren wollte, drängten sich bei der Wiederholungsuntersuchung die Aspekte des sozialen und ökonomischen Wandels und die Abhängigkeit von überlokalen Systemen und Machtbeziehungen auf. Dies brachte natürlich auch den paradigmatischen Erklärungsanspruch der Gemeindestudien zu Fall. Die Gemeinde als Paradigma wurde fragwürdig, als sich übergeordnete Strukturen einer Gesellschaft herausbildeten und erkennbar wurden: nationale und internationale ökonomische Verflechtungen, gesamtstaatliche politische Regulation, überlokale Interessengruppen sowie Klassen- und Schichtstrukturen. Deren wechselseitige Beziehungen wurden zum Schrittmacher des sozialen Wandels, nicht lokale Gegebenheiten. Eine Gemeinde der Industriegesellschaft war nicht mehr länger ein geschlossener Mikrokosmos.

Mit der Vorstellung, man könne an einer durchschnittlichen Klein- oder Mittelstadt die Gesellschaft als Ganzes untersuchen, räumten Vidich/Bensman (1970) und Stein (1972) endgültig auf. Seitdem ist der Status von Gemeindestudien umstritten oder zumindest zu differenzieren. Arensberg (1974) hat vorgeschlagen, Gemeindestudien zu unterscheiden in solche, in denen die Gemeinde das *Objekt* der Forschung ist, und in solche, in denen sie ein *Paradigma* darstellt. Damit ist gemeint, dass im ersten Fall das Spezifische einer konkreten Gemeinde im Zentrum des Interesses steht, im zweiten Fall die Gemeinde nur der empirische Ort ist, an dem Fragestellungen thematisiert werden, die in ihrer Allgemeinheit interessieren, also nur paradigmatisch bzw. beispielhaft in einer Gemeinde untersucht werden. Dazu zählen Studien, die die Probleme von Jugendlichen, Nachbarschaftsbeziehungen, Schichtungsstruktur oder politische Machtstrukturen untersuchen. Insbesondere *Community Power Studies* (vgl. Haasis 1978) lösten in den 1960er Jahren lebendige Diskussionen über Machtstrukturen und Machttheorien im Allgemeinen aus (vgl. Bachrach/Baratz 1977).

Gemeinden werden dann als Paradigma benutzt, wenn es darum geht, stellvertretend für die gesamte Gesellschaft an einem konkreten Ort (pars pro toto) allgemeine gesellschaftliche Fragen zu untersuchen. Anlass dafür war die »Unübersichtlichkeit der modernen Gesellschaft« (Horkheimer/Adorno 1983, 133), die man mit Gemeindestudien reduzieren zu können glaubte, weil in ihnen »wie in einem Brennspiegel das sonst diffuse Ganze sich konzentriert« (ebd., 134). Dies war letztlich eine methologische Begründung dafür, weshalb auch von der *Gemeindestudie als Methode* gesprochen wurde. Ausschlaggebend für die Gültigkeit der empirischen Ergebnisse ist allerdings die Auswahl der Untersuchungsstadt. Ob es eine ›typische‹ Stadt überhaupt gebe, wurde jedoch mit guten Gründen bezweifelt.

7.2 Die Gemeindestudie als Methode

Das Bestreben, Sozial-, Schichtungs- und Machtstruktur der modernen Gesellschaft paradigmatisch an einer Gemeinde zu untersuchen, war vor allem in den USA sozialreformerisch inspiriert (vgl. König 1958). Aber dieser Forschungsansatz war auch deshalb für lange Zeit so bedeutend, weil es keine methodischen Alternativen gab. Solange Umfragetechniken und Datenverarbeitung noch nicht zur Erhebung und Auswertung von Massendaten geeignet waren, erschien die umfassende Beschreibung von sozialen Strukturen einer Gemeinde – sowohl ihrer Schichtung wie ihrer Machtstruktur (vgl. dazu Ammon 1967) – als einzig gangbarer Weg, empirische Daten zur sozialen Struktur der ›modernen‹ Gesellschaft zu gewinnen. Mit dem Ausbau der sozialwissenschaftlichen Infrastruktur und der Entwicklung leistungsfähiger Datenverarbeitungstechniken haben sich diese Begründungen für Gemeindestudien allerdings überlebt, und konsequenterweise verschwanden empirische Untersuchungen lokaler Gegenstände aus dem Zentrum der theoretisch interessierten soziologischen Forschung und wurden in den Bereich einer Bindestrich-Soziologie (›Stadt- oder Gemeindesoziologie‹) verwiesen.

Aber trotz aller Tendenzen zur Vereinheitlichung und Nivellierung von Lebensbedingungen dürften Gemeindestudien als Methode der empirischen Forschung ihre Berechtigung behalten. Die »Verbindung von Materialfülle mit einer integrativen, sonst auseinander weisende Disziplinen verbindenden Methode gewährt Einsichten, wie sie sonst der Sozialforschung weithin versagt sind« (Horkheimer/Adorno 1983, 144). Die Beschreibung von Interaktionen und Machtstrukturen in einem überschaubaren Sozialsystem, das eine Gemeinde trotz aller überlokalen Verflechtungen darstellt, kann mit den heute dominierenden Methoden der Isolation einzelner Faktoren nicht geleistet werden. Gemeindestudien fangen mit einer Vielfalt von Methoden die Komplexität sozialer Prozesse ein und beschreiben diese, wie es auf andere Weise kaum möglich wäre.

Die Studie *Die Arbeitslosen von Marienthal* aus den Jahren 1931/32 (Jahoda et al. 2002) ist dafür ein frühes und herausragendes Beispiel. Arbeitslosigkeit als soziales Problem wurde dort im Kontext einer Gemeinde mit großer methodischer Phantasie studiert. Ebenso herausragende Beispiele sind Untersuchungen zu den sozialen Beziehungen von Einheimischen und Zuwanderern, die von Elias/Scotson (1999) als *Etablierte-Außenseiter-Beziehung* beschrieben wurden – eine Figuration, die Neckel (1999) in seiner Studie zum politischen und sozialen Wandel einer ostdeutschen Gemeinde nach der Vereinigung ebenso aufdeckte.

Die Methode, soziale Interaktionen und Strukturen als Prozesse zu untersuchen und den Versuch zu machen, sie in ihren Verästelungen und komplexen Konstellationen, verschiedenen Handlungsmotiven und ambivalenten Wirkungen zu analysieren, wurde auch als *Soziographie* bezeichnet. Diese erlaubt »intimere Einsichten in die wirklichen Zusammenhänge« (Horkheimer/Adorno 1983, 135) und ermöglicht es, den »Bruch zwischen lebendiger Erfahrung und exakter Objektivität [...] zu überbrücken« (ebd., 137). Die lokale Begrenzung der Perspektive in einer Gemeindestudie richtet sich auf jenen »Ort [...], an dem die Gesellschaft im Ganzen als höchst komplexes Phänomen unmittelbar anschaulich wird« (König 1958, 9). Gemeindestudien haben also den Vorteil, abstrakte Prozesse, mit denen es die Soziologie gemeinhin zu tun hat, in concreto zu schildern, und die Befunde dann wieder an verallgemeinernde Theorien rück zu beziehen.

Die Tatsache, dass eine wie sorgfältig auch immer ausgewählte Stadt oder Gemeinde kaum repräsentativ für andere Städte oder gar die Gesellschaft insgesamt sein kann – jedenfalls kann man dies ohne direkten Vergleich nicht behaupten –, stellt nicht nur einen Grund für ihre methodologische Abwertung, sondern auch die Begründung für eine anders gelagerte Berechtigung dar: Gerade die Besonderheiten einer Stadt als lokales System können zum Gegenstand des Untersuchungsinteresses werden. Explizit oder implizit kann angenommen werden, dass jede Gemeinde eine eigene Individualität besitze, die sich aus ihrer Geschichte, ihrer ökonomischen Basis, bestimmten Wertvorstellungen oder Normen (lokale Kultur) oder aus Eigenarten ihrer Bevölkerungsstruktur ergibt. Aber ist das soziologisch relevant?

Hans Oswald, der die überlokale Determination von sozialem Handeln und sozialen Beziehungen gegen die Sinnfälligkeit von Gemeindestudien betont, sieht in den Besonderheiten einer Stadt eine Art Filterwirkung für soziale Prozesse: »Eine bestimmte Stadt schränkt [...] durch ihre Eigenart, was Größe, Wirtschaftsstruktur, soziale Zusammensetzung usw. anbetrifft, die Außeneinflüsse und die Möglichkeiten zu jeder beliebigen direkten oder indirekten Außenorientierung in Teilen ein. Sie schließt bestimmte Einflüsse [...] aus und präferiert dafür andere« (Oswald 1966 a, 91). Nicht an jedem Ort, nicht in jeder Stadt ist die gesamte Gesellschaft gleichsam anwesend. Gemeinden repräsentieren bestimmte Ausschnitte der sozialen Wirklichkeit, die durchaus die Orientierungen und die Lebenschancen der dort Lebenden beeinflussen können. »Jeder Stadt [...] kommt aufgrund eines letztlich unzertrennbaren und von anderen Städten trotz aller nivellierenden Einflüsse zumeist deutlich unterscheidbaren Syndroms von räumlichen Bedingungen, sozioökonomischen Chancen und eigenen soziokulturellen Handlungspotentialen eine spezifische Handlungsrelevanz zu« (Herlyn et al. 1982, 18). Ganz in diesem Sinne wiesen Adorno/Horkheimer darauf hin, dass Residenzstädte mit »lebendige[r] künstlerische[r] Tradition [...] in scharfem Gegensatz etwa zu Mittelstädten der Industriegebiete« stünden (Horkheimer/Adorno 1983, 139).

Die zwischen 1950 und 1952 durchgeführte Studie *Zeche und Gemeinde* fand für eine Gemeinde im nördlichen Ruhrgebiet zum Beispiel heraus, dass dort das lokale Gewerbe (die Bergbauindustrie) die subjektiven Wünsche und objektiven Möglichkeiten der Jugendlichen bei der Berufswahl stark beeinflusst (Croon/Utermann 1958, 6). Je mehr die lokale Ökonomie monostrukturiert ist, desto restringierter sind die Optionen. Insgesamt, so kann man allgemeiner formulieren, begegnet die Gesellschaft den Bewohnern an verschiedenen Orten jeweils nur in Ausschnitten. Je größer eine Stadt ist, desto vielfältiger werden im Allgemeinen die Erfahrungsmöglichkeiten und die Optionen. Selbstverständlich hat die lokale Determinationskraft durch die rasante Ausdehnung von Möglichkeiten zu Information und Erfahrung durch die Telekommunikationsmedien an Bedeutung verloren – aber sie ist nicht völlig verschwunden. Die Behauptung, eine Stadt sei lediglich der Ort, an dem die Gesellschaft in ihrer Struktur und ihren Konflikten erscheine (Häußermann/Siebel 1978), überbetont daher die Tendenzen einer Entlokalisierung von Kommunikation, sozialer Interaktion und Machtbeziehungen.

Deutsche Gemeindestudien nach 1945

In der Bundesrepublik Deutschland wurden nach dem Zweiten Weltkrieg mehrere Gemeindestudien durchgeführt (ein Überblick ab 1950 findet sich bei Oswald 1966 b). Dabei wurde eine Gemeinde besonders oft und intensiv untersucht: Wolfsburg. Wolfsburg wurde während des Dritten Reichs als »Stadt des KdF-Wagens« neu gegründet und nach Kriegsende in Zusammenhang mit der Entwicklung des VW-Werks weiter ausgebaut. Der »Stadtwerdungsprozeß« (Herlyn et al. 1982, 11) wurde Anfang der 1960er Jahre zum ersten Mal und Anfang der 1980er Jahre ein zweites Mal untersucht. Ziel der beiden Untersuchungen war es, »die damit zusammenhängenden Veränderungen der Lebensverhältnisse« (ebd., 12) sowie die »Verschränkungen von Ortsentwicklung und Lebensgeschichte der Bewohner« (ebd., 16) zu dokumentieren. Thematisiert wurden sowohl die stadtplanerischen und städtebaulichen Entwicklungen, als auch die Entwicklung der sozialen Beziehungen, der Identifikation mit der Stadt und der Integrationsprozesse einer zusammengewürfelten Bewohnerschaft. In diesem Fall war die Stadt also wirklich das Objekt. Die Ergebnisse wurden in einer neueren Schrift (Herlyn/Tessin 2000) überblicksartig zusammengefasst.

Ende der 1950er Jahre wurden etwa gleichzeitig in der Bundesrepublik drei Studien über einzelne Gemeinden publiziert (vgl. zu einer ausführlicheren Darstellung: Häußermann 1994): Über Euskirchen: *Soziale Schichtung und sozialer Wandel in einer Industriegemeinde* (Mayntz 1958), über die Ruhrgebietsstadt Datteln: *Zeche und Gemeinde* (Croon/Utermann 1958) und über Dortmund: *Daseinsformen der Großstadt* (Mackensen et al. 1959).

Die Studie über die Bergbaugemeinde folgte in ihrem Design am ehesten dem traditionellen Ansatz der Community Studies. *Zeche und Gemeinde* ist ein sozialhistorisches Dokument, das angesichts heutiger Konflikte mit der Zuwanderung wieder besondere Beachtung verdient. Als soziologischer Studie hängen ihr jedoch alle Nachteile der Community-Study-Methode an: Sie besitzt weder ein explizites theoretisches Konzept noch systematisierte Beobachtungstechniken; es gibt deshalb keine Gewähr dafür, dass jemand anders ähnliche Resultate erzielt hätte; Werthaltungen und Datenpräsentation können kaum auseinander gehalten werden.

Bei der Dortmund-Studie handelt es sich um ein Fragment ohne theoretische Kohärenz, von dem aber die Untersuchungsteile zu Fragen des Wohnverhaltens und zu den Nachbarschaftsbeziehungen wichtige Erkenntnisse brachten. Als Studie zur industriellen Gesellschaft, die laut Einleitung intendiert war, ist das Projekt aber offensichtlich gescheitert.

Diese Defizite wurden in der Euskirchen-Studie vermieden, indem sich das Konzept auf die Untersuchung der sozialen Schichtung einer Industriegemeinde konzentrierte, wobei deren lokale Spezifika anhand eines abstrakten Modells moderner sozialer Schichtung ermittelt wurden. Die Stadt Euskirchen wurde 50 Jahre später noch einmal anhand einer ähnlichen Fragestellung untersucht, wobei als Ergebnis berichtet wird, die Stadt weise keinerlei lokalen Spezifika auf (vgl. Friedrichs/Kesckes/Wolf 2002). Solche Replikationsstudien – wie bereits in Middletown unternommen – sind äußerst selten; sie bieten aber die Chance, sozialen Wandel in seiner lokalen Komplexität zu untersuchen.

Frappierend sind die unterschiedlichen Bezüge der drei frühen Studien zur soziologischen Theoriediskussion: Während die beiden Ruhrgebietsstudien solche Bezüge kaum erkennen lassen, bilden sie für die Euskirchen-Studie ein zentrales strukturierendes Element. Die Studie reflektiert die Differenzen zwischen lokaler Spezifik und übergreifender Gesellschaft und interpretiert die Ergebnisse als zugleich paradigmatisch für die Schichtung der modernen Gesellschaft wie lokalspezifisch, weil sie die sozialen Figurationen der Gemeinde Euskirchen im Sinne einer Community Study beschreibt und diskutiert. Sowohl Differenz wie exemplarischer Charakter wurden in der Konfrontation mit einer soziologischen Theorie der Schichtung moderner Gesellschaften ermittelt.

7.3 Die Aktualität von Gemeindestudien

Gemeindestudien spielten im letzten Drittel des 20. Jahrhunderts in der Soziologie keine prominente Rolle mehr. Stadtsoziologen haben selbst diese Marginalisierung mit dem Argument unterstützt, unter dem Eindruck einer durchgesetzten Industrialisierung und allumfassenden Modernisierung aller Lebensbereiche hätten sich die regionalen Unterschiede von Sozialstruktur und Lebensweisen so abgeschliffen, dass diese nicht mehr länger als konstitutiv für eine eigenständige Theoriebildung betrachtet werden könnten (vgl. Saunders 1987). Regional differenzierende Sozialforschung macht ja logischerweise nur dann Sinn, wenn davon ausgegangen werden kann, dass an verschiedenen Orten verschiedene gesellschaftliche Realitäten vorgefunden werden können. Dies ist vor allem in Phasen des gesellschaftlichen Übergangs der Fall, etwa beim Übergang vom Feudalismus zum Kapitalismus, wo Max Weber mit seinen Analysen zur Rolle der mitteleuropäischen Stadt bei der Herausbildung des Kapitalismus ansetzte, oder beim Übergang von der Agrar- zur Industriegesellschaft (Urbanisierungsprozess), der Untersuchungen und Theorien zum Stadt-Land-Unterschied, das heißt zur Herausbildung einer neuen ›städtischen‹ Lebensweise provozierte (vgl. 2. bis 6. Kapitel).

Eine vergleichbare Situation war beim Übergang vom Sozialismus zum Kapitalismus in Ostdeutschland gegeben, als nach dem Beitritt der DDR zur Bundesrepublik Deutschland die Eigentumsverhältnisse und das politische System grundlegend umgewälzt wurden. Dieser Wandel konnte zwar anhand von statistischen Massendaten beschrieben und interpretiert werden, aber wie er sich im Einzelnen vollzog, welche Akteure dabei welche Rolle spielten, wie genau und wie unterschiedlich die Wirkungen für den Alltag und für die äußeren Lebensumstände aussehen, das konnte – aus den am Anfang dieses Kapitels genannten Gründen – am raschesten und am anschaulichsten in der Form von Gemeindestudien untersucht werden.

Nach der Vereinigung Deutschlands wurden daher eine Reihe von Gemeindestudien durchgeführt, um den Wandel möglichst detailliert und anschaulich zu erfassen.

Verwiesen sei an dieser Stelle auf die Untersuchungen zur Stadt Gotha (Herlyn/ Bertels 1994; Bertels/Herlyn 2002), die zweimal untersucht wurde, um den Wandel zu erfassen. In dem Buch aus dem Jahr 2002 ist eine CD enthalten, die den Wandel des Stadtbildes unmittelbar dokumentiert. Ziel dieser Untersuchung war es, »die Art und Weise abzubilden, wie die Menschen den fundamentalen gesellschaftlichen Umbruch erlebt haben, und wie sie die wandlungsbedingten Veränderungen im alltäglichen Leben verarbeiten« (Herlyn/Bertels 1994, 12). Darüber hinaus liegt mit den beiden Studien aber auch eine umfassende und anschauliche Darstellung der Veränderungen der Stadtentwicklung vor. Was dabei exemplarisch, was lokal besonders ist, lässt sich annäherungsweise im Vergleich zu anderen Studien ostdeutscher Städte erkennen, die (mit unterschiedlichen thematischen Schwerpunkten) nach 1990 entstanden (Lange/Schöber 1993 zu Wittenberg; Neckel 1999 zu Eberswalde; Ludwig 2000 zu Eisenhüttenstadt). Mentalitätsunterschiede zwischen Ost- und West-Deutschen untersuchten Gebhardt/Kamphausen (1994) in einer vergleichenden Dorfstudie.

Fragen

- Welche drei Konzepte von Gemeinde spielen in Gemeindestudien eine Rolle?
- Erläutern Sie die hauptsächlichen methodischen Schwächen von Gemeindestudien.
- Was bedeutet es, den Forschungsgegenstand Stadt als *Paradigma* zu interpretieren?
- Inwiefern sind heute Gemeindestudien ein aktueller Forschungsansatz?

III. Stadt als empirischer und theoretischer Gegenstand

8. Die Stadt als Subjekt?

In den vorherigen Kapiteln haben wir gezeigt, durch welche Phänomene sich das städtische Sozialleben vom ländlichen unterscheidet. Jetzt beschäftigen wir uns mit solchen Erklärungsmustern, die die Stadt für eine eigenständige Ursache gesellschaftlicher Entwicklungen halten.

›Die Stadt‹ wird in der Publizistik, aber auch in manchen wissenschaftlichen Beiträgen für alles Mögliche verantwortlich gemacht, sie dient quasi als Letztbegründung oder, wie man soziologisch genauer formulieren kann, als eine ›unabhängige Variable‹. Die konservative Stadtkritik, auf die wir bereits im ersten Kapitel hingewiesen haben, stützte sich auf diese Grundannahme. Ebenso findet sie sich im Aufsatz von Louis Wirth zu »Urbanität als Lebensform« (Wirth 1974 [1938]) der nach seinem Erscheinen zu einer Art Magna Charta der amerikanischen Stadtforschung wurde. Ende der 1960er Jahre argumentierte Manuel Castells ebenfalls in dieser Tradition, wenn auch mit gänzlich gegensätzlicher politischer Ausrichtung. Er zielte auf die Gründung einer ›neuen‹ Stadtsoziologie.

Wir charakterisieren kurz die verschiedenen Versuche, die Stadt als eine eigenständige ›Ursache‹ für bestimmte gesellschaftlichen Entwicklungen zu konzipieren. Zunächst gehen wir auf Karl Marx und Friedrich Engels ein, in deren historischem Materialismus die deutschen Städte eine geradezu revolutionäre Rolle spielten. Max Weber gab mit seiner Analyse der welthistorischen Bedeutung der *okzidentalen* bzw. der *europäischen Stadt* ebenfalls ein Beispiel für die Stadt als eigenständigem Erklärungsfaktor für gesellschaftlichen Wandel. Marx, Engels und Weber argumentieren historisch spezifisch: die Stadt spielt ihre revolutionäre Rolle in einer ganz bestimmten Situation: im feudalistischen Europa des Mittelalters.

Louis Wirth versuchte dagegen einen ahistorischen, universell gültigen Begriff von Stadt zu formulieren. Die drei Merkmale *Dichte*, *Größe* und *Heterogenität* sollten die Stadt in allen Epochen und Kulturen als ›unabhängige Variable‹ definieren.

Manuel Castells schließlich versuchte im Rahmen der marxistisch inspirierten *New Urban Sociology* zu einer eigenständigen Theorie der Stadt zu kommen. Bei ihm bildet aber – anders als bei Marx, Weber und Wirth – nicht mehr der Gegensatz von Stadt und Land den theorierelevanten Hintergrund, sondern der Widerspruch zwischen der Sphäre der Konsumtion, die er mit Stadt gleichsetzt, und der Sphäre der Produktion. Dies wird nun näher auszuführen sein.

8.1 Die europäische Stadt und die Entstehung der modernen Gesellschaft

Karl Marx und Max Weber schrieben zwar in ihren Theorien über die Entwicklung des Kapitalismus der Stadt eine wichtige Rolle zu, doch bezogen sie sich dabei allein auf die mittelalterlichen freien Reichsstädte. Städte werden als historische Akteure oder als *Subjekte der Geschichte* behandelt, die den Feudalismus herausforderten. Ihre besondere Verfassung und soziale Struktur waren eine wichtige Bedingung für die Entfaltung der Dynamik des Kapitalismus. Die Tatsache, dass es Städte gab, wurde zu einem Faktor, der die gesellschaftliche Entwicklung erklären konnte.

Die Entwicklung der Stadtsoziologie knüpfte immer wieder an die Idee an, die Stadt als historischen Akteur zu verstehen. Tatsächlich liegt der Gedanke nahe, dass die soziale Fabrik Großstadt die gesellschaftliche Entwicklung entscheidend prägt – man muss nur einmal das Gedankenexperiment machen und sich die moderne Gesellschaft ohne Großstädte vorstellen. Gelingt das überhaupt? Kaum, denn in den Großstädten ist das am stärksten ausgeprägt, was wir *Modernität* oder *moderne Gesellschaft* nennen. Aber wird die moderne Gesellschaft in den Großstädten nur am deutlichsten sichtbar, oder geht von den Großstädten eine eigenständige Wirkung auf die Modernisierung der Gesellschaft aus? Die Entscheidung für eine dieser beiden Alternativen zieht auch eine Weichenstellung dahingehend nach sich, welche Fragestellungen und Methoden die Stadtsoziologie hat: Wird die Stadt als Ausdruck übergeordneter, allgemeiner gesellschaftlicher Strukturen und Entwicklungen verstanden, gleichsam als räumliche Verdichtung gesellschaftlicher Prozesse, oder als eigenständiger Faktor, der die soziale Entwicklung beeinflusst?

In den historischen Entwicklungstheorien von Marx und Weber wurde die Stadt jeweils einer bestimmten Epoche zum historischen Subjekt. Bei Marx ist die *Stadt* der eine Pol im Antagonismus zwischen Stadt und Land, der die Geschichte vorantreibt. Max Weber sah – neben der protestantischen Ethik – in den Besonderheiten der europäischen Stadt die entscheidende Erklärung für die erstaunliche Tatsache, dass sich gerade im vergleichsweise rückständigen Europa der Kapitalismus und die rationale Herrschaft entwickeln konnten.

8.1.1 Die Stadt als Triebkraft des Wandels bei Engels und Marx

Der Gegensatz von Stadt und Land beinhaltete im europäischen Mittelalter mehr als nur den Unterschied zwischen Siedlungsformen. Die Stadt repräsentierte eine andere Gesellschaft, die sich politisch, ökonomisch und rechtlich klar von der ländlichen Gesellschaft unterschied, die sich unter Bedingungen agrarischer Produktion und eines feudalistischen Herrschaftssystems entwickelt hatte. Marx sah in der Periode des Feudalismus den Gegensatz von Stadt und Land als den zentralen Widerspruch,

Abb. 8.1 Wohnverhältnisse des städtischen Proletariats

der den gesellschaftlichen Wandel vorantreibe. Er beruhte auf der Teilung der Arbeit zwischen Stadt und Land: Handel und Gewerbe in der Stadt, agrarische Produktion auf dem Land. Diese Arbeitsteilung geht einher mit unterschiedlichen Formen der Organisation der Produktion, nämlich einer frühkapitalistischen Produktionsweise in der Stadt und einer feudalistischen Produktionsweise auf dem Land. Der in historisch unterschiedlichen Formen auftretende Gegensatz von Stadt und Land erklärt nach Marx die Bewegung der Geschichte bis zur Epoche des durchgesetzten Kapitalismus. Der Übergang zum Kapitalismus ist ohne das ›Subjekt Stadt‹ nicht zu erklären. Die Stadt »sprengt […] das mittelalterliche (Feudal-)System: Durch den Übergang zu den kapitalistischen Produktionsverhältnissen […]. [D]ie Stadt [ist] ein ›Subjekt‹ […], eine zusammenhängende Kraft, ein Teilsystem, das das Gesamtsystem angreift, das dieses zugleich zeigt und zerstört« (Lefèbvre 1975, 55). Der zentrale, die Gesellschaft vorantreibende Widerspruch besteht im 19. Jahrhundert nicht mehr im Stadt-Land-Gegensatz, sondern im Widerspruch zwischen Kapital und Arbeit innerhalb der Stadt und des Systems der Städte. Die Stadt selbst trägt nichts mehr zur Entwicklung der Gesellschaft bei, sie ist vielmehr aus dieser zu erklären. Damit gibt es auch keine ›städtischen‹ Probleme mehr, sondern ›nur noch‹ gesellschaftliche

Probleme, die in den Städten manifeste Gestalt annehmen (Saunders 1987, 31) – aber als städtische Probleme unlösbar bleiben, wie Friedrich Engels in seiner Schrift *Zur Wohnungsfrage* (Engels 1973) deutlich machte.

Slums und Wohnungsnot in den großen Städten sind für Engels nur »einer der zahllosen *kleineren*, sekundären Übelstände, die aus der heutigen kapitalistischen Produktionsweise hervorgehen« (ebd., 214, Hervorhebung im Original). »Die Brutstätten der Seuchen, die infamsten Höhlen und Löcher, worin die kapitalistische Produktionsweise unsre Arbeiter Nacht für Nacht einsperrt, sie werden nicht beseitigt, sie werden nur – *verlegt*! Dieselbe ökonomische Notwendigkeit, die sie am ersten Ort erzeugte, erzeugt sie auch am zweiten. Und solange die kapitalistische Produktionsweise besteht, solange ist es Torheit, die Wohnungsfrage oder irgendeine andre das Geschick der Arbeiter betreffende gesellschaftliche Frage einzeln lösen zu wollen. Die Lösung liegt aber in der Abschaffung der kapitalistischen Produktionsweise« (ebd., 263, Hervorhebung im Original).

Für Engels und Marx war die europäische Stadt der Vorreiter einer Unterminierung der kapitalistischen Produktionsweise und damit einer ihrer Totengräber.

8.1.2 Die Stadt als Geburtsstätte von Kapitalismus und Rationalität bei Max Weber

Für Max Weber ist die *okzidentale Stadt* eine wesentliche Erklärung für das Aufkommen der modernen Gesellschaft, die Weber mit Kapitalismus und Bürokratie als den rationalen Formen der Organisation von Wirtschaft und politischer Herrschaft gleichsetzt. In seiner Studie über *Die Stadt* (2000 [1921]) hat Weber diese Rolle der europäischen Stadt als eines historischen Subjekts ausführlich dargestellt. Stadt ist ökonomisch als Marktwirtschaft und politisch als »autonomer Verband« (ebd., 7) die Keimzelle eines rationalen Kapitalismus. Eindeutiger noch als Marx und Engels sieht Weber die Stadt ausschließlich in Europa und hier nur im Mittelalter als eine Ursache der gesellschaftlichen Entwicklung: »Und doch ist weder der moderne Kapitalismus noch der moderne Staat auf dem Boden der antiken Städte gewachsen, während die mittelalterliche Stadtentwicklung für beide zwar keineswegs die allein ausschlaggebende Vorstufe und gar nicht ihr Träger war, aber als ein höchst entscheidender Faktor ihrer Entstehung […] nicht wegzudenken ist« (ebd., 72).

Seit dem Siegeszug des Kapitalismus und des bürokratisch verfassten Nationalstaats ist Stadt nicht mehr Ort einer anderen Ökonomie und Politik bzw. einer besonderen Produktionsweise. Die konservative Kritik, die die Stadt zum Sündenbock für die Missstände und Konflikte der kapitalistischen Industrialisierung und Urbanisierung machte, liefert lediglich noch eine ideologische Verkehrung von Ursache und Wirkung. Das erklärt auch, weshalb die Topoi der konservativen Stadtkritik trotz aller schlagenden theoretischen und empirischen Kritik bis auf den heutigen Tag nicht nur in der feuilletonistischen Diskussion zur Stadt, sondern auch in den Themen und Fragestellungen der Stadtforschung weiterleben. Charakteristisch hierfür ist die Tendenz, städtische Phänomene aus ihren gesamtgesellschaftlichen Bezügen zu isolieren und die physisch räumliche Umwelt *Stadt* zur allein maßgeblichen Determinante sozialen Verhaltens zu erklären.

Die Weber'sche Schilderung, nach der die mittelalterlichen Städte in Europa die Geburtsstätte des modernen Kapitalismus und der bürokratischen Rationalität waren, von denen aus sich diese Wirtschaftsform und Organisationsweise über die ganze Welt ausgebreitet haben, ist eine faszinierende Analyse. Die Behauptung, dass die Städte mit der Verallgemeinerung ihrer typischen Merkmale in den modernen Staaten ihre besondere gesellschaftliche Bedeutung eingebüßt hätten, ist die ernüchternde Kehrseite dieser historischen, aber eben vergangenen Sonderstellung der Stadt in der Gesellschaft. In der Stadtforschung gibt es allerdings heute Ansätze eines *Neo-Weberianismus*, die in europäischer Tradition die Stadt als *sozialen Akteur* beschreiben, der einen eigenständigen Einfluss auf die Entwicklung und die soziale Kohäsion innerhalb seiner Grenzen habe (vgl. Häußermann 2001, Le Galès 2002).

8.2 Größe, Dichte und Heterogenität als Merkmale der Stadt

Die Tendenz, soziale Phänomene aus nicht-sozialen Ursachen zu erklären, findet sich besonders ausgeprägt bei Louis Wirth (vgl. Wirth 1974 [1938]). Er versuchte, die Stadt unabhängig von Gesellschaft als ein universelles und ahistorisches Faktum zu definieren, das als solches eine eigenständige Ursache für gesellschaftliche Erscheinungen ist. Wirth hat einige Grundgedanken von Georg Simmel aufgegriffen und versucht, eine ›reine‹ Soziologie der Stadt zu entwerfen, die von einer Soziologie der Gesamtgesellschaft säuberlich getrennt bleiben sollte. Wir werden sehen, dass ihm dies nur um den Preis einer Verkürzung und Entdifferenzierung gelungen ist, bis hin zum Rückfall in die simplifizierenden Argumentationsmuster der konservativen Großstadtkritik, die die physischen Tatsachen der Stadt für die sozialen Probleme der kapitalistischen Industriegesellschaft verantwortlich gemacht hatte.[5]

Urbanisierung ist für Wirth hauptsächlich ein quantitativer Prozess, das heißt, es geht bei ihm nur um Verstädterung, um die Zusammenballung großer Menschenmas-

---

5 Die folgende Auseinandersetzung mit Wirths Aufsatz »Urbanism as a Way of Life« ist weit von einer Würdigung des soziologischen Gesamtwerkes von Louis Wirth entfernt. Sicher kann man dem Text, wenn man ihn in den Kontext des gesamten Lebenswerks stellt, andere Aspekte abgewinnen als wir es hier tun, wie die gründliche Arbeit von Vortkamp (2003) zeigt, aber in der Stadtforschung hatte allein dieser Text – und nicht das Lebenswerk von Wirth – großen Einfluss.

sen in großen Siedlungen. Der Unterschied zwischen Stadt und Land ist primär einer der Größe und Dichte der Bevölkerung, nicht ein qualitativer Unterschied der Ökonomie oder der Kultur. Sofern solche Unterschiede beobachtbar sind, sind sie für Wirth gerade eine Folge der Verstädterung, also der räumlichen Zusammenballung großer Menschenmengen in der Stadt, statt umgekehrt die moderne Großstadt eine Folge der Industriegesellschaft. Wirth konstruiert eine lineare Kausalität zwischen Größe, Dichte und Heterogenität der Bevölkerung (unabhängige, erklärende Variable) und der Lebensweise der Städter als deren Folge (abhängige Variable).

Zu dieser Konstruktion ist er insoweit gezwungen, als er versucht eine reine Stadtsoziologie zu formulieren. Dies gelingt nur um den Preis, die Stadt säuberlich von allen gesellschaftlichen Aspekten zu trennen. Es geht ihm um die Identifikation von Merkmalen, die eine Stadt zu allen historischen Epochen und in allen Gesellschaften als solche kennzeichnen, also um eine ahistorische Definition einer ›Stadt an sich‹, und er findet sie in den Merkmalen Größe, Dichte und Heterogenität der Bevölkerung: »Für soziologische Zwecke kann die Stadt definiert werden als eine relativ große, dichtbesiedelte und dauerhafte Niederlassung gesellschaftlich heterogener Individuen« (ebd., 48). Aufgabe des Stadtsoziologen ist es dann, »diejenigen Formen gesellschaftlicher Aktionen und Organisationen herauszufinden, deren Auftreten in relativ dauerhaften, dicht bevölkerten Siedlungen mit einer großen Anzahl heterogener Individuen typisch ist« (ebd., 49).

- *Größe* erzeugt laut Wirth unpersönliche, oberflächliche, transitorische und segmentäre Kontakte, eine utilitaristische und intellektualistische Einstellung zu anderen, eine Dominanz sekundärer gegenüber primären Kontakten.
- *Dichte* verstärkt zunächst die Wirkungen der Größe: »Es ist bezeichnend, dass unsere physischen Kontakte zwar eng, unsere sozialen Kontakte jedoch lose sind. Die urbane Welt prämiert visuelle Erkenntnisse. Wir sehen die Uniform, welche die Rolle des Funktionärs bezeichnet, und sind blind gegenüber der persönlichen Eigenart, die sich hinter der Uniform verbirgt. Wir neigen dazu, ein gewisses Feingefühl einer Welt künstlicher Erzeugnisse gegenüber zu erlangen und zu kultivieren, und entfernen uns gleichzeitig mehr und mehr von der Welt der Natur« (ebd., 54). Dichte fördert ferner die Differenzierung und Spezialisierung, die sich auch räumlich zeigt in einer Absonderung der sozialen Gruppen voneinander in verschiedenen Stadtteilen: der sozialräumlichen Segregation.
- Schließlich geht es um die Folgen von Bevölkerungs*heterogenität*, womit Wirth Differenzierungen nach den verschiedensten sozialen Merkmalen wie Schicht, Lebensstil, Rasse etc. meint. Diese Heterogenität hat auch einen nivellierenden Einfluss: »Wenn eine große Zahl von Menschen sich gemeinsam gewisser Anlagen und Einrichtungen bedienen muß, so müssen diese Anlagen und Einrichtungen nicht so sehr den Bedürfnissen des einzelnen Individuums als denen des Durchschnittsmenschen genügen. Die öffentlichen Dienstleistungen, die kultu-

rellen, die Freizeit- und Erziehungseinrichtungen müssen Massenbedürfnissen angepaßt sein. Ebenso müssen die kulturellen Einrichtungen wie Schulen, Kinos, Rundfunk und Zeitungen aufgrund ihres Massenpublikums zwangsläufig einen nivellierenden Einfluß ausüben« (ebd., 57).

Die Zitate verdeutlichen einmal, dass es Wirth nicht gelingt, die sozialen Phänomene, die er als genuin städtisch verursacht interpretiert, eindeutig den einzelnen Elementen Größe, Dichte und Heterogenität zuzuordnen. Was als Folge von Heterogenität oder Dichte erklärt wird, könnte ebenso gut der Bevölkerungsgröße zugeschrieben werden. Zum anderen scheinen seine Schlussfolgerungen eher willkürlich zu sein, beispielsweise behauptet er gleichzeitig, die Stadt fördere Differenzierung einerseits, Nivellierung andererseits. Offenkundig bezog Wirth seine Thesen eher aus dem Fundus antistädtischer Vorurteile als aus stringenten theoretischen und empirischen Analysen. Vielfach übernahm Wirth die Positionen der konservativen Großstadtkritik wie zum Beispiel Nivellierung, Labilität, Verlust echter Nachbarschaft, Zerfall der Solidarität oder das Unvermögen, die eigene Bevölkerung ohne Zuzug vom Lande zu erhalten.

Herbert J. Gans (Gans 1974 a) übte die fundierteste Kritik an Wirth und nennt drei inhaltliche Angelpunkte:

»Erstens können die Folgerungen, zu denen er durch eine Untersuchung der Innenstadt gelangte, nicht verallgemeinert und auf den ganzen Stadtbereich angewandt werden« (ebd., 70). Diesen Einwand belegt Gans mit unterschiedlichen Verhaltensweisen der Bevölkerung in der Innenstadt und am Stadtrand bzw. in den Vororten. Es gibt also nicht *die* Lebensweise des Großstädters.

»Zweitens gibt es bis jetzt nicht genug Material, um zu beweisen – noch, zugegebenermaßen, um zu widerlegen – daß Anzahl, Dichte und Heterogenität der Bevölkerung die gesellschaftlichen Konsequenzen zeitigen, von denen Wirth sprach. Selbst wenn diese Kausalbeziehung verifizierbar wäre, läßt sich schließlich zeigen, daß ein bedeutender Prozentsatz der Stadtbewohner von diesen Folgen auf Grund gesellschaftlicher Strukturen und kultureller Schemata ausgeschlossen war und noch immer ist, die sie entweder in die Stadt mitbrachten oder die sie entwickelten, während sie dort lebten« (ebd.). Diesen Einwand stützt Gans mit dem Hinweis, dass das, was Wirth der Größe und Dichte zuschrieb, weit eher auf die hohe Mobilität bestimmter Gruppen zurückzuführen ist: »In Anbetracht der vorübergehenden Natur und der Heterogenität der Verhältnisse beschränkt sich die Interaktion der Menschen untereinander auf jene segmentären Rollen, deren sie bedürfen, um lokale Dienstleistungen zu erlangen. Ihre gesellschaftlichen Beziehungen sind von Anonymität, Unpersönlichkeit und Oberflächlichkeit gekennzeichnet. Die sozialen Kennzeichen des Wirthschen Urbanitätskonzepts scheinen daher nicht sosehr ein Ergebnis von Anzahl, Dichte und Heterogenität der Bevölkerung, als von Instabilität auf Grund häufigen Wohnungswechsels zu sein« (ebd., 74).

Der dritte und wichtigste Einwand von Gans stellt die Erklärungskraft der Merkmale Größe, Dichte und Heterogenität direkt in Frage. Einmal gibt es auch in den Innenstädten *urban villagers*, städtische Dörfler, die all jene Verhaltensweisen zeigen, die laut Wirth durch Größe und Dichte gerade zum Verschwinden gebracht werden. Zum andern bewirkt der Umzug aus der dichten Innenstadt in die aufgelockerten Vorstädte nur in Ausnahmefällen Verhaltensänderungen. Und wenn in den suburbanen Siedlungen ein anderes typisches Verhalten zu beobachten ist als in der Innenstadt, so ist dies nicht Folge des Umzugs, sondern der Umzug wurde unternommen, um diese immer schon erwünschten Lebensweisen besser praktizieren zu können. Wenn Unterschiede der Lebensweisen beobachtbar sind, so Gans' zentrale These, lassen sie sich mit der Schichtzugehörigkeit und der Stellung im Lebenszyklus (Single, Verheiratete mit Kindern, alte Menschen) sehr viel besser erklären als mit Merkmalen der Wohnsituation: »Hinsichtlich ihrer Lebensformen müssen Innenstadt, äußere City und Vorstädte voneinander unterschieden werden; die beiden letzteren weisen eine Lebensform auf, welche mit Wirths Urbanität wenig Ähnlichkeit hat. […] Auch in der Innenstadt gleicht die Lebensform der Wirthschen Beschreibung nur in begrenztem Umfang. Überdies erklären wirtschaftliche Lage, kulturelle Merkmale, Lebensstadium und Häufigkeit des Wohnungswechsels diese Lebensform besser als Anzahl, Dichte und Heterogenität der Bevölkerung […]« (ebd., 80).

Wenn wir heute in den Innenstädten mehr und mehr berufstätige Frauen, Alleinstehende und kinderlose Paare finden, so sind diese Lebensformen nicht von der Innenstadt erzeugt worden, sondern die Menschen, die so leben wollen, sind dorthin umgezogen (oder dort verblieben), weil die Innenstadt ihnen für die von ihnen bevorzugte Lebensweise die am besten geeignete Umgebung bietet. Heute gibt es mehr Studenten, mehr berufstätige Frauen und mehr Alleinlebende als noch vor 60 Jahren. Haushalte, die zu diesen Gruppen gehören, bevorzugten schon immer einen Wohnort in der Innenstadt. Dass es heute mehr Studenten und mehr berufstätige Frauen gibt, hängt mit der Expansion des Bildungswesens, dem Wandel von der Industrie- zur Dienstleistungsgesellschaft und mit der Emanzipation der Frauen zusammen. Wirth wäre gezwungen, wenn er dem in seinem Aufsatz formulierten Ansatz treu bleiben wollte, die tatsächlich zu beobachtende Vergrößerung der Anzahl solcher Haushalte auf die Wirkung von Größe und Dichte zurückführen, also auf die großstädtische Siedlungsstruktur.

Wirth verkennt die gesellschaftlichen Ursachen des Beobachteten. Was in den großen Städten geschieht, ist nicht eine notwendige Folge der Großstadt, sondern – wie die Großstadt als Siedlungsform selbst – eine Konsequenz sozialer Veränderungen, hauptsächlich der kapitalistisch organisierten Industrialisierung. Diese erzeugt die große Stadt und mit ihr zusammen die großstädtische Lebensweise in all ihren Ausprägungen.

8.3 Die Stadt als Einheit der Reproduktion – *New Urban Sociology*

Der vierte Versuch, die Stadt von der Gesamtgesellschaft abzugrenzen und ihr die Rolle eines eigenständigen Faktors im sozialen Wandel zuzuschreiben, wurde eigenartiger Weise gerade in der Nachfolge marxistischer Analysen unternommen. Vertreter der *New Urban Sociology*, die sich in den 1970er Jahren um eine *neomarxistischen Stadtsoziologie* bemühten[6], stellten die Stadt als Einheit der Reproduktion der Arbeitskraft dem Unternehmen gegenüber, das die Produktion organisiert. Die Konzentration der Produktion in großen Unternehmen geht einher mit einer räumlichen Konzentration der Arbeitskräfte in großen Städten. Das Alltagsleben der Menschen außerhalb der beruflichen Arbeit – jener Teil, in dem nach der Marx'schen Theorie die in der Produktion verausgabte Arbeitskraft (wieder) hergestellt werden muss (Reproduktionssphäre) – ist als räumliche Einheit organisiert, als Stadt. Die Stadt bildet die Einheit der Reproduktion der Arbeitskraft. Als solche umfasst sie Einrichtungen der Erholung, der physischen Regeneration (Schlafen, Essen usw.), aber auch der Gesundheitsfürsorge, der Bildung, der Versorgung etc.

Die Reproduktion der Arbeitskraft folgt der Logik der Befriedigung menschlicher Bedürfnisse. Wohnungen müssen danach heute geräumig genug sein, um jedem Familienmitglied einen eigenen Raum zu ermöglichen, Licht, Luft und Sonne hereinlassen, trockene und schallisolierte Wände, funktionierende Heizungssysteme und anderen technischen Komfort bieten. Außerdem müssen sie einen dem jeweiligen Stand der gesellschaftlichen Produktivkräfte und den Reproduktionserfordernissen der Arbeitskraft entsprechenden *Gebrauchswert* haben. Dieser bemisst sich nicht an einem anthropologisch definierten, konstanten Minimum zu befriedigender Grundbedürfnisse, sondern ist historisch variabel: je komplexer eine Gesellschaft und je höher die Anforderungen an die Arbeitskräfte, desto höher auch die Anforderungen an die Reproduktion der Arbeitskraft. Das Niveau der jeweils sicherzustellenden Gebrauchswerte steigt mit dem Niveau der gesellschaftlichen Produktivkräfte.

Wohnungen und Infrastruktureinrichtungen, die diesen Gebrauchswert bieten, werden im Kapitalismus aber nur zu Preisen hergestellt, die die Zahlungskraft eines Großteils der lohnabhängig Beschäftigten übersteigen. Der *Tauschwert*, das heißt, der Preis, zu dem eine Wohnung oder der Zutritt zu einer Erholungseinrichtung auf dem Markt abgesetzt werden können, ist der entscheidende Orientierungspunkt für die Produktion von Wohnungen – und nicht das, was die Menschen für ihre Produktion brauchen. Das gilt für alle Bedürfnisbereiche. Im Kapitalismus werden die Erfordernisse der Reproduktion der Arbeitskraft systematisch vernachlässigt, weil der

---

6 Wir orientieren uns im Folgenden an Manuel Castells (1977), der theoretisch ambitioniert das Analysekonzept der *New Urban Sociology* formuliert. Texte anderer Autoren mit ähnlicher theoretischer Orientierung finden sich in Pickvance 1977 und Krämer/Neef 1985.

Kapitalismus Güter nicht entsprechend dem benötigten *Gebrauchswert*, sondern entsprechend ihrem *Tauschwert* bereitstellt.

Marx bestimmte Stadt und Land als Antagonismus zwischen kapitalistisch-städtischer und feudalistisch-ländlicher Produktionsweise. Auch Castells sieht, genau wie Marx, die Stadt als einen Pol einer antagonistischen Beziehung, aus deren Dynamik sich der gesellschaftliche Wandel erklären lässt. Doch ist es nun nicht der Unterschied zwischen einer städtisch-kapitalistischen und einer ländlich-feudalistischen Produktionsweise, der diesen Antagonismus definiert, sondern die widersprüchliche Beziehung zwischen einer an menschlichen Bedürfnissen – in Marx' Terminologie: an *Gebrauchswerten* – orientierten Konsumsphäre und einer am *Tauschwert* und damit am Profit orientierten Produktionssphäre.

Dieser Widerspruch manifestiert sich in den Mängeln der Wohnungsversorgung, der Gesundheits-, Verkehrs- und Bildungssysteme, in verfallenen Stadtquartieren, maroden technischen Infrastrukturen, unzureichenden Einrichtungen für Kinder und Alte, also in der Stadt als der Einheit, in der alle diese Einrichtungen organisiert sind. Versagt aber die Stadt als Einheit der Reproduktion, so mobilisiert das den Widerstand der Betroffenen, wie er sich in den vielfältigen Bürgerinitiativen und städtischen sozialen Bewegungen zeigt. Darüber hinaus ist die Produktion selbst bedroht, wenn die Reproduktion der Arbeitskraft auf jenem Qualifikations- und Gesundheitsniveau, das für die Produktion benötigt wird, nicht mehr gewährleistet ist. Das private Kapital stellt die benötigten Gebrauchswerte jedoch nicht zu Preisen zur Verfügung, die für die Masse der Bevölkerung bezahlbar wären, weil ihre Produktion dann nicht rentabel wäre. Schulen, Kindergärten oder Wohnungen für Arme werfen nicht genügend Profit ab. Der Staat muss daher in den Städten regulierend eingreifen, sowohl um politische Konflikte zu dämpfen, als auch um die Funktionsfähigkeit des kapitalistischen Produktionsprozesses sicherzustellen. Er sorgt durch sozialen Wohnungsbau für eine bessere Wohnungsversorgung und unterhält umfangreiche soziale und technische Infrastrukturen wie Schulen, Kindergärten, Parks, Krankenhäuser, Wasserleitungen, die Müllabfuhr etc. Castells leitet daraus die Notwendigkeit einer Ausweitung des *kollektiven Konsums* ab – kollektiv, weil staatlich organisiert und öffentlich zugänglich. Die Stadt wird damit definiert als *Ort des kollektiven Konsums*. Um die sozialen Infrastrukturen gibt es ständig politische Auseinandersetzungen, die eine progressive politische Funktion haben. Denn der Widerspruch zwischen gebrauchswertorientierter und kollektiver Konsumtion und tauschwertorientierter und privater Produktion wird zunehmend politisiert. Die Stadt wird zu einer Arena für antikapitalistische Bewegungen. Das Aufkommen von Bürgerinitiativen diente als empirischer Beleg.

Gegen diesen Versuch, die Stadt als autonomes und relevantes Subjekt des sozialen Wandels zu profilieren, wurden vielfältige Einwände vorgebracht (vgl. Saunders 1987; Krämer/Neef 1985):

Erstens dient die städtische Infrastruktur keineswegs nur der Konsumtion bzw.

der Reproduktion der Arbeitskraft. Verkehrsanlagen, Wasser- und Energieversorgung sind auch für die Produktion unerlässlich. Zweitens wurden Stadtpolitik, Stadtplanung und städtische Wirtschaftsförderung gerade in jüngster Zeit unter den Bedingungen eines globalisierten Standortwettbewerbs um Investitionen mehr und mehr auf die Anforderungen von Unternehmen ausgerichtet.

Castells unterstellt eine grundsätzliche Überlegenheit der öffentlichen Bereitstellung von Reproduktionsmitteln im Vergleich zur privaten. Deshalb müsse die öffentlich organisierte und finanzierte Infrastruktur ausgedehnt werden. Diese Annahme ist empirisch nicht haltbar, aktuelle Tendenzen laufen eher in die Gegenrichtung: Der Staat zieht sich aus der Daseinsvorsorge zurück, öffentliche Dienstleistungen, Infrastrukturen und Kultureinrichtungen werden von privaten Sponsoren abhängig oder gänzlich in private Trägerschaft überführt. Besonders deutlich zeigt sich dies bei der Wohnungsversorgung, genauso aber auch bei der Wasserversorgung, im Gesundheitswesen, bei der Bahn, der Post und der Telekommunikation. Kollektive Konsumtionsformen bilden nicht die Avantgarde einer zukunftsorientierten Infrastruktur, sondern verbleiben den marginalisierten Minderheiten.

Weiterhin ist die Stadt nicht die eindeutige räumliche Einheit der Konsumtion. Große Bereiche der staatlichen Regulierung in der Reproduktionssphäre bleiben von vornherein ohne räumlichen Bezug, zum Beispiel das System der Sozialversicherungen, oder werden oberhalb der kommunalen Ebene durch Land, Bund oder die Europäische Union bestimmt. Auch viele technische Infrastrukturen, beispielsweise die Wasserversorgung, sind heute weitgehend regional oder sogar überregional organisiert. Immer mehr Menschen agieren in ihrem Alltag regional, also arbeitsteilig über verschiedene Gemeinden hinweg. Man wohnt in der Gemeinde A, arbeitet in der Gemeinde B, kauft ein in der Gemeinde C etc. Nur noch für immobile Gruppen, insbesondere Arme, Alte und Kinder, bildet die einzelne Stadt die Einheit des Alltags.

Öffentliche Einrichtungen dienen häufig sowohl der Reproduktion der Arbeitskraft als auch unmittelbaren Produktionszwecken. Der regulierende Staat zieht sich zugunsten von Privatisierung, Monetarisierung und Individualisierung der Reproduktion zurück. Auch Arbeiter favorisieren das Eigenheim gegenüber der Geschosswohnung des sozialen Wohnungsbaus. Die Stadt bleibt nur noch für benachteiligte Minderheiten die räumliche Einheit des Alltags. Die These, wonach die Stadt die Einheit der kollektiven Konsumtion ist und als solche der Gegenpol im den sozialen Wandel vorantreibenden Antagonismus zur privatkapitalistisch organisierten Produktion, ist nicht haltbar. Damit ist auch Castells' Versuch gescheitert, die Stadt als ein autonomes Subjekt der Geschichte bzw. als eigenständige Ursache gesellschaftlicher Entwicklungen analog zur Rolle der europäischen Stadt im Mittelalter zu begründen.

8.4 Die Stadt ist keine unabhängige Variable – Zusammenfassung

Die Stadt ist nicht mehr Ursache für gesellschaftliche Entwicklungen, sondern deren Bühne. Sie ist nicht mehr Subjekt, sondern Objekt der Entwicklung geworden. Aber wie dem Schauspiel auf der Bühne kathartische Wirkungen zugeschrieben werden, so beeinflusst auch die Stadt heute noch die gesellschaftlichen Probleme und Konflikte. Sie werden dort sichtbar, dargestellt und zugespitzt. Eine solche Sicht hat bereits Engels in seiner Betrachtung der englischen Städte im Frühkapitalismus formuliert:»Wenn die Zentralisation der Bevölkerung schon auf die besitzenden Klassen anregend und entwickelnd wirkt, so treibt sie die Entwicklung der Arbeiter noch weit rascher vorwärts. Die Arbeiter fangen an, sich als Klasse in ihrer Gesamtheit zu fühlen. […] Die großen Städte sind der Herd der Arbeiterbewegung, in ihnen haben die Arbeiter zuerst angefangen, über ihre Lage nachzudenken und gegen sie anzukämpfen, in ihnen kam der Gegensatz zwischen Proletariat und Bourgeoisie zuerst zur Erscheinung […]. Ohne die großen Städte und ihren treibenden Einfluß auf die Entwicklung der öffentlichen Intelligenz wären die Arbeiter lange nicht so weit, als sie jetzt sind« (Engels 1974, 349 f.).

Die Stadt bleibt auch im durchgesetzten Kapitalismus und Nationalstaat ein besonderer Ort, nicht mehr als Generator einer neuen, besseren Gesellschaft, sondern als Katalysator, Filter oder Kompressor gesellschaftlicher Entwicklungen. Dieser Engelsche Gedanke wurde von Georg Simmel reformuliert und theoretisch weiterentwickelt (vgl. 2. Kapitel). Die Stadt ist ein gesellschaftlich produktiver Ort: Zahl und Dichte der in den großen Städten zusammengeführten Bevölkerung zwingen diese zur kulturellen und ökonomischen Differenzierung: Je größer das Publikum, desto eher findet sich noch für das ausgefallenste Angebot eine tragfähige Nachfrage. Die großen Städte ermöglichen also eine immer differenziertere Arbeitsteilung. Das vielfältig aufgefächerte Angebot stimuliert wiederum die Ausbildung einer zunehmend differenzierteren Nachfrage (Braudel 1990, 523).

Die sozialräumliche Struktur der Stadt, ihr freiwillig oder durch Diskriminierung und Marktmechanismen erzwungenes, mosaikartiges Puzzle segregierter Lebenswelten, kann auch selbstverstärkende Effekte auslösen, die soziale Ungleichheit vertiefen und so zur Verschärfung sozialer Konflikte beitragen. Durch den Auszug der Mittelschicht und der industriellen Arbeitsplätze ins Umland der Städte bleiben in den Innenstädten ghettoartige Quartiere zurück, in denen sich ein benachteiligtes und benachteiligendes Milieu verdichtet, aus dem ein Ausbruch immer schwerer wird (vgl. Wilson 1996). Dieser Hinweis auf *Kontexteffekte* bedeutet aber nicht, dass damit die Stadt der genuine Urheber sozialer Ungleichheit wäre.

Das Land ist nicht mehr das gesellschaftlich relevante Gegenüber der Stadt. Ungleichheit, Unterschiede der Lebensweisen, gesellschaftliche Konflikte und Widersprüche spielen sich innerhalb der einzelnen Städte und zwischen den Städten ab.

Das ungleiche Verhältnis von Stadt und Land hat sich auf das Stadtsystem als Unterschied zwischen schrumpfenden, stagnierenden und prosperierenden Städten verlagert. Diese neue Erscheinungsform großräumiger »Disparitäten« (Ungleichheiten) wird in Deutschland als Süd-Nord-Gefälle (Friedrichs et al. 1986; Häußermann/Siebel 2000b) und im Weltmaßstab als *Global-City-System* (vgl. Sassen 1997 und 2001) diskutiert. Doch auch die *Global-City* ist kein Subjekt der Geschichte. Die Stadt New York beutet nicht die Dritte Welt aus, sie ist Sitz von Konzernen, denen man solches zuschreiben kann, nicht mehr. Die antike Polis beherrschte das Land, dem sie das Mehrprodukt, das, was die landwirtschaftlich tätige Bevölkerung über ihren unmittelbaren Lebensbedarf hinaus produzierte, mehr oder weniger gewaltförmig abnahm. Während die Stadt der Antike ein politisch-militärisches Herrschaftszentrum war, aufgebaut auf einer agrarischen Sklavenhaltergesellschaft, sind *Global Cities* heute lediglich Wirtschaftsstandorte und keine Subjekte politischer und ökonomischer Herrschaft.

Im Widerspruch zu dieser Sicht haben Bagnasco und Le Galès (2000) und noch einmal ausführlicher Le Galès (2002), anknüpfend an Max Weber, die Idee von der Stadt als politischen und sozialen Akteur als eine Besonderheit der ›europäischen Stadt‹ hervorgehoben. Das europäische Städtesystem ist im Gegensatz zu den übrigen Kontinenten geprägt von kleineren und mittleren Städten; Großstädte mit mehr als 1 Mio. Einwohnern sind nicht sehr zahlreich. Die internationale Stadt-Diskussion setzt sich jedoch vor allem mit der Entwicklung sehr viel größerer Städte auseinander und ist daher nach Bagnasco/Le Galès für die meisten europäischen Städte nicht besonders relevant. Die besondere Tradition der europäischen Städte und die Tatsache, dass die Steuerungsfunktionen der Nationalstaaten im Prozess der Globalisierung abnimmt, ist nach ihrer Ansicht eine Grundlage dafür, die Eigenständigkeit politischen Handelns auf lokaler Ebene wieder zu stärken. Eine starke Identifikation mit der Stadt und neue Formen von Urban Governance legen den Gedanken (und die Forderung) nahe, Städte wieder stärker als kollektive Akteure zu betrachten. Ob und inwieweit dies realistisch ist, hängt aber nicht nur von Selbstverständigungsprozessen auf lokaler Ebene ab, sondern auch von dem Wandel der Rahmenbedingungen für die städtische Politik.

Fragen

- Was bedeutet die Aussage, die Stadt sei ein *Subjekt* des historischen Wandels, und welche Begründungen wurden von Karl Marx und Friedrich Engels beziehungsweise von Max Weber dafür ins Feld geführt?

- Welche Kritik wird an Wirths universaler Stadtdefinition über die Merkmale *Größe*, *Dichte* und *Heterogenität* geübt?

- Welche Begründungen der These, dass die Stadt ein eigenständiges Subjekt sei, führt die *New Urban Sociology* ins Feld?

9. Gemeinde, lokale Gemeinschaft und Nachbarschaften

9.1 Der doppelte Bedeutungsgehalt des Gemeindebegriffs

Der Gemeindebegriff umfasst zwei Aspekte; er bezeichnet auf der institutionellen Ebene eine politisch verfasste Gemeinde, auf der Ebene sozialer Integration markiert er eine Art gemeinschaftlichen Lebens. Für Gemeinden gilt, dass es sich dabei sowohl im institutionellen Sinn um rechtlich verfasste Gebilde handelt, als auch im sozialen Kontext um eine bestimmte Art gemeinschaftlichen Lebens, eine verbindende und verbindliche Art des Zusammenlebens. Im Englischen fallen diese beiden inhaltlichen Aspekte zusammen im Begriff der *community*, was schon zu vielen Missverständnissen und Problemen bei der Übersetzung einschlägiger englischsprachiger Texte geführt hat. Wegen der sprachlichen Identität von Gemeinde und Gemeinschaft im Englischen und wegen entsprechender Nähe der Bedeutungen auch im Deutschen liegen Vorstellungen darüber, dass eine Gemeinde etwas anderes sei als eine Stadt, offensichtlich ziemlich nahe. Wenn wir ein Dorf mit 500 Einwohnern als ›Gemeinde‹ bezeichnen, schwingen dabei Vorstellungen gemeinschaftlichen Lebens mit: Die Bewohner kennen sich gegenseitig, ein vitales Vereinsleben mit festen Riten herrscht vor, es gibt klare Grenzen von Zugehörigkeit und eindeutige Vorstellungen von einem ›ordentlichen‹ Lebenswandel. Daraus folgt ein hohes Maß an gegenseitiger sozialer Kontrolle, die die innere Kohärenz der Gruppe und die Geltung der Normen ständig sicherstellen muss. Eine abweichende oder auch nur anonyme Lebensführung ist unter diesen Bedingungen schwierig und wird als Gefahr betrachtet, weil ja, wer nichts zu verbergen hat, sich auch der gemeinschaftlichen Beurteilung stellen kann. Die Gemeinde bildet ein ›Wir‹, das sich von den ›Anderen‹ abgrenzt (lokale Identität).

9.2 Die Dichotomie *Gemeinschaft* versus *Gesellschaft*

Die Vorstellung, dass kleine lokale Einheiten gemeinschaftlich strukturiert seien, dass mit der wachsenden Größe die Bedeutung gemeinschaftlicher Elemente aber abnehme, ist fest verankert im populären Wissen um die Folgen von Verstädterung und Modernisierung. Im 19. Jahrhundert wurde allgemein befürchtet, dass mit der Verstädterung die gemeinschaftlichen Formen gänzlich untergehen würden und damit auch die traditionellen Werte. Was die konservative Großstadtkritik populistisch verbreitete, fand auch in der Wissenschaft Widerhall: Die industrielle Verstädterung sei vor allem mit Verlusten für das soziale Zusammenleben verbunden. Die Menschen würden ihrer traditionellen Wurzeln beraubt und zu einem Leben in der anonymen Masse der Großstadt gezwungen. Dadurch verlören sie jegliche soziale Einbettung, die den Einzelnen Orientierung und Halt gegeben hatte. Dieser Verlust bedrohe auch die Gesellschaft insgesamt. Die Unsicherheit und Fremdheit in der Masse lasse zudem die Gefahr groß erscheinen, dass die Stadtbewohner vom rechten Weg abkämen und dass kriminelles Verhalten, Verwahrlosung und sittliche Verwilderung überhand nähmen. Die Stadt wurde gleichgesetzt mit dem Verlust von Gemeinschaft. Sowohl in der politisch reaktionären Großstadtkritik (vgl. 1. Kapitel) als auch in der Sozialwissenschaft wurden bis zum Ersten Weltkrieg überwiegend eine Parallelität und eine kausale Verknüpfung zwischen *gemeinschaftlichen* Lebensformen mit dem Land und *gesellschaftlichen* Lebensformen und der Großstadt gesehen.

Innerhalb der Sozialtheorie steht insbesondere Ferdinand Tönnies mit seinem 1887 publizierten Buch *Gemeinschaft und Gesellschaft* (Tönnies 1991 [1887]) für die dichotomische Unterscheidung zweier Lebenssphären. Stehen bei der Gemeinschaft der Gefallen, die ritualisierte Gewohnheit und das kollektive Gedächtnis im Vordergrund, so wird die Gesellschaft von Zweckkalkulationen und rationalen Beschlüssen gekennzeichnet. Seine entwicklungsgeschichtliche These lautet, dass gemeinschaftliche Formen der sozialen Beziehungen zugunsten gesellschaftlicher an Bedeutung verlören. Gesellschaft umfasst große Einheiten (beispielsweise die Großstadt).

Ferdinand Tönnies, *Gemeinschaft und Gesellschaft* (1887)

Zu einer Zeit, als sich die Soziologie als junge Wissenschaft zu formieren begann, vertrat Ferdinand Tönnies die Auffassung, dass grundsätzlich zwei Arten des sozialen Zusammenlebens unterschieden werden müssten; dafür schlug er die Hauptbegriffe *Gemeinschaft* und *Gesellschaft* vor. Die gemeinschaftlichen Bande seien, so Tönnies im ersten Teil seiner Abhandlung, »die besondere soziale Kraft, die Menschen als Glieder eines Ganzen zusammenhält« (Tönnies 1991 [1887], 17). Liebe, gegenseitiges Verständnis und Eintracht bestimmen die Gemeinschaft. Dagegen zeichnet sich die Gesellschaft durch ein Verschwinden von Traditionen aus, die sozialen Beziehungen folgen einem zweckrationalen Kalkül und die Lebensverhältnisse sind von einer Tendenz der Warenförmigkeit geprägt, der Kaufmann ist hier der typische Protagonist. In der Gemeinschaft sind die Menschen wesentlich untereinander verbunden, in der Gesellschaft dagegen getrennt, der Vertrag regelt den gegenseitigen Austausch.
Diese unterschiedlichen Sozialformen speisen sich für Tönnies aus zweierlei Quellen des ›Zusammenwollens‹ der Menschen, die Gemeinschaft aus dem ›Wesenwillen‹, die

Gesellschaft aus dem ›Kürwillen‹. Der Wesenwillen meint die psychische Komponente der menschlichen Existenz, die danach strebt, sich expressiv zu entfalten und ein Verhältnis zu ihren Mitmenschen sucht. Dies geschieht in den Formen des Gefallens, der Gewohnheit und des Gedächtnisses. Dagegen steht der Kürwillen, der darauf zielt, ein bestimmtes Bild des Zusammenlebens zu verwirklichen. Er setzt den Handelnden in ein rational kalkuliertes Verhältnis zur Welt und analysiert qua Verstand Möglichkeiten und Potentiale. Auch hier unterscheidet Tönnies drei ›Gestaltungen‹: Bedacht, Beschluss und Begriff. Der Kürwille steuert die Handlungen von außen, nach einem abstrakten Vorsatz.

Nach Tönnies sind in der Gemeinschaft die menschlichen Beziehungen intim, dauerhaft und auf einer klaren Vorstellung davon aufgebaut, wo eine Person in der Gesellschaft steht. Der Wert eines Menschen wird danach eingeschätzt, wer er ist, nicht was er getan hat – das heißt, er wird als Mensch bewertet und nicht als Funktions- oder Leistungsträger (askriptiver versus erworbener Status). In einer Gemeinschaft sind die Rollen eindeutig definiert und aufeinander abgestimmt, es gibt keine Rollenkonflikte. Die Mitglieder einer Gemeinschaft sind physisch und sozial relativ immobil, die Kultur der Gemeinschaft ist relativ homogen. Die moralischen Wächter über eine Gemeinschaft, die Familie und die Kirche, sind stark, ihre Codes klar und ihre Anforderungen internalisiert. Es gibt gemeinschaftliche Gefühle, die enge und dauerhafte Loyalitäten zum Ort und zu den Leuten einschließen. Gemeinschaft ist traditional, und der zentrale Kern des Gemeinschaftskonzepts ist die emotionale Bindung an Konventionen und Sitten an einem geliebten Ort. Gemeinschaften sind normativ integriert, das heißt, die Mitglieder der Gemeinschaft haben die gleichen Werte und Normen – wer der Gemeinschaft angehören will, muss diese Normen übernehmen und befolgen. Dafür wird er mit dem Gefühl der Zugehörigkeit und der Geborgenheit belohnt – oft auch mit handfesten Fürsorge- oder Unterstützungsleistungen. Gemeinschaften sind Träger von Solidarität. Die gemeinsamen Werte und die darauf beruhende gegenseitige Loyalität lassen ein Gefühl der ›Brüderlichkeit‹ wachsen, das die Basis für Solidarität ist. In Genossenschaften sah Tönnies auch in modernen Gesellschaften eine Möglichkeit für gemeinschaftliche Sozialformen.

Neben dem Haus und dem Dorf sah Tönnies in der Stadt – als antike Polis oder Kleinstadt – einen Hort gemeinschaftlichen Lebens. Auch in der Kleinstadt bleibt jede Person eingebettet in ein eng gewobenes Netzwerk von Verwandten und Freunden, von Vereinsbeziehungen und in gewissem Sinne in eine gemeinsame Geschichte. Folglich ist die Kleinstadt aus Tönnies' Sicht noch viel stärker als das Dorf ein »gemeinschaftlich lebender Organismus« (ebd., 31). Persönliche Begegnungen führen dort dazu, starke soziale und emotionale Bindungen zu generieren, der soziale Status ist mit der Geburt in weiten Teilen vorbestimmt und die geographische Mobilität ist begrenzt. Die Identität der Menschen wird durch ihre Position innerhalb der Gemeinschaft bestimmt.

Diesen Charakter verliert die Stadt, sobald sie sich zur Großstadt entwickelt. Das großstädtisch industrielle Leben ist nach Tönnies gänzlich anders. Dort handelt es sich um den Zustand der Gesellschaft, da die Menschen mehr durch formale Organisationen und Märkte miteinander verbunden sind als über informelle Beziehungen und ein Gefühl der Zusammengehörigkeit. Die Großstadt besteht aus Individuen oder Familien, die eher über vertragliche Bindungen miteinander verbunden sind. Den gemeinsamen Raum, die Nachbarschaft, haben diese nicht gemeinsam konstituiert, sondern er ist das zufällige Ergebnis der Wahl vieler Einzelpersonen. Ansonsten führt die Bevölkerungsdichte dazu, dass viele der Leute, denen man im Laufe eines Tages begegnet, Fremde bleiben. Mit den Folgen dieser Tatsache hat sich bereits Georg Simmel ausführlich auseinander gesetzt, im 2. Kapitel haben wir die Simmelschen Charaktereigenschaften des Großstädters bereits genannt: *Reserviertheit, Blasiertheit* und *Intellektualität*. Die Nachbarn haben kein gemeinsames kulturelles Erbe, keine gemeinsamen Werte, Normen oder Verhaltensweisen – jedenfalls nicht deshalb, weil sie Nachbarn sind. Diese Unterschiede erzeugen soziale Distanz. Beziehungen der Großstädter untereinander sind fragmentiert und funktional spezialisiert, man hat zweckgebunden miteinander zu tun und kennt sich nur ausschnitthaft. Großstädter wechseln öfter den Wohnsitz, sie können Freundschaften abbrechen, ihre Beziehungsnetzwerke verändern und Personen, mit denen sie etwas zu tun haben wollen, bewusst auswählen.

Tönnies hat die gemeinschaftliche Lebensweise der gesellschaftlichen idealtypisch gegenübergestellt. Daraus folgt nicht, dass dieser Unterscheidung das Dorf und die Großstadt als empirische Phänomene linear zuzuordnen wären. Tönnies sah sehr wohl, dass auch in Großstädten gemeinschaftliches Leben stattfand und weiter bestand. »Aber wie die Stadt innerhalb der Großstadt, was diese durch ihren Namen kundgibt – so dauern überhaupt die gemeinschaftlichen Lebensweisen, als die alleinigen realen, innerhalb der gesellschaftlichen, wenn auch verkümmernd, ja absterbend fort« (ebd., 211). Tönnies war davon überzeugt, dass die fortschreitende Industrialisierung und Urbanisierung die gemeinschaftlichen Formen schließlich verdrängen würde. Soweit die Theorie.

Für die Stadtsoziologie resultierten daraus drei grundlegende empirische Fragenkomplexe:

1. Ist die theoretische Beschreibung des großstädtischen Lebens als gesellschaftlich-zweckbestimmt überhaupt zutreffend?
2. In welchem Ausmaß haben sich gemeinschaftliche Sozialformen erhalten und in welcher Beziehung stehen diese zu den gesellschaftlichen?
3. Und schließlich, stimmt Tönnies These, dass es zu einer schleichenden Zerstörung gemeinschaftlicher Sozialformen im Zuge fortschreitender Urbanisierung kommt?

Eine einheitliche, kohärent schlüssige Antwort auf diese Fragestellungen sucht man vergeblich. Man muss sie vielmehr als die konstitutiven Grundthemen der Stadtsoziologie begreifen, um deren schlüssige Beantwortung im Verlauf des sozialen Wandels immer neu gerungen werden muss. Allein auf die letzte Frage, was aus den gemeinschaftlichen Formen des Zusammenlebens im Verlauf der Urbanisierung wurde, sind drei verschiedene Antworten gegeben worden:

1. Die großen, dicht bevölkerten städtischen Gebiete haben alle Möglichkeiten der Gemeinschaftsbildung zerstört.
2. Innerhalb der Nachbarschaften der großen Städte hat ein Gefühl von Gemeinschaft überlebt; selbst in Berlin, Paris und New York gibt es Quartiere, deren soziale Beziehungen sich mit denen kleinerer Städte oder mit Dörfern vergleichen lassen.
3. Gemeinschaften sind nicht mehr auf räumliche Nähe angewiesen. Die Urbanisierung hat eine neue Art von gemeinschaftlichen Beziehungen hervorgebracht, die nicht davon abhängen, ob die Beteiligten nahe beieinander wohnen.

Man kann diese Alternativen auf die Kurzformeln bringen: *community lost, community saved, community liberated* (vgl. Wellmann et al. 1998). Sicher war die Annahme in Tönnies' Entwicklungsvorstellung falsch, wonach es eine klare Richtung im gesellschaftlichen Wandel gebe von der kleinen, auf räumlicher Nähe beruhenden Gemeinschaft hin zur großen, mobilen und räumlich diffusen Gesellschaft. Auch in modernen Gesellschaften sind gemeinschaftliche Formen der Einbindung noch vorhanden und wichtig geblieben. Es wäre falsch, diese als traditional oder als bisher nicht modernisierte Reste in der modernen Gesellschaft zu betrachten.

9.3 Dörfer in der Stadt

Der Soziologe Herbert Gans hat darauf hingewiesen, dass man, um gemeinschaftliche Lebensformen zu finden, nicht unbedingt in eine Kleinstadt oder ein Dorf wandern muss. Dafür führte er schlüssige empirische Argumente ins Feld. Er untersuchte einen Slum in Boston, der für eine Flächensanierung vorgesehen war. Das bedeutete die vollständige Beseitigung der Wohnbebauung um neue, moderne Gebäude zu errichten.

> Herbert Gans, *The Urban Villagers* (1962)
>
> Um das Leben aus erster Hand zu studieren mietete sich Herbert Gans 1957 ein Apartment im Westend von Boston. Damals wohnten dort ungefähr 7000 Menschen, überwiegend Arbeiter mit niedrigen Einkommen in 3- und 5-stöckigen Miethäusern. Viele der Bewohner gehörten zur zweiten und dritten Generation von Italo-Amerikanern; doch es gab auch Enklaven von Polen, Juden, Griechen, Ukrainern und anderen Natio-

> nalitäten. In der Kommunalpolitik galt das Westend als Slum und sollte abgerissen werden. Was Gans vorfand, war durchaus nicht das, was Stadtplaner und Soziologen bisher dort vermutet hatten: ein unpersönlicher, von Entfremdung geprägter Ort. Er entdeckte im Westend eine Gemeinschaft mit den gleichen engen, dauerhaften Beziehungen und Netzwerken gegenseitiger Unterstützung, die man bis dahin nur in kleinen Städten vermutet hatte. Gans gab seinem Buch über das Westend den programmatischen Titel: *The Urban Villagers* (Gans 1962).
> Für Gans waren es die persönlichen Beziehungen der Bewohner untereinander, die das Westend zu einem städtischen Dorf machten. Zwar kannten sich nicht alle Bewohner persönlich, aber sie kannten und sprachen regelmäßig mit den Nachbarn. In den Fluren der Mietshäuser fand ein sehr aktives Leben statt, in Läden, auf Treppen und auf den Straßen. Nachbarn grüßten einander, blieben stehen, um miteinander zu schwatzen und um den neuesten Klatsch mitzubekommen. Auf diese Weise erfuhren die Bewohner viel über andere Mitglieder ihrer ethnischen Gruppen, sogar über Leute, die sie nie getroffen haben.
> Lokale Läden, die die wichtigsten ethnischen Gruppen in der Nachbarschaft bedienten, trugen dazu bei, eine Kleinstadtatmosphäre zu bilden. Ein italienischer Einzelhandelsladen, ein Friseurladen, der von einem Schwarzen geführt wurde, ein mexikanisches Café – all dies waren Orte, wo die Leute dieser ethnischen Gruppen die Produkte und Dienstleistungen finden konnten, die sie bevorzugten. Zur gleichen Zeit wurden diese Einrichtungen zu Zentren des nachbarschaftlichen Soziallebens. Leute hielten an und kamen zu einem Schwatz, diskutierten ihre Probleme und stellten ihre Weltsicht zur Diskussion. Sehr oft verließen die Kunden die Geschäfte wieder ohne etwas zu kaufen. Ökonomische Transaktionen wurden als sekundär gegenüber dem realen Geschäft des sozialen Gebens und Nehmens betrachtet. Wenn jemand in Geldnot war, erhielt er ohne Probleme Kredit.

Nach seiner etwa halbjährigen teilnehmenden Beobachtung kritisierte Herbert Gans die von einigen Vertretern der *Chicago School of Sociology* vertretene Auffassung, dass in heruntergekommenen Wohngebieten soziale Desorganisation und Deprivation herrsche, woraus die Legitimation abgeleitet wurde, diese Viertel niederzureißen und durch moderne Hochhäuser zu ersetzen. Gans interpretierte das, was allgemein als *rückständig* galt, als eine *alternative* Lebensweise. Dörfler in der Stadt war die Bezeichnung für eine Lebensweise, die von Experten als defizitär und unmodern bezeichnet wurde. Für Gans hatte diese ›unmoderne‹ Lebensweise jedoch durchaus ihre Berechtigung und niemand hatte nach seiner Ansicht das Recht, diese community zu zerstören.

Das Westend in Boston war nicht einzigartig. Auch die Altbaugebiete in europäischen Großstädten bildeten nach dem Zweiten Weltkrieg soziale Enklaven, in denen sich Gruppen mit geringen Einkommen sammelten, weil sie in den schlecht ausgestatteten und heruntergekommenen Vierteln billige Wohnungen fanden. So konzentrierten sich dort nach und nach die Ärmeren, die allein stehenden Alten und schließlich – nachdem in den 1960er Jahren die Anwerbung von Arbeitskräften im Ausland eingesetzt hatte – auch die Zuwanderer (›Gastarbeiter‹). Diese Quartiere wurden das Ziel der Stadterneuerungspolitik und im Zuge vorbereitender soziologischer Untersuchungen auch Gegenstand empirischer Sozialforschung. In vielen Studien wurde festgestellt, dass sich die sozialen Beziehungen in den Sanierungsgebieten von denjenigen der übrigen städtischen Gebiete dadurch unterschieden, dass sie nachbarschaftliche Unterstützungsnetze aufwiesen und sich auf Grund der sozialen Homogenität der Bewohner auch ein spezifisches Milieu herausgebildet hatte.

Die Untersuchungen von Gans und ähnliche Studien in europäischen Städten belegen, dass gemeinschaftliche Strukturen trotz Verstädterung und Urbanisierung überleben können. Auch in den größten Städten können die Bewohner eines Quartiers ein Gefühl der Zusammengehörigkeit, der Nähe und der gegenseitigen Solidarität entwickeln, kurz: ein Heimatgefühl und soziale Beziehungen, die im Gegensatz zum Stereotyp der anonymen Großstadt stehen. Besonders häufig und ausgeprägt sind solche Strukturen in den Vierteln, in denen Zuwanderer aus fremden Kulturen zusammen leben – nicht nur, weil diese häufig aus ländlichen Regionen kommen, sondern auch, weil sie für die Orientierung und die Integration in der fremden Umwelt zunächst noch besonders stark auf die Solidarität ihrer Familien und ihrer ethnisch-kulturellen Netzwerke angewiesen sind. Gemeinschaften bilden sich auf der Basis gleicher Normen und Werte. Eine gemeinsame ethnische Herkunft kann in einer fremden Stadt ein solches Gemeinschaftsgefühl stiften.

In der modernen Großstadt mit ihrer kulturellen und sozialen Heterogenität bilden sich lokal konzentrierte Gemeinschaften häufig auf der Basis ähnlicher Lebensstile. In Quartieren, in denen Menschen mit ähnlichem Einkommen, vergleichbarem Bildungsstand und in ähnlichen Familienverhältnissen leben, findet man für gewöhnlich auch die intensivsten nachbarschaftlichen Beziehungen – und das ist letztlich gemeint, wenn von *Gemeinschaft* oder von *Dörfern* in der Stadt die Rede ist.

Nachbarschaft als Planungskonzept

Der Bau *funktionierender Nachbarschaften* war eine der Großideen des Städtebaus im 20. Jahrhunderts. In der Nachbarschaft, so wurde vermutet, bündeln sich alltägliche Aktivitäten und die Großstädter organisieren dort ihre soziale Einbettung. ›Nachbarschaft‹ wurde daher zu einem Planungskonzept (vgl. Barre et al. 1977). In verschiedenen Studien wurden die Nachbarschaftsbeziehungen in baulich verschieden strukturierten Vierteln untersucht – immer wurde dabei unterstellt, dass der physisch-bauliche Rahmen eine entscheidende Komponente für die Bildung einer ›funktionierenden Nachbarschaft‹ sei.

Das Nachbarschaftskonzept ist als Baustein zur Organisation der Großstadt beinahe so alt wie die Stadtplanung als akademische Disziplin selbst (etwa seit 1890). Schon Hobrecht hatte in seinem Plan für die Stadterweiterung von Berlin im Jahr 1860 Überlegungen zur sozialen Mischung in Nachbarschaften angestellt. Sein Vorschlag war, für verschiedene Klassen und Schichten in jedem einzelnen Haus verschiedene Wohnungen vorzusehen: im Vorderhaus die Belle Etage für den Unternehmer, in den Stockwerken darüber Angestellte, unterm Dach die minderbemittelten Künstler – und im Hinterhaus die Angehörigen der arbeitenden Klassen. Hobrechts Idee war, dass sich innerhalb dieser gemischten Nachbarschaften solidarische Hilfesysteme entwickeln könnten, wodurch eine politische Radikalisierung des Proletariats vermieden werden könne. Im Jahre 1923 entwickelte der Stadtplaner C. A. Perry das Konzept der *neighborhoodunit* (vgl. Hamm 1973, 11) in dem er vorschlug, die Bildung von Primärgruppen dadurch zu unterstützen, in dem man den Verkehr aus den Wohngebieten herausnimmt und Treffpunkte für die Bewohner durch Spielplätze, Grünflächen oder Kommunikationszentren schafft. Vermieden werden sollte eine sozial homogene Nachbarschaft: Gerade Bewohner mit verschiedenem sozialen Status sollten sich näher kennen lernen und durch das Miteinander im Quartier zu gegenseitiger Toleranz erzogen werden. Während Robert Park die Stadt als Mosaik unterschiedlicher *natural areas* gesehen hatte, deren Bewohner sich auf der Basis der räumlichen Trennung tolerieren konnten, sollte nun eine Vergesellschaftung auf lokaler Basis soziale Gegensätze mildern oder gar abbauen. Dahinter steckte das amerikanische Leitbild des *melting-pot*, in dem sich unterschiedliche ethnische Gruppen über den *american way of life* einander annähern. Die Nachbarschaftseinheit, die etwa 5000 Menschen umfassen sollte – die Größenordnung einer Kleinstadt also – sollte den dafür geeigneten räumlichen Rahmen bilden. Die Identifikation mit dem Wohnort sollte auch Selbstverwaltung und Engagement stärken. Diese Vorstellungen fanden 1933 Eingang in die Charta von Athen und wurden damit zur Grundlage der funktionalistischen Stadtplanung auch in Deutschland.

9.4 Nachbarschaft früher und heute

Die Behauptung, früher hätte es ›bessere‹ Nachbarschaften gegeben, wird fast zu jedem Zeitpunkt neu vorgetragen. Was ›besser‹ ist – darüber wird noch zu diskutieren sein, enger war sie mit Sicherheit in den Zeiten, als es noch kaum Mobilität gab, und als die Nachbarschaft eine Institution mit Rechten und Pflichten war.

Etymologisch kommt der Begriff ›Nachbarschaft‹ von *naher Bauer*, entstammt also den ländlich-agrarischen Verhältnissen. Dörfer waren gegliedert in Nachbarschaften, die sich zu gegenseitiger Hilfeleistung verpflichtet waren. Insbesondere der Feuerschutz war von herausragender Bedeutung. Bei größeren Arbeitsvorhaben (beim Hausbau oder der Ernte) war man ebenfalls auf die Mitarbeit der Nachbarn angewiesen, und auch sonstige gegenseitige Hilfsdienste waren verpflichtend. Grundlage der Nachbarschaft waren also die Gemeinsamkeit der Lebenslage der benachbarten Bauern und die gegenseitige Abhängigkeit (vgl. Hamm 1973).

Nicht anders verhielt es sich in der mittelalterlichen Stadt. Auch hier waren die Nachbarn zu gegenseitiger Hilfe (bei Feuer) verpflichtet, und auch die Versorgung mit Frischwasser zur Seuchenverhütung musste in den Nachbarschaften organisiert werden – bis im 19. Jahrhundert Berufsfeuerwehren und Wasserwerke diese Aufgaben übernahmen. Auch auf dem Dorf starben diese Beziehungen in dem Maße aus, wie die Funktionen durch Staat (zum Beispiel Straßenbau) und Markt (zum Beispiel Versicherungen) übernommen wurden. Wenn die ökonomischen Zwänge und gegenseitigen Abhängigkeiten aufgehoben sind, können sich soziale Beziehungen auf einer anderen Basis entwickeln. Man ist nicht mehr existentiell auf die Nachbarn angewiesen, die Beziehungen werden wähl- und gestaltbar. Damit lockert sich ihr enger räumlicher Bezug – auch auf dem Land. Nun kann man sich auch mit dem nächsten Nachbarn verkrachen, die gegenseitigen Beziehungen sind, soweit es sich um unvermeidliche Berührungen handelt, im Bürgerlichen Gesetzbuch bzw. im Baurecht geregelt.

Wie sehen die Nachbarschaftsbeziehungen in den Städten heute aus? Klages (1968) hat zwei Siedlungen in Hamburg untersucht, die als Selbsthilfe-Initiativen gegründet worden waren und fand – ebenso wie Lucius Burckhardt in Dortmund (in: Mackensen et al. 1959) – nicht mehr viel von intensiven Nachbarschaftsbeziehungen. Nach einer in der Tat intensiven Anfangsphase sanken auch in diesen Siedlungen die nachbarlichen Beziehungen auf ›Normalniveau‹ ab. Was aber ist Normalniveau?

Getestet wurden die Nachbarschaftsbeziehungen mit Fragen nach Kontakten mit aufsteigender Intensität: Grüßt man sich? Kennt man die Nachbarn mit Namen? Gibt es gegenseitige Besuche oder Hilfeleistungen? Passiver Grußkontakt und die Möglichkeit zur Aktivierung von Hilfeleistungen relativ banaler Art (wie zum Beispiel das Ausleihen einer Zwiebel) – das wird als Normalniveau bezeichnet. Ansonsten bleibt man auf Distanz. Die räumliche Nähe allein generiert, so der Tenor aller empirischen Untersuchungen, keine intensiven Sozialbeziehungen. Trotz vielfältiger Kontaktmöglichkeiten bringen Menschen nur eine begrenzte Kontaktbereitschaft auf (vgl. Friedrichs 1983, 243 ff.).

Untersuchungen in Neubaugebieten in Bremen und München (Kob 1972; Zapf 1969) und Vergleiche mit Altbaugebieten haben ergeben, dass die Nachbarschaftskontakte kaum von den baulichen Arrangements und auch nicht vom Baualter abhängen. Insgesamt werden damit die Erwartungen von Städtebauern und Architekten, man könne und müsse Begegnungen und Kommunikation durch eine nachbarschaftsfreundliche städtebauliche Gestaltung herbeiführen, stark enttäuscht. Friedrichs berichtet über eine Untersuchung von Festinger et al., die einen Effekt räumlicher Nähe vor allem bei *passiven* Kontakten gefunden haben. *Aktive* Kontakte entstehen erst durch Interaktion – und diese orientiert sich stark an sozialer Homogenität: sozialer Status, Lebenszyklus, ethnische Zugehörigkeit, Religion usw. »Je ähnlicher sich zwei Personen in ihren Verhaltensmustern [sind], desto eher werden sie auch bei räumlicher Nähe interagieren« (Friedrichs 1983, 250). Unterschiedliche soziale Schichtzugehörigkeiten in räumlicher Nähe werden also immer nur eine geringe Intensität bei den Nachbarschaftsbeziehungen nach sich ziehen – womit sich die pädagogische Absicht des Nachbarschaftskonzepts konterkariert: In sozial homogenen Quartieren ist die Wahrscheinlichkeit intensiver Nachbarschaftsbeziehungen höher als dort, wo die geplant heterogene Zusammensetzung zu Toleranz oder Integration führen soll; räumliche Nähe stiftet keine Nachbarschaft im Sinne sozialer Beziehungen.

Dichte und durch wohlmeinende, kommunikationsfördernde Architektur erzwungene Zusammentreffen fördern Kontakte keineswegs, denn Nachbarschaftsbeziehungen sind auch ambivalent: Soziale Nähe bringt zwar Kontakt und Kommunikation, zugleich aber auch soziale Kontrolle. Viele unerwünschte Kontakte im Alltag, im Quartier, im Treppenhaus fordern auch Abwehr und Distanz heraus. Anonym leben zu können ist auch ein Menschenrecht. Und allzu große Nähe kann auch zu Konflikten führen.

Allerdings gibt es viele Beispiele für die nachbarschaftsstiftende Funktion von Naturkatastrophen – seien es Überflutungen oder auch nur eine zugeschneite Straße. Aus einer Nachbarschaft, die sich zuvor kaum kannte, wird in vielen solchen Fällen plötzlich ein gemeinsam handelndes Kollektiv. Eine gemeinsame Aufgabe und ein punktuell gemeinsames Interesse waren aber die Voraussetzungen für gemeinsames Handeln. Allein aus der lokalen Nähe jedenfalls entsteht nur ein geringes Interesse aneinander – Hauptsache, man stört sich nicht. Und ob die unter derartigen Extrembedingungen neu geschlossenen Bekanntschaften zu einer lebendigen und aktiven Nachbarschaft führen, hängt davon ab, ob es weiterhin gemeinsame Interessen gibt, das heißt vor allem, ob man einen ähnlichen Lebensstil pflegt.

9.5 Netzwerk statt Nachbarschaft

Nach den ernüchternden Ergebnissen der Nachbarschaftsforschung hat eine Forschungsrichtung an Bedeutung gewonnen, die die soziale Vernetzung ins Zentrum rückt und die Frage nach der räumlichen Struktur als nachrangig, sozusagen als abhängige Variable behandelt: die Netzwerkforschung. Damit wird die Fragestellung der Nachbarschaftsforschung vom Kopf auf die Füße gestellt: Nicht mehr die räumliche Konstellation ist Ausgangspunkt der Frage nach den sozialen Beziehungen, sondern welche räumlichen Konstellationen soziale Beziehungen annehmen, und welche Bedeutung dabei der Distanz zukommt (vgl. Friedrichs 1995, 153 ff.).

Die Familienforscherin Elizabeth Bott berichtete in ihrem im Jahre 1957 veröffentlichten Buch *Family and Social Network* (Bott 1971) über eine empirische Untersuchung, in der zum ersten Mal das Netzwerkkonzept zur Anwendung kam. Sie schlug bereits damals vor, als unmittelbare soziale Umwelt städtischer Familien nicht die lokale Einheit zu betrachten, sondern eher das Netzwerk sozialer Beziehungen, die sie pflegen – unabhängig davon, ob es sich um lokale oder überlokale Beziehungen handelt. Bott konnte zeigen, dass in dem von ihr untersuchten Londoner East

End, einem traditionellen Wohngebiet der Arbeiterklasse, sehr lebendige soziale Beziehungen innerhalb von Familie und Verwandtschaft existierten, obwohl die Mitglieder dieser Kreise nicht mehr in unmittelbarer Nähe zueinander wohnten. Damit war die Umkehrung der Fragestellung der Nachbarschaftsforschung vollzogen und die Fruchtbarkeit dieses Ansatzes ebenfalls hinreichend demonstriert.

Strohmeier (1983) untersuchte den Zusammenhang zwischen Netzwerken, lokalen Kontakten und gegenseitiger Besuchshäufigkeit. Familien haben häufige Besuchskontakte demnach vor allem mit nahen Verwandten, Freunden und Bekannten – weniger oft mit Nachbarn und entfernten Verwandten, sehr selten mit Arbeitskollegen. Wenn überhaupt Besuchsbeziehungen bestehen, werden diese in ihrer Häufigkeit positiv durch räumliche Nähe beeinflusst. Auch hier zeigt sich der gleiche Befund: Vorgängig ist die Beziehung. Ist diese stabil und regelmäßig, dann wird die Häufigkeit ihrer Aktivierung durch räumliche Nähe begünstigt – räumliche Nähe stiftet aber solche Beziehungen nicht. 48% aller befragten Familien in den Großstädten pflegten regelmäßigen Besuchskontakt mit ihren im Quartier, also ›um die Ecke‹ wohnenden Verwandten! Diese Überlagerung von verwandtschaftlichem und lokalem System ergibt sich aus der bei der Analyse von Umzugsprozessen beobachteten Tatsache, dass Personen (etwa Jugendliche oder junge Ehepaare), die sich aus dem elterlichen Haushalt lösen, Wohnstandorte in der Nähe suchen – und erst dann, wenn sie dabei nicht erfolgreich sind, wegziehen. Bei freier Wohnstandortwahl ergeben sich also am ehesten Nachbarschaften, die auch ›funktionieren‹ – man muss gar nicht so viel planen!

Bewohner von Großstädten unterhalten vielfältige Kontakte zu Freunden, Kollegen und Angehörigen verschiedener Organisationen, wie die Netzwerkforschung inzwischen vielfach belegt hat (vgl. Keupp/Röhrle 1987; Pappi/Melbeck 1988; Bertram 1994; Friedrichs 1995). Aber durch die Verfügbarkeit von Telekommunikationsmedien und Verkehrsmitteln ist die lokale Konzentration dieser Netze nicht mehr notwendig. Netzwerke sind heute räumlich dispers, strukturell offen und teilweise nur lose verknüpft. Sie beruhen – stärker als Nachbarschaften, bei denen die möglichen Partner quasi vorgegeben sind – auf der persönlichen Auswahl der Kontakte. Dadurch haben sich der soziale Zwang und die Angst vor sozialer Kontrolle, die mit lokal gebundenen Netzwerken unweigerlich verbunden waren, erheblich abgeschwächt. Moderne Netzwerke beruhen auf Wahlfreiheit und erlauben den Abbruch einengender Kontakte.

Die Dichte und die Reichweite von Netzwerkkontakten variieren mit der Stellung im Lebens- (Familien-)Zyklus sowie mit der Zugehörigkeit zu sozialen Schichten. Struktur, Intensität und Nutzen sozialer Netze bezeichnen eine neue Dimension sozialer Ungleichheit. Je höher der sozioökonomische Status einer Person ist, über desto vielfältigere und intensivere Netzwerkkontakte verfügt sie, und desto seltener sind diese durch Verwandtschaft oder Nachbarschaft bestimmt. Je homogener und kleiner die sozialen Netze sind, desto weniger fruchtbar sind sie im Sinne der

Vermittlung von sozial oder ökonomisch nützlichen Informationen (vgl. Wegener 1997).

Die lokal gebundene Nachbarschaft hat jedoch nicht für alle Stadtbewohner gleichermaßen an Bedeutung verloren. Für Kinder und alte Menschen ist der *soziale Nahraum* (Keupp/Röhrle 1987) nach wie vor von größter Bedeutung, da sie über die sozialen Kompetenzen und über die Mobilitätschancen zum Aufbau und zur Stabilisierung von räumlich diffusen Netzen noch nicht bzw. nicht mehr verfügen. Für Frauen mit Kindern, deren Mobilität begrenzt ist, stellt die soziale Zusammensetzung und die Ausstattung des Wohnquartiers mit Arbeitsplätzen bzw. Infrastruktureinrichtungen ebenfalls eine wirksame Begrenzung bzw. Unterstützung ihrer Aktivitäts- und Entfaltungsmöglichkeiten dar (vgl. Borst 1990, Mayr-Kleffl 1991). Menschen, die nur über wenig Kommunikations- und Mobilitätsmöglichkeiten verfügen, sind auf lokale soziale Netze als ihr soziales Kapital angewiesen.

Außerdem zeichnen sich Tendenzen zur ›Inszenierung‹ von Nachbarschaften ab, zur individuellen Konstruktion von sozialen Netzen auf der Basis von gemeinsamen Lebensstilen in einem engen räumlichen Kontext. Hausgemeinschaften oder Siedlungsexperimente sind solche Beispiele (vgl. Brech 1989). Sie zielen darauf, Isolation und Anonymität zu durchbrechen, sowie bestimmte Aufgaben (zum Beispiel Kinderbetreuung, Mobilität usw.) haushaltsübergreifend zu organisieren. Praktische Überlegungen (Entlastung der berufstätigen Frau durch Kooperation im Wohnbereich) und das Interesse an engerer Kommunikation greifen dabei ineinander. Diese ›neuen‹ Nachbarschaften können so ein funktionales Äquivalent für die sich ausdünnenden verwandtschaftlichen Netze bilden, das angesichts der geringen Kinderzahl pro Erwachsenen immer unvermeidlicher wird. Allerdings geht dies einher mit einer Tendenz zur genauen Selektion der Nachbarn, also mit scharfer sozialer Segregation. Denn je mehr Lebensbereiche mit anderen geteilt werden sollen – wie zum Beispiel die Kindererziehung – desto wichtiger ist die Übereinstimmung in Fragen der persönlichen Überzeugung, des Geschmacks und der materiellen Möglichkeiten. Einerseits erfüllt Nachbarschaft immer noch wichtige Funktionen für immobile Gruppen. Andererseits wird sie von Gruppen, die über den Raum verfügen können, gezielt für die Erfüllung bestimmter Funktionen erzeugt. Und außerdem zielen neuere sozialpolitische Strategien darauf, die informellen sozialen Netze, das *soziale Kapital*, zu stärken statt sie durch professionelle Dienste zu ersetzen. Nachbarschaft verschwindet also keineswegs, sondern nimmt neue Formen an. War früher Nachbarschaft eher eine räumliche Tatsache, die sich sozial organisieren musste, so beruht sie heute eher auf sozialer Nähe, die sich räumlich organisiert.

9.6 Entlokalisierte Netze

Insgesamt zeigt sich, dass zu kulturpessimistischen Befürchtungen hinsichtlich der sozialen Einbettung von Großstädtern wenig Anlass besteht. Ein hervorstechender Zug des Wandels sozialer Beziehungen in der Großstadt ist die geringer gewordene Abhängigkeit von räumlichen Gegebenheiten. Nachbarschaften ergeben sich nicht einfach, weil Menschen nebeneinander wohnen. Wenn sie sich mögen, wenn sie etwas miteinander anfangen können und wollen, dann entwickelt sich auch eine aktive Nachbarschaft – in anderen Fällen eben nicht. Homogenität des sozialen Status und der Lebensstile ist dafür die wichtigste Voraussetzung. Wenn keine aktive Nachbarschaft entsteht, ist das aber für die meisten auch kein Problem, weil man sich Partner für seine Netzwerke aussuchen kann – nur das sind dann entlokalisierte Nachbarschaften, die sich räumlich über weite Entfernungen verteilen können.

Räumliche Nähe als Determinante für soziale Beziehungen wird noch stärker in Frage gestellt durch die rasch sich ausweitenden Möglichkeiten der elektronischen Kommunikation. Die starke Zunahme der Zahl von Internetzugängen und der Zeit, die online verbracht wird, wirft die Frage auf, ob und inwiefern soziale Kontakte dadurch beeinträchtigt, vermehrt oder verändert werden. Bei der Kommunikation über das Internet spielen räumliche Entfernungen überhaupt keine Rolle mehr, und es gibt auch keine zeitlichen Beschränkungen. Tatsächlich bilden sich, wie empirische Untersuchungen zeigen (vgl. etwa Wellmann/Quan Hasse 2002), neue Gemeinschaften durch die digitale Kommunikation. Es gibt aber keine Hinweise darauf, dass Face-to-Face-Kontakte dadurch wesentlich verringert würden. Die Nutzung des Internets als Kommunikationsmittel verringert weder den Kontakt zu räumlich entfernten Freunden und Verwandten noch zum nahen Umfeld. Vielmehr entstehen andere, ergänzende Beziehungen. Man nimmt zum Beispiel leichter Kontakt zu einem Freund eines Freundes aufgrund eines konkreten Anliegens auf. Die Menge der Menschen, mit denen man kommuniziert, nimmt stark zu, der Zugriff auf Wissen und Hilfe hat sich vereinfacht und vermehrt.

Für die Kommunikation innerhalb bestehender Netzwerke oder Organisationen hat die Internet-Kommunikation erhebliche Vorteile. Durch Internetseiten und Mailing-Listen können Informationen gezielter und leicht zugänglich verbreitet werden. Computernetzwerke sind aufgrund ihrer Struktur besonders dazu geeignet, heterogene und kaum hierarchische soziale Netzwerke zu unterstützen (Wellmann 2001, 2003). In gewissem Sinne überhöhen sie damit die Qualität und Struktur sozialer Beziehungen, die der urbanen Lebensweise zugeschrieben werden: Kontakte sind möglich trotz sozialer Distanzen, aber nicht, weil diese ignoriert werden, sondern weil sie gar nicht erkannt werden können. Während bei Schülern und Jugendlichen, die durch Computerspiele und Internet-Kommunikation extrem viel Zeit vor dem Bildschirm verbringen, Störungen in ihren sozialen Beziehungen befürchtet oder vermutet werden, scheint dies bei Erwachsenen nicht der Fall zu sein. Bei ihnen, so

Wellmann/Quan Hasse (2002), intensiviert die Internet-Kommunikation sogar die Beteiligung an gemeinschaftlichen Aktivitäten. Wie zuvor die Bedeutung räumlicher Nähe für soziale Beziehungen in einer möglichen Intensivierung sozialer Kontakte beschrieben wurde, dürfte dies auch für die elektronische Kommunikation gelten: Sie erleichtert Kontakte, ersetzt sie aber nicht und stiftet sie nur selten.

Die unglaublich rasche Verbreitung von Mobiltelefonen hat außerdem zu neuen und spontaneren Kommunikationsformen geführt, die örtlich unabhängig sind. Aber offenbar verringert auch dieses Medium nicht die direkten persönlichen Begegnungen – im Gegenteil: Verabredungen werden einfacher, jederzeit möglich und daher auch häufiger. Zufällige Begegnungen mit bekannten Menschen werden dadurch unwahrscheinlicher, gewählte und gewollte Begegnungen dagegen umso häufiger – und die Restzeit für ungeplante Kommunikation geringer. Gab es in den Anfängen der Ausbreitung der Telekommunikationsmedien (in den 1980er Jahren) Befürchtungen bzw. Prognosen, persönliche Begegnungen würden dadurch an Bedeutung verlieren, so muss man heute feststellen, dass diese Medien sehr häufig dazu benutzt werden, persönliche Begegnungen vorzubereiten – und kommunikative Beziehungen auch über weite Entfernungen aufrechtzuerhalten.

Fragen

- Welche beiden Aspekte umfasst der Gemeindebegriff?
- Die dichotome Unterscheidung zwischen *Gemeinschaft* und *Gesellschaft* wurde grundlegend für die Soziologie. Welche sozialen Tatbestände bezeichnen die beiden Kategorien?
- Vielfach wurde und wird behauptet, die Großstädte zerstörten gemeinschaftliche Netzwerke. Ist diese Position plausibel?
- Erläutern Sie den paradigmatischen Wechsel in der Nachbarschaftsforschung.
- Sind die Versuche, funktionierendes nachbarschaftliches Leben durch Stadtplanung (also durch bauliche Voraussetzungen) zu beeinflussen, aus soziologischer Sicht aussichtsreich?
- Wie beeinflusst die aktuelle Entwicklung der Telekommunikation die sozialen Netzwerke?

10. Wie werden Städte produziert?

Dass man danach fragt, wie Städte ›produziert‹ werden, erscheint auf den ersten Blick ungewohnt. Üblicherweise spricht man doch davon, wie Städte ›sich entwikkeln‹. Mit dieser Frage wollen wir darauf aufmerksam machen, dass Städte und ihre Strukturen das Ergebnis einer Vielzahl von Entscheidungen sind, und nicht das Ergebnis anonymer Mächte oder schicksalhafter Entwicklungen. Die Stadtsoziologie fragt danach, welche gesellschaftlichen Kräfte Einfluss auf die Stadtentwicklung hatten bzw. haben, also wie ihre Strukturen entstanden sind – und welche Folgen diese für das soziale Leben haben. Eine Stadt ist ein sozialer Raum.

10.1 Die soziologische Bedeutung der Stadtstruktur

Als Struktur einer Stadt bezeichnet man die verfestigte räumliche Verteilung von verschiedenen Nutzungsarten und Bewohnergruppen, es gibt somit eine funktionale und eine soziale Dimension der städtischen Struktur. Von soziologischer Bedeutung sind die Ungleichheiten, die der städtische Raum aufweist. Beispielsweise sind bestimmte Gebiete gut zu erreichen, sind außerdem gut ausgestattet mit Infrastruktur und besitzen hohe landschaftliche Qualitäten, weshalb sie auch ein hohes Prestige genießen. Beim Handel mit Grund und Boden spielen diese Dinge eine große Rolle, die Lage eines Grundstücks hat erheblichen Einfluss auf dessen Preis.

Auch bei der Wohnnutzung wirkt die Lage auf Lebensqualität und -chancen. Wohnquartiere werden dann als ›schlecht‹ bezeichnet, wenn sie belastenden Umwelteinflüssen ausgesetzt sind, schwierig erreichbar sind oder den Ruf eines soziales ›Problemquartiers‹ haben. Der Wohnort kann umgekehrt Ausweis der Zugehörigkeit zur lokalen Elite sein, wenn es sich dabei um einen exklusiven Stadtteil handelt – städtische Räume sind immer auch symbolische Räume. Wer Zugang oder Verfügungsmacht über welchen Raum in der Stadt hat, ist eine Frage der Gleich- oder Ungleichverteilung von Lebenschancen. Die Stadtstruktur ist also ein Zuweisungssystem von unterschiedlichen Chancen und damit auch ein Instrument von Herrschaft.

Da bestimmte Teilräume besonders begehrt sind und die Nachfrage in diesen Fällen größer als das Angebot ist, herrscht eine Konkurrenz um Räume, die in verschiedenen Gesellschaftssystemen auf unterschiedliche Weise entschieden wird; dies kann entweder dem Marktmechanismus oder einer öffentlichen Bürokratie überlassen sein. Im ersten Fall entscheiden die ökonomischen Ressourcen der Interessenten, im zweiten Fall politische Instanzen darüber, was an welcher Stelle in einer Stadt geschieht. In sozialistischen Ländern gibt es kein Privateigentum beim Boden, sämtliche Allokationsentscheidungen werden vom Staat getroffen. In den meisten liberaldemokratischen Ländern haben wir es dagegen mit einem Mischsystem zu tun: Die öffentliche Planung erarbeitet Entwicklungsvorgaben, deren Realisierung bleibt aber auf die kooperative Zusammenarbeit der privaten Bodeneigentümer angewiesen, die damit einen mehr oder weniger starken Einfluss auf die Entwicklung der Stadtstruktur haben.

Was heißt nun ›mehr oder weniger stark‹? Das Gewicht des öffentlichen oder privaten Einflusses variiert im Laufe der Zeit, und auch zwischen Ländern und Städten. Mit diesen Schwankungen entwickeln sich auch immer neue theoretische Konzepte, die eine präzisere Erklärung des Beobachteten möglich machen sollen. Der Wandel städtischer Strukturen wird als ›Stadtentwicklung‹ bezeichnet. Welche sozialen Kräfte beeinflussen diese Entwicklungen? Welche Nutzungsinteressen und -gruppen können sich durchsetzen?

10.2 Vier theoretische Erklärungsansätze

Vier theoretische Ansätze zur Beschreibung und Erklärung von Stadtentwicklungsprozessen (und damit auch zur Strukturierung von Stadt) lassen sich unterscheiden: die sozialökologische Theorie, die politisch-ökonomische Theorie der *New Urban Sociology*, die ökonomische Theorie und die politische Theorie.

Während in der sozialökologischen Theorie ein bestimmtes Muster des Wachstums der Großstädte zu einer Theorie der Stadtentwicklung verallgemeinert wurde, bei der soziale und ökonomische Prozesse zusammenwirken, liegt der polit-ökonomischen Theorie die Marx'sche Kapitalismustheorie zugrunde, die von einer Dominanz der Interessen privater Eigentümer über politische Entscheidungen ausgeht. Die ökonomische Theorie beruht auf dem Prinzip der Kosten-Nutzen-Maximierung jeder einzelnen Standortentscheidung, politische Entscheidungen gelten dabei nur als Rahmenbedingungen. Beim politischen Ansatz wird weniger von anonymen Gesetzmäßigkeiten ausgegangen als von der Annahme, dass Struktur und Entwicklung einer Stadt vor allem Ergebnis eines Machtkampfes zwischen verschiedenen Interessen sind, die in verschiedenen Sphären wirksam werden: ökonomische Interessen über den Markt, andere organisierte Interessen über Politik und Planung; hier steht also das *Zusammenspiel* ökonomischer und politischer Interessen im Zentrum.

Drei unterschiedliche Einflüsse bestimmen entscheidend die Stadtentwicklung:

1. Die *Standortpräferenzen* von Gewerbetreibenden, öffentlichen Institutionen und Privathaushalten;
2. der *Bodenmarkt*, dessen Preise die unterschiedlichen Zugangsschwellen zu bestimmten Räumen bestimmt, und
3. die *Stadtplanung*, die einen verbindlichen Rahmen für die beiden vorherigen Einflüsse setzt, indem sie bestimmte Nutzungsarten an bestimmten Orten ausschließt und eigene Entwicklungsziele verfolgt.

Diese drei Einflüsse stehen zueinander in wechselseitiger Beziehung. Jeder der vier genannten theoretischen Ansätze stellt diese Faktoren in unterschiedliche Zusammenhänge mit unterschiedlichen Schwerpunktsetzungen. Diese werden wir nun skizzieren.

10.2.1 Die sozialökologische Theorie

Nach dieser Theorie, deren Grundlagen von der *Chicago-School* im frühen 20. Jahrhundert entwickelt wurden, sind ökonomische, demographische und technologische Entwicklungen die entscheidenden Determinanten der Stadtentwicklung und Stadtstruktur (vgl. Saunders 1987). Mit ökonomischen Entwicklungen sind hier vor allem die Arbeitsteilung und die Differenzierung verschiedener Tätigkeiten und Einkommensklassen gemeint. Unter demographischer Entwicklung verstand die frühe sozialökologische Theorie Zuwanderung und biologisches Bevölkerungswachstum, in deren Zuge die ethnische und soziale Heterogenität der Bewohner zunimmt. Soziale Differenzierung, Altersaufbau und Wanderungsbewegungen prägen die demographische Dimension der Stadtstruktur (Friedrichs 1995, 30). Unter technologischer Entwicklung werden vorwiegend die Transportsysteme verstanden: Eisenbahnen, Autos und die Telekommunikation – aber auch der Stand der Produktionstechnologie.

Wie werden nun diese Entwicklungen zueinander in Beziehung gesetzt? Eine Anpassung an die Umwelt und der Wettbewerb um Territorien sind hier die entscheidenden Mechanismen. Soziale Gruppen konkurrieren so lange, bis sie die für sie geeigneten Standorte erreicht haben. Dabei ergibt sich eine räumliche Konzentration bestimmter sozialer Gruppen, etwa einer ethnischen Minderheit, in bestimmten Stadtgebieten. Dies wird als Segregation bezeichnet. Die ursprüngliche Fassung der Theorie verstand die Stadt als einen *Organismus*, der sich über ›natürliche‹ Prozesse entwickelt, für die die Bevölkerungsentwicklung und die Technologie den Rahmen bilden. Dabei bilden sich räumliche Strukturen heraus, die sich zueinander in einer Art Gleichgewichtszustand befinden. Dieses Gleichgewicht wird analog der Anpassung einer Tier- oder Pflanzenart an deren natürliche Umgebung aufgefasst. Es kann durch Zuwanderung oder andere externe Faktoren, vor allem durch technische Entwicklungen, gestört werden. Dadurch kommen Veränderungen zustande: Eine Nut-

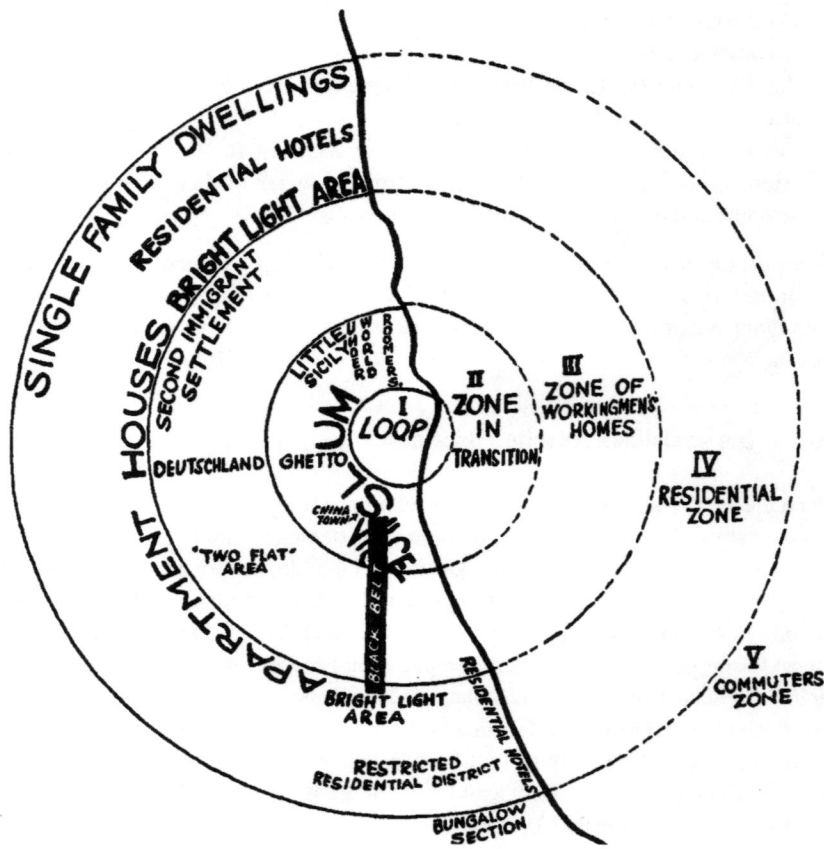

Abb. 10.1 Modell der Stadtentwicklung nach Burgess

zergruppe macht sich verstärkt im bisherigen Gebiet einer anderen Gruppe breit; dies wird als *Invasion* bezeichnet. Daraufhin beginnen die dort Ansässigen, das Gebiet zu verlassen und allmählich wird die eindringende Gruppe dominant, dies wird als *Sukzession* bezeichnet. Irgendwann ergibt sich ein neuer Gleichgewichtszustand. Der Wandel der Nutzungen durch *Invasion* und *Sukzession* wird von den Sozialökologen als *natürlicher* Prozess bezeichnet.

Die sozialökologische Theorie der Stadtentwicklung wurde maßgeblich durch Ernest Burgess entwickelt und auch durch empirische Untersuchungen in der Stadt Chicago ausgewiesen. Stadtentwicklung bedeutet in dieser Logik einen Prozess der Ausdehnung und inneren Restrukturierung städtischer Teilgebiete. Diese Teilgebiete schmiegen sich als konzentrische Kreise um den Mittelpunkt, das Stadtzentrum. Burgess (1974 [1925]) benutzte zwei Bündel von Indikatoren, um diese Teilgebiete zu kennzeichnen: den sozioökonomischen Status der Bewohner (deren Schichtzugehörigkeit, Familienstatus und ethnische Zugehörigkeit) einerseits, andererseits die Baustruktur und die verschiedenen Nutzungsarten von Land (zur Produktion, für Verkehr usw.). Die Teilgebiete unterscheiden sich also deutlich nach Nutzung und Zusammensetzung ihrer Bewohnerschaft.

Weitere Forschungen brachten allerdings abweichende räumliche Muster zutage und inzwischen wurde deutlich, dass es sich bei dem von Burgess formulierten Modell um die Struktur eines bestimmten Stadttypus in einer ganz bestimmten Entwicklungsphase handelt – oder, wie manche meinen, um ein spezielles Modell der Stadt Chicago. Ein allgemein, für alle Städte in verschiedenen Gesellschaften zu unterschiedlichen Zeitpunkten gültiges Modell lässt sich jedoch nicht entwickeln. Höchstens lassen sich bestimmte grundlegende Zusammenhänge allgemeingültig erklären (vgl. die Beispiele bei Friedrichs 1995, 39).

Als *ökologisch* wird diese Theorie deshalb bezeichnet, weil sie die Beziehungen und wechselseitigen Anpassungen zwischen Aggregaten ins Zentrum stellt. Stadtstrukturelle Veränderungen können damit besonders gut beschrieben werden. Die Analyse von Wirkungszusammenhängen, das heißt von Ursachen und Effekten, bleibt jedoch angesichts des komplexen Gefüges und der zum Teil unklaren Definition der Komponenten in diesem Modell schwierig. Auch spielen aufgrund der Betonung grundlegender, quasi natürlicher Kräfte Politik und Planung bei der Erklärung von Stadtstrukturen so gut wie keine Rolle. Auch die Ökonomie zählt im Lichte dieser Theorie zu den ›natürlichen‹ Kräften und wird in den von ihr angeleiteten empirischen Forschungen vor allem durch den *Stand der Produktivkräfte* (Stand der technologischen Entwicklung und der Finanzkraft) operationalisiert. Entsprechend dieser These dürfte es keine wesentlichen Unterschiede zwischen Städten in verschiedenen Gesellschaftssystemen geben – zumindest müsste sich mit fortschreitender Industrialisierung eine *Konvergenz* ergeben.

In einem Vergleich zwischen ›sozialistischen‹ und ›kapitalistischen‹ Städten (vgl. Friedrichs/Brenner 1978; 1985) zogen die Autoren den entsprechenden Schluss, dass sich die Städte im damaligen Sozialismus (Moskau, Warschau, Ost-Berlin) lediglich auf einer niedrigeren ökonomischen Entwicklungsstufe befänden als die im Kapitalismus (Hamburg, Paris, London). Deshalb sind sie zwar nicht völlig gleich, wiesen aber doch in allen untersuchten Dimensionen eine ähnliche Struktur auf. Es ist offensichtlich, dass das Ergebnis eines solchen Vergleichs davon abhängt, welche Merkmale als untersuchenswert definiert werden, das heißt, welche Eigenschaften der Forscher in eine Beziehung zur Gesellschaftsverfassung zu setzen bereit ist. Denn selbstverständlich gibt es genügend und vermutlich sogar schlagendere Belege und Begründungen dafür, dass sich die Städte der sozialistischen Länder von denen der kapitalistischen deutlich unterscheiden, sowohl was ihre räumliche Form als auch ihre Bevölkerungsentwicklung und ihre Segregationsmuster betrifft, von der Vielfalt des öffentlichen Lebens ganz zu schweigen (vgl. Häußermann 1996; Szelenyi 1996).

Seit seiner Entwicklung an der Universität Chicago in den 1920er Jahren wurde Burgess' Entwicklungsmodell der konzentrischen Ringe – das der Stadtgeographie bis heute als Grundmodell zur Beschreibung von Stadtstruktur und Stadtentwicklung gilt – durch Untersuchungen anderer Städte vielfältig modifiziert und abgeändert. Das spricht deutlich gegen die Behauptung, es handele sich dabei um ein allgemein gültiges Modell. Nicht einmal innerhalb der USA war es überall anwendbar. Seinem universalen Gültigkeitsanspruch konnte das sozialökologische Modell zu keiner Zeit gerecht werden.

Zwar schienen aktuelle Entwicklungen von Metropolen durch eine Ausweitung des internationalen Finanz- und Warenverkehrs wiederum auf eine solche Homogenisierung der Stadtentwicklung hinzudeuten, dennoch wurde auch hier seriös belegt, dass die politischen Strukturen der Nationalstaaten, die regionalen Traditionen und die lokalen Institutionen entscheidende Differenzen zwischen der Stadtentwicklung in verschiedenen Kontinenten bedingen (vgl. die Beiträge in Bagnasco/Le Galès 2000). Das sozialökologische Entwicklungsmodell ist das Modell einer wachsenden, kapitalistisch organisierten Stadt.

10.2.2 Die *New Urban Sociology*

Auf die *New Urban Sociology* und ihre Sicht auf die Stadt als Ort der Reproduktion sind wir bereits im Kapitel 8 ausführlich eingegangen. Hier geht es uns jetzt vor allem um ihre Sicht auf die Stadtentwicklung.

Die *New Urban Sociology* wurde in den 1970er und 1980er Jahren aus der Kritik an der damals dominanten sozialökologischen Theorie entwickelt. Sie gründete sich auf die marxistische Analyse, wie sie in den 1960er Jahren in vielen westeuropäischen Ländern und auch an einigen Universitäten der USA Eingang in den Wissenschaftsbetrieb gefunden hatte. Ihre einzelnen Vertreter argumentieren in teilweise sehr unterschiedlicher Weise, weshalb man von einem einheitlichen Konzept kaum sprechen kann. Dennoch lassen sich gemeinsame Grundannahmen, Fragestellungen und Thesen identifizieren (vgl. hierzu Krämer/Neef 1985, Saunders 1987; Gottdiener/Feagin 1988).

Zunächst wird die Stadt nicht als ein isolierbarer Gegenstand betrachtet. Jedes Detail, jeder untersuchte Ausschnitt muss im gesamtgesellschaftlichen Zusammenhang verstanden werden. Auch Prozesse der Stadtentwicklung sind nicht isoliert von gesamtgesellschaftlichen Zusammenhängen und Veränderungen zu begreifen. Wenn die Stadt nicht als funktionaler Bestandteil des gesellschaftlichen Ganzen untersucht wird, beschäftigt sich die Wissenschaft nur mit »Problemen in der Stadt statt mit den Problemen der Stadt« (Harvey 1988, 304, Übersetzung HH/WS). In den städtischen sozialen Beziehungen spiegeln sich stets die maßgeblichen Beziehungen innerhalb der Gesamtgesellschaft.

Weiterhin ist es letztlich die Ökonomie, die Organisation der menschlichen Arbeit, aus der heraus alle gesellschaftlichen Phänomene erklärbar werden. Die ökonomischen Verhältnisse sind jedoch nicht naturgegeben, sondern politisch gestaltet. Das bedeutet, dass jede Form der Organisation dieses *Stoffwechsels* mit der Natur auch ein Herrschaftsverhältnis widerspiegelt.

Deshalb spricht Marx nicht von Marktökonomie, was die Art der Steuerung ökonomischer Prozesse (über Tauschbeziehungen statt über bürokratische Verwaltung) zum Definitionsmerkmal erheben würde, sondern von Kapitalismus, womit er die Konzentration der Verfügung über die Mittel der Produktion (Maschinen, Gebäude, Boden) in der Hand einer Klasse, nämlich der Kapitaleigentümer, meint. Für Marx sind es die Eigentumsverhältnisse in einer Gesellschaft, die die Produktionsweise definieren. Die Stadt im Kapitalismus muss daher als kapitalistische Stadt, das heißt als Produkt und Erscheinungsform des Kapitalverhältnisses analysiert werden.

Im Verlauf der Geschichte wandeln sich die Produktionsweisen, von der feudalistischen zur kapitalistischen und schließlich zur sozialistischen Produktionsweise. Mit der jeweiligen Gesellschaft wandeln sich auch die Städte. Jede historische Epoche bringt über die jeweils vorherrschende Produktionsweise ihre besondere Stadt hervor.

Die Gesellschaft wird in marxistischer Perspektive vom Antagonismus der Klassen bestimmt, wobei es auch innerhalb jeder Klasse widersprüchliche Interessen gibt. Deshalb treiben weder bessere Einsichten noch ein automatisch ablaufender Modernisierungsprozess die Geschichte voran, sondern Klassenkämpfe und Konflikte. Stadtentwicklung und Stadtstruktur sind weder durch städtebauliche Leitbilder, kommunalpolitische Entscheidungsfindung noch durch rationale Planung zu erklären, sondern durch die ökonomischen Gesetzmäßigkeiten der Kapitalverwertung und durch die konflikthaften Beziehungen zwischen Arbeit und Kapital. Deshalb gilt es Strukturen zu analysieren, nichtsubjektive Absichten.

Dabei verhält sich der Staat nicht neutral, sondern er garantiert die langfristige Stabilität des kapitalistischen Systems. Zwar benötigt er eine gewisse Autonomie gegenüber den kurzfristigen und partikularen Interessen einzelner Fraktionen des Kapitals, doch können seine Interventionen, wie sie beispielsweise der Wohlfahrtstaat oder die Stadtplanung repräsentieren, die Machtverhältnisse nicht grundsätzlich verändern.

Fünf konzeptionelle Grundsätze der neomarxistischen Stadtanalyse lassen sich zusammenfassen: die *Totalität gesellschaftlicher Wirkungszusammenhänge*, die *Betonung der politischen Ökonomie*, die *Historizität ihres Gegenstandes*, die *Widersprüchlichkeit gesellschaftlicher Verhältnisse* und die theoretische Bestimmung des *Staates als ein Stabilisator des Kapitalverhältnisses*.

Von diesen Ausgangspunkten verfolgen die marxistischen Ansätze der *New Urban Sociology* folgende zentrale Fragestellungen:

- *Was oder wer verändert die Gesellschaft?* Hier interessieren vor allem lokale politische Bewegungen, zum Beispiel Bürgerinitiativen.
- *Woran werden die zentralen gesellschaftlichen Strukturen in der Stadt erkennbar und wie wird die Stadt durch diese geprägt?* Die Stadt selber interessiert damit als Brennspiegel der gesellschaftlichen Verhältnisse.
- *Welche Rolle spielt der Staat?* Stadtpolitik und Stadtplanung sind nicht in Bezug auf ein Leitbild von der idealen Stadt zu untersuchen, sondern müssen in ihrem Verhältnis zu den Interessen der Arbeiterbewegung und den Erfordernissen der Kapitalverwertung analysiert werden.

Die *New Urban Sociology* hat im Verlauf ihrer Entwicklung die Positionen eines dogmatisierten Marxismus, dem zufolge alles, was auch geschieht, der Logik des Kapitalverwertungsprozesses folgt (vgl. zum Beispiel Harvey 1985), verlassen. Die Bedeutung der ökonomischen Gesetzmäßigkeiten wurde relativiert, blieb jedoch der gewichtigste Faktor. Daneben traten die partiell autonome Politik, die sozialen Bewegungen, der Rassismus (insbesondere zur Erklärung US-amerikanischer Verhältnisse) und die kulturellen Bedingungen (zum Beispiel lokale Traditionen) als erklärende Variablen. Lokale Akteure werden nicht als bloße Agenten struktureller Faktoren gesehen, sondern als – in Grenzen – autonome Subjekte, die auch jenseits der Imperative systemischer Logik handeln. Das empirische Phänomen der Suburbanisierung beispielsweise erscheint in jüngeren Analysen als das Ergebnis eines komplexen Zusammenwirkens von demographischen Faktoren (Einwohnerzuwachs), Veränderungen des Lebensstils, des wachsenden Wohlstands, technischer Veränderungen (Automobilisierung der Unter- und Mittelschichten) und staatlicher Politik (Straßenbau, Eigenheimförderung).

Zwar ist die »Verbindung von ökonomischer, sozialer, institutioneller und politischer Analyse [...] und [die] Betonung historisch besonderer institutioneller Strukturen der kapitalistischen Entwicklungsdynamik« (Krätke 1991,17) charakteristisch für den Forschungsansatz der *New Urban Sociology*, dennoch lässt er sich nur schwer als geschlossene Theorie bezeichnen. Es handelt sich eher um einen Satz von Hypothesen, Fragestellungen und Relevanzentscheidungen, deren Begründung nicht ohne theoretische Brüche auskommt. Sechs Eckpunkte lassen sich festhalten:

1. *Die Stadt ist ein historisches Phänomen.* Sie kann nicht abstrakt, unabhängig von der Gesellschaftsformation, in der sie existiert, verstanden werden. Soweit die Gesellschaft des 19. Jahrhunderts eine andere ist als die des 21. Jahrhunderts und die amerikanische eine andere als die des ›rheinischen‹ Kapitalismus, so weit werden sich auch die städtischen Phänomene unterscheiden. Dem muss die soziologische Forschung auch durch eine entsprechende Anpassung ihrer Kategorien gerecht werden.
2. *Stadtstruktur und Stadtentwicklung sind nicht ›aus sich heraus‹, sondern im gesamtgesellschaftlichen Zusammenhang zu analysieren.* In den Entscheidungen

von Planern und Lokalpolitikern setzen sich heute oftmals Interessen durch, die häufig überlokalen Handlungszusammenhängen entspringen und in irgendeiner Weise mit lokalen Interessen vereinbar sein müssen.

3. *Nicht die Pläne und Leitbilder der Stadtplanung bestimmten hauptsächlich die Struktur und Entwicklung von Städten, sondern – neben den kulturellen und sozialen Faktoren – vor allem die politischen und ökonomischen Bedingungen.* In den 1960er und 1970er Jahren trugen die neomarxistischen Analysen zur Stadterneuerung dazu bei, die ›richtigen‹ Adressaten für die politischen Auseinandersetzungen zu identifizieren: nicht die schlecht ausgebildeten oder schlicht unfähigen Stadtplaner, sondern die Grundeigentümer, die ein Interesse an einer besseren Verwertung ihrer innerstädtisch gelegenen Grundstücke hatten. Ähnliches gilt heute für die Analyse von Gentrification-Prozessen in innerstädtischen Altbaugebieten.

4. *Sozialräumliche Entwicklungen werden auf allen Ebenen durch Machtverhältnisse und Interessenkonflikte geprägt.* Sie verlaufen daher häufig krisenhaft und Gleichgewichtszustände sind allenfalls als Ausnahmesituationen möglich. Einzelne Quartiere durchlaufen Lebenszyklen, bei denen ökonomische Bewertungen eine zentrale Rolle spielen – die aber auch durch lokales Handeln beeinflusst, verändert und in ihrer Richtung gesteuert werden können.

5. *Sozialräumliche Prozesse werden von strukturellen Veränderungen beeinflusst.* Diese sind auch unabhängig von den Absichten und Handlungen der Akteure wirksam. Beispielsweise sind Funktionsmechanismen des Wohnungsmarkts und nicht allein diskriminierende Praktiken von Vermietern verantwortlich für die schlechtere Wohnungsversorgung von Ausländern.

6. *Kapitalistische Gesellschaften produzieren wechselnde Formen sozialer Ungleichheit.* In welchen Formen diese in Städten auftritt und wie Stadtstruktur und Stadtentwicklung selbst zur sozialen Ungleichheit beitragen, bleibt eine der zentralen Fragestellungen der Stadtsoziologie. Räumliche Strukturen und ihre symbolische Ausstattung sind immer auch Ausdruck und Instrument gesellschaftlicher Macht.

Die *New Urban Sociology* schuf sich 1970 mit dem *Research Committee on Regional and Urban Development* innerhalb der *International Sociological Association* (vgl. Milicevic 2001) eine eigene Institution. Aus diesem Committee ging auch die Zeitschrift *International Journal of Urban and Regional Development*, hervor, in der bis heute wichtige Beiträge der *New Urban Sociology* publiziert werden. Inhaltlich wurden die marxistischen Ansätze inzwischen von der Regulationstheorie abgelöst; die klare antikapitalistische Stoßrichtung mündete in eine mehr oder minder milde Kapitalismuskritik. Themen wie *urban underclass*, postmoderne Politikstile und die Folgen neuer technologischer Entwicklungen bildeten die Forschungsschwerpunkte der letzten Jahre.

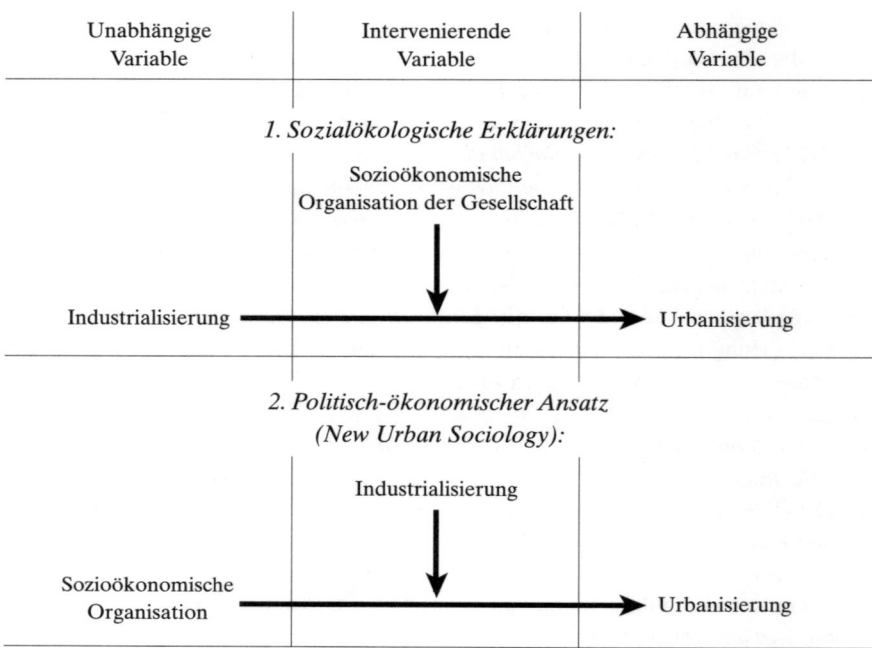

Abb. 10.2 Theoretische Konzepte zur Analyse der Stadtentwicklung (nach Szelenyi 1996, 298 f.)

10.2.3 Die ökonomische Theorie

Das Modell der ökonomischen Stadttheorie ist relativ simpel: Die Standorte von Nutzungen und Nutzern ergeben sich aus der Kosten-Nutzen-Kalkulation, wobei der maximale Nutzen durch höchste Erreichbarkeit (in der Regel im Zentrum) sich im Bodenpreis niederschlägt. In den neoklassischen Modellen (zum Beispiel Alonso 1975) ist der Bodenpreis eine inverse Funktion der Distanz zum Zentrum, das heißt, es wird vereinfachend von einer monozentrischen Stadt und von einer homogenen Präferenzskala ausgegangen. Die Entfernung vom Zentrum wird in Transportkosten gemessen. Danach gibt es einen Bodenrenten-Kegel, das heißt, das Zentrum bildet die Spitze (höchste Bodenpreise), während in dem Maße, wie die Entfernung (konzentrisch) dazu zunimmt, die Transportkosten steigen und die Bodenpreise fallen. Die Nutzungen, die aus der zentralen Lage eine hohe Gewinnerwartung ableiten, sind auch bereit, den höchsten Preis zu bezahlen (vgl. dazu und zum folgenden Krätke 1995, 217 ff.).

Dieser Mechanismus begründet die Allokationsfunktion des Bodenpreises. Der Bodenmarkt wird zu einer Koordinationsinstanz für die effektivste Verwendung der (begrenzten) Stadtfläche, unterschiedliche Nutzungen werden über diese Zuweisungsinstanz verteilt. So bildet sich bei unterschiedlich profitablen Nutzungen ein ökonomisches Gleichgewicht, die Stadtstruktur wird durch Standortpräferenzen unterschiedlicher Nutzungen und unterschiedlicher Nachfragegruppen geprägt.

Die Annahme, allein die Distanz zum Zentrum und damit die Transportkosten (in Zeit oder Geld) seien das entscheidende Kriterium der Standortwahl, ist sehr vereinfachend. Denn die Transportkosten sind für verschiedene Nutzer von unterschiedlicher Relevanz. Nicht jeder Standort wird nach seiner Distanz zum Zentrum bewertet. Außerdem werden bestimmte Lagen, insbesondere Wohngegenden, auch sozial und nicht (nur) ökonomisch bewertet; die Ausstattung mit Infrastruktureinrichtungen, die landschaftliche Situation und das Image eines Gebiets spielen hier eine große Rolle. Es gibt Nebenzentren und qualitativ hochwertige, dezentrale Standorte, sodass »städtische Bodenpreisgefüge empirisch mehr die unregelmäßigen Formen von Gebirgsgruppen aufweisen« (ebd., 217).

Wenn also der Bodenpreis nicht nur eine Funktion der Transportkosten ist, was bestimmt ihn dann? In der Stadtforschung hat die theoretische Diskussion, was der Bodenpreis ausdrückt bzw. wie er zustande kommt, eine lange Tradition (vgl. Haasis 1987; Krätke 1995). Der Boden ›an sich‹ hat keinen Wert, da für ihn – zumindest im Rohzustand – keine Produktionskosten anfallen. Ein Preis wird bezahlt für die Nutzung des Bodens – egal, ob er gepachtet oder gekauft wird. Die Miete ist das monetäre Äquivalent für den Nutzen, den ein Mieter oder Käufer erwartet. Ökonomisch stellt der Boden eingesetztes Kapital dar, verzinst durch die laufenden Mietzahlungen. Oder umgekehrt formuliert: Der Bodenpreis ist die kapitalisierte Miete, das heißt, die Kapitalgröße, die eine laufende Verzinsung in Höhe der Miete abwerfen würde. Der Bodenpreis bestimmt sich also nach dem erhofften Nutzungsertrag und beinhaltet insofern immer ein spekulatives Moment. Der Preis ist nicht die Ursache von hohen Mieten, vielmehr bestimmen die möglichen bzw. erwarteten Mieten den Bodenpreis.

Der erwartete Nutzen hängt vor allem von der Lage eines Grundstücks ab und von der Nachfrage potentieller Nutzer. Unterschiedliche Bodenpreise bei gleicher Nutzung (Handel, Produktion oder Wohnen) kommen dadurch zustande, dass sich ein Nutzer bei ansonsten gleich hohen Produktionskosten des Gutes (Baukosten, Materialkosten, Einkaufspreise, Personal), das er auf dem Markt anbietet, von einem bestimmten Standort einen Extraprofit verspricht, zum Beispiel durch einen höheren Umsatz (zentrale Lage) oder durch die Möglichkeit, eine größere Auswahl seiner Waren anzubieten (größere Lagerfläche, eher dezentrale Lage).

Haasis (1987, 52) nennt folgende Beispiele für unterschiedliche Lagevorteile:

- Für *industriell-gewerbliche Nutzungen* sind die Transportkosten, die Absatzbeziehungen und die Flächengröße ausschlaggebend.
- Bei *kommerziell-gewerblichen Nutzungen* im tertiären Sektor ist die Erreichbar-

keit durch Kunden der entscheidende Faktor, wobei es je nach Wirtschaftszweig Unterschiede gibt. Großhandel, Einzelhandel für den täglichen Bedarf und Spezialgeschäfte haben jeweils andere Präferenzen.
- Für *Wohnnutzungen* sind Infrastruktureinrichtungen, Entfernungen zu Arbeitsstätten sowie Qualitäten des Wohnumfeldes und das ›soziale Milieu‹ relevant.

Bodenpreise, die bei Standortentscheidungen auf der Basis solcher Standortpräferenzen einkalkuliert werden müssen, drücken Lagequalitäten aus. Diese sind das Resultat objektiver Eigenschaften (Bodenfestigkeit, Hanglage, Grundwasserstand etc.), gesellschaftlich produzierter Qualitäten (Verkehrserschließung, Infrastruktur), subjektiver Bewertungen (Standortpräferenzen, Image) und vorausgegangener Nutzungen. Jede Stadt hat ein kollektives Gedächtnis, in dem sozialräumliche Muster gespeichert sind, die sich nur sehr langsam verändern – gerade weil neue Nutzungen dieses besondere Image für eigene Zwecke ausnutzen und damit reproduzieren. Die Bewertung eines Standortes hängt aber auch davon ab, welche Nutzung darauf möglich ist, beispielsweise aufgrund der Nachbarschaft, oder welche baurechtlichen Vorgaben zu beachten sind (Nutzungsart, maximale Bebauungshöhe, vorgeschriebene Abstände). Darüber entscheidet in Europa die Flächennutzungs- bzw. Bebauungsplanung der Stadt.

Über die Struktur der Stadt wird also nicht nur ökonomisch, sondern auch politisch entschieden. In der ökonomischen Theorie bilden diese Entscheidungen allerdings lediglich Randbedingungen, die sich im Falle einer optimalen Allokation an den ökonomischen Prozessen orientieren. Der Idealfall für die liberale Stadtökonomie ist eine Stadt ohne öffentliche Stadtplanung, in der sich die räumliche Struktur nur aus ökonomischen Entscheidungen ergibt – wie im Fall der amerikanischen Stadt Phoenix in Arizona; eine ›City without zoning‹. Dort entscheidet allein der Markt über die Stadtstruktur.

10.2.4 Die politische Theorie der Stadt

Die politische Theorie der Stadt betont die Selbstgestaltungskräfte von Agglomerationen. Im Lichte dieser Gedanken entwickelt die Stadtplanung die Pläne für die räumliche Entwicklung der Stadt. Das Baugesetzbuch liefert das dafür notwendige Instrumentarium; es umfasst das *allgemeine Planungsrecht* zur Steuerung der Bebauung auf bisher unbebautem Gelände (Stadterweiterung), sowie das *besondere Planungsrecht* für Veränderungen in bereits bebauten Quartieren (Stadterneuerung).

Der größte Teil des städtischen Bodens ist Privateigentum und unterliegt damit nicht ohne weiteres dem Zugriff der öffentlichen Planung. Zwar hat seit der bürgerlichen Umgestaltung des Bodenrechts am Beginn der Neuzeit der Eigentümer prinzipiell ›Baufreiheit‹, aber diese existiert heute nur noch im Rahmen der planerischen

Vorgaben durch die Gemeinde. In einem langen und konfliktreichen Prozess wurden die Rechte der Eigentümer und die Rechte der öffentlichen Planung seit dem letzten Drittel des 19. Jahrhunderts immer genauer gegeneinander abgegrenzt und in einem umfassenden Bau- und Planungsrecht geregelt (vgl. Wollmann 1975; Fisch 1988; Rodenstein 1988; Albers 1996)

Bei der Entwicklung von Neubaugebieten ist die Sache noch relativ einfach. Für die Erweiterung der Stadt wird zuvor agrarisch genutzter Boden in Bauland umgewandelt. Dies kann nur durch die eindeutig festgelegten Prozeduren der Bauleitplanung geschehen. Im *Flächennutzungsplan*, den jede Gemeinde aufstellen muss, werden die unterschiedlichen Nutzungsarten für die verschiedenen Gebiete der Stadt festgelegt, zum Beispiel Wohngebiete, Gewerbegebiete, Verkehrsflächen, öffentliche Einrichtungen, Sondernutzungen (zum Beispiel Mülldeponien) und Freiflächen (Parks etc.). Der *Flächennutzungsplan* soll störende wechselseitige Einflüsse verschiedener Nutzungen vermeiden, funktionale Zusammenhänge herstellen, die Kohäsion der Stadt sichern und eine gleichberechtigte Versorgung mit öffentlichen Einrichtungen ermöglichen, indem entsprechende Flächen für diese Nutzungen vorausschauend frei gehalten werden.

Über Art und Intensität der Bebauung entscheidet dann ein *Bebauungsplan*, den die Stadtplanungsbehörde für Teilgebiete der Stadt oder auch für einzelne Grundstücke aufstellt. Mit dem Bebauungsplan können die Höhe der Bebauung, die Baufluchten, der freizuhaltende Anteil des Grundstücks etc. festgelegt werden, das heißt, es können ziemlich detaillierte Festlegungen über die Bebauungsdichte, über die Art der Nutzung und selbst über den Baustil getroffen werden. Inzwischen gehen auch ökologische Kriterien in den Bebauungsplan ein, auf dessen Grundlage eine Baugenehmigung erteilt oder verweigert wird. Im Rahmen einer *Gestaltungssatzung* können auch ästhetische Vorschriften erlassen werden.

Große Teile der Städte wurden zu einer Zeit bebaut, in der es noch kein modernes Planungsrecht gab. In diesen Bereichen gilt zunächst ein *Bestandsschutz*, das heißt, die bestehende Art und Intensität der Nutzung kann nicht durch spätere Vorschriften beeinträchtigt werden – es sei denn, es handelt sich um ›Gefahrenabwehr‹, zum Beispiel bei Umweltschutz oder Sicherheitsfragen. Änderungswünsche von Eigentümern richten sich nach dem städtischen Wachstum und beziehen sich häufig auf eine Ausdehnung bzw. Intensivierung der Nutzung.

Die Qualität eines Standortes kann sich im Laufe der Zeit ändern, beispielsweise durch die Ausweitung der Nachfrage nach Gewerbeflächen, durch neue Verkehrswege oder durch eine gestiegene Nachfrage nach Wohnungen in bestimmten Lagen. In wachsenden Städten konkurriert die gewerbliche Nutzung von Innenstadtgebieten mit der Wohnnutzung, es kommt zur Umwandlung von Wohn- in Bürofläche. Die Stadtverwaltung besitzt hier die Interventionsmöglichkeit durch ein *Zweckentfremdungsverbot*. Wenn am Rande der City noch eine niedrige, ältere Bebauung existiert, kann es zur Erhöhung der Rendite für den Eigentümer sinnvoll sein, ein altes

(Wohn-)Gebäude abzureißen und durch ein neues, größeres (Büro-)Gebäude zu ersetzen. Auch in diesem Fall kann die Baubehörde einer Stadt einschreiten und den Abriss verbieten. Dieser ist genehmigungspflichtig, und über die Zulässigkeit wird im Rahmen des Bebauungsplans entschieden. An dieser Stelle kann sich eine ökonomische ›Unternutzung‹ an planungsrechtlichen Festlegungen stoßen und damit einen Wandel dieser Festlegungen provozieren. Die potentielle Grundrente stimmt nicht mit der gegenwärtigen Grundrente überein, weil sich die Lagequalität geändert hat und die alte Bebauung unter diesen neuen Bedingungen eine zu wenig intensive, zu wenig ertragreiche oder ›falsche‹ Nutzung darstellt.

Gentrification beispielsweise – der durch aufwändige Investitionen in altem Baubestand induzierte soziale Wandel der Bewohnerschaft eines Quartiers – wird von einer so genannten *rent gap* (Rentenlücke) angestoßen (vgl. Smith/Williams 1986; Friedrichs/Kecskes 1996) Die Bewohner eines alten, lange nicht modernisierten Hausbestandes zahlen so wenig Miete, dass eine aufwändige Modernisierung kaum finanzierbar ist. Allerdings ließe die Lage der Häuser ein höheres Mietniveau durchaus zu. Nur nach einem Mieterwechsel können dann Investitionen refinanziert werden, die eine höhere Grundrente einbrächten. Die Diskrepanz zwischen aktueller und potentieller Nutzung ist der Auslöser für die Vertreibung der bisherigen Bewohner und den Beginn eines neuen Verwertungszyklus (vgl. Kujath 1986, 104 ff.). Solchen Prozessen kann die Stadtverwaltung durch den Erlass einer *Erhaltungssatzung* Einhalt zu gebieten versuchen. Damit können Umbauten genehmigungspflichtig gemacht und die ›soziale Zusammensetzung der Quartiersbevölkerung‹ geschützt werden. Es ist allerdings eine Entscheidung der Kommunalpolitik, ob die Stadtplanung solche Steuerungsversuche unternimmt.

Unter der Voraussetzung ökonomisch rationalen Verhaltens besteht nach Bezahlung des Bodenpreises ein Druck zur Realisierung der in den Kalkulationen unterstellten Nutzungserträge (Realisierung der antizipierten Grundrente). Dieser Druck prägt die faktische Grundstücksnutzung und wirkt sich damit auf die räumliche Verteilung von Nutzergruppen im Stadtgebiet aus. Der Bodenmarkt verbindet Nutzungsarten und Nutzergruppen als Nachfrager nach geeigneten Standorten. Sofern sich die Standortpräferenzen der Nachfrager nicht grundlegend unterscheiden, entsteht zwischen den Nutzungsarten – und innerhalb der Nutzungsarten zwischen einzelnen Nutzergruppen (Branchen, Betriebsformen, verschiedenen Wohnungsbauinvestoren etc.) – ein Wettbewerb um Standorte und Standortvorteile. In dieser Konkurrenz weisen diejenigen Nutzungsinteressenten die größte Durchsetzungsfähigkeit auf, die an den jeweiligen Standorten die höchsten Renditen erwirtschaften und somit die höchsten Bodenpreise bezahlen können. Aufgrund der ungleichen Chancen der Nutzergruppen zur Durchsetzung ihrer Standortpräferenzen und zur Aneignung von Standortvorteilen können sich renditestarke Nutzungen, das heißt Nutzungen, die pro Flächeneinheit hohe Nutzungserträge erzielen, an den von ihnen bevorzugten Standorten niederlassen, wohingegen renditeschwache Nutzungen

> *Der Bodenpreis hat Wirkungen auf:*
>
> 1. Verteilung von Nutzen und Nutzern (Allokation)
> 2. Intensität der Bebauung
> 3. Soziale Segregation
>
> *Was bestimmt den Bodenpreis?*
>
> 1. Lage, Standort, Qualität (Natur, Erreichbarkeit)
> 2. Städtebauliche Erschließung, zulässige Nutzung
> 3. Zulässige Bebauungsintensität (Bebauungsplan)
> 4. Produzierte Qualitäten (kommunale Investitionen)
> 5. Gesellschaftliche Bewertung (Image, Prestige)
> 6. Höhe des (zukünftig) erzielbaren Nutzens
> 7. Angebot und Nachfrage

Abb. 10.3 Der Bodenpreis

kaum Zugang zu diesen Standorten finden (Selektionseffekt des Bodenpreises). Sofern sie nicht durch planerische Festsetzungen geschützt sind, können sich ökonomisch schwache Nutzungen lediglich dort niederlassen und – längerfristig betrachtet – auch nur dort behaupten, wo sie nicht mit renditestärkeren Nutzungen konkurrieren. Das führt zu der bekannten Konzentration renditestarker Nutzungen des Dienstleistungsgewerbes an den für sie besonders günstigen Innenstadtstandorten, zur tendenziellen Verdrängung der marktlich minderwertigen (Wohn-)Nutzungen von diesen Standorten und zur Ansiedlung der pro Flächeneinheit ertragsschwachen Nutzung in den wirtschaftlich peripheren Lagen einer Stadt. Auf diese Weise steuert der Bodenmarkt über den Mechanismus des Preises und im Rahmen planerischer Vorgaben, welche Nutzung an welcher Stelle realisiert wird, welche Nutzergruppen an welchen Standorten zum Zuge kommen. Der Bodenpreis beeinflusst die Verteilung der verschiedenen Nutzungsarten im Stadtgebiet, prägt die funktionale Differenzierung einer Stadt. Er wirkt sich zudem auf die Intensität der Grundstücksnutzung in städtischen Teilräumen aus, indem flächenextensive Nutzungen in Teilgebieten mit hohen Bodenpreisen ausgeschlossen werden.

10.3 Politische Steuerung und die Kräfte des Marktes

Theoretisch also steht einer Stadtverwaltung ein breites Instrumentarium zur Steuerung der Nutzungsstrukturen im Stadtraum zur Verfügung (vgl. Wollmann/Roth 1999). Von besonderer Wichtigkeit ist dafür der stadteigene Grundbesitz, über den jede Stadt innerhalb der eigenen Gemarkung verfügt. Eine Stadt kann außerdem eine *Bodenvorratspolitik* betreiben, indem sie agrarisches Land zu niedrigen Preisen ankauft, die Flächen zu Bauland weiterentwickelt (Erschließung) und sie dann zu den von ihr festgelegten Bedingungen weiterverkauft. Auch für öffentliche Einrichtungen und öffentliche Infrastruktur (zum Beispiel Straßen, Parks) muss sie über eigenen Boden verfügen, andernfalls muss dieser von privaten Eigentümern angekauft werden, was enorme Kosten verursacht.

Besonders kostspielig ist auch die Durchsetzung von Geboten, die das Baugesetzbuch vorsieht. Wenn eine Stadt die Bebauung eines Grundstücks aus städtebaulichen Erwägungen erzwingen will, welches aus spekulativen Gründen vom Eigentümer nicht bebaut wird, kann sie es *gegen Erstattung des Verkehrswertes* enteignen. Rechtlich könnten die Städte auch die Beseitigung leer stehender, verfallender Häuser erzwingen – in schrumpfenden Städten ein wachsendes Problem. Aber da sich schrumpfende Städte in einer chronischen Finanznot befinden, bleibt das rechtliche Instrumentarium stumpf. Stadtverwaltungen könnten auch durchsetzen, dass Eigentümer ihre Häuser ordnungsgemäß instand halten. Aber für die Durchsetzung solcher Anweisungen steht kein Geld bereit. Rechtlich mögliche Gebote bleiben hohle Drohungen, wenn die Stadt zur Enteignung finanziell letztlich nicht in der Lage ist.

Überwiegend vollzieht sich die öffentliche »kommunale [...] Stadtplanung auf privatem Terrain« (Fisch 1988, 272), und daraus resultieren gegenseitige Abhängigkeiten, die nicht zu einem eindeutigen oder einseitigen Machtverhältnis bilanziert werden können. Faktisch kann und will sich die Stadtentwicklung in der Regel nicht gegen die tatsächlichen oder vermeintlichen Erfordernisse des Marktes stemmen. Diese »Marktgebundenheit der politischen Planung« (Haasis 1987, 87) hat viele Gründe: Die Planungen der Stadt müssen überwiegend durch die privaten Eigentümer bzw. Investoren umgesetzt werden, daher haben nur solche Pläne einen Sinn, die sich auch von marktförmigen Interessen realisieren lassen. Das heißt, dass in die Festlegungen der Bebauungspläne immer schon die (bekannten oder erhofften) Investitionsabsichten privater Eigentümer eingehen. Ein Aushandlungsprozess sorgt für einen Kompromiss zwischen privater und öffentlicher Planung, da die Stadt an Neuinvestitionen interessiert ist, die die Attraktivität für weitere Investoren oder Stadtbesucher steigert. Je schwieriger die Finanzlage einer Stadt und je geringer das Interesse privater Investoren, desto eher wird eine Stadt darum auf die Wünsche potentieller Investoren eingehen und Änderungen des Baurechts nach deren Vorstellungen vornehmen. Schließlich ist eine Stadt bei chronischer Finanzknappheit auf die direkte Kooperation mit privaten Investoren angewiesen (Public-Private Partnership), wenn sie eigene stadtentwicklungspolitische Ziele realisieren will.

Dafür gibt es das Instrument des *städtebaulichen Vertrags*: Die Stadt ermöglicht die Verwirklichung eines privaten Investitionsprojekts durch den preiswerten Verkauf von Bauland und/oder durch die Gewährung von Baurechten mit der Auflage, dass der private Investor bei einer Bebauung einen Teil der öffentlichen Infrastruktur bauen und aus den zu erwartenden Bodenwertsteigerungen finanzieren wird. Solche *Public-Private Partnerships* bieten insbesondere in ökonomischen Krisensituationen oft die einzige Möglichkeit, Stadtentwicklungspolitik zu betreiben (vgl. Heinz 1993).

Das gleiche gilt für die Stadterneuerung: Während in den 1960er Jahren noch große Sanierungsgesellschaften mit erheblichem Einsatz öffentlicher Mittel Häuser in erneuerungsbedürftigen Altbaugebieten aufkauften, abrissen und neu bauten, stehen den Städten solche umfangreichen Mittel inzwischen nicht mehr zur Verfügung. Sie sind deshalb bei der Stadterneuerung weitgehend auf die Investitionstätigkeit privater Eigentümer angewiesen. Deshalb werden entsprechende Investitionsanreize gesetzt (zum Beispiel Steuerabschreibungen), eine Steuerung nach sozialen Gesichtspunkten (zum Beispiel Verhinderung der Vertreibung von einkommensschwachen Haushalten) ist unter diesen Umständen nur noch sehr schwer möglich (vgl. zur ›postfordistischen‹ Strategie der Stadterneuerung: Häußermann/Holm/Zunzer 2002). Das Verhältnis zwischen politischer Steuerung und Marktkräften ist labil und variiert mit der ökonomischen Situation einer Stadt. Starke Anstrengungen, die Marktkräfte unter Kontrolle zu bekommen und ihren Intentionen entgegenzuarbeiten, gibt es nur in Teilgebieten von Städten, in denen spekulative Absichten erhebliche soziale Konflikte provozieren würden. Dabei geht es in der Regel um den Schutz preiswerten Wohnungsbestandes vor Aufwertungsmodernisierung durch private Investoren (Gentrification).

Ein weiteres Feld, auf dem es regelmäßig zu Konflikten zwischen den gewerblichen Nutzern bzw. Investoren und der Stadtplanung kommt, ist die Verkehrsplanung. Dabei stehen sich gegensätzliche, kaum zu versöhnende Interessen von Stadtbewohnern, Pendlern aus dem Umland und innerstädtischen Dienstleistungsbetrieben bzw. Arbeitgebern gegenüber. Dies ist auch das lokalpolitische Feld, in dem am häufigsten die Betroffenen in organisierter Form (Bürgerinitiativen) ein Mitspracherecht fordern.

Wer entscheidet letztlich über die Stadtentwicklung? Die politische Richtung der Partei, die im Stadtparlament die Mehrheit hat, spielt sicher eine Rolle, zum Beispiel für den Nachdruck, mit dem die Wohnungsversorgung der einkommensschwächeren Bevölkerung verteidigt oder verbessert wird und mit dem der öffentliche Personen-Nahverkehr gegenüber dem Individualverkehr gefördert wird – aber grundsätzlich verschiedene Stadtstrukturen entstehen dadurch nicht. Insofern haben sozialökologische und (polit-)ökonomische Stadttheorien durchaus eine weit reichende Erklärungskraft. Die Bedeutung der politischen Steuerung dürfte eher davon abhängig sein, ob diese die marktförmigen Entwicklungen vorbehaltlos unterstützt oder eher kanalisiert und versucht, diese mit anderen (sozialen, ökologischen) Zielen in Übereinstimmung zu bringen. Es ist also keineswegs egal, welche politische Mehrheit im Stadtrat vorhanden ist. Je nach politischer Ausrichtung orientiert sich die Kommunalpolitik stärker an den Interessen privater Investoren oder stärker an den Interessen der Stadtbewohner. Der Handlungsrahmen, der Variationen dieser Art zulässt, ist allerdings durch die Finanzverfassung, durch die Förderpolitik von Ländern und Bund (›Steuerung über goldene Zügel‹) sowie den Zwang, Wachstumsprozesse anstoßen zu müssen, eng begrenzt.

Neue Formen der Stadtpolitik, auch im internationalen Vergleich, werden seit einiger Zeit unter dem Begriff der *local* oder *urban governance* diskutiert. Damit wird das neue Verhältnis zwischen öffentlicher Steuerung und privaten Akteuren explizit anerkannt und analytisch aufgenommen. Dabei wird nicht länger davon ausgegangen, dass eine Steuerung ›von oben‹, durch die öffentliche Verwaltung – als *government* – noch in relevantem Maße vorhanden ist, vielmehr bleiben die Entwicklungen, auch in konzeptioneller Hinsicht, unterschiedlich zusammengesetzten Akteurskonstellationen überlassen, die als *Regime* oder als spezifische Formen von *urban governance* bezeichnet werden. Die Begriffe sollen im Vergleich zu *government* das gesamte Regulierungssystem einer Stadt bezeichnen, das Zusammenspiel von öffentlichen und privaten Akteuren in formellen und informellen Institutionen. Mit dieser konzeptionellen Verschiebung, weg von einer schlichten Konfrontation zwischen öffentlichen und privaten Akteuren, hin zur Analyse komplexer Entscheidungs- und Aushandlungsprozesse – trägt die Theorie den realen Veränderungen Rechnung, denen die Städte im Übergang vom *Fordismus* zum *Postfordismus* unterliegen: Die Deindustrialisierung führt zu niedrigeren Steuereinnahmen und zu verstärkten sozialen Problemlagen der Bürger. Damit steigen die kommunalen Aufgaben und gleichzeitig schwinden die zur Verfügung stehenden Ressourcen. Viele Kommunen versuchen durch die Privatisierung vormals öffentlichen Eigentums ihrer Finanznot zu begegnen. Die Kooperation mit privaten Investoren ist eines der Instrumente, derer sich die Städte angesichts ihrer Zwangslage bedienen müssen.

Fragen

- Warum ist die Struktur einer Stadt im soziologischen Sinne relevant?
- In diesem Kapitel werden vier theoretische Erklärungstypen für die Stadtstruktur erläutert: die sozialökologische Theorie, der An-

satz der *New Urban Sociology*, die ökonomische und die politische Theorie der Stadt. Was sind deren jeweilige Hauptgedanken?

- Beschreiben Sie das heutige Verhältnis zwischen Marktprozessen und politischer Steuerung innerhalb einer Stadt.
- Welche Strukturen und Probleme ergeben sich in einer (schrumpfenden) Stadt, in der die Zahl der Arbeitsplätze und die Zahl der Einwohner abnehmen?

IV. Stadt und Ungleichheit

11. Der Segregationsbegriff

11.1 Was heißt Segregation?

Eine Stadt bildet einen *Funktionsraum*. Die verschiedenen Nutzungen in einer Stadt verteilen sich nicht gleichmäßig über das Stadtgebiet. Es gibt zum Beispiel reine Wohn- und reine Gewerbegebiete. Die Arbeitsplätze konzentrieren sich in bestimmten Teilen der Stadt, je nach Art der Arbeit zudem in verschiedenen Gebieten: Büros sind eher in zentralen Lagen zu finden, Fabriken eher am Rande der Stadt. Man bezeichnet es als funktionale Segregation, wenn verschiedene Funktionen sich an verschiedenen Orten konzentrieren. Das ist einerseits das Ergebnis von Entscheidungen der privaten Unternehmen, die sich an Verkehrsbeziehungen, an den Bodenpreisen, aber auch an der symbolischen Bedeutung von Standorten orientieren, andererseits das Ergebnis der Stadtplanung, die durch den Flächennutzungsplan anstrebt, einander störende Funktionen räumlich getrennt zu halten.

Eine Stadt bildet einen *Sozialraum*. Ihre sozialräumliche Struktur ist das Ergebnis komplexer Prozesse, in deren Verlauf die unterschiedlichen sozialen Gruppen und Milieus ihren Ort in der Stadt finden bzw. zugewiesen bekommen. Dabei spielen Marktprozesse ebenso eine Rolle wie Machtstrukturen, individuelle oder Gruppenpräferenzen ebenso wie historische Entwicklungen.

Die verschiedenen Schichten und Gruppen der Stadtbevölkerung sind nicht gleichmäßig über die Wohngebiete der Stadt verstreut. Man bezeichnet diese Struktur als ›residentielle‹ oder ›soziale‹ Segregation. Es gibt wohlhabende und arme Wohngebiete, Arbeiterviertel und solche, in denen sich die Zuwanderer konzentrieren. Neben solchen *sozialen* Ungleichheiten bilden sich aber auch Distinktionsbedürfnisse verschiedener Milieus im Stadtraum ab, die sich *symbolisch* voneinander abgrenzen. Milieus werden gebildet von Trägern eines bestimmten Lebensstils oder Angehörigen einer Subkultur.

Städte sind Räume, in denen soziale und symbolische Konflikte ausgetragen werden. In ihnen treffen verschiedene Klassen oder Schichten, Lebensstile und ethnische Gruppierungen aufeinander, und eine wichtige zivilisatorische Leistung von Städten besteht darin, die Integration verschiedener Gruppierungen auf engem Raum zu ermöglichen – aber eine mögliche Wirkung dieser Koexistenz von heterogenen Gruppen kann auch in Marginalisierung und intensiven Konflikten bestehen. In materieller Hinsicht geht es dabei um den Zugang zu allgemein als attraktiv bewerteten Räumen, in symbolischer Hinsicht um Dominanz und Selbstrepräsentation im sozialen Raum der Stadt. Stadtentwicklung muss also immer auch als ein fortwährender Kampf um die Kontrolle über Räume analysiert werden. Als Ergebnis solcher Kämpfe entstehen ›exklusive‹ Räume – und zwar in zweierlei Hisicht: exklusiv zum einen in dem Sinne, dass bestimmte Räume aufgrund von ökonomischen oder symbolischen Barrieren nur für eine bestimmte Bevölkerungsgruppe zugänglich sind, zum anderen in dem Sinne, dass die Schließung großer Teile der Stadt sich für Angehörige von diskriminierten Gruppen in Orten der Exklusion manifestiert. In beiden Fällen bleibt das nicht ohne Folgen für Bewohner, denn die so definierten Räume definieren dann auch die darin lebenden Menschen. Die sozialräumliche Struktur einer Stadt ist also Ausdruck ihrer Sozial- und Machtstruktur, und sie trägt bei zur Verteilung von Lebenschancen, insofern diese vom Wohnstandort beeinflusst werden.

Je stärker die Streuung der Wohnstandorte von Angehörigen einer Gruppe von der statistischen Zufallsverteilung dieser Gruppe abweicht, desto höher ist das Maß der Segregation. Anders gesagt: Mit Segregation wird die Konzentration bestimmter sozialer Gruppen auf bestimmte Teilräume einer Stadt oder einer Stadtregion gemessen. Dieser Definition entspricht ein statistisches Maß, das Abweichungen von der Gleichverteilung feststellt: der *Segregationsindex* oder der *Dissimilaritätsindex* (siehe Kasten ›Der Segregationsindex und seine Reichweite‹). Residentielle Segregation ist die Projektion sozialer Unterschiede auf den Raum, soziale Distanz manifestiert sich in räumlicher Distanz.

Der Segregationsindex und seine Reichweite

Quantifiziert werden kann Segregation mittels verschiedener Indizes. Die Formulierung des gängigsten Segregationsindexes *IS* geht auf Duncan & Duncan (1955) zurück, der wie folgt berechnet wird:

k = Teilgebiet der Stadt,
N_i, W_i = Größe der Bevölkerungsgruppe im Teilgebiet i,
N, W = Gesamtgröße der Bevölkerungsgruppen N_i und W_i über die Teilgebiete $1 \dots k$,
also gilt:

$$N = \sum N_i \text{ und } W = \sum W_i : IS = \frac{1}{2} \sum \left| \frac{N_i}{N} - \frac{W_i}{W} \right|$$

Als Ergebnis resultiert ein Wert für das gesamte Stadtgebiet, der zwischen null und eins liegt und als Prozentwert der Minderheit interpretiert werden kann, der umziehen müsste, damit eine für alle Teilgebiete gleiche Verteilung der Minderheit in der Stadt zustande kommt. Ein Indexwert von 0,3 bedeutet also, dass 30 % der Minderheit umziehen müsste, damit eine Gleichverteilung erreicht wird: Je höher der Indexwert, desto höher die Segregation.

Die Reichweite und Aussagekraft von Segregationsindizes sind allerdings vielfach beschränkt:

- Sie können das jeweilige Muster der Segregation in der Stadt nicht erfassen.
- Sie liefern lediglich eine Zustandsbeschreibung der Segregation und keinerlei Information über den Prozess, der ihr zugrunde liegt (vgl. Duncan & Duncan 1955).
- Von der Höhe eines Indexwertes kann nicht auf die tatsächliche räumliche Distanz der Bevölkerungsgruppen geschlossen werden (vgl. Friedrichs 1983, 222).
- Der Segregationsindex ist ein rein deskriptiver Wert, der keine Aussagen über die Signifikanz der Ergebnisse erlaubt (vgl. Cortese et al. 1976, 630 f.).
- Weicht das Muster der Segregation in der Stadt stark von der Aufteilung der Teilgebiete ab, auf deren Ebene der Index berechnet wird, kann der Segregationsindex die Höhe der Segregation unterschätzen (vgl. Blasius 1988, 413)
- Die Höhe der Indexwerte wird beeinflusst von der Größe dieser Teilgebiete: Je größer die Teilgebiete, desto inhomogener sind sie und desto kleiner fällt der Segregationsindex aus (vgl. Cowgill & Cowgill 1951).
- Ebenfalls ist der Segregationsindex abhängig von der Größe der einbezogenen Bevölkerungsgruppen, da bei einem geringen Anteil der Minderheit der Indexwert steigt (vgl. Cortese et al. 1976).

Die beiden letzteren Punkte führen dazu, dass, entgegen der Prämisse von Duncan & Duncan, der Segregationsindex kein Instrument ist, mit dem man unmittelbar die Segregation in verschiedenen Städten vergleichen kann. Ein Blick auf Dissimilaritätsindizes europäischer Städte illustriert dies:

Dissimilaritätsindizes europäischer Städte

Stadt	ID	Nationalität der Minderheit*	Anteil der Minderheit	Jahr
Köln	0.45	Türkei	ca. 12 %	1994
Frankfurt	0.20	Türkei	ca. 17 %	1997
Amsterdam	0.42	Türkei/Marokko	30 %	1995
Brüssel	0.65	Südliches Mittelmeer	28,5 %	1991
Düsseldorf	0.28	Südliches Mittelmeer	16,3 %	1993
Hannover	0.44	Türkei	4,5 %	1999

* Einteilung erfolgte in Amsterdam nach ethnischer Zugehörigkeit, ansonsten nach Staatsbürgerschaft. Quellen: Friedrichs (2000); Musterd et al. (1997); für Hannover: eigene Berechnungen

Dissimilaritätsindizes unterscheiden sich von Segregationsindizes dadurch, dass sie die Segregation zweier Gruppen wiedergeben und nicht das Verhältnis einer Bevölkerungsgruppe gegenüber der restlichen Bevölkerung; die Berechnungsweise ist dieselbe. Laut Tabelle weist nur Brüssel eine höhere Segregation auf als Hannover. Allerdings verzeichnet Hannover mit 4,5 % den geringsten Anteil an der Minderheit, so dass der Indexwert für diese Stadt die Segregation überschätzt. Außerdem wurde der Dissimilaritätsindex für Hannover auf der Grundlage der knapp 400 Wahlbezirke und damit auf einer sehr kleinräumigen Ebene berechnet. Ermittelt man die türkisch-deutsche Segregation Hannovers auf der Grundlage der 51 Stadtteile, erhält man mit 0.35 einen Wert, der dem von Köln recht nahe kommt (wobei allerdings nicht bekannt ist, auf welcher Grundlage der Segregationsindex von Köln zustande gekommen ist). Ohne Informationen über den Anteil der Minderheit und vor allem die Größe der Teilgebiete kann demnach aus den Indexwerten allein nicht abgeleitet werden, ob beispielsweise die türkische Bevölkerung in der einen Stadt stärker segregiert wohnt als in der anderen. Nachteilig bei der Interpretation von Segregationsindizes ist, dass diese meist die Nationalität und nicht die ethnische Herkunft berücksichtigen: Ein Sinken des Segregationsindizes kann auch aus vermehrten Einbürgerungen resultieren, ohne dass überhaupt Wanderungsbewegungen stattgefunden haben. Die Einbürgerungsquoten der türkischen Bevölkerung sind bislang relativ gering; aufgrund der Novellierung des Staatsbürgerschaftsrecht im Jahr 2000 wird die Interpretation von Segregationswerten, die auf den Daten der amtlichen Statistik beruhen, zunehmend schwieriger.

Wenn also ein interstädtischer Vergleich von Segregationsindizes nur bedingt sinnvoll ist, welchen Beitrag können sie dann zur Segregationsdebatte leisten?

Da wichtige Rahmenbedingungen wie etwa der Zuschnitt der Teilgebiete innerhalb einer Stadt konstant bleiben, eignen sich Segregationsindizes zur Beobachtung der Entwicklung der Segregation in einer Stadt über einen längeren Zeitraum, wie das Beispiel der türkischen Bevölkerung in Hannover zeigt:

Dissimilaritätsindex türkisch-deutsch für Hannover, 1982–1999

Jahr	1982	1984	1989	1994	1997	1999
ID	0.46	0.48	0.49	0.46	0.44	0.44

Quelle: STATIS, Statistikstelle Hannover, eigene Berechnungen

In den achtziger Jahren steigt die Segregation der türkischen Bevölkerung und erreicht für 1989 einen Höhepunkt, danach sinkt sie und stabilisiert sich 1997 auf etwas niedrigerem Niveau.

Die Entwicklung der Segregationsindizes kann nun auf unterschiedliche Weise interpretiert werden:

1. Das Sinken der Segregationswerte ab 1989 kann als Zeichen einer gestiegenen Integration der türkischen Bevölkerung verstanden werden: Eine voranschreitende strukturelle Integration würde bedeuten, dass sich die Arbeitsmarktsituation der Türken in Hannover verbessert hat und damit der Anteil des Einkommens, das für die Miete zur Verfügung steht, steigt. Damit erhält die türkische Bevölkerung eine bessere Position auf dem Wohnungsmarkt und ist nicht weiter gezwungen, sich auf die unteren Segmente des Wohnungsmarktes zu beschränken. Eine Voraussetzung der strukturellen Integration stellt jedoch die Durchlässigkeit des Wohnungs- und Arbeitsmarktes für die Migranten dar. Da diese Märkte durch die Mehrheitsgesellschaft kontrolliert werden, kann eine sinkende Segregation auch als Zeichen der Integrationsfähigkeit einer Gesellschaft und als Rückgang von Diskriminierung bewertet werden.

2. Türkische Migranten sind *im Durchschnitt* häufiger und länger arbeitslos und verdienen weniger als Deutsche. Diese Durchschnittswerte nivellieren jedoch Differenzierungen innerhalb der türkischen Bevölkerung; die sinkenden Segregationsindizes können aus höheren Einkommen einer kleineren türkischen Gruppe resultieren, die ihre besseren Chancen auf dem Wohnungsmarkt wahrnimmt.
3. Eine sinkende Segregation kann ebenfalls als Resultat der Integration auf normativer Ebene interpretiert werden. So steigen mit steigender Wohndauer die Anforderungen der Migranten an die Wohnung und das Wohnumfeld. Tatsächlich ist eine Tendenz zur Angleichung der Wohnwünsche von Migranten und Deutschen festzustellen (vgl. Häußermann/ Siebel 1996: 200). Ein Absinken der Indexwerte kann demnach bedeuten, dass die türkische Bevölkerung vermehrt bestrebt ist, ihre Vorstellungen von einer »guten« Wohnung und einem »guten« Wohnumfeld zu verwirklichen. Gelingen diese Bestrebungen, weist dies ebenfalls auf eine schwindende Diskriminierung hin.
4. Die Abhängigkeit der Segregationswerte von der Relation Mehrheit/Minderheit in den Teileinheiten lässt eine weitere Überlegung zu: Demnach ist ein sinkender Index nicht nur Zeichen einer Abwanderungstendenz der Minderheit aus bestimmten Gebieten, sondern kann auch Resultat verstärkter Zuwanderung der Mehrheit darstellen. Im Zeitraum 1988 bis 1990 sind über 6000 Aussiedler in die Landeshauptstadt gezogen, die mit Wohnraum versorgt werden mussten. Die Wohnungssuche erschwert sich nicht nur durch fehlende ökonomische Ressourcen, sondern auch durch Vorurteile, fehlende Sprachkenntnisse und mangelndes Alltagswissen, sodass Aussiedler in erhöhtem Maße auf die Vergabe von Belegrechtswohnungen angewiesen sind. Deshalb zogen Aussiedler vor allem in Wohnquartiere des sozialen Wohnungsbaus, in denen der Anteil der türkischen Bevölkerung über dem städtischen Durchschnitt liegt. Dieser Zuzug verändert die Relation in den Bevölkerungsanteilen, was ein Sinken des ID zur Folge hat. Sinkende Segregation stellt somit nicht zwangsläufig einen Indikator für Integration dar.

(aus: Janßen 2004)

Für Segregation sind zwei Voraussetzungen notwendig: In einer Stadt müssen sowohl soziale als auch räumliche Unterschiede vorhanden sein. Die unterschiedliche soziale Situation der Haushalte trifft dann auf ein differenziertes Angebot von Wohnungsqualitäten. Wie soziale und räumliche Unterschiede miteinander zusammenhängen und welche Folgen dies hat, sind die Themen der Segregationsforschung.

Die sozialräumlichen Unterschiede sind an verschiedenen Merkmalen ablesbar: Differenzen zwischen verschiedenen Stadtgebieten beim Haushaltseinkommen, in der Altersstruktur, bei den Lebensstilen oder nach ethnischen Zugehörigkeiten. Sie können also ökonomisch, demographisch oder kulturell begründet sein. Entsprechend kann man die Segregation der Wohnbevölkerung einer Stadt entweder nach vorwiegend sozioökonomischen Merkmalen betrachten (nach Einkommen, Berufsqualifikation und Bildungsstand); nach demographischen Merkmalen (wie Alter oder Haushaltsgröße) oder nach der ethnischen Zugehörigkeit (in den USA als *race* bezeichnet). Dies sind verschiedene Dimensionen der sozialräumlichen Struktur.

Heute spielen zunehmend auch *Lebensstile* eine Rolle für die residentielle Segregation. Haushalte eines bestimmten sozialkulturellen Milieus, die ähnliche Lebensweisen praktizieren, suchen sich Quartiere, in denen das Wohnungsangebot und die Infrastruktur am ehesten zu ihren Ansprüchen passen. Augenfällige Beispiele dafür sind zum einen die Kolonien von Einfamilienhäusern an den Rändern der Städte, die vorwiegend von Familien mit Kindern bewohnt werden. Singles zum anderen bevorzugen innerstädtische Altbaugebiete; man kennt außerdem in jeder Stadt die ›schicken‹ Altbauviertel mit großen, aufwändig restaurierten Wohnungen und einem gehobenen Dienstleistungsangebot oder die Gebiete des alternativen Milieus mit Szenekneipen und ökologisch korrekten Konsumangeboten.

Die feststellbaren Differenzen zwischen den Raumeinheiten variieren mit der Größe der gewählten Raumausschnitte. Betrachtet man einzelne Häuser oder Blöcke, so wird man eine eher starke Segregation, also eine hohe Ähnlichkeit der Soziallagen und der Lebensstile finden können. Legt man der sozialräumlichen Analyse dagegen größere Gebiete einer Stadt zugrunde, so wird man eine stärkere Mischung feststellen. Man kann sich das Segregationsmuster gleichsam zurechtschneiden. Das diagnostizierte Ausmaß der Segregation hängt von der Fragestellung und der Anlage einer Untersuchung ab, insbesondere aber von den verfügbaren Daten. Je kleinräumiger differenzierte Daten zu den sozialen Merkmalen der Bewohner zugänglich sind, desto genauer kann man Segregationsphänomene beschreiben – desto stärker hängt es allerdings auch von den Entscheidungen der Sozialforscher ab, ob eine starke oder weniger starke Segregation diagnostiziert wird. Zwei Entscheidungen sind dabei immer zu treffen:

Erstens: Nach welchen Merkmalen sind die Gruppen definiert, deren ungleiche Verteilung über das Stadtgebiet man untersuchen will? In ›freien‹ Wohnungsmärkten ist die Segregation nach der Zahlungsfähigkeit der Haushalte, also nach ökonomischen Merkmalen, im Allgemeinen besonders hoch. Fragt man dagegen nach demographischen Faktoren wie Alter und Geschlecht, so wird das Muster weniger scharf sein.

Zweitens: Welcher Raumausschnitt liegt zugrunde? In der Regel gilt: Je kleiner die Untersuchungsräume gewählt werden, desto höher erscheint die Segregation. Je nach gewähltem Raumausschnitt kann also bei gleichem Sachverhalt von Mischung oder von Segregation gesprochen werden. Dies veranschaulicht Abb. 11.1.

Wenn wir annehmen, dass sich in einem Gebiet, in dem ca. 1000 Personen wohnen, verschiedene – hier grob nach Schichten und Staatsangehörigkeit unterschiedene – Bevölkerungsgruppen in verschiedenen Teilen dieses Gebietes konzentrieren, kann man von einer säuberlichen Segregation sprechen. Nimmt man aber das Gebiet als Ganzes und vergleicht es mit anderen Gebieten einer Stadt, erweist es sich möglicherweise als stark gemischt. Beide Aussagen sind richtig – je nach Maßstab der Betrachtung. Ohne genauere Kenntnis der Kommunikations- und Interaktionsbeziehungen in diesem Gebiet können aber beide nicht sinnvoll interpretiert werden.

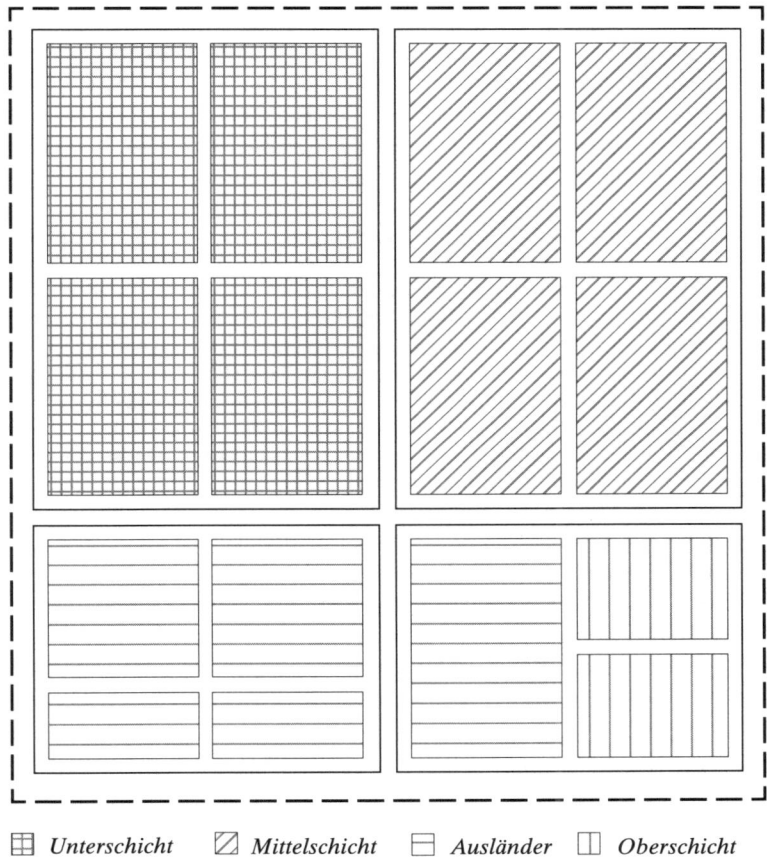

⊞ *Unterschicht*   ◨ *Mittelschicht*   ⊟ *Ausländer*   ⊞ *Oberschicht*

Abb. 11.1 Segregation und Raumeinheit

Denn ob es sich um selbst gewählte Muster oder erzwungene handelt, und ob aus räumlicher Nähe Kontakte oder Konflikte entstehen, erfahren wir allein aus solchen Daten nicht.

Für die Aussagekraft von Segregationsindizes lässt sich aus dem fingierten Beispiel noch eine weitere Konsequenz ableiten: Sie muss immer zusammen mit einem *Konzentrationsmaß* gelesen werden, das heißt, der prozentuale Anteil der Angehörigen einer Minderheit in einem bestimmten Gebiet muss auf den prozentualen Anteil dieser Minderheit an der gesamtstädtischen Bevölkerung bezogen werden.

Die Frage, ob wir es mit sozial bedeutsamer Segregation oder Mischung zu tun haben, ist durch quantitative Analysen allein nicht zu beantworten. Die Tatsache der Segregation suggeriert eine Trennung, dennoch muss die räumliche Trennung noch lange keine soziale Trennung bedeuten. Auch umgekehrt ist aus der sozialen Mischung eines Quartiers noch nicht auf eine entsprechend intensivere Kommunikation über soziale Distanzen hinweg zu schließen. Die bloße Verteilung im Raum sagt soziologisch noch nicht viel. Man muss auf jeden Fall zusätzlich wissen, was die Einwohner der verschiedenen Häuser, Nachbarschaften oder Quartiere miteinander zu tun haben wollen. Wir gehen darauf weiter unten ausführlich ein.

Segregation ist ein universelles Phänomen. Es gibt sie, seit es Städte gibt. Das Zentrum Babylons im Jahre 2000 vor Christus zum Beispiel war nur Königen und Priestern zugänglich. Und in der mitteleuropäischen Stadt des Mittelalters konzentrierten sich die verschiedenen Handwerke in verschiedenen Quartieren. Die italienischen Städte der Renaissance kannten bereits die Segregation nach Nationalität: Ausländer wohnten strikt reglementiert in bestimmten Quartieren. In asiatischen Städten wurden bestimmte Quartiere nach Religionen bewohnt, in Indien war (und ist teilweise heute noch) der Wohnort mit der Zugehörigkeit zu einer Kaste verknüpft. Religionszugehörigkeit war bereits in der frühen Neuzeit auch in Europa Anlass für Segregation: das Wort *Ghetto* stammt vom Namen des venezianischen Quartiers, auf das zum ersten Mal im Jahre 1595 das Wohnrecht für Juden beschränkt worden ist.

Segregation kann Konsequenzen für die soziale Ordnung einer Gesellschaft und für die Lebensführung und -chancen der Bewohner segregierter Gebiete haben. Die Beschreibung und Erklärung von Segregation ist nur ein erster Schritt, das eigentliche Thema einer soziologischen Segregationsanalyse aber sind die sozialen Konsequenzen. Es gibt keinen allgemeingültigen Maßstab, anhand dessen man Art und Ausmaß von Segregation als gut oder schlecht, als zu viel oder zu wenig beurteilen könnte. Das Leitbild *soziale Mischung*, das in der stadtpolitischen Praxis gewöhnlich als erstrebenswert angesehen wird, liefert keineswegs in jeder Hinsicht und in jedem Fall eine positive Orientierung. Denn Segregation an sich bedeutet keineswegs immer dasselbe – je nach sozialer Gruppe und je nach den Gründen für ihr Zustandekommen ist sie in ihren Folgen unterschiedlich zu bewerten. Der Bewertung liegen unterschiedliche Annahmen darüber zugrunde, welche Effekte das Zusammenleben in einer Nachbarschaft für die einzelnen Haushalte und Menschen hat. Diese Effekte sind oft schwer zu bestimmen, außerdem sind sie nicht immer eindeutig positiv oder negativ (vgl. zum Beispiel Gans 1974 b). Sicher ist, dass soziale Ungleichheit nicht durch eine sozialräumliche Mischung von Haushalten mit unterschiedlicher sozialer Lage beseitigt wird (vgl. Buck 2001). Aber soziale Ungleichheit kann durch räumliche Segregation befestigt und sogar verschärft werden.

11.2 Wie entwickelte sich bisher die Segregation?

Bis zum Ende der ›goldenen 1960er Jahre‹ war Segregation in den Städten der damaligen Bundesrepublik nur ein Randthema. Soziale Ungleichheiten und ihre räumlichen Erscheinungsformen verringerten sich im Zuge eines Wachstumsprozesses, dessen Gewinne in Gestalt höherer Realeinkommen, von mehr und besseren Wohnungen und Einrichtungen der sozialen Infrastruktur auch den unteren sozialen Schichten zugute kamen. Außerdem gab es in westdeutschen Städten keine Segregation nach ethnischen Merkmalen, die derjenigen in den Schwarzenvierteln US-amerikanischer Städte vergleichbar gewesen wäre. Es gab kein ›Rassenproblem‹ und – bis in die sechziger Jahre auch keine nennenswerte Zuwanderung aus anderen Kulturkreisen. Daher konnten sozioökonomische Benachteiligung und ethnische Diskriminierung nicht jene unheilige Allianz bilden, die zur Herausbildung von Ghettos führen kann.

Wohnungsbau war in Deutschland bis 1918 ausschließlich in der Hand privater Unternehmer, und diese bauten in verschiedenen Teilen der Stadt für verschiedene Einkommensgruppen unterschiedlich große und unterschiedlich gute Wohnungen – was zu einer scharfen Segregation nach Einkommen und sozialem Status vor allem an den beiden Polen der hierarchischen Sozialskala geführt hatte. Die soziale Not des Proletariats wurde durch die elenden Wohnverhältnisse nicht nur deutlich sichtbar, sondern auch verstärkt, während sich die Privilegien des wohlhabenden Bürgertums auch in entsprechend durchgrünten, ästhetisch verfeinerten und großzügig bemessenen Villengebieten zeigten.

Nach 1945 nahm das Ausmaß sozialer Segregation in den westdeutschen Städten aus einer Vielzahl von Gründen ab:

- Die Bomben des Zweiten Weltkriegs hatten die alten Strukturen stark zerstört. Wiederaufbau, Sanierung und Modernisierung beseitigten vielerorts die physisch-baulichen Grundlagen der Segregation (zum Beispiel in Arbeitervierteln aus der Zeit vor dem Ersten Weltkrieg).
- Die extreme Wohnungsknappheit nach 1945 ließ keinen Raum für sozial selektive Mobilität, und die politischen Eingriffe in den privaten Wohnungsmarkt (Wohnraumbewirtschaftung, Mietpreisregulierung) hatten den Preismechanismus für die Altbaubestände weitgehend außer Kraft gesetzt.
- In den ersten Jahrzehnten nach dem Zweiten Weltkrieg spielte der soziale Wohnungsbau eine zentrale Rolle beim Neubau. Er hatte als ausdrückliches Ziel, für die ›breiten Schichten der Bevölkerung‹ Wohnungen bereitzustellen – also die räumliche Segregation von Haushalten mit niedrigen Einkommen nicht mehr zuzulassen. Wohnungspolitik und Gemeinwirtschaft schufen mit den Förderinstrumenten des sozialen Wohnungsbaus ein umfangreiches, marktfernes Wohnungssegment, in dem Wohnungen nach sozialen Kriterien zugeteilt wurden.

- In den sechziger und siebziger Jahren verfolgten die staatlichen Sanierungsprogramme eine ähnliche Zielsetzung: Altbaugebiete mit einer ›einseitigen Sozialstruktur‹ (womit allerdings nicht die Viertel der Wohlhabenden gemeint waren) wurden entweder ganz abgerissen und durch sozialen Wohnungsbau ersetzt oder später so modernisiert, dass sie auch für eine Bewohnerschaft mit höheren Einkommen attraktiv wurden.
- Das beispiellose Wirtschaftswachstum in den ersten drei Jahrzehnten nach dem Zweiten Weltkrieg brachte Einkommensverbesserungen für alle Schichten der Bevölkerung. Die Obdachlosigkeit wurde nach und nach abgebaut, Armut und Arbeitslosigkeit waren nicht dauerhaft. Daher bildeten sich keine neuen Armutsviertel als Folge negativer Karrieren auf dem Wohnungsmarkt.
- Viele Eigentümer behandelten ihre Immobilien nicht ausschließlich als möglichst profitable Kapitalanlage. In Wohnquartieren mit vielen kleinen Immobilieneigentümern, insbesondere wenn diese ihr Mietshaus selber (mit)bewohnten, gab es noch jenen Typus von Hausbesitzern, die sich mit ihrem Hauseigentum identifizierten und es laufend instand hielten. Dadurch gab es weniger Anlässe zur Abwanderung für Haushalte mit höheren Einkommen.
- Schließlich haben die gesellschaftlichen Eliten in Kontinentaleuropa auch eine urbane Wohntradition (vgl. Préteceille 2000) im Unterschied zu den angelsächsischen Ländern, wo der Auszug der Eliten ins Umland bereits um 1800 begann (Fishman 1999). Bereits der Umbau von Paris im 19. Jahrhundert hatte – wie die Aufwertungsmodernisierung in westdeutschen Städten in den 1970er Jahren – dazu gedient, die Innenstädte für die Mittel- und Oberschichten attraktiv zu halten.

Die krassen Unterschiede in der Wohnungsversorgung, die im letzten Drittel des 19. Jahrhunderts in den Großstädten ein politisches Thema ersten Ranges wurden, waren von den Parteien der Arbeiterbewegung immer als eines der schärfsten Übel des Kapitalismus bezeichnet worden. Deshalb gehörte es in der DDR zu den wichtigsten stadtpolitischen Zielen, diese sozialräumliche Klassenspaltung zu überwinden. Hier wurden die Wohnungen von den Kommunen bzw. den Betrieben verwaltet; eine freie Wahl des Wohnstandorts gab es nicht. Segregationsprozesse konnten so administrativ gesteuert werden. Eines der herausragenden Ziele der staatlichen Wohnungspolitik war die »Annäherung der Klassen und Schichten« (Hannemann 2000, 109 ff.). Die Wohnungsversorgung wurde Teil einer staatlichen Infrastruktur, die jeden entsprechend seinem Bedarf – und nicht nach seiner Kaufkraft – versorgen sollte. Die Wohnung sollte nicht länger Ausdruck und Mittel sozialer Differenzierung sein, vielmehr sollte sich die angestrebte soziale Gleichheit auch in gleichen Wohnbedingungen für alle Schichten der Bevölkerung widerspiegeln. Insgesamt wurde durch diese Politik zwar die soziale Segregation tatsächlich verringert, dennoch entstanden neue sozialräumliche Strukturen aufgrund politischer Privilegien.

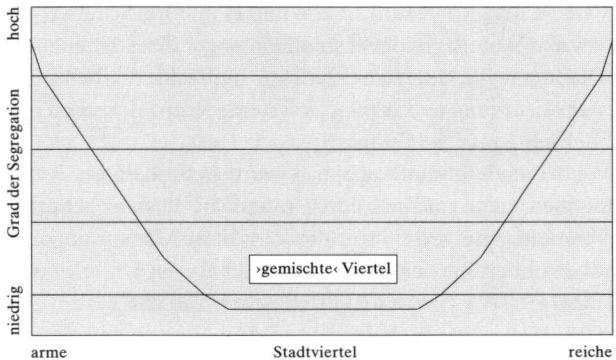

Abb. 11.2 U-Kurve der Segregation

Mit dem Abbau der wohlfahrtsstaatlichen Interventionen in die Wohnungsversorgung in der Bundesrepublik seit den 1980er Jahren und mit dem Ende der staatlichen Wohnungsversorgung in der DDR verloren die Faktoren, die sozialer Segregation entgegenwirkten, an Bedeutung. Die Einkommensungleichheit wird größer, die ethnische Zusammensetzung der Wohnbevölkerung wird heterogener, das Wohnungsangebot erlaubt eine größere Mobilität. Mehr und mehr wird die Wohnungsbewirtschaftung zu einem eigenständigen Teil der Kapitalverwertung und der Anteil der Sozialwohnungen nimmt laufend ab. Insgesamt wird der staatliche Einfluss auf die Wohnungsversorgung und damit auch auf die sozialräumliche Struktur der Städte geringer. Daher ist zukünftig mit einer verstärkten sozialen Segregation zu rechnen.

Überträgt man die Segregationsindices von Statusgruppen in europäischen Städten in eine Graphik, so ergibt sich die Form einer U-Kurve: Während am unteren *und* oberen Rand der Schichtungshierarchie die Konzentration bzw. Segregation in bestimmten Vierteln besonders hoch ist, zeigt der größere Teil des Stadtgebiets einen geringen Segregationsgrad. Eine modellhafte Darstellung, in der lediglich nach dem Einkommen (›reich‹, ›arm‹) unterschieden wird, macht dies anschaulich (Abb. 11.2).

11.3 Warum ist Segregation ein Problem?

Bereits vor der Industrialisierung wurde die Segregation nach Klassen- bzw. Schichtenzugehörigkeit als problematisch gesehen, und zwar besonders deshalb, weil die Gebiete der städtischen Unterschichten als Gefahrenherde für die öffentliche Gesundheit und die politische Ordnung galten. Immer wieder brachen dort Epidemien (Pest, Cholera, Typhus) aus; Armut und tödliche Krankheiten wohnten eng beieinander (vgl. für Paris: Willms 1988; für London und Hamburg: Schubert 1997). Zwischen Lebenschancen und Wohnstandort bestand ein enger Zusammenhang. Mangelhafte hygienische Bedingungen, überfüllte, feuchte und schlecht belüftete Wohnungen, fehlende Wasserversorgung und Abwassersysteme kennzeichneten die Wohngebiete der Armen. Hier lebte man gefährlich.

Für die wohlhabenden Stadtbewohner war dies deshalb ein Problem, weil man sich vor Epidemien nicht gänzlich durch räumliche Distanz schützen konnte. Die industrielle Verstädterung verschärfte die Zustände, Massen ungebildeter und besitzloser Landbewohner überschwemmten die schäbigen Unterkünfte (vgl. Häußermann/Siebel 2000 a, 59 ff.). Charles Booth beschrieb solche Elendsquartiere in London (vgl. Booth 1969), Friedrich Engels in Manchester und anderen englischen Industriestädten. Wohnungsnot und räumliche Konzentration der Armut waren für Engels Ergebnis des kapitalistischen Wirtschaftssystems, in das der Wohnungsmarkt eingebettet war. Engels schilderte die Quartiere der Proletarier als eine Art Hölle aus Not und Kriminalität, der auch die ehrbaren Arbeiter nicht entkommen konnten (Engels 1974, 260).

Engels benannte zwei Themen, die in Segregationsanalysen bis heute eine Rolle spielen: zum einen die Beeinträchtigung der Lebenserwartung, zum anderen die »demoralisierenden Einflüsse [...] der schlechten Umgebung« (ebd.). Allerdings ist die bis heute nachweisbare geringere Lebenserwartung in Arbeiterquartieren nur zum geringeren Teil auf den Wohnstandort zurückzuführen; die höhere Belastung durch körperliche Arbeit, eine zumeist ungesunde Ernährung und unzureichende Gesundheitsversorgung tun hier ein Übriges – aber die größere Umweltbelastung dicht bebauter Quartiere in der Nähe von Fabrik- und Verkehrsanlagen ist nicht zu leugnen. Merkmale der sozialen Lage und der Wohnumgebung verschmelzen hier zu einem *Kontexteffekt*. Diesen Kontexteffekt dehnt Engels noch auf einen moralischen Milieu-Effekt aus: Die spezifische Mischung aus den »am schlechtesten bezahlten Arbeitern mit Dieben, Gaunern und Opfern der Prostitution« bilde eine »schlechte Umgebung«, die einen »demoralisierenden Einfluß« (ebd.) habe. Damit wird die Existenz von Sozialisationseffekten der segregierten Quartiere behauptet, die die soziale Marginalisierung verfestigen. Das ist eines der stärksten und bis heute wirksamsten Argumente gegen sozialräumliche Segregation von sozial marginalisierten Bevölkerungsgruppen.

Segregation als Triebkraft des revolutionären Umbruchs?

Marx und Engels haben später aber auch ganz andere Wirkungen der sozialräumlichen Segregation gesehen. Im Rahmen ihrer Überlegungen zur Entwicklung der kapitalistischen Gesellschaft und deren Überwindung durch einen revolutionären Sprung hatten sie das Proletariat als das maßgebliche historische Subjekt entdeckt. Die Polarisierung zweier Klassen, Besitzer (Kapitalisten) und Nicht-Besitzer (Proletarier) von Produktionsmitteln, war hierfür die Voraussetzung. Die theoretische Bestimmung durch das Eigentumsverhältnis beschrieb jedoch erst eine Klasse ›an sich‹, in der Praxis musste sie noch zu einer Klasse ›für sich‹, das heißt, zu einem politisch handelnden Subjekt werden. Eine entscheidende Bedingung dafür sahen die Theoretiker der Revolution in der Segregation der Arbeiter in den großen Städten: Das dichte Zusammenwohnen in Arbeitervierteln ermöglichte eine unmittelbare und unzensierbare Kommunikation, die die Entwicklung von Klassenbewusstsein fördern und politische Organisation ermöglichen würde. In der proletarischen Subkultur sollte sich eine Gegenkultur entwickeln, die angesichts politischer Verfolgung und des Fehlens von Massenkommunikationsmitteln auf räumliche Nähe angewiesen war. Die Konzentration der Arbeiterklasse in den großen Städten und dort ihre Zusammendrängung in wenigen Quartieren waren somit Voraussetzungen für ihre politische Handlungsfähigkeit. Diese Vorstellungen wurden durchaus auch von den Gegnern der proletarischen Bewegung geteilt, weshalb sie sich im Rahmen von ›Wohnungsreform‹ und ›Städtebaureform‹ für eine Auflösung der segregierten Viertel einsetzten. Ein desegregierender Wohnungsbau wurde geradezu als Mittel zur Erziehung und Domestizierung der ›gefährlichen Klassen‹ konzipiert (vgl. Häußermann/Siebel 2000 a, 131 ff.).

11.4 Soziale und ethnische Segregation

Zwei Hauptphänomene, die uns in den folgenden beiden Kapiteln noch ausführlich beschäftigen werden, lassen sich unterscheiden: die soziale Segregation nach vorwiegend ökonomischen Kriterien bzw. nach Klassen- oder Schichtzugehörigkeit, und die Segregation nach kulturellen Merkmalen, beispielsweise nach ethnischer Zugehörigkeit. Mit dem ersten Fall setzte sich Engels auseinander, das zweite Thema beschäftigte hauptsächlich die Soziologen im Chicago der 1920er Jahre (vgl. 3. Kapitel).

Soziale Segregation ist ein Phänomen sozialer Ungleichheit innerhalb einer Gesellschaft und ein Problem für das Postulat sozialer Gerechtigkeit. *Ethnische Segregation* beruht auf kulturellen Differenzen, die durch Einwanderung gleichsam importiert werden, und ist eine Herausforderung an die gesellschaftliche Integrationskraft. Kulturelle Differenzierungen nach Lebensstilen haben wir bereits früher erwähnt. Nun überlagern sich selbstverständlich in der urbanen Realität der Städte soziale und ethnisch-kulturelle Formen der Differenzierung. Zuwanderer gehören meist unteren Sozialschichten an oder werden diesen zugeordnet. Da sich aber die beiden Formen der Segregation sowohl hinsichtlich ihrer Ursachen als auch ihrer sozialen Folgewirkungen unterscheiden, muss zwischen beiden Formen analytisch sorgfältig differenziert werden; ihnen sind deshalb die beiden folgenden Kapitel gewidmet.

Fragen

- Was bezeichnet der Begriff der *residentiellen Segregation*?
- Welche beiden Grundkategorien müssen definiert sein, wenn man Segregation empirisch messen will?
- Wie entwickelten sich historisch die Segregationsmuster in der DDR und in der Bundesrepublik? Welcher Trend zeigt sich seit der deutschen Vereinigung?
- Weshalb ist Segregation ein Problem?
- Erläutern Sie die Gründe für eine analytische Trennung von sozialer und ethnischer Segregation.

12. Soziale Segregation

12.1 Ursachen der Segregation

Nachdem wir im vorherigen Kapitel auf die Spannweite des Begriffes Segregation eingegangen sind, geht es nun um die nähere Erklärung der Ursachen sozialer Segregation. Wir haben bereits darauf hingewiesen, dass es von gesellschaftlichen Strukturprinzipien und Wertvorstellungen abhängt, wonach der soziale Raum einer Stadt gegliedert ist. Ob es sich bei den maßgeblichen Elementen der Sozialstruktur um Schichten, Stände oder Klassen handelt und ob deren Verteilung im städtischen Raum über den Mechanismus des Marktes, über politisch administrative Vorgaben oder über gewaltsame Internierung geschieht – all das hat sich mit jeder gesellschaftlichen Formation ebenso gewandelt wie die normative Bewertung dieser Vorgänge (vgl. Herlyn 1974). Was einst als gottgegebener oder quasi naturgesetzlicher Zustand gewertet wurde, wurde zu einer bekämpfenswerten Ungerechtigkeit.

Die sozialräumliche Struktur der vorindustriellen europäischen Stadt beruhte auf einem Gemisch ständischer Prinzipien (Herkunft und Ehrbarkeit) und auf der funktionalen Gliederung nach Beruf (Kaufleute, Handwerker) und Religion (Christen, Juden). Die darauf aufbauenden Institutionen des Patriziats, der Gilden und Zünfte und der Ghettos organisierten zugleich »das ökonomische und soziale, das kulturelle und […] das politische Leben der Städte in peniblen Ordnungen« (Schäfers 2000, 71). In stark hierarchisch gegliederten oder ständisch fragmentierten Gesellschaften war und ist Segregation wie selbstverständlich institutionalisiert. Erst in Gesellschaften, die die Ansprüche gleicher Lebenschancen und kultureller und religiöser Gleichberechtigung haben (also in so genannten ›offenen‹ Gesellschaften) wird die soziale Segregation zum Problem; sie widerspricht dem Ideal der Gleichheit und der Offenheit.

Vor diesem Hintergrund ergeben sich zwei Fragen nach den Ursachen sozialer Segregation:
1. *Hinsichtlich der Angebotsseite des Wohnungsmarktes*: Wie kommt eine räumlich ungleiche Verteilung qualitativ differenzierter Wohnungsbestände zustande?
2. *Hinsichtlich der Nachfrageseite des Wohnungsmarktes*: Wie kommt es zur Verteilung von Individuen auf die unterschiedlichen Segmente des Wohnungsangebots?

Makro-Ebene:
Ökonomie, demographische Entwicklung

Meso-Ebene:
Staat (Wohnungspolitik)

Mikro-Ebene:
Stadtplanung / Bebauungspläne
Vermieterpraxis: Bevorzugung und Diskriminierung

Individualebene:
Ressourcen und Präferenzen
Informationszugang
Finanzielle Ressourcen
Soziale Schicht
Ethnische Zugehörigkeit
Lebensstil

Abb. 12.1 Determinanten der Wohnortentscheidung

Handlungstheoretisch gesehen ergibt sich die räumliche Verteilung von Haushalten aus den Wohnstandortentscheidungen einzelner Haushalte. Nur einer kleinen Minderheit, nämlich solchen Haushalten, denen andernfalls Substandardwohnen oder gar Obdachlosigkeit drohen, wird eine Wohnung vom Wohnungsamt zugewiesen. Im Normalfall kommen Wohnstandortscheidungen in einer Annäherung von *Präferenzen* und *Restriktionen* zustande, wobei mit abnehmender Bedeutung von Restriktionen die persönlichen Präferenzen an Gewicht gewinnen. Die eindeutigste und jedem bekannte Restriktion ist die ökonomische; wer auf die Kosten, die eine Wohnung verursacht, keine Rücksicht nehmen muss, kann sich seinen Wohnstandort vollkommen frei aussuchen – es sei denn, er stieße auf rassistische oder andere Diskriminierungen. Dagegen spielen bei Haushalten, die nur über ein sehr geringes Budget verfügen, die subjektiven Wünsche nur eine marginale Rolle. Das hängt allerdings auch von der Lage auf dem Wohnungsmarkt insgesamt ab: Ist dieser sehr angespannt, bestehen geringere Wahlmöglichkeiten, als wenn viele Wohnungen leer stehen.

Abbildung 12.1 verdeutlicht die Einbettung der individuellen Entscheidungen bei der Wahl eine Wohnung in politische, ökonomische und soziale Zusammenhänge.

Makroökonomische Faktoren (wie Kapitalverfügbarkeit, Einkommensentwicklung oder die Baukonjunktur) spielen für Entwicklungen auf dem Wohnungsmarkt ebenso eine Rolle wie makro-soziale Bedingungen (Bevölkerungsentwicklung, Migration) und politische (staatliche Förderung des Wohnungsbaus und Mietrecht). Sie beeinflussen das Wohnungsangebot und die Wohnungsnachfrage allgemein und damit auch die Spielräume, die Wohnungssuchende haben.

Wie sich eine Stadt entwickelt, wird durch politische Entscheidungen ebenso beeinflusst wie durch die Pläne privater Investoren. Mit städtebaurechtlichen Instrumenten (Bebauungsplan, Sanierungs- und Milieuschutzsatzung) kann die Kommune die bauliche Entwicklung steuern und die sozialräumliche Zusammensetzung von Quartieren beeinflussen. In den 1920er Jahren und in den ersten drei Jahrzehnten nach dem Zweiten Weltkrieg hatten die Kommunen in der Bundesrepublik durch die Wohnungsbauförderung sogar einen sehr starken Einfluss auf die sozialräumliche Struktur, denn der Anteil des öffentlich geförderten Wohnungsbaus war in diesen Perioden vergleichsweise hoch. Beim öffentlich geförderten Miet-Wohnungsbau, der überwiegend von gemeinnützigen Wohnungsbaugesellschaften getragen wurde, konnten die Gemeinden im Rahmen der Förderungsbestimmungen über Lage und Qualität des sozialen Wohnungsbaus mitbestimmen. Dies war das entscheidende Instrument für eine Steuerung der sozialräumlichen Struktur – insbesondere deshalb, weil die Stadterweiterung mit der parallel laufenden Erneuerung der Altbaugebiete zu einem Abbau derjenigen starken Trennung nach Klassen und Schichten genutzt werden konnte, wie sie für den Städtebau der Industrialisierung typisch war. Der öffentlich geförderte Wohnungsbau (›sozialer Wohnungsbau‹) war in diesen Zeiten für ›breite Schichten der Bevölkerung‹ zugänglich, schloss also im Grunde nur die sehr wohlhabenden Haushalte aus.

Wir wollen im Folgenden die einzelnen Mechanismen, die zu einer sozialen Sortierung der Stadtbevölkerung führen, systematisch betrachten, wobei wir zwischen Angebots- und Nachfrageseite unterscheiden.

12.2 Das Angebot an Wohnraum

Muster sozialräumlicher Ungleichheit in den Städten beruhen auf den strukturellen Veränderungen des Wohnungsbaus und entwickeln sich deshalb über lange Zeiträume. Unterschiedliche Akteure der Wohnungsversorgung – Grundeigentümer, Investoren, Kreditinstitute, Stadtplaner, Wohnungspolitiker, Wohnungsbauträger, Vermieter und Makler – entscheiden darüber, wo welche Wohnungen wem angeboten werden. Deshalb sind die sozialen Prägungen von Quartieren das Ergebnis von teilweise weit zurückliegenden Entscheidungen:

Wohnhäuser aus dem Mittelalter findet man heute nur noch in den Kernen kleinerer Städte. Im Mittelalter gab es zwar eine Segregation nach Ständen und Zünften, in den einzelnen Häusern aber wohnten Personen von gänzlich unterschiedlichem Status zusammen (zum Beispiel Meister, Gesellen, Dienstboten). Lediglich die untersten Schichten wohnten in abgeschiedenen Quartieren innerhalb oder außerhalb der Stadtmauer. Die großräumige soziale Struktur der heutigen Städte entstand überwiegend in der Zeit des größten Städtewachstums zwischen 1860 und 1910. Danach gab es zwar bedeutsame Umbauten und Ergänzungen, aber die Grundstruktur wurde kaum geändert. Selbst die Zerstörungen im Zweiten Weltkrieg und die Flächensanierungen der 1960er und 1970er Jahre konnten den sozialen Status eines alten Arbeiterviertels oder eines Villengebietes aus jener Zeit nur in Ausnahmefällen grundlegend ändern.

Bis 1918 lag der Wohnungsbau fast ausschließlich in den Händen von Privatpersonen und privatwirtschaftlicher Gesellschaften. Diese bauten marktgerecht, also an verschiedenen Stellen für unterschiedliche Nachfragergruppen (Arbeiterwohnungen in dicht bebauten Quartieren in der Nähe zu den Fabriken, architektonisch deutlich hervorgehobene Wohnungen für Angestellte, Villen für die Oberschicht am Rande der Stadt im Grünen). Die Planung der baulichen Entwicklung durch kommunale Behörden, die sich seit 1870 zaghaft entwickelte, war abhängig von der Zustimmung der Grundeigentümer, die in den Kommunalparlamenten bis 1918 mindestens die Hälfte der Mitglieder stellten (vgl. Reulecke 1997). Mit der Demokratisierung der Kommunalpolitik nach dem Ersten Weltkrieg erweiterten sich die Möglichkeiten der staatlichen Steuerung. Damit erlangte auch das Ziel, die sozialräumliche Spaltung der Städte zu überwinden, große Bedeutung. Der mit öffentlicher Förderung errichtete Siedlungsbau übernahm dabei eine Leitfunktion.

In Städten gibt es keinen einheitlichen Wohnungsmarkt, sondern er besteht aus verschiedenen Segmenten. Dazwischen liegen erhebliche Barrieren (vgl. Ipsen 1981; Ipsen/Glasauer/Lasch 1986). Das können Preisdifferenzen, Prestige-Images, administrative Richtlinien (beim sozialen Wohnungsbau) oder informelle Diskriminierung von Vermietern gegenüber Ausländern oder Angehörigen anderer kultureller Minderheiten sein. Die Schranken zu exklusiven Wohngebieten, die in Immobilienführern mit Hinweisen auf die soziale Zusammensetzung der Bewohnerschaft und auf die besondere Qualität von Architektur und Lage gekennzeichnet werden, können auch handfest in schwer überwindbaren räumlichen Distanzen bestehen, zum Beispiel fehlenden Anschlüssen an ein Massenverkehrsmittel – schließlich verfügt man hier über Zweit- und Drittwagen – und in einer im Wortsinne exklusiven, weil privat organisierten Infrastrukturausstattung: Öffentliche Badeanstalten sind überflüssig, wenn man den privaten Pool nutzen kann, und durch die Bauordnung werden störende Nutzungen wie Kneipen oder andere Vergnügungseinrichtungen fern gehalten. Bei der Planung eines neuen Wohngebiets können durch die städtische Planung die Bebauungsdichte, die Höhe der Gebäude und die Abstände zwischen ihnen festgelegt werden, wodurch im Zusammenspiel mit dem Bodenpreis der soziale Charakter eines Quartiers weitgehend festgeschrieben wird.

Die Grundlagen für die qualitativ und quantitativ ungleiche Verteilung des Wohnungsangebotes über das Stadtgebiet sind also:

- die *politische Differenzierung von Räumen*, die mit den Mitteln von Stadtplanung, Infrastruktur- und Wohnungspolitik unterschiedliche Wohnqualitäten an verschiedenen Standorten schafft,
- die *ökonomische Differenzierung von Räumen* über Preisdifferenzen zwischen Wohnstandorten und Ausstattungsniveaus,
- die *symbolische Differenzierung von Räumen* über ihre positive oder negative Etikettierung durch Architektur, städtebauliche Gestaltung, Bebauungsdichte und landschaftliche Qualitäten
- und schließlich die *soziale Differenzierung von Räumen* durch die Zusammensetzung der Bewohnerschaft, denn das (hohe oder niedrige) Sozialprestige einer Gegend kann durch gezielte Preisgestaltung und selektive Wohnungsvergabe (Diskriminierung) modelliert und verfestigt werden.

Bauträger und Wohnungsvermittler entscheiden aufgrund ihrer Eigentums- und Verfügungsrechte an Immobilien, Kapital und Boden, welcher Raum wem zugänglich wird (vgl. Farwick 2001, 28 ff.), sie können den Zugang zu Wohnraum regulieren und Gatekeeper-Funktionen einnehmen. Allerdings werden ihre individuellen Entscheidungen durch übergeordnete Rahmenbedingungen begrenzt.

12.3 Die Wohnungsnachfrage

12.3.1 Ressourcen

Die Nachfrageseite wird bestimmt durch die privaten Haushalte, die unter Einsatz der ihnen zur Verfügung stehenden ökonomischen, sozialen und kulturellen Ressourcen Zugang zu Wohnungen suchen:

Ökonomische Ressourcen: Diese sind entscheidend für den Grad der Wahlfreiheit, den ein Haushalt bei der Wahl seines Wohnstandortes hat. Die Attraktivität einer Gegend und die Qualität der Wohnungen schlagen sich in Grundstückspreisen und in der Höhe der Mieten nieder. Je begrenzter die ökonomischen Ressourcen eines Haushalts sind, desto geringer sind seine Wahlmöglichkeiten. Die ökonomischen Ressourcen werden nicht allein durch die Höhe des Haushaltseinkommens bestimmt. Die Sicherheit des Einkommens – Beamte erhalten leichter Kredit als unqualifizierte Industriearbeiter – und die Verfügung über eigenes Vermögen sind vor allem für den Zugang zum Eigentumswohnungsmarkt entscheidend.

Kognitive Ressourcen: Sprachfähigkeit, Kenntnisse des Wohnungsmarkts, des Mietrechts und einschlägiger wohlfahrtsstaatlicher Bestimmungen sind wichtig bei der Wohnungssuche. Man kann eine große Vielfalt von Informationsquellen nutzen, zwischen verschiedenen Anbietern auswählen (privaten Eigentümern, Wohnungsbaugesellschaften oder Genossenschaften) und muss auf wohnungsrechtliche Bestimmungen achten (Mietrecht, Förderbestimmungen und Belegungsrechte).

Soziale Ressourcen: Die sozialen Netze, zu denen ein Haushalt Zugang hat, können ein entscheidender Faktor bei der Wohnungssuche sein. Verfügen Verwandte, Freunde, Kollegen und Bekannte über Informationen, die bei der Wohnungssuche helfen? Umfasst das soziale Netz vielleicht sogar Gatekeeper des Wohnungsmarktes, die Zugänge zu attraktiven Wohnungen direkt öffnen?

Politische Ressourcen: Organisationsfähigkeit, Zugang zu politischen Eliten insbesondere der Wohnungs- und Stadtpolitik, aber auch sozialstaatliche Anspruchsrechte auf Wohngeld und preisgebundene Sozialwohnungen können ebenfalls entscheidende Faktoren bei der Wohnungssuche sein.

Schließlich kann auch die gegenwärtige Position auf dem Wohnungsmarkt eine wichtige Ressource sein, sofern damit Berechtigungen für andere Wohnungsmarktsegmente verbunden sind, beispielsweise wenn Bewohner eines Stadterneuerungsgebiets bei der Vergabe sanierter Wohnungen innerhalb dieses Quartiers bevorzugt werden.

Aus dem Zusammenspiel von strukturiertem Angebot und unterschiedlicher Ausstattung der Haushalte mit ökonomischem, sozialem, kulturellem und politischem Kapital ergibt sich die Verteilung der sozialen Gruppen im Raum der Stadt. Dabei spielt auch der Umfang des Wohnungsangebotes eine Rolle. Harvey (1988, 168) hat das Spiel von Angebot und Nachfrage mit dem Bild eines leeren Theaters verglichen, dessen Sitze sich allmählich füllen: Der erste, der das Theater betritt, hat n Wahlen (n = die Anzahl der Sitze), der zweite n minus 1 und so weiter bis zum letzten, der den Sitz nehmen muss, der noch frei ist. Die Haushalte mit hoher Ausstattung an den jeweiligen Kapitalsorten betreten als erste den Wohnungsmarkt und treffen ihre Wahl, diejenigen mit niedriger Kapitalausstattung müssen dann das akzeptieren, was von den zuerst Gekommenen übrig gelassen wurde.

12.3.2 Präferenzen

Bis hierher unterscheiden sich Haushalte nur danach, welche Teile des Wohnungsangebotes sie überhaupt nutzen können. Innerhalb dieser Teile oder Segmente bieten sich aber noch weitere Wahlmöglichkeiten. Die bevorzugte Wohngegend, das, was man als ›gute‹ Wohngegend zu akzeptieren bereit ist, wird sehr stark von der eigenen Wohnerfahrung bestimmt. Untersuchungen zur Umzugsmobilität von Haushalten (vgl. Bleek 1989; Albrecht 1972; Wagner 1989) zeigen, dass in den meisten Fällen zunächst eine Wohnung in der Nähe der bisherigen gesucht wird. Nach langer Wohndauer beinhalten Wohnquartiere immer auch soziale Netze – Freunde, Verwandte, Nachbarn, die man kennt. Diese Bedeutung des Quartiers ist zwar durch Telekommunikation und verbesserte Verkehrsmittel geringer geworden, dennoch ist sie nach wie vor vorhanden. Insbesondere bei Zuwanderern spielen die lokal zentrierten sozialen Netze neben der Familie eine große Rolle.

Für das Verlassen eines Quartiers, in dem man lange gewohnt hat, müssen gravierende Gründe vorliegen. An erster Stelle der Wunschliste deutscher Familienhaushalte steht der Wunsch nach dem Eigenheim. Aus Platzgründen und der Bodenpreise wegen werden diese an den Rändern der Städte oder im Umland errichtet. Millionen von Haushalten sind seit den 1950er Jahren dorthin umgezogen (vgl. das Kapitel zum Suburbanismus). In den suburbanen Regionen bildeten sich dadurch vergleichsweise sozial homogene Quartiere, in den Kernstädten blieben insbesondere die Alleinstehenden, die Armen und die Ausländer zurück. Der Wunsch nach sozialer Homogenität ist eine treibende Kraft für Segregationsprozesse, denn es »steht einem nichts ferner und nichts [ist] weniger tolerierbar als Menschen, die sozial fern stehen, aber mit denen man in räumlichen Kontakt kommt« (Bourdieu 1991, 32). Besonders sensibel reagieren Haushalte mit Kindern auf eine Nachbarschaft, die sozial heterogen ist, weil sie einerseits unerwünschte Einflüsse durch Kinder aus anderen Schichten und Kulturen vermeiden wollen, und weil sie andererseits eine Benachteiligung ihrer Kinder durch ein zu niedriges Leistungsniveau in den Schulen befürchten. Das hat dazu beigetragen, dass der Anteil von Kindern an der Wohnbevölkerung in den innerstädtischen Gebieten immer sehr viel niedriger ist als in den Randgebieten einer Großstadt (Segregation nach den demographischen Merkmalen Haushaltstyp und Alter).

Wohnstandortwünsche variieren im Lebenszyklus (vgl. Matthes 1978; Ipsen 1990, Herlyn 1990). Die Bewohner der Innenstädte sind im Durchschnitt sehr viel jünger als die der übrigen Gebiete der Stadt, weil sich hier Studenten, Auszubildende, Zuwanderer und Berufsanfänger konzentrieren. Mit der Familiengründung verlassen viele von ihnen diese Gebiete, ähnliche Bewohner rücken nach.

Das Zusammenspiel von Ressourcen und Präferenzen generiert unterschiedliche Handlungsspielräume bei der Wohnstandortwahl. Wenn vor allem die Präferenzen für Segregation verantwortlich sind, können wir von *freiwilliger oder aktiver Segregation* sprechen; wenn die Wohnstandortwahl vor allem aufgrund von Restriktionen, also aufgrund der Unmöglichkeit, die eigenen Wünsche zu realisieren, zustande kommt, sprechen wir von *erzwungener oder passiver Segregation*. Diese ergibt sich aus einem Mangel an ökonomischen Ressourcen und aus sozialer Diskriminierung und führt dazu, dass sich Haushalte in ähnlich marginalisierter Lage in benachteiligten Quartieren konzentrieren. Die marginale soziale Lage kann sich durch das Wohnen in solchen segregierten Gebieten verfestigen und verschärfen, so dass aus benachteiligten Quartieren benachteiligende Quartiere werden.

Wie entstehen nun solche Viertel, in denen sich sozial marginalisierte Haushalte konzentrieren?

12.4 Quartiere der Ausgrenzung

Obwohl das Ausmaß der sozialen Segregation in den Großstädten gegenüber dem 19. Jahrhundert abgenommen hat, gibt es in allen Großstädten nach wie vor ausgesprochene Arbeiterviertel – segregierte Quartiere, in denen der Arbeiteranteil unter den Haushaltsvorständen 60 oder 70 % übersteigt. Solange die meisten Erwerbspersonen einer geregelten Arbeit nachgingen, herrschte dort nie übermäßiger Wohlstand – aber auch keine ausgesprochene Armut. Doch traf die vom ökonomischen Wandel der Großstädte in den letzten drei Jahrzehnten induzierte Krise des Arbeitsmarktes vor allem unqualifizierte Industriearbeiter. Die Arbeitslosenquote in den entsprechenden Quartieren stieg sprunghaft an. Aus den Arbeitervierteln wurden – ein wenig überspitzt ausgedrückt – Arbeitslosenviertel. Die betreffenden Stadtteile fielen in ihrem ökonomischen Niveau gleichsam eine Stufe nach unten, die Kaufkraft ließ nach, und gleichzeitig nahmen die Konflikte im Quartier zu. Man kann von einem *Fahrstuhleffekt nach unten* sprechen.

Der Anstieg der Arbeitslosigkeit bleibt aber auch für die Quartiere nicht ohne Wirkung, in denen bislang noch eine stärkere Mischung sozialer Lebenslagen zu verzeichnen war. Wenn in sozial und ethnisch heterogenen Wohnquartieren – das können innerstädtische Altbaugebiete ebenso sein wie Großsiedlungen des sozialen Wohnungsbaus am Rande der Städte – die sozialen Probleme so zunehmen, wie es in den vergangenen zehn Jahren der Fall war, entsteht ein Konfliktniveau, das nicht mehr durch spontane Prozesse der Verständigung bzw. der Auseinandersetzung geregelt werden kann. Wenn viele Bewohner das Gefühl bekommen, dass sie einer immer unerfreulicher werdenden Umwelt hilflos ausgeliefert sind, kann zu Recht von *überforderten Nachbarschaften* (Krings-Heckemeier/Pfeiffer 1998) gesprochen werden.

Soziale Verunsicherung, zunehmende Konflikte und Angst vor sozialem Abstieg führen zu einer selektiven Mobilität. Die Haushalte, die umziehen, sind überwiegend erwerbstätig und sozial besser integriert als die Zurückbleibenden. Unter den Zuziehenden sind viele Nichterwerbstätige und Zuwanderer, weil diese in anderen Quartieren wegen hoher Preise oder Diskriminierung keine Wohnungen finden. Die integrierten Quartiere schließen sich sozial ab und geben die sozialen Probleme in die damit schon besonders belasteten Nachbarschaften weiter.

Durch den kollektiven Abstieg und durch die selektive Mobilität (vgl. die empirischen Belege am Beispiel Berlin bei Häußermann/Kapphan 2000) entsteht ein Milieu der Armut und Ausgrenzung, das für die benachteiligten Bewohner zusätzliche Benachteiligungen zur Folge hat. Den Prozess, durch den solche Quartiere der Ausgrenzung entstehen, verdeutlicht die folgende Grafik.

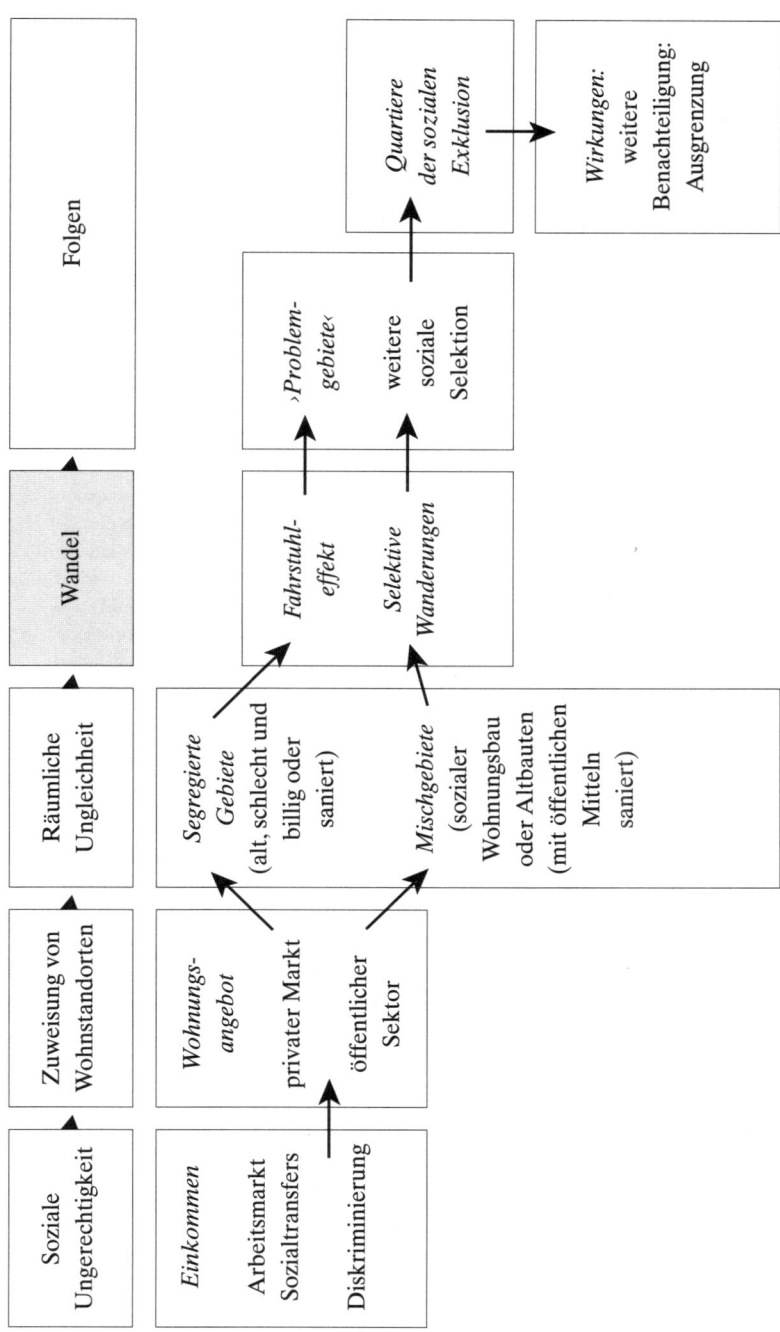

Abb. 12.2 Wirkungsketten der sozialen Segregation: Herausbildung von ›Quartieren der sozialen Ausgrenzung‹

Wirkungsketten der sozialen Segregation

In Abbildung 12.2 ist dargestellt, wie sich Quartiere der sozialen Exklusion bilden können. Ausgangspunkt ist die räumliche Ungleichheit, die sich aus dem Zusammenwirken von sozialer Ungleichheit und den Zuweisungsmechanismen der Wohnungsversorgung ergibt. Die aus den Einkommen sich ergebenden materiellen Ressourcen bestimmen die Wahlfreiheit bei der Wohnstandortwahl; daneben sind soziale und ethnische Diskriminierungen ein Merkmal sozialer Ungleichheit.

Das Wohnungsangebot ist in Segmente von privaten und öffentlichen Anbietern unterteilt. Quartiere, in denen die Häuser privaten Eigentümern gehören, sind zu großen Teilen stärker segregiert als diejenigen, in denen öffentlichen Wohnungsbaugesellschaften oder andere Träger des sozialen Wohnungsbaus vorwiegend die Eigentümer sind. Die niedrigsten Einkommensgruppen wohnen vorwiegend in Stadtteilen mit Altbauten, die eine schlechte Ausstattung haben (frühere Arbeiterviertel), oder – zu geringeren Anteilen – in Beständen des sozialen Wohnungsbaus bzw. in sanierten Altbaugebieten. Letztere sind daher als ›Mischgebiete‹ bezeichnet.

Unter dem Einfluss steigender Arbeitslosigkeit, hoher Sozialhilfedichte und wachsender Anteile ethnischer Minderheiten setzt nun ein Wandel in diesen Gebieten ein, der zwei Formen annimmt: Bereits zuvor stark segregierte Gebiete werden durch den Anstieg von Einkommensarmut (zum Beispiel als Folge von Arbeitslosigkeit) zu Armutsgebieten, steigen also gleichsam im Fahrstuhl eine Etage tiefer in der Sozial- und Prestigeskala. Zum anderen nehmen aufgrund steigender Konflikte in den ›überforderten‹ Nachbarschaften selektive Mobilitätsprozesse zu; das heißt, dass Haushalte mit höheren Einkommen, Mittelschicht-Lebensstil und insbesondere solche mit Kindern (wegen der aufgrund des sozialen Umfeldes als schlecht eingeschätzten Bildungsmöglichkeiten in den Kindergärten und Schulen) diese Gebiete verlassen und in ›bessere‹ und sozial homogenere Teile der Stadt umziehen. Dagegen ziehen vor allem solche Haushalte zu, die aufgrund ihres Einkommens oder wegen sozialer Diskriminierung keine andere Wahl haben.

Die Folge ist die Herausbildung von ›Problemgebieten‹, in der Amtssprache auch gerne als ›soziale Brennpunkte‹ bezeichnet. Sie sind durch einen hohen Anteil von Haushalten mit multiplen sozialen Problemen gekennzeichnet, die sich auch in auffälligem und als störend empfundenem Verhalten im öffentlichen Raum niederschlagen (Alkoholismus, aggressives Verhalten, Vermüllung). Solche Quartiere können sich durch die in diesem Kapitel beschriebenen Effekte zu Quartieren der sozialen Ausgrenzung entwickeln.

12.5 Effekte der Segregation

Die Behauptung, dass die räumliche Konzentration benachteiligter Haushalte einen sich selbst verstärkenden Effekt nach sich zieht, also dass benachteiligte Quartiere gleichzeitig benachteiligend wirken und der Wohnort als solcher bereits zu einem Faktor der Benachteiligung avanciert, ist nicht unumstritten (vgl. Buck 2001). Dennoch gehört sie zum selbstverständlichen Argumentationsreservoir derer, die die räumliche Konzentration von Armen oder anderweitig sozial Diskriminierten bekämpfen möchten – und damit befindet man sich oft in problematischer Gesellschaft mit sozialtechnischen oder sogar fremdenfeindlichen Ansätzen. Das darf jedoch nicht zum Verdrängen möglicher negativer Effekte für die Lebenschancen führen.

Seit der sozialökologischen Stadtforschung der 1920er Jahre existiert die These einer Verbindung räumlicher Konstellationen und sozialer Effekte. Dort wurde immer ein Zusammenhang zwischen den sozialräumlichen Strukturen der Großstadt und damals als anomisch geltenden Erscheinungen, wie der freizügige Umgang mit Sexualität, ausgeprägte Kriminalität und Armut angenommen und mittels quantitativer Analysen untersucht (vgl. Friedrichs 1998 a, 87 f.). Allerdings konnten bisher die methodischen Fragen der Analyse solcher *Kontexteffekte* nie befriedigend gelöst werden, so dass bis heute in der Stadtforschung wenig Klarheit besteht, inwieweit welche Faktoren der städtischen Umwelt abweichendes Sozialverhalten beeinflussen.

In der Diskussion um Strategien der Stadtsanierung in der BRD Ende der 1960er Jahre hat die Frage, inwieweit die sozialräumlichen Strukturen in den so genannten *Sanierungsverdachtsgebieten* Teil der problematischen sozialen Lage der Bewohner seien, eine zentrale Rolle gespielt. Die sozialwissenschaftliche Diskussion über diese Frage bezog hier drei unterschiedliche Positionen:

- Im Lichte der *Modernisierungstheorie* galten die Wohn- und Lebensverhältnisse in Sanierungsgebieten als rückständig, weil weder die Wohnungsqualität noch die Lebensweisen den Standards einer modernen, funktionalistisch ausgerichteten Gesellschaft zu entsprechen schienen; die Bewohner von Sanierungsgebieten wurden eben deshalb als benachteiligt bezeichnet, weil sie Bewohner von Sanierungsgebieten waren. Ein Leben in einem derartigen sozialen und materiellen Milieu konnte nur eine defizitäre Lebensweise nach sich ziehen. Das Sanierungsgebiet erschien als Falle, und die Sanierer als wackere Befreier (vgl. Zapf 1969).
- Gegen diese Modernisierungsperspektive wandten sich Soziologen, die die spezifischen sozialen Beziehungen nicht als minderwertig, sondern als *Gegenkultur* interpretierten; nicht die Perspektive der Anpassung an bzw. der Integration in die ›moderne‹ kapitalistische Gesellschaft sollte zum Maßstab der Beurteilung der Wohn- und Lebensbedingungen gemacht werden, sondern die Utopie einer ganz anderen Lebensweise, deren Herstellung auf revolutionärem Wege zur Maßstab bildenden Persektive erhoben wurde. Rückständigkeit wurde zur Andersartigkeit, die den Keim einer radikalen Alternative, eines gesellschaftlichen Gegenentwurfs in sich trug. Die den Bewohnern häufig aufgenötigten Verbesserungen der Wohnsituation wurden als ›Zwangskonsum‹ bezeichnet. Das Sanierungsgebiet galt als Ort des Widerstandes (vgl. Hoffmann-Axthelm 1975).
- Zwischen Anpassung und Gegenwehr lässt sich das Plädoyer für eine *behutsame Sanierung* ansiedeln. Nach dieser Position sollten zwar die ›durchschnittlichen

Wohnstandards‹ auch in den verfallenen und vernachlässigten Gebieten für eine einkommensschwache Bevölkerung durchgesetzt werden – allerdings mit sozialverträglichen Kosten. Auf die Eigenart der sozialen Beziehungen solle Rücksicht genommen werden. Die Eigenart der sozialen Beziehungen (informelle Hilfsnetze, informelle Ökonomie) wurde als zu bewahrende Kulturleistung anerkannt, deren soziale und materielle Effekte andernfalls durch staatlich-städtische Institutionen erbracht werden müssten. Die Bewahrung traditionaler Sozialformen, die an eine bestimmte physische Umgebung (in der Regel innerstädtische Altbaugebiete) gebunden sind, wurde als Alternative zur rigiden und sozial zersetzenden Wirkung der Modernisierungsstrategie mit der Umsetzung in die Großsiedlungen am Stadtrand verstanden und propagiert. Das Sanierungsgebiet galt als Nische.

Wir können also eine *Modernisierungsstrategie* von einer Strategie der politisch verstandenen *Gegenkultur* und einer *Fürsorgestrategie* unterscheiden, die traditionelles Sozialkapital gegen seine etatistische Eliminierung verteidigt. Alle drei Perspektiven gehen von impliziten Effekten der baulich-physischen Umgebung aus, die untrennbar mit den sozialen Milieus verbunden sind. Diese Milieus werden jedoch in ihren Effekten unterschiedlich bewertet: Im ersten Fall wirkt das Quartier benachteiligend, im zweiten Fall emanzipierend, im dritten bewahrend und beschützend. Ganz falsch ist keine der Bewertungen – die widersprüchliche Realität spiegelt sich auch in den häufig unterschiedlichen Sichtweisen auf ein Quartier: Von ›innen‹, von den Bewohnern, werden sie aufgrund der sozialen Beziehungen oft als lebenswert und angenehm beschrieben, während sie von ›außen‹, von Stadtplanern oder Lokalpolitikern, als Elendsgebiete oder Schandfleck bewertet werden (vgl. Boettner 2002).

Diese Ambivalenz sollte man im Gedächtnis haben, wenn die räumliche Konzentration von Bevölkerungsteilen mit bestimmten sozialen Merkmalen als stadtpolitisches Problem beschrieben und Ansätze für eine Veränderung entwickelt werden. Genauso wie die segregierten Räume ethnischer Minderheiten zugleich beschützende *und* benachteiligende Wirkungen haben können (ethnische Kolonien oder Ghettos, vgl. 13. Kapitel), sind die Effekte sozialräumlicher Ungleichheit nicht ohne weiteres gleichzusetzen mit sozialer Ausgrenzung der Armutsbevölkerung. Unter welchen Bedingungen dies der Fall ist, muss sorgfältig bestimmt und untersucht werden.

Dringender politischer Handlungsbedarf besteht, wenn sich in einer Großstadt Quartiere entwickeln, deren Bewohner von der Teilhabe an einem ›normalen‹ gesellschaftlichen Leben ausgeschlossen bleiben. Dann geht es nicht mehr um die Frage, ob die Intervention modernisierungstheoretisch geboten oder vom subkulturellen Standpunkt aus verhindert werden muss, sondern es geht schlicht um die Herstellung von Chancengleichheit. Hier stößt man allerdings sofort auf das verzwickte Problem, dass sich die Lebensweisen in einem problembehafteten Quartier zwar einerseits als Subkultur mit eigenem Recht und als funktional notwendige Anpassungsleistung an die besonderen Anforderungen eines Lebens unter Armuts- oder Einwanderungsbedingungen beschreiben lassen, während es andererseits genau diese subkulturellen Spezifika sind, die – gemessen an Mittelschichtnormen – abweichende Verhaltensweisen zur Folge haben. Dies erschwert den Aufstieg Jugendlicher aus dem Armuts- oder Einwanderungsmilieu in die dominante Kultur der Mittelschicht – dies ist das starke Argument in der Diskussion über eine *Armutskultur* (vgl. Lewis 1992).

Bourdieu (1991) hat drei Kapitalarten unterschieden, die Individuen im Wettbewerb um soziale Positionen einsetzen können. Zunächst das das *ökonomische Kapital* im Sinne von Geld oder Eigentum; das *soziale Kapital* bezeichnet die sozialen Beziehungsnetzwerke über die man verfügt, aus denen man materielle und ideelle Unterstützung beziehen kann, zum Beispiel Zugang zu wichtigen Informationen oder Personen etc.; das *kulturelle Kapital* schließlich besteht aus Ressourcen, die sich aus Qualifikationen und der Zugehörigkeit zu einer bestimmten Gesellschaftsschicht ergeben. Analog dieser drei Kapitalsorten lassen sich drei Dimensionen bestimmen, in denen benachteiligte Wohnviertel benachteiligend wirken können, eine *materielle*, eine *soziale* und eine *symbolische* Dimension:

- Die *materiellen* Lebensbedingungen sind im Vergleich zur Gesamtstadt schlechter, weil eine dünne Infrastruktur, mangelhafte private und öffentliche Dienstleistungen, belastende physische Umweltqualitäten, eine schlechte Einbindung in das Verkehrsnetz und wenig Erwerbsmöglichkeiten die Situation prägen. Das Quartier benachteiligt, indem es die Lebensführung erschwert, die Gesundheit der Bewohner beeinträchtigt und ihre Handlungsmöglichkeiten einschränkt.
- Die *sozialen* Lebensbedingungen sind beeinträchtigt, weil sich nur unzuverlässige und wenig leistungsfähige informelle soziale Netze bilden, und weil durch das dichte Nebeneinander unverträglicher Lebensweisen Konflikte entstehen. Insbesondere kann das soziale Milieu negative Lernprozesse fördern, die dessen Mitglieder immer weiter von den Normen und Verhaltensweisen der Mainstream-Gesellschaft entfernen, so dass zum Beispiel sich bietende Chancen auf dem Arbeitsmarkt nicht mehr ergriffen werden können. In der konservativen amerikanischen Forschung ist dies die zentrale Definition der *underclass*, die durch negative Verhaltensweisen und diese rechtfertigende Einstellungen charakterisiert wird (vgl. die Diskussion in Häußermann/Kronauer/Siebel 2004).
- *Symbolische* Beeinträchtigungen bestehen darin, dass erstens ein verwahrloster öffentlicher Raum den Bewohnern ihre eigene Wertlosigkeit signalisiert, dass zweitens eine schlechte Adresse die Chancen auf dem Ausbildungs- und Arbeitsmarkt verschlechtert und drittens das negative Image des Quartiers als negatives Selbstbild von den Bewohnern übernommen werden kann und dadurch Apathie und Hoffnungslosigkeit verstärkt.

Die Wirkungen dieser drei Bündel von Effekten werden wir im Folgenden noch näher erläutern. Wir geben aber wiederum zu bedenken, dass es sich um eine analytische Differenzierung handelt, die eine klare Sicht auf die Dinge ermöglichen soll. Sicherlich ist es in der empirischen Realität so, dass zwischen diesen Prozessen zahlreiche Wechselwirkungen und verstärkende Effekte bestehen. Die Dimensionen der Benachteiligung überlagern und verstärken sich in der städtischen Wirklichkeit. Dennoch kommt eine verlässliche Diagnose nicht ohne eine analytische Trennung der maßgeblichen Prozesse aus.

12.5.1 Das Quartier als Lernraum – Milieueffekte

Ein benachteiligtes Milieu wirkt sich vor allem durch *Sozialisationseffekte* und durch Beschränkungen sozialer Interaktionen aus, es limitiert die soziale Erfahrung und beschneidet Austauschprozesse. Zugrunde liegen diesen Effekten die Theorie sozialen Lernens und die Netzwerktheorie. Die Theorie des sozialen Lernens benennt die Familie, die Medien, die Schule, die Nachbarschaft und unterschiedliche Peergroups als die maßgeblichen Sozialisationsinstanzen. Die Schule, die Nachbarschaft und die Peergroups beziehen sich explizit auf das Quartier als Lernraum. Eine Nachbarschaft, in der sich Modernisierungsverlierer und sozial diskriminierte Bewohner konzentrieren und abweichende Verhaltensmuster präsenter sind als in Wohngebieten der Mittelschicht, erzeugt durch Sozialisation einen Rückkopplungseffekt, der die Normabweichung bei Jugendlichen verfestigt. Sowohl durch sozialen Druck wie durch Imitationslernen werden diese Normen immer stärker im Quartier verbreitet, eine Kultur der Abweichung wird dominant. Kindern und Jugendlichen wird die Möglichkeit genommen, andere Erfahrungen zu machen, da im alltäglichen Erfahrungsraum die Kontakte zu positiveren Rollenvorbildern fehlen. Die Erfahrung der Ablehnung gelernter Verhaltensweisen außerhalb der Nachbarschaft oder des Milieus führt häufig nicht zur Verunsicherung, sondern zu reaktiver Verstärkung und weiterer Distanzierung vom gesellschaftlichen Mainstream.

Dieser Verstärkungseffekt der subkulturellen Qualitäten eines Quartiers führt zur Abwanderung insbesondere von Familien mit Kindern, die sich nach den klassischen Mittelschichtnormen ausrichten. Je mehr solche Haushalte fortziehen, desto geringer werden die Erfahrungsmöglichkeiten positiver *Rollenvorbilder* insbesondere für Kinder und Jugendliche. Es gibt immer weniger unterschiedliche (Verhaltens- bzw. Lebens-)Modelle, an denen man das eigene Verhalten orientieren könnte (so Wilson 1996). Beispiele dafür gibt es genug: Wenn Kinder oder Jugendliche überhaupt niemanden mehr kennen, der einer regelmäßigen Erwerbsarbeit nachgeht, fällt es schwer, ein Vorstellung davon zu entwickeln, dass pünktliches Aufstehen und die Einhaltung einer gewissen Selbstdisziplin Lebensmöglichkeiten erschließen kann. Oder wenn Jugendliche in ihrem Bekanntenkreis niemanden mehr kennen, der durch Erwerbstätigkeit einen bescheidenen Lebensunterhalt verdient, hingegen einige, die sich durch kriminelle Aktivitäten ohne sonderlichen Aufwand eine spektakuläre Lebensführung ermöglichen und sich obendrein über den Schulbesuch lustig machen – welche Handlungsalternativen liegen dann nahe?

Die soziale *Umwelt der Bezugsgruppen* prägt auch das Selbstbild und die Selbstachtung der Erwachsenen. Wenn früher erworbene Aspirationen und Normen ständig als dysfunktional entwertet und lächerlich gemacht werden, ist es – wenn die Möglichkeit, das Umfeld zu verlassen, aus materiellen Gründen nicht besteht – sehr wahrscheinlich, dass eine Anpassung an diese Umwelt erfolgt. Damit schwinden die Chancen auf eine Wiederbelebung vorheriger Verhaltensmuster. Solche Reaktionen sind aus der Wohnbedürfnisforschung bekannt; auch dort erfolgt eine Anpassung der eigenen Normen nach unten, wenn keine Möglichkeiten zur aktiven Anpassung, also zur Veränderung oder zum Wechsel der Umwelt gegeben sind – eine ›Reduktion kognitiver Dissonanz‹ (vgl. Häußermann/Siebel 2000a).

Das Quartier kann natürlich nur dann eine Sozialisationswirkung entfalten, wenn sich die *Erfahrungsräume und Kontaktnetze* tatsächlich weitgehend auf das Quartier begrenzen. Wie stark ist das der Fall? Friedrichs (1998a) kommt zu dem Ergebnis, dass im Vergleich zur Wirkung der Statushomogenität die Nachbarschaft zwar keinen besonderen Einfluss auf Reichweite und Zusammensetzung der Verkehrskreise hat. Allerdings spielt die räumliche Nähe innerhalb sozial homogener Verkehrskreise eine erhebliche Rolle, das heißt, innerhalb status-homogener Netze intensivieren sich die Kontakte durch räumliche Nähe. Strohmeier (1983) konnte dies sogar anhand von Kontakten und Hilfeleistungen innerhalb von Verwandtschaftsnetzen zeigen. Viele Untersuchungen belegen, dass die Kontaktnetzwerke Unterschichtsangehöriger lokal stark eingegrenzt, also auf das Quartier konzentriert sind. Durch Arbeitslosigkeit verengen sich die meist ohnehin schon kleinen Netze noch weiter. Selbstzweifel und Resignation fördern den Rückzug ins Private. Kontakte mit Menschen, die nach wie vor diejenige Lebensweise führen, die man selbst nicht mehr führen kann, werden vermieden (Reduktion kognitiver Dissonanz) – diese Reaktionen wurden in der Arbeitslosenforschung mehrfach belegt (Morris 1987).

Wenn die sozialen Netzwerke enger und homogener werden, verändert sich gleichzeitig deren Qualität. Wie Granovetter (1973) gezeigt hat (vgl. auch Wegener 1997), sind lose geknüpfte, sozial heterogene Netzwerke weit produktiver als eng geknüpfte, homogene Netze (›*the strength of weak ties*‹). Die Netze der Mittelschicht sind größer, heterogener und räumlich diffuser als die Netze der Unterschicht. Diese bleiben lokal orientiert, kleiner und homogener, und – das ist die Folge sozialräumlicher Segregation – ihre Reichweite und Leistungsfähigkeit werden in Quartieren, in denen sich eine Problem beladene Bevölkerung konzentriert, zusätzlich eingeschränkt.

Für diejenigen, die der Armut entkommen wollen, stellen Quartiere mit einer hohen Konzentration Problem beladener Haushalte eine paradoxe Situation dar. Wie Bourdieu et al. (1997) gezeigt haben, verlangt ein Leben in Armut, das sich noch an den kulturellen Standards der Integrierten misst, eine hohe Disziplin bei der

Geldeinteilung, beim Konsumverhalten und bei der zeitlichen Planung. Es müssen *Gewohnheiten der Notwendigkeit* entwickelt werden, eine vorausschauende Planung und selbst dann noch Einhaltung der Normen, wenn die Not groß und die Gelegenheiten für eine Übertretung günstig wären. Dass sich anders auch leben lässt, demonstriert die Umwelt: »man läßt sich einfach hängen und verdrängt, man nimmt Schulden für horrende Zinsen auf, um sich auch einmal etwas zu leisten, oder man flieht in die Scheinwelt der Drogen. Daß Konflikte nicht mit einem kühlen Kopf, sondern mit körperlicher Gewalt ›gelöst‹ werden, daß kleinkriminelle Delikte begangen werden, anstatt zu sparen, sind weitere Beispiele für ein Verhalten, das aus der auferlegten Notwendigkeit ›ausbricht‹ und dabei gegen gesellschaftliche Anstandsregeln und Normen verstößt. Solche Verhaltensweisen können kurzfristig die depravierte Lebenslage der Personen subjektiv oder objektiv verbessern. Für die benachteiligten Personen sind sie deshalb auch nicht per se irrational. Langfristig führen sie in der Regel freilich nicht aus dem Mangel heraus, sondern verfestigen und vertiefen vielmehr die Deprivationen« (Keller 1999, 129).

Ein weiterer Effekt der räumlichen Konzentration von Deklassierten und Diskriminierten ist, dass damit deren *politische Repräsentanz* schwindet. Durch den Wegzug der Qualifizierteren und Integrierten geht dem Gebiet soziale Kompetenz verloren, die notwendig wäre, um Probleme zu analysieren, Forderungen zu formulieren und diese wirksam an die politischen Instanzen zu richten. In den städtischen Verteilungskämpfen verlieren solche Gebiete an Gewicht, auch weil in der Regel der Anteil von Nichtwahlberechtigten (Ausländer) und Nichtwählern besonders hoch ist.

Weiterhin gehen den marginalisierten Quartieren durch den Verlust von integrierten Gruppen (Familien, Erwerbstätige, Qualifizierte) mögliche Führungsfiguren als Träger quartiersbezogener Institutionen, Vereine oder Initiativen verloren. Familien mit Kindern, so die Annahme, kümmern sich stärker um die Qualität ihrer Wohnumwelt als mobilere und ortsunabhängigere Gruppen der Bewohner. Damit gehen *soziale Kompetenzen*, konfliktmoderierende Potentiale und Gelegenheiten der Begegnung und Interaktion – insbesondere im Bereich Sport, Freizeit und Jugendarbeit – verloren.

Diese soeben referierten sozialen Veränderungen und Wechselwirkungen haben aber auch eine handfeste materielle Komponente.

12.5.2 Die materielle Benachteiligung marginalisierter Quartiere

Aufgrund der negativen sozialen Auslese der Bewohnerschaft nehmen die Konflikte mit den und innerhalb der Institutionen zu, die von Wohlfahrtsverbänden und öffentlicher Verwaltung im Quartier betrieben werden. Die Arbeit in diesen Institutionen wird schwieriger, Erfolgserlebnisse auf beiden Seiten (Klientel und professionelle Sozialarbeiter bzw. Lehrer) werden seltener, und das Bemühen der öffentlichen

Einrichtungen um die Qualität ihrer Leistungen lässt nach (vgl. Dubet/Lapeyronie 1994). Darüber hinaus kann es auch zu quantitativen Angebotseinschränkungen kommen, beispielsweise im Hinblick auf die infrastrukturelle Versorgung. Die Kaufkraft sinkt und folglich auch die Qualität des Warenangebots – bis hin zu Geschäftsschließungen und Leerständen. Dies verstärkt den äußeren Eindruck des Niedergangs eines Quartiers, dessen innere Entsprechung die Entwertung des Selbstwertgefühls darstellt. Ladenschließungen führen zu Versorgungslücken und beschleunigen den Auszug derer, die auf ein gehobeneres Warenangebot Wert legen.

Durch die gebaute Struktur mancher Viertel werden ebenfalls die sozialen Beziehungen beeinflusst, beispielsweise wenn zum Zweck der Kostenersparnis die gemeinschaftlich genutzten Flächen klein gehalten sind, oder wenn die Anlage der Siedlung zwangsläufige Kontakte zwischen Bewohnern bedingt. Die Möglichkeiten, sich gegenüber anderen gleichgültig zu verhalten, werden eingeschränkt, Konflikte provoziert und ein aggressives Klima erzeugt. In dieser Dichte gibt es keine Ausweichmöglichkeiten, kein Entkommen vor der intensiven Begegnung mit anderen (fremden) Verhaltensweisen. Fremde werden so schnell als Aggressoren wahrgenommen – insbesondere dann, wenn die eigene Identität durch soziale Marginalisierung bereits erschüttert ist. Die als besonders problematisch bezeichneten Quartiere sind auch häufig durch städtebauliche Barrieren gegenüber der Nachbarschaft abgegrenzt, etwa durch Verkehrsanlagen oder Brachflächen. Sie werden zumeist von den übrigen Stadtbewohnern weder intentional noch zufällig aufgesucht. Diese Isolation zeitigt Folgen für die interne Kultur und das Dienstleistungsangebot: Für spezialisierte Kulturangebote findet sich kein ausreichend großes Publikum, so dass die heterogene (ethnische und kulturelle) Zusammensetzung eher eine Behinderung als einen Reichtum darstellt. Im kommerziellen Sektor ist es ähnlich: Den Geschäften fehlt die Laufkundschaft von außerhalb, die es ermöglichen würde, ein hochwertiges Sortiment zu erhalten.

12.5.3 Symbolische Benachteiligung

Ist erst eine gewisse Stufe in der Abwärtsentwicklung erreicht, setzt sowohl durch die Umwelt als auch durch die Bewohner ein Stigmatisierungsprozess ein. Das Quartier und dessen Bewohner erhalten das Etikett *Slum* – oder im Planerdeutsch: *sozialer Brennpunkt*. Die Wahrnehmungen der Bewohner sind zwar nicht einheitlich, aber je nach Orientierungen und nach noch vorhandenen Hoffnungen auf bessere Lebenschancen äußern sie drastische Urteile über das soziale Milieu, in dem sie leben (vgl. Dubet/Lapeyronnie 1994). Nicht nur das bauliche Erscheinungsbild und eine diskriminierte Bewohnerschaft können zum Stigma werden, auch eine bestimmte Lage in der Stadt ist nicht selten Anlass zur Stigmatisierung: hinter dem Bahnhof, an einer verkehrsreichen Straße oder in der Nähe von Mülldeponien.

Auch die Geschichte eines Quartiers kann zu unauslöschlichem Labeling führen, was bisweilen mythische Qualitäten annimmt. Ipsen hat auf die Persistenz von Nutzungen in Häusern hingewiesen (Ipsen et al. 1996), ebenso kann man von einer Pfadabhängigkeit der Nutzung von Plätzen oder Quartieren sprechen. Das *kollektive Gedächtnis* ist nur schwer zu täuschen oder zu überwinden, städtische Lagen haben ihr Image für lange Zeit mit entsprechend negativen Folgen:

1. Die Stigmatisierung eines Quartiers beeinflusst das Selbstwertgefühl der Bewohner, die nicht freiwillig im Gebiet wohnen. Sie fühlen sich als Gefangene.
2. Eine stigmatisierende Außenwahrnehmung kann sich nachteilig auf die sozialen Teilhabechancen insbesondere bei der Lehrstellen- und Arbeitsplatzsuche auswirken.
3. Vermüllung und Verwahrlosung der öffentlichen Räume sind äußere Anzeichen einer abnehmenden Verantwortung und Bindung an die eigene Lebensumwelt. Die Einschätzung, dass es ›abwärts‹ geht, verbreitet sich ebenso wie das Gefühl, dieser Entwicklung ohnmächtig ausgeliefert zu sein. Die Ignoranz gegenüber der Vermüllung der Wohnumwelt ist ein Anzeichen für den Verfall von gemeinschaftsorientierter Verantwortung und erzeugt deshalb auch Angst.
4. Zur symbolischen Dimension zählt auch die Zuweisung anderswo unerwünschter Funktionen (Recyclinganlage, Asylbewerberheim), die städtebauliche Anlage und die Qualität der öffentlichen Räume und Gebäude. Offensichtliche Desinvestitionen und die Vernachlässigung der Bausubstanz zählen ebenfalls zu jenen Formen symbolischer Demütigung, die das Selbstwertgefühl und die Lebensqualität beeinflussen.

12.6 Die kumulativen Effekte sozialer Segregation – Zusammenfassung

Selektive Abwanderung und Verarmung der Bewohner setzen in einem Quartier Prozesse einer sich selbst verstärkenden Spirale der Abwärtsentwicklung in Gang. Dabei entsteht ein soziales Milieu als Umwelt sozialer Lernprozesse, in der nur noch eine begrenzte Realitätswahrnehmung möglich und die Übernahme von abweichenden Normen wahrscheinlich ist. Diejenigen, die keine Möglichkeit zur Wahl eines anderen Wohnstandorts haben, passen sich diesem Milieu langsam an. Insbesondere die Kinder und Jugendlichen können in einen Sozialisationssog geraten, der ein Entkommen aus dem Milieu der Benachteiligung immer unwahrscheinlicher macht.

Diese Prozesse werden durch Veränderungen des gebauten Umfeldes bestätigt und verstärkt. Die Verwahrlosung des öffentlichen Raums und die Degradierung der Versorgungsinfrastruktur verstärken die Verluste des Selbstwertgefühls und die Tendenzen zu Rückzug und Resignation. Die Mobilen verlassen solche Quartiere und schwächen damit die sozialen Kompetenzen und die politische Repräsentation. Ist eine gewisse Stufe der Abwärtsentwicklung erreicht, setzt ein Stigmatisierungsprozess ein, der sich auch nachteilig auf die sozialen und ökonomischen Teilhabemöglichkeiten außerhalb des Quartiers auswirkt und in Form von sinkender Kaufkraft und sozialem Stress auf das Quartier zurückwirkt. Die durch Flucht ›besserer‹ Haushalte freigewordenen Wohnungen werden mit ›Problemhaushalten‹ belegt. Die ohnehin belastete Nachbarschaft gibt Anlass für weitere Fortzüge, so dass eine Spirale der sozialen Auslese in Gang gesetzt wird. Aus Orten, in denen Benachteiligte leben, können so Orte der Ausgrenzung werden (vgl. zum Begriff der Exklusion: Kronauer 2000). Solche Circulus-vitiosus-Effekte sind mittlerweile auch für deutsche Armutsquartiere nachgewiesen (Häußermann/Kapphan 2000; Friedrichs/Blasius 2000; Farwick 2001). Es entstehen ›Ghettos ohne Mauern‹, wenn nicht die solidarische Stadtgesellschaft Prozesse sozialer Stabilisierung und Reintegration einleitet und dauerhaft unterstützt.

Als ›Quartiere mit besonderem Erneuerungsbedarf‹ werden solche Stadtviertel in der nordrhein-westfälischen Stadtpolitik bezeichnet, wo es seit Mitte der 1990er Jahre ein spezielles Landesprogramm gibt, das auf Quartiere mit einer besonders hohen Konzentration von sozialen Problemen gerichtet ist. Ähnliche Programme waren zuvor in anderen europäischen Ländern (zum Beispiel in Großbritannien, den Niederlanden, Frankreich) und in den Bundesländern Berlin, Bremen und Hamburg eingerichtet worden, bevor mit dem Antritt der rot-grünen Bundesregierung im Jahre 1998 ein Bund-Länder-Programm ›Stadtteile mit besonderem Entwicklungsbedarf – die Soziale Stadt‹ aufgelegt wurde (vgl. Walther 2002). Bis 2004 waren bereits ca. 350 Stadtviertel im gesamten Bundesgebiet in dieses spezielle Förderungsprogramm aufgenommen worden. Innovativ bei diesem Programm ist, dass städtebauliche und soziale Probleme im Zusammenhang gesehen werden und dass deshalb neben der baulichen Erneuerung auch Projekte für die Verbesserung der sozialen Situation und für die Entwicklung des Gemeinwesens in einem *integrierten Handlungsprogramm* gefördert werden sollen. Anders als in der bisherigen Stadtpolitik, die reine Städte*bau*politik war, werden Quartiere nun auch als *Sozialraum* (vgl. Riege/Schubert 2002) betrachtet.

Fragen

- Welche beiden Prozesse sind für das Phänomen der sozialen Segregation verantwortlich?
- Erläutern Sie, wie der Wohnungsmarkt zur Segregation beiträgt und welche Differenzierungen dabei eine Rolle spielen.

- Welche Ressourcen ermöglichen es einem Haushalt, seine Wohnpräferenzen zu verwirklichen? Beschreiben Sie diese näher.
- Erläutern Sie die drei benachteiligenden Dimensionen sozialer Segregation.
- Weshalb kann von einem kumulativen Effekt sozialer Segregation gesprochen werden?

13. Ethnische Segregation

Neben der sozialen Segregation, der Verteilung der Wohnbevölkerung nach sozioökonomischen Besonderheiten, gibt es einen zweiten wichtigen Mechanismus der sozialräumlichen Differenzierung: nach ethnischen Merkmalen. Das Wechselspiel von Wohnungsangebot und Wohnungsnachfrage ist zunächst blind für ethnische Unterschiede (in den USA ist hierfür nach wie vor die Bezeichnung *race* gebräuchlich). Allerdings spielen Vorurteile oder Vorbehalte der Vermieter eine wichtige Rolle bei der Wohnungsvergabe. Die *Gatekeeper* des Wohnungsmarktes, also private, gemeinnützige oder öffentliche Eigentümer, werden so zu *Urban Managers* (Pahl 1975 und 1977; Kempen/Özüekren 1998, 1643), deren Zuschreibungen von Eigenschaften hinsichtlich verschiedener Bewerbergruppen bei der Vergabe von Wohnungen einfließen. Hier zählen Migranten – neben Sozialhilfeempfängern, kinderreichen Familien, Alleinerziehenden und jüngeren Personen – zu denjenigen Mietergruppen, denen von Anfang an unstete Mietzahlung, störende Verhaltensweisen und ein unsachgerechter Umgang mit den Wohnungen unterstellt werden (Farwick 2001, 62). Sobald Vermieter wegen Wohnungsknappheit zwischen vielen Bewerbern auswählen können, geben sie ihre Diskriminierungsabsicht sogar per Zeitungsanzeige öffentlich bekannt: Formulierungen wie »nur an deutsches Ehepaar«, »nur solvente Deutsche« oder »nicht an Ausländer« sind »ein eindeutiger Beleg dafür, dass Ausländer und Arbeitsmigranten diskriminiert werden« (Han 2000, 232).

Diskriminierende Praktiken verengen die Wohnungsauswahl. Erst nachdem die bevorzugten Haushalte ihre Wahl getroffen haben, kommen Migranten zum Zuge. Auf dem Arbeitsmarkt wie auf dem Wohnungsmarkt fungieren Migranten als Lückenbüßer. Mobile, meist deutsche Haushalte verlassen nichtmodernisierte Altbauten und Großsiedlungen und schaffen damit jene Räume, in denen Migranten überhaupt Platz finden können. Da deutsche Haushalte gerade deshalb fortziehen, weil im Quartier für ihren Geschmack zu viele Migranten wohnen (Friedrichs 1998b, 1757), entstehen solche Lücken gerade in Quartieren mit bereits hoher Ausländerkonzentration.

Aber auch Präferenzen ausländischer Haushalte selbst tragen direkt zur ethnischen Segregation bei. Der Wunsch, mit seinesgleichen zusammenzuwohnen, ist auch unter Migranten stark verbreitet. Soweit sie die Wahl haben, optieren viele Migranten zugunsten von Quartieren, in denen sie eine differenzierte Infrastruktur ihrer eigenen Ethnie vorfinden, die ihnen eine bedürfnis- und verhaltensadäquate Versorgung garantiert. Dies gilt allerdings nicht für alle ethnischen Minderheiten gleichermaßen, und auch innerhalb einzelner ethnischer Gruppen gibt es Unterschiede – je nach Aufenthaltsdauer, Assimilationsgrad oder Lebensphase. Beispielsweise achten Weiße und Asiaten in den USA sehr viel stärker darauf, in ethnisch homogenen Nachbarschaften zu wohnen, als Hispanics oder Schwarze (Clark 1992; Kempen/ Özüekren 1998, 1639). Die meisten *Gastarbeiter*, die seit den 1960er Jahren nach Deutschland kamen, wollten bald wieder zurück in ihre Heimatländer. Sie planten nur so lange in Deutschland zu bleiben, bis sie genügend gespart hatten, um zu Hause mit ihren Familien ein besseres Leben führen zu können. Sie hatten daher von sich aus kein großes Interesse an guten Wohnungen mit hohen Mietpreisen. Trotz abnehmender Rückkehrorientierung und Familiennachzug blieben sie dann häufig in diesen Quartieren; dort kannten sie sich aus, dort hatten sie Freunde. Einmal getroffene Entscheidungen erweisen sich hier als Filter, der später die Optionenvielfalt einengt.

Zwar unterliegen Migranten auf dem Wohnungsmarkt erheblichen Restriktionen; trotzdem müssen auch deren Wohnpräferenzen in Betracht gezogen werden, wenn über politische Reaktionen auf die Bildung von Vierteln mit hoher Ausländerkonzentration nachgedacht wird. Auch wenn die heute feststellbaren räumlichen Konzentrationen durch die diskriminierende ›Schließung‹ anderer Wohngegenden weitgehend erzwungen sind, heißt dies nicht zwangsläufig, dass eine möglichst unauffällige räumliche Verteilung (Desegregation) eine Alternative darstellt. Vorstellbar ist ebenso eine andere Art der räumlichen Konzentration – eine durch freiwillige Wahl entstandene. Was lässt sich empirisch über die Segregation der ausländischen Bevölkerung in deutschen Großstädten berichten?[7]

13.1 Wohnbedingungen von Migrantenhaushalten

Sieht man vom Sonderfall der Kriegsflüchtlinge unmittelbar nach Ende des Zweiten Weltkriegs ab, die zunächst in die weniger zerstörten ländlichen Regionen gelenkt wurden, so war und ist die Zuwanderung in modernen westlichen Gesellschaften immer primär auf die großen Städte gerichtet.

Bis 1973, dem Jahr des Anwerbestopps in der Bundesrepublik, wanderten vor allem Personen im erwerbsfähigen Alter (überwiegend jüngere, allein stehende Männer) zu. Nach 1973 konnten aus Ländern, die nicht zur EG gehörten, nur noch Familienangehörige nachziehen. Damit stieg der Anteil der Frauen an der Gesamt-

---

7 Die folgende Schilderung beschränkt sich auf Ausländer in den alten Bundesländern, da es in der DDR nur eine geringe Zahl von Gastarbeitern gab, die zudem in besonderen Wohnanlagen untergebracht wurden und keinen Einfluss auf ihren Wohnstandort hatten.

zahl der Ausländer auf 45,4 % (Beauftragte der Bundesregierung für Ausländerfragen 2000, 8). Der Anteil der sozialversicherungspflichtig Beschäftigten an der ausländischen Wohnbevölkerung sank von 66,7 % (1972) auf 32,6 % (Beauftragte der Bundesregierung für die Belange der Ausländer 1994, 92). In den 1960er Jahren beruhten lediglich 16 % der Zunahme der Ausländerzahl auf Geburtenüberschuss, in den 1970er und 1980er Jahren dagegen 40 % (Bucher et al. 1991, 501 f.). Damit wurden die ›Gastarbeiter‹ auch allmählich sesshafter. Die Aufenthaltsdauer ist seit dem Anwerbestopp 1973 kontinuierlich gestiegen. 1988 lebten 43,6 % der Ausländer seit 10 bis 20 Jahren in Deutschland. Im Jahr 1992 hielten sich 25,3 % der Ausländer mehr als 20 Jahre in der Bundesrepublik auf (Bade 1994, 17). Jeder fünfte 1997 in Deutschland lebende Ausländer war hier auch geboren (Statistisches Bundesamt 2000, 569, e. B.). Aus einer reinen Arbeitsbevölkerung, die überwiegend sogar in Behelfsunterkünften untergebracht war, entwickelte sich eine dauerhaft ansässige Wohnbevölkerung.

Im Jahre 1998 hatte die Bundesrepublik Deutschland 82,037 Mio. Einwohner, darunter 7,308 Mio. Ausländer (8,9 %). In den Großstädten (mit mehr als 100 000 Einwohnern) lebten 25,179 Mio. Einwohner, davon waren 13,7 % Ausländer. Von der Bevölkerung mit deutscher Staatsbürgerschaft wohnten 29 %, jedoch 47 % der Bevölkerung mit ausländischer Staatsangehörigkeit in den Großstädten. 26,7 % der ausländischen und 13,2 % der deutschen Bevölkerung lebten in Großstädten mit mehr als 500 000 Einwohnern (vgl. Deutscher Städtetag 1999).

Ausländer haben im Durchschnitt schlechter ausgestattete Wohnungen, die in den am wenigsten begehrten Gegenden liegen (Bremer 2000), und wohnen häufig sehr beengt, das heißt, die Wohnungen sind häufig überbelegt. Bei den Mieten gibt es auf knappen Wohnungsmärkten *Ausländeraufschläge* (Geißler 1992, 158), das heißt, Ausländer müssen für die gleiche Wohnung einen höheren Preis bezahlen als deutsche Mieter (Beauftragte der Bundesregierung für die Belange der Ausländer 1994, 41) – wozu sie bereit sind, wenn sie keine andere Wahl haben. Dies gilt allerdings nur für den ›freien‹ Wohnungsmarkt; die Mietpreise im Sozialen Wohnungsbau sind festgeschrieben. Migrantenhaushalte wohnen zu über 90 % zur Miete, dagegen lediglich 60 % der deutschen Haushalte (eine ausführliche Darstellung findet sich bei Häußermann/Siebel 2000a, 199–213).

Ein weiteres Indiz für die weniger gesicherte Wohnsituation von Migrantenhaushalten ist ihre Konzentration auf Gebiete, die für eine Sanierung vorgesehen sind, wo Ausländer als Rest- oder Zwischennutzer eingesetzt werden. Man kann auch ohne Instandhaltung der Häuser eine relativ hohe Miete verlangen. Über eine derartige Vermietungsstrategie kann sich eine dauerhafte ethnische Konzentration in einem Gebiet ergeben, wenn sich die Sanierungsplanungen ändern und die Häuser doch nicht abgerissen werden – wie dies in Berlin Kreuzberg und der dortigen türkischen Bevölkerung der Fall war (vgl. Kapphan 1995). Daraus entstand die größte türkische Kolonie in einer deutschen Stadt.

13.2 Ethnische Segregationsmuster

Segregationsmuster verändern sich auch. Friedrichs (1998 b, 1754) stellte für Köln, Düsseldorf und Duisburg fest, dass die Segregation von Ausländern (mit Ausnahme der Jugoslawen) zwischen 1984 und 1994 abgenommen hat; andere Studien bestätigen dies für Berlin (Kapphan 2000) und Frankfurt am Main (Bartelheimer 2000, 223). Allgemein lässt sich sagen, dass sich im Zuge der ökonomischen, sozialen, kulturellen sowie politischen Integration von Zuwanderern in die dominante Gesellschaft auch deren Wohnstandorte stärker über das ganze Stadtgebiet verteilen (Friedrichs 1998b, 1747). Dennoch wäre es voreilig, aus den vorliegenden Informationen auf eine generell gelingende Integration der Ausländer zu schließen.

Die Segregationsindizes sanken zunächst aus statistischen Gründen, da der zahlenmäßige Anteil der Minorität, deren Segregation untersucht wurde, anwuchs; weiterhin und hauptsächlich, weil die Indizes nur Durchschnittswerte anzeigen. Die Polarisierungen innerhalb der Gruppe der Ausländer zwischen jenen, deren Integration gelungen ist, und denen, die an den Rand der Gesellschaft geraten, werden damit zugedeckt. Wenn sich zum Beispiel die ökonomisch erfolgreich integrierten Zuwanderer aus den Einwandererkolonien entfernen, nimmt die Streuung der Wohnstandorte in der Stadt zu, die soziale Segregation der Zurückbleibenden kann sich aber dennoch verschärft haben. Zudem kann sich der Segregationsindex verringern, ohne dass die ethnische Segregation abgenommen hat, wenn für die statistische Berechnung nur Angaben zur Staatsbürgerschaft verwendet werden – denn auch Eingebürgerte bleiben meist Angehörige einer ethnischen Minderheit.

Zur Segregation von Ausländern liegen nur Fallstudien aus einzelnen Städten vor. Flächendeckende und systematische Darstellungen wurden bisher nicht erarbeitet. Aber die Ergebnisse der Fallstudien sind mit hoher Plausibilität verallgemeinerbar, da sie insgesamt ähnliche Strukturen aufzeigen: Großstädte sind das bevorzugte Ziel der Zuwanderung. Innerhalb der Großstädte konzentrieren sich die Ausländer auf wenige Stadtteile. In Köln wohnen drei Viertel aller Ausländer in einem Drittel der Stadtteile, in Frankfurt ein knappes Drittel der Ausländer in einem Siebtel der Stadtteile (vgl. Keßler/Ross 1991, 37; Stadt Frankfurt 1995, 7, e. B.).

Eine hohe Konzentration von Migrantenhaushalten ist in vier unterschiedlichen Quartierstypen zu finden:

1. in innerstädtischen, nicht modernisierten Altbaugebieten mit Substandardwohnungen (ohne Bad oder Zentralheizung) und schlechter Wohnumfeldqualität. Sie bilden den quantitativ größten Typus des Ausländerwohnens. In großen Städten sind dies häufig die Sanierungs-(Erwartungs-)Gebiete, zum Beispiel alte Vorortkerne am Rande der Innenstadt, in kleineren Städten die alten Stadtkerne;
2. in alten Arbeiterquartieren, die häufig wegen der Nähe zu Industriestandorten besonders von Emissionen belastet sind;

3. in Wohnungsbeständen an besonders umweltbelasteten Standorten (Mülldeponie, Verkehrslärm);
4. schließlich in Sozialwohnungen der jüngeren, daher teureren Förderungsjahrgänge in unattraktiven Bauformen und an ungünstigen Standorten (stark verdichtete Großsiedlungen der späten 1960er und frühen 1970er Jahre). Der enorme Leerstand in diesen Siedlungen Anfang der 1980er Jahre wurde von den Wohnungsbaugesellschaften durch Einweisung von Ausländern behoben. Zwischen 1985 und 1992 stiegen die Anteile der Ausländer in den innerstädtischen Gebieten und in den verdichteten Sozialwohnungsgebieten überproportional (vgl. Göddecke-Stellmann 1994, 383).

Zusammenfassend kann man bezogen auf die Wohnungsversorgung von einer *Unterschichtung* sprechen: Die Ausländer bewohnen die Wohnungsbestände noch unterhalb der Qualitätsstufe, die die deutsche Unterschicht hinzunehmen gezwungen wird. Wie ist das zu erklären?

13.3 Erklärungsvorschläge

Auch die Wohnstandorte und die Wohnungsversorgung der Migranten lassen sich mit den im 12. Kapitel erläuterten Mechanismen zu großen Teilen erklären. Dennoch treffen für die ethnische Segregation zusätzlich einige spezifische Faktoren zu.

13.3.1 Ethnisch spezifische Merkmale der Nachfrage

Soweit Ausländer qualitativ andere und quantitativ bescheidenere *Wohnansprüche* zeigen als der Durchschnitt der deutschen Staatsangehörigen, sind diese Unterschiede weniger auf eine andere Kultur des Wohnens zurückzuführen als auf besondere demographische (mobile Stadtwanderer, größere Haushalte) und soziale (Arbeiter ohne berufliche Ausbildung) Merkmale. Ein anderer Teil beruht auf der geringeren Urbanisierungserfahrung (vgl. Eichener 1988); teilweise handelt es sich um kulturell resp. religiös bedingte Besonderheiten (vgl. Waltz 1997). Sie bestehen in spezifischen Anforderungen an den Wohnungsgrundriss (Trennung von Frauen- und Männerräumen) und in gewissen Abweichungen von den Merkmalen des idealtypischen kleinfamiliären Wohnens. Allerdings weisen aktuelle empirische Informationen in Richtung einer mit der Aufenthaltsdauer zunehmenden Anpassung an die in der Bundesrepublik dominanten Wohnformen.

Die *Mietzahlungsfähigkeit* ausländischer Haushalte ist im Durchschnitt geringer als die der deutschen. Ein niedrigeres Haushaltseinkommen muss in der Regel für mehr Personen ausreichen. Gespart wird unter anderem an der Miete.

Insbesondere bei Migranten haben die *informellen Formen der Wohnungssuche* eine besondere Bedeutung. Wohnungen werden unter der Hand vermittelt, man hört von einer Gelegenheit in der Nähe und greift zu. Die üblichen Informationskanäle wie Annoncen, Makler oder Internet werden kaum in Anspruch genommen – auch weil sie mit höheren Kosten verbunden sind und wenig Erfolg versprechen. Häufig kennen Ausländer auch nicht ihre Bezugsberechtigung für den sozialen Wohnungsbau (Blanc 1991, 447). Damit bleiben Ausländer aufgrund ihres Suchverhaltens in der Regel beschränkt auf das enge Segment des ihnen aus persönlicher Erfahrung bekannten Wohnungsmarkts. Sie finden also vor allem dort ihre Wohnungen, wo schon viele Ausländer untergekommen sind.

13.3.2 Strukturelle Ursachen

Die mangelhafte Wohnungsversorgung der Ausländer ist aber nicht nur durch ihre andere Lebenssituation bestimmt. Daneben bewirken strukturelle Mechanismen des Wohnungsmarkts, dass ausländische Haushalte auf die schlechtesten Wohnungsbestände verteilt werden.

Größe der Agglomeration: Vor allem weil sie dort Arbeitsplätze, Bekannte und Verwandte und die Unterstützungsleistungen einer ethnischen *community* finden, ziehen Ausländer zumindest in der ersten Phase ihres Aufenthalts in die hoch verdichteten Agglomerationen, und dort vor allem in die Kernstädte, wo die Ausländerkonzentration schon groß ist. Dort treffen sie auf die angespanntesten Wohnungsmärkte, in denen die Wohnungen generell kleiner und teurer sind als außerhalb der Kernstädte und erst recht außerhalb der Agglomerationen.
Schichtzugehörigkeit: Gemessen an Einkommen und Beruf gehören Ausländer überwiegend zur Unterschicht. Zwar sind bei gleicher Einkommens- und Arbeitssituation deutsche Arbeiterhaushalte immer noch besser versorgt als die ihrer ausländischen Kollegen, aber die Diskrepanz zwischen deutschen Staatsangehörigen und Ausländern fällt doch geringer aus, wenn der Faktor Schichtzugehörigkeit kontrolliert wird.
Diskriminierung: 36 % aller befragten Ausländer gaben 1995 an, Schwierigkeiten bei der Wohnungssuche zu haben, davon gaben 62 % an, die Wohnungen seien zu teuer, und 34 %, dass Vermieter Ausländer ablehnen (Mehrländer et al. 1996, 262 ff.). Vor allem in Wohngegenden mit hohem Sozialprestige können ökonomische Interessen die Vermieter zum Ausschluss ausländischer Bewerber veranlassen: Vermietung oder Verkauf an Nachfrager mit niedrigerem Sozialstatus, zum Beispiel an türkische Familien, könnten – so die gnadenlose ökonomische Kalkulation – die Attraktivität einer Nachbarschaft für besser verdienende deutsche Staatsangehörige mindern, die ›gute Adresse‹ ginge allmählich verloren, was langfristig einen Preisverfall zur Folge hätte. Die soziale (exklusive) Struktur eines Wohngebiets ist also ein ökonomisches Gut, weil Distinktionsbedürfnisse sich in zahlungskräftiger Nachfrage niederschlagen. Solche Nachbarschaftseffekte sind besonders aus den USA bekannt und dort auch ausgiebig

(zum Beispiel als Startpunkt von Verslumungsprozessen) untersucht worden (vgl. Häußermann 1983; Kecskes/Knäble 1988). Am sichtbarsten entfalten direkt diskriminierende Praktiken ihre Wirkung bei den Versuchen, über Quotierungen und Zuzugssperren den Anteil der Ausländer in einem Haus, in einem Block oder einem Quartier nicht über ein bestimmtes Maß steigen zu lassen.

Diese Praktiken führen insgesamt dazu, dass sich der für Ausländer zugängliche Wohnungsmarkt verengt, wodurch höhere Preise an den wenigen Standorten, die dann noch zur Wahl stehen, gezahlt werden müssen.

13.4 Pro und contra Segregation

Verglichen mit den Vereinigten Staaten oder früheren Kolonialstaaten wie England oder Frankreich ist die ethnische Segregation in Deutschland noch gering. Dies ist auch auf eine Stadt- und Wohnungspolitik in der Bundesrepublik zurückzuführen, die soziale Segregation gezielt vermindern wollte. Die dafür angeführten sozialpolitischen Argumente wurden im Hinblick auf ethnische Segregation durch den Hinweis auf die Notwendigkeit kultureller Integration ergänzt. Die Vorstellung von der sozial gerechten und kulturell integrierten städtischen Gesellschaft beinhaltete eine gleichmäßige Verteilung von Jung und Alt, Arm und Reich, Deutsch und Nichtdeutsch über den städtischen Raum.

Allerdings gibt es hinsichtlich der Bedeutung und Wirkung sozialräumlicher Muster für die soziale Integration weder in der Politik noch in der Wissenschaft einen Konsens. Hier lassen sich folgende Positionen unterscheiden:

13.4.1 Contra

Gegen Segregation und für eine *soziale Mischung* aller sozialen Gruppen im gesamten Stadtgebiet werden eine Fülle von Argumenten vorgetragen. Diese überschneiden sich zum Großteil mit jenen, die wir bereits im vorherigen Kapitel dargestellt haben. Sie werden hier nur noch kurz angerissen, da sie ausländische wie deutsche Haushalte gleichermaßen betreffen. Auf die Argumente pro Segregation gehen wir dann ein wenig ausführlicher ein, da sie für das spezielle Thema der ethnischen Segregation eine besondere Bedeutung besitzen:

Ökonomische Nachteile zeigt Segregation von einkommensschwachen Haushalten durch den Niedergang des privatwirtschaftlichen Angebots an Gütern und Dienstleistungen aufgrund niedriger Kaufkraft. Solche Quartiere weisen außerdem weniger Regenerationskraft auf, weil ihre Bewohner bei beruflichem Aufstieg das Viertel in der Regel verlassen. Hauseigentümer sehen sich nicht zu einer regelmäßigen Instandhaltung veranlasst. Dadurch verfällt die Attraktivität eines Wohngebiets. Dieser marktgesteuerte Prozess ist irreversibel, wenn der Staat nicht interveniert (etwa durch Ausweisung als Sanierungsgebiet). Schließlich verschwinden Einkommensmöglichkeiten durch informelle Beschäftigung in haushaltsbezogene Dienstleistungen, wenn die einkommensstarken Haushalte das Quartier verlassen.

Segregation zieht *politische Nachteile* in der Form nach sich, dass politisch kompetente Personen den Stadtteil verlassen, die möglicherweise eine negative Etikettierung verhindern und den Stadtteil in der kommunalen Politik sichtbar machen könnten.

Soziale Nachteile einer räumlichen Konzentration Benachteiligter entstehen durch beschränkte Kontaktmöglichkeiten zu anderen Gruppen, weil die Leistungsfähigkeit und Reichweite der lokalen sozialen Netze sinkt (Morris 1987; Wegener 1997). Für ethnische Minderheiten wird damit der Rückzug in die eigene ethnische Kolonie erleichtert (vgl. Breton 1964) und es können sich *Parallelgesellschaften* mit einer eigenen Infrastruktur herausbilden (Esser 1986, 106 ff.). Außerdem erhöht die räumliche Konzentration Angehöriger fremder Ethnien deren Sichtbarkeit für ihre unmittelbaren Nachbarn, was Bedrohungsgefühle auslösen und soziale Distanzen verstärken kann (Anhut/Heitmeyer 2000 a, 40).

Die Kontakthypothese

Die Position gegen Segregation lässt sich griffig in Form der Kontakthypothese zusammenfassen. Die Konzentration in bestimmten Quartieren und die Ausbildung einer ethnischen Kolonie behindern demnach Kontakte zu Institutionen und Individuen der Aufnahmegesellschaft. Die Übernahme von Verhaltensweisen, normativen Orientierungen und Kulturtechniken wird behindert und Integration erschwert. Vor allem für Kinder verschlechtern sich dadurch die Bildungschancen. Ihre Sprachbeherrschung ist dort schlechter ausgebildet, wo die meisten Spielkameraden nicht Deutsch als Muttersprache haben. Hanhörster und Mölder (2000, 392 f.) betonen die Bedeutung des unmittelbaren Wohnumfelds, der Treppen und Hausflure, des halböffentlichen Raums, der Grünflächen und zentralen öffentlichen Orte für Kontakte zwischen Deutschen und Ausländern. Stark segregierte Quartiere bieten weniger Kontaktchancen, was positives Lernen zwischen den Gruppen verhindere. Nach der Kontakthypothese erlaubt es die räumliche Nähe, ständig die wechselseitigen Stereotypen zu überprüfen und mit der eigenen Erfahrung abzustimmen. Die These ist durch folgende implizite Annahmen gekennzeichnet:
- Je näher beieinander Menschen wohnen, desto häufiger haben sie Kontakte;
- je mehr Kontakte unter den Bewohnern stattfinden, desto mehr wissen sie über einander;
- je mehr Wissen über einander , desto größer die Toleranz zwischen ihnen;

- je größer Wissen und Toleranz, desto eher findet Integration, das heißt Anpassung an die Verhaltensweisen der Einheimischen statt (vgl. Friedrichs 1983, 263).

Demnach müsste gemischtes Wohnen, das heißt, eine möglichst gleichmäßige Verteilung der Ausländer in der Stadt, zum Abbau wechselseitiger Vorurteile und zur schnellen Integration führen. Segregierte Gebiete verhindern Kontakte zwischen Fremden und Einheimischen und behindern daher die Integration.

13.4.2 Pro

Für die sozialökologische Theorie ergibt sich das sozialräumliche Muster bei ungesteuerter Wohnungsverteilung ›natürlich‹. In der Fremde fühlt man sich unter seinen Landsleuten am wenigsten fremd. Einwanderung vollzieht sich üblicherweise als Kettenwanderung: Die ersten Migranten aus einer fernen Kultur bilden eine Art Brückenkopf, der dann von den Nachkommenden aufgrund ökonomischer, politischer und sozialpsychologischer Vorteile solcher *Einwandererkolonien* (Heckmann 1992, 96 ff.) zuerst aufgesucht wird. So ergibt sich eine ethnische Segregation.

Die Argumente, die die positiven Seiten einer räumlichen Konzentration hervorheben, verhalten sich fast spiegelbildlich zu den Argumenten, die gegen Segregation sprechen:

Ökonomische Vorzüge liegen zunächst bei materiellen Hilfsfunktionen, die die ethnische Kolonie für ihre Angehörigen in Form von Unterstützungsangeboten, Wohngelegenheiten oder auch Verdienstmöglichkeiten bereithält. Informelle soziale Netze von Verwandten und Landsleuten sind gerade für neu Zugewanderte, die noch keinen Zugang zu den Arbeits- und Wohnungsmärkten und geringe oder gar keine Anspruchsrechte gegenüber dem Sozialsystem der Aufnahmegesellschaft haben, überlebenswichtig. Die neu Zugewanderten über das Stadtgebiet zu verstreuen, trennt sie von diesen sozialen Netzen und kann indirekt zu höheren Belastungen für die kommunalen Sozialetats führen (vgl. Rex 1999, 135). Weiterhin kann es eine ethnische Ökonomie nur dann geben, wenn es einen Einzugsbereich mit ausreichender Klientel gibt, in der Regel auf der Basis einer räumlich konzentrierten Migrantenkolonie (vgl. Goldberg/Şen 1997). Die Ressourcen, die ethnische Unternehmer aus ihren sozialen Netzwerken der Nachbarschaft und der Verwandtschaft mobilisieren können, in Gestalt von Krediten, Kunden und billigen, loyalen und flexiblen Arbeitskräften, sind dringend benötigte Starthilfen und Basis des ökonomischen Überlebens (vgl. Portes/Sensenbrenner 1993).

Die räumliche Nähe der eigenen Landsleute birgt auch *politische Vorzüge*. Die Verständigung über gemeinsame Interessen, deren Artikulation und Vertretung wird erleichtert. Ethnische Kolonien dienen als Basis für die politische Organisation von Migranteninteressen (vgl. Blaschke et al. 1987; Rex 1999; Heckmann 1992). So finden die Vertreter des politischen Systems des Aufnahmelandes Gesprächs- und Verhandlungspartner für die Regulierung von Konflikten und für den Aufbau einer gemeinwesenorientierten Infrastruktur.

Soziale Vorteile ergeben sich für die neu Zugewanderten dadurch, dass sie in der ethnischen Kolonie Informationen sowie soziale und psychologische Unterstützung erhalten. Die ethnische Kolonie schützt gegen soziale Isolation. Dies mildert die Gefahr der ›Demoralisierung‹ unter den Einwanderern (vgl. Rex 1999, 125 f.) und ersetzt kommunale Sozialstationen. Nach einer Studie in Köln waren die Befragten sogar bereit, höhere Mieten zu bezahlen, um in der Südstadt bleiben zu können »wegen der Aneignung des Raums durch die Kolonie« (Eckert/Kißler 1997, 214). Betriebe und Geschäfte der ethnischen Kolonien sind multifunktional, das heißt, sie fungieren auch als Knotenpunkte von Verflechtungen und dienen so der Kommunikation und Hilfe, ähnlich der Infrastruktur in traditionellen Arbeiterquartieren oder der ethnischen Infrastruktur jüdischer und deutscher Geschäfte an der Lower Eastside um 1900 in New York. Nicht zuletzt bildet eine ethnische Infrastruktur auch ein attraktives Angebot für die übrige Bevölkerung einer Stadt, die die Läden, Restaurants oder Kultureinrichtungen aufsucht und so mit der Migrantenkultur in Kontakt kommt. Eine ethnische Kolonie kann also auch ein Ort der Kommunikation zwischen den Kulturen sein.

Die Konflikthypothese

Die Konflikthypothese vereinigt die inhaltlichen Argumente für ethnische Segregation. Bereits Simmel (1995, 123) kannte die Problematik, dass dort, wo das Ferne nah sei, eine leise Aversion herrsche, die sich bis zu Hass und Kampf steigern könne. Die enge räumliche Nachbarschaft unterschiedlicher Lebensweisen bietet eine Vielzahl von Reibungsflächen und Konfliktmöglichkeiten (vgl. Beispiele in Bundesverband deutscher Wohnungsunternehmen 1998). Das Ziel, ungestört und mit seinen Nachbarn in Frieden leben zu können, gebiert den Wunsch, mit Menschen benachbart zu leben, die einen ähnlichen Lebensstil haben. Der sozialen Distanz zwischen Gruppen sollte demnach auch eine räumliche Distanz entsprechen. Dies setzt eine freie Wahl der Wohnstandorte voraus. Aber das ist angesichts der Realität der Wohnungsmärkte in den meisten Städten im 20. Jahrhundert eine unrealistische Annahme gewesen. Die scharfen Konflikte in den ›überforderten Nachbarschaften‹ sind gerade darauf zurückzuführen, dass den Haushalten, die mit multiplen Problemen belastet sind, eben die Möglichkeit fehlt, soziale und kulturelle Distanzen zu anderen Bewohnergruppen in räumliche Distanz zu übersetzen. Sie werden durch die Mechanismen des Wohnungsmarkts oder durch die Zuweisung einer Wohnung in die Nähe zu Nachbarn gezwungen, mit denen sie gerade nicht benachbart sein wollen. Nicht nur zwischen Einheimischen und Zuwanderern, auch zwischen verschiedenen Gruppen von Zuwanderern und auch zwischen Angehörigen der einheimischen Mittelschicht gibt es eine Fülle von kulturellen und sozialen Distanzen – aber nicht alle haben die Möglichkeit, ihre sozialen Distanzen in räumliche zu übersetzen.

> Die räumliche Trennung, also Segregation, ist ein Mittel der Konfliktvermeidung. Wo räumliche Nähe zwischen einander fremden oder gar feindlich gesinnten Bewohnergruppen erzwungen wird, werden Konflikte sogar intensiviert. Nicht ein Zuviel sondern ein Zuwenig an Segregation ist dann das Problem.

Nach der Darstellung zweier konträrer Hypothesen auf gleicher Ebene erwartet der Leser zu Recht eine abschließende Stellungnahme. Denn wären beide Positionen mit gleicher Berechtigung vertretbar, dann handelte es sich letztlich nur um eine theoretische Geschmacksfrage. Tatsächlich liegen die Dinge jedoch komplizierter und die empirischen Zustände vor Ort erfordern eine differenzierte Sichtweise.

13.5 Die Unschärfen der Segregationsdiskussion

Die Meinungsbildung über Segregation und die oft erbitterten politischen Kontroversen über dieses Phänomen kranken an dreierlei Missverständnissen:

1. Segregation ist nicht gleich Segregation; je nach Art und Weise des Zustandekommens lassen sich unterschiedliche Segregationsphänomene beschreiben.
2. Allein die räumliche Nähe ist nie die Ursache für gute oder schlechte Nachbarschaftsbeziehungen, und schon gar nicht für das Gelingen von Integration.
3. Segregation hat ambivalente Wirkungen; ob sie integrativ oder ausgrenzend wirkt, lässt sich nicht ad hoc entscheiden.

Diese drei Punkte bedürfen der näheren Beschreibung.

13.5.1 Segregation ist nicht gleich Segregation

Segregation gilt nicht per se als Problem. Die Absonderung der Oberschicht in besondere Wohngebiete wird nicht mit der gleichen Besorgnis gesehen wie die Konzentration von einkommensschwachen Haushalten oder ethnischen Minderheiten. Dies liegt aus zwei Gründen nahe:

Erstens handelt es sich bei der Segregation der Oberschicht um *freiwillige*, bei der der Unterschicht um *erzwungene Segregation*. Die sozialräumliche Segregation der Oberschicht ist in der Regel sehr viel schärfer, aber je höher Einkommen, Bildung und sozialer Status, desto eher beruht Segregation auf Freiwilligkeit. Nicht also das sozialräumliche Phänomen der Segregation ist das Problem, sondern die Art und Weise seines Zustandekommens.

Zweitens sind mit Segregation für die Angehörigen der Oberschicht kaum negative Folgen verbunden. Räumliche Konzentration wird nur dann als Problem betrachtet, wenn es sich um die Absonderung von Gruppen handelt, deren Andersartigkeit von der Mehrheit als fremd und bedrohlich definiert wird. Nicht der Grad der Abgrenzung, sondern die Akzeptanz der durch Abgrenzung sichtbar werdenden Kultur ist das Problem. Das zeigt sich am Beispiel der Alternativszene in der Kölner Südstadt: »Man kann [...] davon ausgehen, daß eine ähnlich ausschließliche Raumbesetzung einschließlich der Etablierung einer weitgefächerten Infrastruktur bis hin zu eigenen Einrichtungen zur Kinderversorgung, wie sie in Teilen der Südstadt durch die alternative Szene geschieht, zweifellos als Ghettobildung in der öffentlichen Meinung kritisiert würde, wenn eine ethnisch definierte Gruppierung so vorginge« (Kißler/Eckert 1990, 72 f.).

Damit wird auch deutlich, dass es einen großen Unterschied macht, aus welcher Perspektive Fragen der Segregation diskutiert werden: aus der Perspektive der Verträglichkeit für eine einheimische Mehrheit oder aus der Perspektive einer zugewanderten Minderheit. Polemisch formuliert: Häufig geht es darum, wie viel Fremde eine Nachbarschaft verträgt, bis sie ihre Dominanzansprüche anmeldet und sich die deutschen Bewohner bedroht fühlen und wegziehen, sofern sie können. Auf dieser Basis wurden auch Zuzugsquoten und Schwellenwerte für den Zuzug von Migranten in bestimmte Stadtteile gerechtfertigt.

Aber ist eine Politik forcierter Mischung überhaupt im Interesse der Minderheiten, und fördert sie langfristig die Integration? Es gibt gute Gründe, diese Frage mit Nein zu beantworten. Die Dekonzentration zerstört informelle Netze oder verhindert bereits deren Aufbau. Damit werden die ökonomischen und sozialen Ressourcen der Migrantenhaushalte geschwächt und damit letztlich auch die psychische Stabilität ihrer Mitglieder. Eine ökonomisch, sozial und psychisch halbwegs gesicherte Existenz aber ist die Voraussetzung für gelingende Integration. Die Tatsache, dass man ausgeprägte Segregation gerade bei den Gruppen findet, die über besonders große Wahlfreiheit auf dem Wohnungsmarkt verfügen, weist darauf hin, dass es ein Bedürfnis nach Wahl der Nachbarschaft gibt. Weshalb wird dieses Interesse gerade bei den Angehörigen der Unterschicht oder den Zuwanderern für illegitim und störend befunden, obwohl diese doch besonders auf informelle soziale Netze angewiesen sind?

13.5.2 Falsche Annahmen zu den Effekten physischer Nähe

Sowohl die Argumente für räumliche Nähe (*Kontakthypothese*) als auch diejenigen für eine räumliche Trennung (*Konflikthypothese*) unterstellen eine direkte Wirkung physischer Nähe – allerdings mit gegenteiligen Effekten. Nicht abzustreiten ist, dass physische Nähe die elementare Voraussetzung für eine bestimmte Art von Kontakten ist: für eine liebevolle Umarmung gleichermaßen wie für eine Ohrfeige. Aber die physische Nähe erklärt nicht den einen oder anderen Ausgang des Kontakts, hierfür ist der soziale Kontext entscheidend, also wer mit wem unter welchen Bedingungen zusammentrifft. Das wird offensichtlich, wenn man die Bedingungen betrachtet, unter denen die Hypothese, dass Kontakte die soziale Integration fördern, Gültigkeit beanspruchen kann. Demnach fördert physische Nähe die Beziehungen zwischen verschiedenen Ethnien, wenn:

- »die Gruppen einen gleichwertigen sozialen Status besitzen,
- [die Interaktion] in einem Sozialklima stattfindet, das den Kontakt wünscht und forciert,
- wenn [der Kontakt] nicht nur gelegentlich stattfindet,
- wenn er beiden Seiten Vorteile verschafft sowie
- bei gemeinsamen funktionellen Arbeiten für ein übergeordnetes Ziel«.

Hingegen beeinträchtigt physische Nähe die Beziehungen

- »bei Wettbewerb statt Kooperation,
- bei angespanntem sozialem Klima,
- bei inkompatiblen moralischen Normen sowie
- bei schlechter Stellung einer Gruppe in mehrfacher Hinsicht«

(Anhut/Heitmeyer 2000a, 43).

Stellt man diese Bedingungen in Rechnung, so erscheint der kausale Zusammenhang zwischen Kontakt und Einstellung als reine Tautologie: Wenn Integration längst gelungen ist, fördert der Kontakt dieselbe; wenn nicht, erschwert er sie. Die bereits existierende (positive oder negative) soziale Beziehung wird durch direkte Kontakte offenbar intensiviert, aber selten konvertiert. Von jenen Ausländern, die – nach eigenen Angaben – Kontakte zu Deutschen unterhalten, geben 30 % an, sehr gut mit Deutschen auszukommen, von denen, die über keine Kontakte berichten, nur 10 %. »Auch in der BfLR-Studie von 1994 (Böltken 1994) zeichneten sich eminente Unterschiede zwischen jenen ab, die Beziehungen zur Nachbarschaft [...] pflegten, und jenen, die dies nicht taten: Die letztere Gruppe ist deutlich weniger integrationsbereit« (Friedrichs 1999, 256). Solche empirischen Ergebnisse sagen nicht mehr aus, als dass die Nähe von der Nähe kommt.

Dass der schlichte Kausalzusammenhang, wonach räumliche Nähe per se Toleranz fördere, nicht zutreffen kann, zeigt sich daran, dass in Quartieren mit hohen Ausländeranteilen der Anteil der Deutschen, die ausländerfeindliche Parteien wählen, besonders hoch ist (ebd., 258). »Interethnische Attraktion resultiert aus interethnischer Kontaktintensivierung allenfalls dann, wenn es sich um Equal-status-Kontakte handelt, das heißt, wenn ausgeschlossen ist, daß sie als bedrohlich oder als statusgefährdend wahrgenommen werden. Kontaktintensivierungen können unter Umständen sogar zu Vertiefungen und Verfestigungen gegenseitiger Distanzierung und Vorurteile führen« (Fijalkowski 1988, 29). Kontakt allein also ist offenkundig nicht für Fremdenfeindlichkeit oder -verträglichkeit ursächlich. In Gebieten mit sehr niedrigem Ausländeranteil ist das Ergebnis erklärbar mit der Annahme, dass es sich um Gebiete mit hohem Sozialprestige handelt, deren Bewohner eine große soziokulturelle Distanz zu Ausländern wahrnehmen und durch deren Zuzug eine Beeinträchtigung ihres Milieus befürchten – oder sogar eine Entwertung ihrer Immobilien bei Verlust der sozialen Exklusivität. Bei den Gebieten mit hohem Ausländeranteil ist zu vermuten, dass die dort wohnenden Deutschen sich überwiegend in sozial und ökonomisch prekären Lebenslagen befinden und sich durch die Anwesenheit von Ausländern zusätzlich bedroht fühlen (Anhut/Heitmeyer 2000a, 44).

Entscheidend für die Qualität der Kontakte ist, wer zu wem unter welchen Voraussetzungen Kontakt hat. Handelt es sich um nicht integrierte Ausländer und depravierte Deutsche, die in sozial und ökonomisch ungesicherten Situationen unfreiwillig zusammen wohnen oder einen sozialen Abstieg hinter sich haben, und treffen sie unter Bedingungen der Konkurrenz um Wohnungen und Arbeitsplätze aufeinander, so ist Konflikt, nicht positiver Kontakt zu erwarten (vgl. Dangschat 1999, 45 ff.; vgl. auch Elias/Scotson 1999). Physische Nähe spielt nicht einmal eine entscheidende Rolle dabei, ob überhaupt Kontakt zustande kommt, denn am wichtigsten ist dafür die Sprachkompetenz. Ist zum Beispiel in Gebieten mit einer hohen Konzentration von Ausländern die soziale Integration geringer, so hat dies vor allem mit Sprachkenntnissen zu tun, nicht mit dem Ausländeranteil.»Bei den Türken der ersten Generation erweist sich die Sprachkenntnis auch unter Kontrolle anderer möglicher wichtiger Individualmerkmale als der zentrale Faktor zur Erklärung der sozialen Assimilation« (Alpheis 1990, 163). Das gilt auch für die Angehörigen der zweiten Generation.

Alpheis resümiert seine Untersuchung über Segregation in fünf deutschen Großstädten:»Die ethnische Struktur des Wohngebietes hat keinen nennenswerten Einfluß auf die soziale Assimilation der hier untersuchten Türken der ersten oder der zweiten Generation« (ebd., 180). Er erklärt dieses Ergebnis

- mit der Tatsache, dass es auch innerhalb der Ausländer, die eine außerordentlich heterogene Gruppe darstellen, ein individuell sehr breites Spektrum von Einstellungen und Verhaltensweisen gibt;
- damit, dass unter großstädtischen Bedingungen die Umwelt in sich außerordentlich komplex und heterogen sei;
- damit, dass unter großstädtischen Bedingungen Kontakt zwischen Angehörigen verschiedener Ethnien immer weniger auf räumliche Nähe angewiesen sei.

Die Kontakthypothese ist nach Alpheis eindeutig widerlegt.»Kontaktmöglichkeiten bzw. Kontaktchancen zu Landsleuten sind [...] für die Aufnahme interethnischer Kontakte unbedeutend« (ebd., 169). Die ethnische Struktur des Wohngebiets ist für die soziale Assimilation von Türken ohne Bedeutung. Entscheidend sind Sprachkenntnisse und soziales Milieu im Elternhaus, also individuelle Sozialisationsfaktoren.

13.5.3 Segregation hat ambivalente Wirkungen

Wenn alle empirischen Untersuchungen zeigen, dass die physische Nähe allein keinen eindeutigen Einfluss auf die Beziehungen zwischen Ausländern und Inländern hat (vgl. Hamm 1998), dann ist eine weitere Differenzierung bei der Erklärung gelingender oder konflikthafter Beziehungen zwischen Eingesessenen und Zuwanderern notwendig:

1. *Nach der Art ihres Zustandekommens*: Freiwillige Segregation ist etwas völlig anderes als erzwungene, auch wenn die Segregation beide Male das gleiche Ausmaß annehmen sollte. Einfache Thesen wie die, »daß Segregation ein Ausweis von sozialer Desintegration sei und sich damit zerstörerisch für die Stadtgesellschaft auswirke« und auch nach innen »also auf das Zusammenleben der Menschen [...] destruktive Effekte zeitige«, sowie die, dass die »Betonung der ›Binnenintegration‹ für ethnische Minderheiten vor allem zur Zementierung von Ungleichheit zugunsten der Mehrheitsgesellschaft und zugunsten neuer Abhängigkeiten von religiösen und ethnischen Gemeinschaften führe« (Heitmeyer 1999, 444), müssen differenziert werden. Heitmeyer unterscheidet zwischen funktionaler und struktureller Segregation und greift damit eine Differenzierung auf, die sich in der Literatur unter wechselnden Begrifflichkeiten findet, um die positiven von den negativen Aspekten der räumlichen Konzentration von Einwanderern zu unterscheiden. Die entscheidenden Merkmale funktionaler Segregation sind Freiwilligkeit und zeitliche Begrenzung. Wenn beides der Fall ist, dann – so die These – dient Segregation der individuellen Integration und ist damit funktional. Sie erfüllt dann alle oben genannten positiven, der Segregation zugeschriebenen Funktionen. Strukturelle Segregation dagegen ist dauerhafte, erzwungene Segregation, und sie geht einher mit dem dauerhaften Scheitern der Systemintegration. Ethnische Institutionen in segregierten Gebieten entstehen dann als Reaktion auf versagte Teilhabe und ersetzen die Institutionen der Mehrheitsgesellschaft auf niedrigerem Niveau. Sie bilden die Basis für Klientelbeziehungen und für die Bildung von Eliten, die ihrerseits ein Interesse an der Aufrechterhaltung von Segregation als Voraussetzung ihres Einflusses auf ihre Landsleute haben. Entscheidend dafür, ob es bei (vorübergehender) funktionaler Segregation bleibt, oder ob diese sich zu struktureller verfestigt, ist die Offenheit oder Geschlossenheit der Einwanderungsgesellschaft. Abgewehrte Integrationsanstrengungen einer Minderheit sowie Desintegrationserfahrungen auf Seiten der Mehrheit schüren die Ethnisierung von Konflikten und fördern eine strukturelle Ausgrenzung (vgl. Heitmeyer 1999, 446 ff.).
2. *Nach Unterschieden zwischen Gruppen*: Dass es bei der Segregation nicht nur um das Verhältnis von Deutschen und Ausländern geht, zeigt sich daran, dass sich in von Ausländern stark geprägten Quartieren auch Konflikte zwischen verschiede-

nen ethnischen Gruppen entwickeln können – und zwischen verschiedenen Orientierungen innerhalb einer ethnischen Gruppe. Hanhörster und Mölder (2000) haben in ihren Fallstudien zu Duisburg-Marxloh und Wuppertal-Ostersbaum neben den deutschen Alteingesessenen drei Gruppen innerhalb der türkischen Bevölkerung identifiziert, die sich erheblich voneinander unterscheiden. Kißler und Eckert (1990) treffen für die Kölner Südstadt nach Wohndauer, Qualifikation, systemischer Integration und kultureller Distanz ähnliche Unterscheidungen.

3. *Nach Unterschieden zwischen sozioökonomischer und ethnischer Segregation*: Zu groben Fehleinschätzungen führt es, wenn zwischen der ethnischen und der sozioökonomisch verursachten Segregation nicht klar unterschieden wird. In vielen Studien zu sozialen Problemen in Stadtteilen wird allein ein hoher Ausländeranteil bereits als Indikator für einen ›sozialen Brennpunkt‹ benutzt. Dies hängt damit zusammen, dass Zuwanderer tatsächlich in ihrer Mehrheit Randpositionen auf dem Arbeitsmarkt einnehmen, und die Arbeitslosigkeit doppelt so hoch ist wie bei Inländern, dass die meisten Ausländer Randpositionen auf dem Wohnungsmarkt einnehmen, und dass das Zusammenwohnen mit den Gruppen der deutschen Bevölkerung, die von ähnlichen sozialen Problemen belastet sind, häufig zu Konflikten führt. Aber diese Koinzidenz darf nicht mit Kausalität verwechselt werden. Ursache dafür ist nicht die Herkunft, sondern vielmehr sind es die Position auf dem Arbeitsmarkt, versagte politische Teilhabechancen und die Diskriminierung durch den juristischen Status als Ausländer.

Nicht nur, dass es mit zunehmender internationaler ökonomischer und kultureller Verflechtung immer häufiger auch Ausländer mit hohem Sozialstatus, hohem Einkommen und hoher Qualifikation gibt, mit zunehmender Aufenthaltsdauer entwickelt sich auch innerhalb der Gruppe der Zuwanderer – ähnlich wie innerhalb der deutschen Bevölkerung – eine Differenzierung nach sozioökonomischem Status. Innerhalb zum Beispiel der türkischstämmigen Bevölkerung hat sich im Laufe der letzten drei Jahrzehnte eine Mittelschicht herausgebildet, die aus Akademikern, Selbständigen und qualifizierten Angestellten besteht und deren Orientierungen sich nur wenig von denen der deutschen Mittelschicht unterscheiden – auch bei der Wahl des Wohnstandorts. Auch sie verlassen die weniger attraktiven Wohngebiete mit hohem Ausländeranteil und streben in die städtischen Randgebiete, wo sie in wachsender Zahl auch Wohneigentum erwerben.

Von der Tatsache, dass sich Ausländer in benachteiligten Quartieren konzentrieren, auf ein generelles Problem ethnischer Segregation zu schließen, ist ungerechtfertigt. Unsinnig und diskriminierend zugleich ist es, wenn – wie in einer Vielzahl von Untersuchungen zur Stadtsanierung oder bei der Beantragung von Mitteln im Programm ›Soziale Stadt‹ – der Ausländeranteil eines Wohnquartiers als Indikator für einen *sozialen Brennpunkt* genommen wird. Die empirisch tatsächlich oft gegebene

Überlagerung von horizontaler ethnischer Differenzierung und vertikaler sozialer Ungleichheit, die für viele, aber keineswegs für alle Zuwanderer gilt, darf nicht zu dem Kurzschluss verführen, das Merkmal Konzentration von Ausländern allein definiere schon ein soziales Problem des Stadtteils. Ein hoher Anteil ausländischer Bewohner kann mit ganz anderen Erscheinungen in einem Stadtteil korrelieren, zum Beispiel heruntergekommener Bausubstanz oder hohen Umweltbelastungen, ohne dass der hohe Anteil selber das Problem wäre. Nur dort, wo die Zugehörigkeit zu einer ethnischen Minderheit identisch ist mit Diskriminierung und sozialer Deklassierung, wenn also von einer ›Ethno-Klasse‹ gesprochen werden muss, ist die ethnische Segregation ein Problem, denn dann ist sie auch unfreiwillig und auf Dauer.

13.6 Lokale Problemlagen

Probleme in Quartieren mit einem hohen Migrantenanteil dürfen freilich nicht ignoriert oder bagatellisiert werden. Für das konkrete Zusammenleben vor Ort ergeben sich für uns drei abschließende Hauptfragestellungen, deren Beantwortung eventuell problematische Zustände sichtbar macht.

1. Mit welchen Deutschen treffen Migranten im Stadtteil zusammen?
2. Was bedeutet das Wohnen in Stadtteilen mit einem hohen Anteil von Migrantenhaushalten?
3. Bilden sich in den Großsiedlungen Migranten-Ghettos?

Zunächst ist zu sagen, dass Migranten mit solchen einheimischen Bewohnern in einem Quartier besonders häufig zusammenwohnen müssen, die aufgrund ihrer sozialen Situation am wenigsten dazu in der Lage sind, in einer unfreiwilligen Nachbarschaft mit den fremden Kulturen und Lebensstilen der Zuwanderer zurechtzukommen. Diese haben mit zahlreichen sozialen Problematiken zu kämpfen und nehmen die Migranten als Konkurrenten um Arbeitsplätze oder wohlfahrtsstaatliche Leistungen wahr. Dadurch entstehen leicht heftige Konflikte.

In den so genannten ›Ausländervierteln‹ finden sich vor allem die noch nicht ökonomisch integrierten Zuwanderer und die einheimischen Verlierer des städtischen Strukturwandels. So entsteht ein kaum entwirrbares Gemenge von ethnischer Differenz und sozialen Problemen. Aus den vorstehenden Überlegungen ergibt sich, dass bei lokalen Konflikten zwischen Einheimischen und Zuwanderern weniger die Segregation, also das ›Zuviel‹ an Migranten in einer bestimmten Gegend, zu einem Problem führt als vielmehr das ›Wer‹. Die Vorteile sozial gemischter Viertel werden meist von liberalen, gebildeten und wohl situierten Angehörigen der Mittelschicht gepriesen. Gespaltene Arbeits- und Wohnungsmärkte sorgen aber dafür, dass sie selbst nie in die Verlegenheit kommen, in ihrem Alltag diese Mischung auch leben zu müssen. Die Selektionsmechanismen des Marktes und die Belegungspraktiken von Wohnungsbaugesellschaften filtern Migranten in jene Segmente des Wohnungsmarktes, in denen vorwiegend auch einheimische Bewohner in prekären Lebenslagen konzentriert sind. Diese aber sind am wenigsten in der Lage, geduldige und weltoffene Partner im Prozess der Entwicklung einer multikulturellen Stadt zu sein. Das Zusammenleben mit Fremden ist keine unproblematische Alltäglichkeit. Die Konfrontation mit kulturellen Differenzen ist immer auch Zumutung.

13.7 Modelle gelingender Integration

Wie die Überlegungen zum Zusammenhang von Stadtstruktur und Integration von Zuwanderern gezeigt haben, handelt es sich dabei um ein sehr komplexes Problem, für das es mit Sicherheit keine einfachen Lösungen gibt. Die Integrationsprobleme berühren nahezu alle Bereiche und Institutionen der Gesellschaft, so dass eindimensionale Lösungsansätze immer unzureichend und hilflos bleiben müssen.

Wir haben oben ausgeführt, dass es für die Diskussion über politische Reaktionen auf Segregation im Stadtgebiet notwendig ist, zwischen verschiedenen Arten von Segregation zu unterscheiden. Mindestens zu unterscheiden sind freiwillige und erzwungene, kulturelle und soziale Segregation. Im Zusammenspiel dieser Dimensionen entstehen unterschiedliche Segregationstypen, wie das folgende Schema zeigt:

Wenn die kulturelle und die ökonomische Distanz zwischen einer Minderheit und der Mehrheit in einer Gesellschaft hoch sind, entstehen Enklaven bzw. strukturell segregierte Kolonien, die die Integration ihrer Bewohner in die Mehrheitsgesellschaft erschweren oder verhindern. Wenn sich soziale und ethnisch-kulturelle Segregation bei einer gesellschaftlichen Minderheit so überlagern, dass eine strukturelle Ausgrenzung entsteht, und wenn sie in ihrem Wohnquartier die weit überwiegende Mehrheit ausmacht, kann man auch von einem Ghetto sprechen (Feld 1).

Ist nur die ökonomische Distanz hoch, die kulturelle Distanz jedoch nicht, wie es etwa bei einer Armutspopulation aus der Mehrheitsgesellschaft der Fall sein kann, dann sprechen wir von einer sozialen Segregation. Im Extremfall handelt es sich um einen Slum ohne ethnische Komponente (Feld 2).

Ist die kulturelle Distanz hoch, sind die ökonomischen Unterschiede aber nicht bedeutsam, dann handelt es sich entweder um das Ergebnis diskriminierender Praktiken von Gatekeepern oder um eine freiwillige Segregation auf ethnischer Basis oder auf der Grundlage von Lebensstilen. Diese ›rein kulturelle‹ Segregation – also Respektierung kultureller Differenz ohne soziale Diskriminierung – findet man in multikulturellen, ökonomisch aber wenig differenzierten Städten. Dieser Realität am nächsten kommen wohl Städte in den Einwanderungsländern Kanada und Australien. Real in unseren Breiten ist die freiwillige Separation der Oberschicht

		Ökonomische Distanz	
		hoch	niedrig
Kulturelle Distanz	hoch	1 Ghetto, Enklave (Überlagerung von kultureller und ökonomischer Segregation)	3 Freiwillige Segregation oder Diskriminierung (ethisch-kulturelle, aber keine ökonomische Segregation)
	niedrig	2 Slum (ökonomische, aber keine ethnische Segregation)	4 Assimilation – Mischung (keine Segregation)

Abb. 13.1 Typen von segregierten Gebieten

in den Städten und die bestimmter, zum Beispiel alternativer Lebensstilgruppen (Feld 3).

Wenn schließlich weder kulturelle noch ökonomische Distanzen für die sozialräumliche Struktur einer Stadt eine große Bedeutung haben, dürften sich auch keine segregierten Gebiete bilden können, die auf diese Ursachen zurückzuführen wären. Dies ist ein unrealistischer und unwahrscheinlicher Fall, aber ausgerechnet er bildet offenbar das Leitbild der Stadtpolitik für die Gestaltung der Integration von Migranten (Feld 4).

Verschiedene Randbedingungen sind ausschlaggebend für Art und Ausmaß von ethnischer und sozialer Segregation in einer Stadt: die Wohnungsmarktsituation, die Situation auf dem Arbeitsmarkt, demographische Prozesse und kulturelle Faktoren. Wenn die Politik eine ethnisch gering segregierte Stadt anstrebt, muss sie an vielen Schrauben zugleich drehen: in der sozialen Sicherung, bei den Verdienstmöglichkeiten, beim Wohnungsangebot, im Bildungssystem etc. Die Frage, wie sich die Segregationsstrukturen in den Städten entwickeln, ist daher zu einem großen Teil ein Ergebnis überlokaler Strukturen und Entwicklungen, jedenfalls wird darüber nicht ausschließlich auf kommunaler Ebene entschieden – ein Beispiel für die Notwendigkeit von Mehr-Ebenen-Analysen bei der Betrachtung städtischer Strukturen (vgl. hierzu Wacquant 2004).

Je nachdem *welche Vorstellung von Gesellschaft* zugrunde gelegt wird, ergeben sich ganz andere Wege der Integration von Zuwanderern, und diese Vorstellungen bilden explizit oder implizit den Maßstab für die Beurteilung der ethnischen Segregation.

Hält eine Gesellschaft, deren kulturelle Homogenität durch die Zuwanderung in Frage gestellt wird, an der Vorstellung eines homogenen Ganzen fest, dann gibt es zwei Wege zu diesem Ziel:

- Die *Assimilation*: Die ›Leitkultur‹ bleibt unverändert und verlangt daher von den Zuwanderern Anpassung an diese Kultur: Die Zuwanderer sollen ihre Fremdheit ablegen und sich so unauffällig wie möglich integrieren. Die Anpassungsleistung liegt allein beim Individuum. In der deutschen Politik ist bis heute dieses Modell dominant.
- Die amerikanische Vorstellung vom *melting-pot* (Schmelztiegel) unterstellt dagegen, dass sich im Prozess der Zuwanderung auch die Aufnahmegesellschaft verändert. Sie entwickelt eine neue Identität. In der Vorstellung von einem ›American way of life‹ verschmelzen die von den Zuwanderern mitgebrachten kulturellen Eigenarten zu etwas Neuem. Die Anpassungsleistung liegt also auf beiden Seiten: bei den Zuwanderern, die ihre partikulare Identität ablegen, und bei der Gesellschaft, die eine neue Identität durch Wandel erreicht.

In beiden Fällen ist die Vorstellung von einer homogenen Kultur die normative Grundlage – entweder die Konservierung einer vorhandenen oder die Bildung einer neuen. Das ist eine modellhafte, abstrakte Debatte. Über die großen Städte, in denen sich die Zuwanderer sammeln, haben die Gründer einer Soziologie der Stadt schon am Beginn des 20. Jahrhunderts ganz andere Vorstellungen entwickelt: nicht Integration durch die Aufrechterhaltung bzw. Herstellung von Homogenität, sondern ganz im Gegenteil, Integration durch das Aushalten von Differenz.

Georg Simmel ging es um die Aufrechterhaltung von Differenz in der modernen Großstadt, und diese Leistung musste nach seiner Ansicht vom Individuum erbracht werden. Simmel sah es als eine Aufgabe urbaner Individuen, sich gegenseitig in ihrer Fremdheit zu respektieren, also weder sich selbst noch den Zuwanderer zur Anpassung zwingen. In der Großstadt leben die Menschen in anonymer Distanz zueinander, ja sie ignorieren sich als individuelle Menschen wechselseitig, was zu der großstadttypischen Reserviertheit und Unpersönlichkeit bei alltäglichen Beziehungen führt (vgl. 2. Kapitel). Dadurch entsteht ein sozialer Raum für die problemlose Koexistenz des Heterogenen. Man kann dies als den *Integrationsmodus urbaner Indifferenz* bezeichnen.

Auch in der amerikanischen Einwanderungsstadt, wie sie von Park, Burgess et al. in den 1920er Jahren an der Universität von Chicago theoretisch konzipiert wurde (vgl. 3. Kapitel), bleibt die Differenz zwischen den verschiedenen Kulturen erhalten. Aber Integration wird dabei ganz anders gedacht: als Möglichkeit des Fortbestehens von einander fremden Kollektiven, das heißt von ethnischen Gruppen: Die Stadt wird gedacht als ein *Mosaik verschiedener Lebenswelten*, die räumlich voneinander geschieden sind. Das ist die segregierte Stadt, in der soziale und kulturelle Distanzen in räumliche Distanzen übersetzt sind und dadurch direkte Konflikte zwischen den verschiedenen Kulturen vermieden werden. Anpassung wird nicht verlangt und nicht erzwungen, sondern vielmehr als Möglichkeit (und Wahrscheinlichkeit) in die Zukunft verlagert.

Wie sich die kulturellen Leitbilder einer Einwanderungsgesellschaft auf städtischer Ebene niederschlagen, zeigt das folgende Schema:

Kulturelles Leitbild	*Stadtebene*
Homogenität	Assimiliation melting-pot
Differenz	Urbane Indifferenz
	Mosaik kleiner Welten

Abb. 13.2 Kulturelle Leitbilder für die Integration von Zuwanderern und Konsequenzen für die Stadt

Assimilation als individueller Anpassungsvorgang verweist ebenso wie das Verschmelzen verschiedener Kulturen auf das Ziel einer durch Homogenität integrierten Gesellschaft. Aber dieses Ziel ergibt sich erst als Ende eines langen individuellen oder kollektiven Lernprozesses. Solange die Zuwanderung anhält, bleibt es ein fernes Ziel, da mit jedem neuen Migranten der Prozess der Vernichtung von Fremdheit von neuem beginnt. Als realistische Modelle für Einwanderungsstädte bleiben also nur die urbane Lebensweise und das Mosaik. Sie beruhen auf unterschiedlichen Voraussetzungen, die annäherungsweise in Europa bzw. in den USA gegeben sind.

Integration durch distanziertes Verhalten der Individuen zueinander – die urbane Lebensweise – ist nur lebbar, wenn alle über ein gesichertes Einkommen verfügen, also in den Arbeitsmarkt integriert sind oder wenigstens in tragfähige Netze des Sozialstaats. Andernfalls wären Einwanderer von der Hilfe informeller sozialer Netze wie Freundschaft, Nachbarschaft und Verwandtschaft, also von lokalen Gemeinschaften abhängig, die gerade nicht dem urbanen Modell entsprechen. Mit Gleichgültigkeit und Blasiertheit wird es kaum gelingen, solche Hilfen für sich zu mobilisieren. Integration auf Basis des distanzierten, gleichgültigen Verhaltens ist denkbar in einem europäischen Politikmodell, in dem die soziale Integration durch einen ausgebauten Sozialstaat abgesichert ist, und in dem öffentliche Instanzen über wirksame Bauleitplanung und eine staatliche Wohnungspolitik die Verteilung der Bevölkerung auf verschiedene Wohnstandorte steuern können. Die Stadt als Flickenteppich segregierter Dörfer setzt dagegen nicht nur sehr große Städte voraus, sondern ist auch typisch, wenn es keine ausgebauten Sozialversicherungssysteme und nur geringe stadtpolitische Steuerungsmöglichkeiten gibt. Das entspräche dem ›amerikanischen‹ Modell der Einwanderungsstadt mit großer ethnischer Heterogenität.

Im ersten Modell können extreme sozialräumliche Fragmentierungen vermieden werden; die Vorstellung einer individuellen Integration ohne das Netz aus informellen oder verwandtschaftlichen Netzen ist realistisch, solange eine individualisierte Lebensweise durch einen inklusiven Arbeitsmarkt und wohlfahrtsstaatliche Sicherungen möglich ist. Die politischen und ökonomischen Voraussetzungen dafür schwinden allerdings mit dem Ende der fordistisch regulierten Nationalstaaten. Im zweiten Modell steuert der Markt die Verteilung der Einkommensklassen, und die Zuwanderer sind – zumindest in der ersten Zeit nach ihrer Ankunft – auf die Unterstützung ihrer ethnischen Gemeinschaft angewiesen.

Wo es eine relevante Einwanderung gegeben hat, hat es auch in Europa Einwanderungskolonien gegeben. Aber die insgesamt starke Homogenität der aufnehmenden Gesellschaft und der zunehmende Reichtum einer rasch wachsenden Volkswirtschaft hat diese zeitlich befristete Einwanderung nach einiger Zeit vollkommen integriert. Ob das angesichts der Perspektiven der demographischen Entwicklung und anhaltender Zuwanderung auch in der Zukunft so sich wieder herstellen wird, ist sehr fraglich.

Die Großstädte sind die Orte der Integration von Zuwanderern, denn sie bieten offene Arbeitsmärkte und offene Sozialstrukturen. Andererseits profitierte die ökonomische und kulturelle Produktivität der Stadt immer von dieser Offenheit für Zuwanderer. Auch heute hängt die ökonomische und kulturelle Zukunft der Städte vom Gelingen der Zuwanderung ab. Die Rahmenbedingungen für die Integration der Zuwanderer sind aber heute anders als in der Zeit, als die Städte ihre größten Integrationsleistungen erbracht haben: während der Industrialisierung und während der großen Fluchtbewegungen nach dem Zweiten Weltkrieg. Die Arbeitsmärkte in den großen Städten sind kaum noch aufnahmefähig für gering Qualifizierte, Sozialstaat und Kommunalpolitik stehen vor immensen finanziellen Problemen, und die Wohnungsversorgung wird immer stärker marktförmig organisiert. Der staatliche Einfluss auf die städtische Entwicklung wird spürbar geringer. Und die Zuwanderer sind ›fremder‹; es handelt sich nicht mehr um ›Deutsche‹ im weitesten Sinne, ja in wachsendem Maße auch nicht mehr um Europäer. Damit stellen sich hoch ambivalente Anforderungen an eine kommunale Integrationspolitik.

An die Kommunalpolitik wird die Anforderung gestellt, zu differenzieren zwischen Erscheinungen, die nur schwer auseinander zu halten sind und daher scheinbar widersprüchliche Antworten verlangen: Einerseits sollen fremde Kulturen respektiert und die Selbstorganisation ihrer Träger – und damit auch räumliche Konzentration – nicht nur zugelassen, sondern sogar noch unterstützt werden, andererseits aber soll die soziale Segregation bekämpft und abgebaut werden. Da sich beide Formen sozialräumlicher Differenzierung bei vielen ethnischen Minderheiten überlagern, ist das nur unter größten Mühen zu realisieren.[8] Die Politik muss sich auf die grundlegende Ambivalenz der Einwanderungsproblematik zwischen Integration und Ausgrenzung einlassen. Sie wird deutlich an der ambivalenten Funktion von segregierten Gebieten als Brücken in die Gesellschaft einerseits und als Fallen für räumliche und soziale Mobilität andererseits. Die Politik hätte es mit einem klaren Nein oder Ja zur Segregation leichter. Aber sie würde sich vor der objektiv gegebenen Ambivalenz nur davonstehlen, indem sie willkürlich für eine der beiden Seiten votierte. Das eine wäre naiv, das andere repressiv. Es gibt zwar für jedes schwierige Problem eine einfache Lösung, aber die ist gewöhnlich falsch. Anders gesagt: Politik angesichts der Zuwanderung besteht größtenteils in einer prekären Gratwanderung auf der Ebene der Stadtstruktur, des Wohnungsmarkts und des Arbeitsmarkts.

Fragen

- In welchen Stadtteilen konzentrieren sich Migrantenhaushalte insbesondere?
- Welche Mechanismen führen dazu, dass insbesondere Migrantenhaushalte von Segregationstendenzen betroffen sind?
- Erläutern Sie die Pro- und Contra-Argumente hinsichtlich ethnischer Mischung.
- Beschreiben Sie die ambivalenten Wirkungen ethnischer Segregation.
- Welche vier Modelle der integrierten Stadt lassen sich idealtypisch unterscheiden und was macht diese jeweils aus?

---

8 Nicht alle ethnischen Minderheiten bilden auch deutlich erkennbare ethnische Kolonien aus. Der Grad der kulturellen Distanz, insbesondere die Religion, spielt dabei eine wichtige Rolle. Zuwanderer aus dem östlichen Mitteleuropa, die in den meisten deutschen Städten die zweitgrößte Zuwanderungsgruppe bilden, sind zum Beispiel im Stadtbild in der Regel weit weniger sichtbar als die Gruppe der Zuwanderer aus der Türkei.

14. Feministische Stadtkritik – Theoretische Konzepte, empirische Grundlagen, praktische Forderungen

Ko-Autorin: Susanne Frank[9]

Wir haben bisher Formen der Ungleichheit behandelt, die einerseits strukturell durch Marktmechanismen, staatliches Handeln und diskriminierende Praktiken, andererseits durch die unterschiedliche Verfügung über soziales, kulturelles und ökonomisches Kapital auf Seiten der Individuen erklärbar sind. Seit Ende der 1960er Jahre hat sich aus der Frauenbewegung heraus eine Kritik entwickelt, die auf Bornierungen und Beschränkungen der traditionellen Ungleichheitsforschung hinweist; darunter vor allem die Vernachlässigung der Geschlechterdifferenz und die Konzentration auf die durch Markt und Staat vergesellschafteten Lebensbereiche. Damit, so die These, würden die Benachteiligungen von Frauen gleich doppelt ausgeblendet, indem weder die hierarchischen Beziehungen zwischen Männern und Frauen noch die zwischen Produktion und Reproduktion ins Blickfeld gerieten. Die Lebenswirklichkeit der Frauen sei nicht allein durch die formellen Strukturen von Markt und Staat bestimmt, sondern auch durch die hierarchische Arbeitsteilung zwischen den Geschlechtern. Die vermeintlich geschlechtsneutrale Analyse von Kapitalismus und politischen Herrschaftsstrukturen müsse ergänzt werden durch eine Kritik des Patriarchats.

Die feministische Stadtkritik verfolgte von Anfang an drei Anliegen. Erstens ging es ihr um die Kritik der ›theoretischen‹ Grundlagen der soziologischen Stadtforschung: In diesem Sinne wurden zentrale Begriffe, Themen, Fragen und Methoden der Stadtsoziologie unter die feministische Lupe genommen und als androzentrisch kritisiert. Wichtigster Angriffspunkt war hier die unkritische und unreflektierte Verwendung polarer Analysekategorien wie Arbeit / Freizeit oder Öffentlichkeit / Privatheit, die, so der Vorwurf, die Stadt und die Welt nur aus der Perspektive von Männern erfassten. Zweitens galt es, ›empirisch‹ gesichertes Wissen über die besondere Situation von Frauen in den Städten zu generieren. Drittens zielte die feministische Stadtkritik auf die Entwicklung und Durchsetzung alternativer Konzepte der Planung und Gestaltung von Städten, hatte also von Anfang an auch eine ›praktische‹ Stoßrichtung: Es sollten Städte geschaffen werden, die nicht nur den Interessen

---

9 Susanne Frank verfasste den Entwurf für dieses Kapitel, der gemeinsam mit den anderen Autoren diskutiert und in Folge leicht überarbeitet wurde.

bürgerlicher Männer, sondern auch denen von Frauen und anderen sozialen Gruppen gerecht würden.

Wir beginnen mit den empirischen Bestandsaufnahmen. Anschließend fassen wir die theoretische Kritik an zentralen Kategorien der Stadtforschung zusammen. Am Schluss stehen die praktischen Forderungen, die auf der Basis dieser doppelten Kritik von Frauen formuliert wurden und werden.

14.1 Bestandsaufnahmen

Zunächst ging es darum, die Wechselbeziehung von Stadtentwicklung und Geschlechterverhältnissen theoretisch zu verstehen und empirisch zu erfassen. Dieser Ausgangslage entsprechend konzentrierten sich die frühen Beiträge zu einer feministischen Stadt- und Regionalforschung, die Marianne Rodenstein als »Situationsanalysen« (Rodenstein 2000, 50) bezeichnet hat, auf die Darstellung und Anklage der strukturellen Nicht(be)achtung der frauenspezifischen Lebensbedingungen, Interessen und Alltagsbedürfnisse in Stadtentwicklung und Stadtpolitik. Diese Bestandsaufnahmen, die häufig empirisch-pragmatisch auf eine Verbesserung der angeprangerten Missstände abzielten, haben eine Vielzahl von Informationen bereitgestellt, welche die mannigfachen Belastungen, Benachteiligungen und Behinderungen von Frauen in den und durch die städtischen Strukturen belegten.

Ein besonders gut erforschter Bereich war und ist die Analyse von Mobilitätsstrukturen und Verkehrspolitik. Kritisiert wird die Ausrichtung des Verkehrssystems primär auf die Mobilitätsanforderungen von Berufspendlern. Es ist in der Regel auf das Zentrum einer Stadt oder Region hin orientiert und vernachlässigt die hochkomplexen Anforderungen der dezentral organisierten Mobilität von Frauen. Letztere sind insgesamt weniger mobil als Männer, sie besitzen seltener einen Führerschein und haben seltener einen Pkw zur Verfügung. Frauen sind Fußgängerinnen, Radfahrerinnen und Nutzerinnen des öffentlichen Personennahverkehrs; aber weder Fuß- noch Radwege und schon gar nicht die öffentlichen Verkehrsmittel sind strukturell und nach ihrer Ausstattung auf ihre Bedürfnisse zugeschnitten. Auch wenn Frauen (häufig teilzeit-)erwerbstätig sind, auch wenn sie über ein Auto verfügen, sind ihre Wegeketten andere als die von Männern. Frauen bringen Kinder auf dem Weg zur Arbeit in die Schule und kaufen auf dem Rückweg im Supermarkt ein. Nachmittags chauffieren sie die Kinder zu deren zahlreichen Freizeitaktivitäten; darüber hinaus müssen Besuche bei Nachbarn, Verwandten, Kranken, Ärzten oder Behörden im familiären Tagesablauf untergebracht werden. Aufgrund dieser Anforderungen sind Frauen auch in punkto Arbeitsplatzwahl eingeschränkt: Männer suchen sich ihre Arbeitsstellen nach Qualitäts-, Frauen nach Erreichbarkeitskriterien aus (vgl. Rau 1987; Pickup 1988; Buschkühl 1989; Spitthöver 1989; Bauhardt 1995).

Eine andere wichtige Forschungsrichtung befasst sich mit der Wohnungsversorgung und den Wohnverhältnissen von Frauen in Städten. Auch hier richtet sich das Augenmerk zuerst auf die Nichtberücksichtigung frauenspezifischer Alltagsbedürfnisse. Schon früh wurde von Architektinnen Kritik an der Gestaltung und am Zuschnitt von Wohnungen, insbesondere an den staatlich normierten Grundrissen des sozialen Wohnungsbaus, formuliert. Diese zeichneten sich durch die hierarchische Aufgliederung der Räume für eine standardisierte Vater-, Mutter- und Zwei-Kinder-Familie aus. Obwohl die Wohnung für viele Frauen der soziale und räumliche Lebensmittelpunkt war, wurde ihnen kein eigener Raum zugestanden, kein »Zimmer für sich allein« (Woolf 1999 [1929]). Im Zuge der Rationalisierung wurde der einzige ›Frauenraum‹, die Küche, vom zentralen Ort der Wohnung (›Wohnküche‹) auf einen minimal ausgestatteten Arbeitsraum (›Frankfurter Küche‹) reduziert. Hausarbeit wurde so mehr und mehr unsichtbar gemacht, weil sich außer der arbeitenden Person niemand in der Küche aufhalten konnte. Auch die Größe der Kinderzimmer war dem Bewegungsdrang von Kindern nicht angemessen; Nutzungskonflikte (Spielen im Flur, im Wohnzimmer) wurden häufig zu Lasten von Frauen gelöst. Auch die sträfliche Vernachlässigung der Gestaltung des Wohn- und Quartiersumfelds, vor allem fehlender sozialer Infrastrukturen, trug nicht gerade zur Erleichterung der alltäglichen Lebensführung bei (vgl. Dörhöfer/Naumann 1979; Beer 1994, Rodenstein 2000, 53).

Ein wesentlicher Analysestrang ist schließlich die geschlechtsspezifische und -hierarchische Aneignung und Nutzung öffentlicher städtischer Räume. Wie Maria Spitthövers Studie (1989) zeigt, sind der Zugang zu und die Verfügbarkeit von städtischen Freiräumen nicht nur von der Schicht-, sondern auch und gerade von der Geschlechtszugehörigkeit abhängig. So zeigt etwa die Untersuchung der Spielräume von Kindern, dass Mädchen und Jungen sozialisationsbedingt ein völlig unterschiedliches Spielverhalten an den Tag legten, das wiederum mit einer unterschiedlichen Inanspruchnahme von Raum einhergeht. Während Jungen raumgreifende Spiele bevorzugen, kommen typische Mädchenspiele mit weit weniger Raum aus. Die Freiraumplanung folgt den unterschiedlichen Interessen unreflektiert, indem sie den Spielinteressen und Bewegungsbedürfnissen von Jungen weit mehr Raum zubilligt (zum Beispiel in Form von Bolzplätzen) als den weiblichen; wie Spitthöver festhält, wird den »leiser vorgetragenen« Wünschen von Mädchen nach Spielmöglichkeiten wie (zum Beispiel nach Rollschuh- und Schlittschuhbahnen) »keine vergleichbare Aufmerksamkeit zuteil« (Spitthöver 1989, 219).

Auch das kommunale Angebot an Sportfreistätten richtet sich vor allem an eine männliche Klientel. Bedient werden vor allem die männerdominierten Kampf- und Kraftsportarten sowie das wettkampforientierte Mannschaftsspiel. Frauen hingegen dominieren bei allen Sportarten im turnerisch-tänzerisch-gymnastischen Bereich, denen vor allem in Sporthallen nachgegangen wird. Ein Fußballfeld nimmt 50-mal so viel Platz in Anspruch wie ein Gymnastikraum. Männer betätigen sich also sichtbar draußen an der frischen Luft; Frauen üben ihre Sportarten drinnen und der öffentlichen Aufmerksamkeit weitgehend entzogen aus.

Auch in Bezug auf die Nutzung öffentlich zugänglicher Grün- und Erholungsflächen ergeben sich erhebliche geschlechtsspezifische Differenzen. In größeren, eher einsamen Grünanlagen sind Frauen unterrepräsentiert, in sicheren und kontrollierten Parks und Gärten überrepräsentiert.

Dieser Befund verweist auf den oft und kontrovers diskutierten Umstand, dass viele Frauen in öffentlichen Räumen – und insbesondere des Nachts – Angst und Unsicherheit empfinden (und dies, obwohl sexuelle Gewalt gegen Frauen nachweislich ganz überwiegend gerade nicht im öffentlichen Raum, sondern im privaten, häuslichen Bereich stattfindet). Die Furcht vor sexuellen Übergriffen bezieht sich vor allem auf schlecht beleuchtete und -einsehbare bzw. wenig belebte Straßen, Plätze, Unterführungen, Parkhäuser etc. Indem solche ›Angsträume‹ von Frauen bewusst und unbewusst gemieden werden, verengt sich der für sie zugängliche Teil der Stadt und die Nutzung ihrer Angebote beträchtlich.

Schließlich werden städtische und öffentliche Räume nicht nur materiell, sondern auch symbolisch vorwiegend von Männern gestaltet. Frauen verfügen, weil weniger in den planenden Berufen präsent, über geringere »visuelle Gestaltungsmacht« (Becker 1997, 20). Damit sind sie Männern gegenüber nicht nur im Hinblick auf die physische, sondern auch in Bezug auf die symbolische Aneignung und Gestaltung von Raum benachteiligt. Frauen, so kann man mit Kerstin Dörhöfer (1990, 14) zusammenfassen, waren in das Denken der Wohnungs- und Städtearchitektur also »weder als Aktive (Planerinnen) noch als Passive (Nutzerinnen) einbezogen«.

Solche Erkenntnisse bilden den Grundstock einer empirisch fundierten feministischen Kritik nicht nur an den Grundlagen der planerischen Stadtentwicklung, sondern auch an bestehenden sozialwissenschaftlichen Stadtmodellen. Diese Kritik bezieht sich auf die in der Stadtforschung gängige Sichtweise, welche die räumliche Organisation westlich-moderner Städte mit ihrer charakteristischen funktionalen Zonierung (›Arbeiten‹, ›Wohnen‹, ›Freizeit/Erholung‹, ›Fortbewegung/Verkehr‹) allein auf industriekapitalistische Strukturprinzipien zurückführt. Dagegen konnte die feministische Analyse zeigen, dass in die baulich-räumliche Ausdifferenzierung der westlichen Stadt des 20. Jahrhunderts von Anfang an die – heute sattsam bekannte – geschlechtsspezifische Teilung der gesellschaftlich notwendigen Arbeit eingelassen ist, welche den Bereich der nicht entlohnten Reproduktionsarbeit (im umfassenden Sinne von Sorge und Versorgung) an Frauen delegiert, in die ›Privatsphäre‹ der Wohnviertel einschließt (›Haus-Frau‹) und damit auch räumlich auslagert. Der gesellschaftlichen Privilegierung der ›produktiven‹ Erwerbsarbeit entspricht die wohnungs- und städtebauliche Orientierung an der männlichen Norm des individuell motorisierten Familienernährers als dem Nutzer der städtischen Strukturen. Forschungsergebnisse haben vielfach belegt, dass die bestehenden baulichen und sozialräumlichen Strukturen maßgeblich zur Erschwerung des Alltagslebens von Frauen und zur Befestigung geschlechtsspezifischer Rollenzuweisungen beitragen. Räumliche Segregation bewirkte demnach weit mehr als bloß physische Distanzierung. Sie entfernt Frauen real und symbolisch von und aus der Stadt und der Öffentlichkeit, beschneidet ihre Wahl- und Aktionsmöglichkeiten und damit auch die Chancen der Veränderung ihres gesellschaftlichen Status (Spain 1992, XI; Borst 1990, 237).

14.2 Historische Entwicklungslinien

Die Bestandsaufnahmen belegen die ungleichen Chancen von Frauen und Männern, sich die Stadt und ihre Möglichkeiten zu eigen zu machen. Wie aber war es zu dieser Situation gekommen? Diese Frage stellen sich Forscherinnen, die das Verhältnis von Stadt und Geschlecht historisch-soziologisch rekonstruieren. Ihre Analysen zeigen für das 19. Jahrhundert zunächst eine widersprüchliche Entwicklung: In der mit der Industriegesellschaft entstehenden modernen Großstadt konnten Frauen einerseits mit Geschlechterrollen experimentieren. Die Stadt wurde als Emanzipationsraum entdeckt und genutzt. Andererseits und zugleich begann aber auch der Prozess der systematischen Verdrängung von Frauen aus der Stadt.

Die Großstadt eröffnete Frauen zwar nach Alter, Herkunft und Klasse unterschiedliche, aber doch immer wieder vielfältige Chancen, aus der ihnen gesellschaftlich zugedachten Rolle der sorgenden und versorgenden Hausfrau und Mutter auszubrechen. Im Zuge der Industrialisierung boten sich für Frauen zunehmend Möglichkeiten, erwerbstätig und damit vom männlichen Ernährer unabhängiger zu werden. Viele Frauen kamen vom Land in die Stadt, um als Dienstmädchen in Privathaushalten zu arbeiten. Aber auch Unternehmer fragten billige weibliche Arbeitskraft nach, und viele junge Arbeiterinnen zogen die relative Freiheit der Büro- oder Fabrikarbeit der stark isolierten und sozial kontrollierten Arbeit als Hausangestellte vor (vgl. WGSG 1984, 55). Manche Zweige der neu entstehenden Konsumgüterindustrie wurden bald zahlenmäßig von Arbeiterinnen dominiert. Mittelklasse-Frauen eroberten allmählich den entstehenden Bildungs- und Gesundheitssektor und verdrängten männliche Angestellte (vgl. Mackenzie 1988, 19). Die zunehmende Frauenerwerbstätigkeit wurde aber nicht allein als Bedrohung von Männern durch Konkurrenz am Arbeitsplatz wahrgenommen. Die Teilhabe von Frauen an der korrupten und korrumpierenden Welt der Arbeit (vgl. Fishman 1990, 412) erschien darüber hinaus als Gefährdung sowohl der physischen und moralischen Reproduktion der Arbeitskraft in der Arbeiterfamilie als auch des bürgerlichen Familienideals und somit insgesamt als Gefahr für die Institution Familie als der Keimzelle des bürgerlichen Staates (vgl. Mackenzie 1988, 19). Und schließlich wurden auch die politischen Machtverhältnisse in Frage gestellt. Während Heirats- und Geburtenziffern sanken, wuchs nämlich das Selbstbewusstsein der Frauen in den Städten. So verlangte etwa die sich um die Jahrhundertwende formierende erste Frauenbewegung das Wahlrecht und bessere Bildungschancen für Frauen und meldete damit ihre weitgehenden Ansprüche auf soziopolitische Teilhabe in öffentlichen Angelegenheiten und im öffentlichen Raum an.

Die gesellschaftliche Konstruktion des Problems ›Frauen in der Stadt‹ weist aber nicht nur eine politisch-ökonomische Seite der Gefährdung der Geschlechterordnung in der und durch die Stadt auf, sondern zeichnet sich auch durch ebenso bedeutsame kulturelle Aspekte aus. Diese nehmen ihren Ausgang in der Erfahrung der Ambivalenz, die die Wahrnehmung der modernen Großstadt von Beginn an kennzeichnet. Die Großstadt galt aufgrund ihrer Dichte, Unübersichtlichkeit, Intensität, Anonymität und Heterogenität immer schon als Sitz und Quelle sowohl höchster kultureller Leistungen als auch tiefster moralischer Bedrohungen, als eine Welt von absoluter Gefahr (Tod) und unwiderstehlicher Verlockung (Eros). Diese Ambivalenz speiste sich im 19. Jahrhundert aus der ebenso faszinierenden wie beängstigenden Erfahrung der städtischen Massen sowie der aufkommenden Konsumkultur. Als Träger der bürgerlichen Ordnung schrieb der Mann diesen Phänomenen all das zu, was seine so mühsam aufgebauten, aber letztlich fragilen Ich-Grenzen bedrohte: Macht-, Kontroll- und Identitätsverlust durch Verführung und Begierde, Emotionalität und Passivität, Naturgewalt und Revolution usw., das heißt all jene Kräfte, die als weiblich imaginiert und sexualisiert und in der großen Stadt lokalisiert wurden (vgl. Bergius 1986; Huyssen 1986; Wilson 1991; Frank 2003).

Zum Sinnbild der Entgrenzung des Sexuellen und des Verschwimmens der Scheidelinien von Öffentlichem und Privatem wurde die ›Frau in der städtischen Menge‹ stilisiert: Nicht nur die unberechenbare Masse allein, sondern gerade auch die Präsenz von Frauen in derselben wurde als Ausdruck einer »Pathologie des Urbanen« gedeutet (Swanson 1995, 80). Die Vorstellung von Frauen in der Öffentlichkeit war eng mit der von ›Schande‹ verknüpft (Sennett 1983, 38). Beide Sichtweisen kulminieren in der Konstruktion der ›Hure‹ als Symbol des großstädtischen Systems der Verführung (vgl. Bergius 1986). Als Motiv von Kunst und Literatur wie als reale gesellschaftliche ›Problem‹figur beschäftigte die Hure die westliche Großstadtwahrnehmung geradezu obsessiv bis weit in das 20. Jahrhundert hinein.

In dem Maße, in dem in den Augen vieler bürgerlicher Männer die Frauen in ihrer Gesamtheit zum Zeichen der Störung des öffentlichen Lebens wurden, setzten Bestrebungen ein, die aus den Fugen geratene traditionelle Stadt- und Geschlechterordnung wiederherzustellen (Wilson 1991, Hooper 1998, Frank 2003). Die Anstrengungen, die Prostitution zu regulieren, zielten auch darauf ab, das Verhalten von Frauen in der Öffentlichkeit insgesamt zu kontrollieren (Frank 2003, 177 ff.).

In dieser Hinsicht ist der in England bereits im 18. Jahrhundert, in Kontinentaleuropa gegen Ende des 19. Jahrhunderts einsetzende Prozess der Suburbanisierung von großer Bedeutung. Er basiert nicht zuletzt auf der Überzeugung vieler bürgerlicher Männer, dass die chaotische große Stadt einen physisch wie moralisch denkbar ungeeigneten Ort für Frauen und Kinder darstellte. Aus ihrer Sicht präsentierte sich die

Suburbanisierung als ideale Lösung der Stadt- und Geschlechterkrise: Sie sollte maßgeblich dazu beitragen, Frauen von der Stadt als der Welt der Verlockung durch Lohnarbeit einerseits und kultureller Heterogenität sowie sexueller Freizügigkeit andererseits, also vom ›Abenteuer Stadt‹ fernzuhalten. Suburbanisierung beinhaltete, die politisch, ökonomisch und kulturell aus den Fugen geratene Verteilung der Geschlechter im öffentlichen und privaten städtischen Raum als »separate spheres« von City und Suburb zu rekonstruieren, zugleich die »gefährlichen Energien« der Frauen zu domestizieren und dadurch letztendlich die bürgerliche Geschlechterordnung zu (re-)stabilisieren (Frank 2003, 275 ff.). Deshalb gilt der feministischen Stadtkritik das vorstädtische Eigenheim nicht umsonst als das herausragende Symbol der räumlichen und geschlechtsspezifischen Teilung der Arbeit und der abgeschotteten, engen und restringierten Arbeits- und Lebenswelt der Hausfrauen und Mütter, in der jener ›Weiblichkeitswahn‹ regierte, den Betty Friedan (1963) so beklemmend beschrieben hat.

Ab den 1920er Jahren waren in den meisten westlichen Ländern die politischen und administrativen Voraussetzungen für eine systematische, staatlich gelenkte und kontrollierte Stadtplanung geschaffen: Die »auf Ordnung bedachte planerische Hand« konnte voll »durchgreifen« (Rodenstein 1999, 309). Mit der sozialen und räumlichen Trennung von Produktion und Reproduktion bzw. von bezahlter Erwerbs- und unbezahlter Hausarbeit und der symbolischen Codierung dieser Sphären als ›männlich‹ und ›weiblich‹ ging die allmähliche Abwertung der im Haus verbleibenden und den Frauen zugewiesenen Arbeit einher. Nach und nach verschwand die nicht als berufliche Arbeit organisierte Reproduktionsarbeit der Frauen aus dem gesellschaftlichen Bewusstsein – bis hin zu ihrer völligen Verdrängung. Der Begriff der Arbeit wurde eingeschränkt auf profitable Tätigkeiten, die dementsprechend im kapitalistischen Betrieb und als Lohnarbeit organisierbar waren. Sie waren auf die Produktion für den Markt ausgerichtet, also auf die Produktion von Tauschwerten, und wurden vorrangig den Männern zugeordnet. Die nicht profitabel organisierbaren Tätigkeiten verblieben dagegen in der Selbstversorgungswirtschaft der privaten Haushalte. Hier wurden Gebrauchswerte hergestellt, das heißt Güter und Dienstleistungen, die unmittelbar der Befriedigung der Bedürfnisse der Mitglieder des Haushalts dienten. Diese Gebrauchswirtschaft oder auch Selbstversorgungs- oder Reproduktionsarbeit wird von den Frauen als unbezahlte Arbeit überwiegend innerhalb der Wohnung erledigt. Aber sie erscheint angesichts der Dominanz eines auf Erwerbsarbeit verkürzten Arbeitsbegriffs gar nicht mehr als notwendige Arbeit.

Die polar definierten Geschlechterrollen und Zuständigkeitsbereiche wurden unhinterfragte Grundlage der Stadtplanung und -gestaltung und führten zu den Ergebnissen, die oben geschildert wurden. Spätestens nach dem Zweiten Weltkrieg folgte die baulich-räumliche Gestaltung von Stadtlandschaften in allen westlichen Industriegesellschaften dem Raummuster der Zonierung städtischer Funktionen und bis in die Grundrisse der Wohnungen hinein dem Leitbild der bürgerlichen

Kleinfamilie. »A woman's place is in the home« wurde zum dominanten städte- und innenarchitektonischen Gestaltungsprinzip (Hayden 1981, 179; Mackenzie/Rose 1982, 170). Auf diese Weise wurde die soziale Rolle der (suburbanen) Vollzeit-Hausfrau durch die baulich-räumliche Gestaltung der Umwelt untermauert und die Wahl alternativer Wohn- und Lebensformen besonders für Frauen extrem erschwert. Den höchsten Verfestigungsgrad erreichte diese industriekapitalistisch-patriarchale Verteilung der Geschlechter im Raum in den 50er und 60er Jahren des 20. Jahrhunderts.

14.3 Zur städtischen Krise der Reproduktionsarbeit

Seit dieser Zeit hat sich allerdings ein erheblicher sozialer Wandel vollzogen. Im Übergang von der Industrie- zur Dienstleistungsgesellschaft bzw. von der fordistischen zur postfordistischen Gesellschaft befinden sich mit den Sozialordnungen auch die Geschlechter- und Raumordnungen in einem tief greifenden Umbruch. Ein herausragendes Merkmal ist der drastische Anstieg der Frauenerwerbstätigkeit (befördert durch die Einführung der Teilzeitarbeit in den 1960er Jahren) und die damit verbundene Ausdifferenzierung der Lebensverhältnisse von Frauen in den Städten. Das weibliche Rollenmodell der Nur-Hausfrau und Mutter gibt es heute als dominantes biographisches Muster – vor allem in den Städten – nicht mehr. Mütter sind heute häufiger als früher auch dann erwerbstätig, wenn ihre Kinder noch klein sind. Insbesondere für Frauen der jüngeren Generationen sind eine qualifizierte und kontinuierliche Berufstätigkeit sowie eine gleichberechtigte Partnerschaft selbstverständlich (Rodenstein 1999, 311). Auf Seiten der Frauen hat sich mit dem Rollen- auch ein starker Bewusstseinswandel vollzogen, der allerdings auf Seiten der Männer keine Entsprechung hat: Das männliche Selbst- und Rollenverständnis verändert sich in erheblich langsameren Maße. Männer bzw. Väter sind kaum bereit, Verantwortung für die Reproduktionsarbeit, also für Haushalt und Kindererziehung zu übernehmen. Vor allem, wenn Kinder geboren werden, sind es in der überwältigen Mehrzahl Frauen, die in der Verantwortung stehen, sich um das Wohl der Familie zu sorgen. Viele reduzieren die Arbeitszeit oder verzichten ganz auf den Job. Nach wie vor nehmen wenige Väter eine Halbtagsstelle an. Weder in Ost- noch in Westdeutschland sind mehr als 3 % der Väter teilzeiterwerbstätig – und von diesen gibt lediglich ein Viertel an, aus familiären Gründen den Vollzeitjob eingeschränkt zu haben (ZWD Frauen & Politik 13.06.2003). Der Anteil von Vätern, die Elternzeit beanspruchen, beläuft sich auf ca. 2 % bis 2,5 % (BMfSFJ 2003).

Genauso wenig, wie Frauen offenbar Entlastung durch Männer zu erwarten haben, steht umfassende Unterstützung durch eine Vergesellschaftung der Reproduktionsarbeit, also durch staatliche Instanzen oder privatwirtschaftlich organisierte Dienste (Kindertagesstätten, Ganztagschulen, Reinigungsdienste etc.) in Aussicht.

Wer aber leistet die Reproduktionsarbeit, wenn Frauen sich in zunehmendem Maße weigern, die alleinige Verantwortung dafür zu schultern? Stephanie Bock, Susanne Heeg und Marianne Rodenstein (1997) haben für diese sich aus der Asymmetrie der wechselseitigen Rollenerwartungen von Männern und Frauen ergebenden Folgen und Probleme für die Gesamtgesellschaft das Konzept der »Reproduktionsarbeitskrise« entwickelt.

Unter den gegenwärtigen gesellschaftlichen Bedingungen gäbe es vor allem drei denkbare (und auch kombinierbare) Lösungen der Reproduktionsarbeitskrise:

Erstens könnten die Aufgaben der Reproduktion vergesellschaftet werden. Markt und/oder Staat stellen haushaltsbezogene Dienstleistungen und soziale Infrastruktureinrichtungen bereit. Teilweise kann Reproduktionsarbeit auch industrialisiert werden, etwa in Gestalt hoch effektiver Haushaltsmaschinen. Vorstellbar wäre eine Kombination von Haushaltsrobotern, Reinigungsfirmen, Ganztagsschulen, Kinderbetreuungseinrichtungen etc. Gegen die Vermarktung und Verstaatlichung der Reproduktionsarbeit sprechen der qualitative, ›gebrauchswertorientierte‹ Charakter bzw. die Nicht-Standardisierbarkeit großer Teile der Reproduktionsarbeit, insbesondere da, wo Haus- und Familienarbeit außer bloßer Versorgung auch liebevolle ›Sorge‹ oder ›Fürsorge‹ bedeutet.

Die zweite Lösung beruht weitgehend auf informellen Märkten und wird heute bereits weithin praktiziert. In gut situierten Haushalten wird das Vereinbarkeitsproblem von Frauen dadurch gelöst, dass Teile der Reproduktionsarbeit als Dienstleitungen eingekauft, das heißt an Frauen einkommensschwacher Schichten – und das wiederum heißt sehr häufig: an Angehörige ethnischer Minderheiten – delegiert werden. Die klassische Arbeitsteilung zwischen Männern und Frauen kehrt damit als klassenspezifische bzw. ethnisch differenzierte Arbeitsteilung zwischen Frauen wieder. Die ›neuen Hausangestellten‹, deren Tätigkeit zu den am schlechtesten bezahlten und am wenigsten abgesicherten des informellen Arbeitsmarktes gehört, sind ein gutes Beispiel dafür, dass und wie sich der Zusammenhang von Geschlecht und instabiler sozialer Situation noch mit anderen sozialen Schichtungskategorien postindustrieller Gesellschaften wie Klasse und Ethnizität hierarchisierend verbindet. Die Hierarchie der Geschlechter wird für einen Teil der Frauen abgebaut, um als Hierarchie zwischen Frauen reproduziert zu werden – als eine Art internationalisierter Arbeitsteilung zwischen privilegierten, hoch qualifizierten Frauen einerseits und ökonomisch und sozial schwächeren Frauen andererseits. Dieses Muster lässt sich auf andere Bereiche von ›Frauenarbeit‹ übertragen: »Die Formen traditionell als weiblich definierter Arbeiten und Tätigkeiten, die Frauen in hoch industrialisierten Gesellschaften teilweise verweigern, jedenfalls aber nicht mehr in ausreichendem Maße übernehmen, werden weder abgeschafft noch zwischen Männern und Frauen geteilt. Sie werden den Frauen anderer Kontinente und Kulturen zugewiesen. Das gilt für die Fließband- und Putzarbeit ebenso wie für die Prostitution und das Gebären und Aufziehen von Kindern sowie die Reproduktion der Arbeitskraft« (Potts

1993, 87). In vielen Einwanderungsstädten beginnt sich eine neue Form der ›Dienstbotengesellschaft‹ (vgl. Häußermann/Siebel 1995) bereits abzuzeichnen.

Drittens könnte sich das Rollenverständnis von Männern komplementär zu dem von Frauen ändern: In dem Maße, in dem Frauen in das System beruflich organisierter Erwerbsarbeit integriert werden, würden Männer Aufgaben der weiterhin überwiegend informell organisierten Reproduktionsarbeit übernehmen.

Diese letztere Lösung scheint allerdings in sehr weiter Ferne zu liegen. Also gehen die Frauen überwiegend den Weg der Reduktion der Aufgaben der Reproduktion: Sie ziehen aus der erlebten oder absehbaren Unvereinbarkeit von Beruf und Familie private und persönliche Konsequenzen – mit den bekannten strukturellen und demographischen Auswirkungen auf die Gesamtgesellschaft. Mittlerweile bleiben 20 % aller Frauen in Deutschland ihr Leben lang kinderlos, unter Akademikerinnen ist dieser Anteil fast doppelt so hoch. Viele Frauen schieben Mutterschaft lange hinaus und bekommen oftmals nur ein Kind. Frauen forcieren häufiger Scheidungen als Männer. Die Zahl der Alleinerziehenden steigt stetig. Frauen sind zudem treibende Kräfte bei der Herausbildung neuer Wohn- und Lebensformen, darunter auch das bewusste Alleinwohnen, die ebenfalls als eine Antwort auf bzw. als Vermeidung von Konflikte(n) um die Reproduktionsarbeit gedeutet werden können (Bock/Heeg/Rodenstein 1997, vgl. Schneider 1992, Löw 1992).

Auch das vieldiskutierte Phänomen der Gentrification kann in diesem Kontext als ein Versuch von Frauen gesehen werden, die Stadt in ihrem Sinne (um)zugestalten (Rodenstein 1999, 312). Gut verdienende Frauen sind als zahlungskräftige Nachfragerinnen nach innenstadtnahem Wohnraum überproportional aktiv (Alisch 1993). Die meisten von ihnen leben mit einem ebenfalls erwerbstätigen Partner in kinderlosen Haushalten mit zwei Gehältern zusammen. Dieser Haushaltstyp der DINKs *(double income no kids)* gilt als Resultat der zunehmenden Frauenerwerbstätigkeit (vgl. Borst 1990, 259). Um ein effizientes Zeit- und Geldmanagement bei der Organisation von Transport und Reproduktion bemüht, bevorzugen gerade diese wohlsituierten Berufstätigenhaushalte zentral gelegene Wohngegenden mit guten Einkaufsmöglichkeiten, kurzen Wegen und einem vielfältigen Angebot an privaten Dienstleistungen.

Aber nicht nur wohlhabende Frauen, sondern auch und gerade Frauen (aber natürlich auch Männer) in sozial prekären Situationen zieht es in innerstädtische Quartiere, in denen Mieten noch günstiger, Wege kürzer und städtische Infrastrukturen vom Kinderhort bis zum Nahverkehrsmittel eher vorhanden sind. Wer dagegen gar keine Wahl mehr hat, findet sich in kontinentaleuropäischen Städten meist an deren Rändern wieder. Von Arbeitslosigkeit und Armut betroffene Frauen sammeln sich in den Großsiedlungen des sozialen Wohnungsbaus. Hier entstehen Ballungsräume vor allem jüngerer alleinerziehender Mütter und älterer Frauen über sechzig (Borst 1990, 253 ff.).

Demgegenüber scheint sich die Situation von Frauen in den ehemaligen Suburbs, die immer noch häufiger in ehe(ähn)lichen familiären Beziehungen leben, etwas zu entspannen. Mit der Ansiedlung vieler Firmen und Unternehmen in den ehemals städtischen Peripherien, die gerade auch weibliche (Teilzeit-)Arbeitskräfte nachfragen, hat sich das Problem zumindest der Erreichbarkeit von Arbeitsplätzen verringert, so dass auch Suburb-Frauen leichter erwerbstätig sein können. Über eine gerechtere Verteilung der Haus- und Familienarbeit zwischen den Geschlechtern ist damit aber noch nichts gesagt (Frank 2003, 342).

14.4 Wider das dichotome Denken

Wie gesehen, hat sich die feministische Stadtkritik von Anfang an mit dem gesellschaftlichen Verständnis und dem soziologischen Begriff von Arbeit auseinandergesetzt. Letztere beachteten und anerkannten nur die formell organisierte und entlohnte Erwerbsarbeit als Arbeit. Die Gebrauchswirtschaft, die Reproduktionsarbeit sowie alle informell, nicht betrieblich und lohnförmig organisierten produktiven und reproduktiven Tätigkeiten wurden ausgeblendet. Damit wurde (und wird) ein Großteil der den Frauen zugewiesenen Arbeit weder wahrgenommen noch wertgeschätzt und auch in der Stadtplanung buchstäblich an den Rand gedrängt (Terlinden 1980). Die Kritik der Ausblendung der Geschlechterverhältnisse als stadtstrukturierender Kraft trifft auch den in der aktuellen Stadtforschung prominenten Regulationsansatz, der die Veränderungen der Produktionsstrukturen, insbesondere die Veränderungen der Arbeits- und Lohnverhältnisse und den Wandel staatlicher Regulierungsformen in den Mittelpunkt des Forschungsinteresses stellt. Damit, so der Vorwurf, übersehe auch dieser die Bedeutung der Reproduktionsweisen sozialer Gruppen und Schichten, deren Last nach wie vor dominant auf den Schultern von Frauen liegt (Borst 1990, 236 f.).

Die Entgegensetzung von Erwerbs- und Reproduktionsarbeit ist aber nur eine, wenngleich eine der zentralen unter den binären Oppositionen, durch die das männliche Denken die Welt (und die Stadt) strukturiert und organisiert. Ein anderes, für die Stadtsoziologie – und deshalb auch für die feministische Kritik – nicht minder bedeutsames Begriffspaar ist das von Öffentlichkeit und Privatheit. Schon in der griechischen Antike sind Privatheit und Öffentlichkeit keine gleichwertigen Sphären. Privatheit ist vielmehr der Zustand des ›Beraubtseins‹, nämlich von den Möglichkeiten des Denkens, des öffentlichen Handelns, der Politik und der Vernunft und damit der eigentlich menschlichen Tätigkeiten. Die Privatsphäre ist idiotisch insofern, als sie das Reich der Notwendigkeit ist, der Arbeit als Auseinandersetzung mit Natur zur Sicherung des physischen Überlebens durch Geburt und durch Beschaffung des Lebensnotwendigen. Jenseits dieser notwendigen Arbeit aber beginnt für die griechische Antike erst das Menschsein (Arendt 1960, 32 f.). In der griechischen

Polis sind Männer, sofern sie über einen Haushalt, das heißt über Frauen und Sklaven verfügen, durch diesen von notwendiger Arbeit entlastet. Das ist die Voraussetzung dafür, die Bürgerrechte in der griechischen Polis zu erhalten. Die Männer sind freigestellt für ein Leben in der öffentlichen Sphäre der Politik und der Agora. Die Frauen dagegen werden auf den Haushalt und damit auf ein Leben im Bereich notwendiger Arbeiten eingegrenzt. Damit ist ihnen ein Leben in Muße, für die Vervollkommnung von Körper und Geist und für die Mitwirkung an den öffentlichen Angelegenheiten des Gemeinwesens verschlossen. Die Frauen sind zusammen mit den Sklaven auf den Oikos, den Haushalt, und damit auf ein ›idiotisches‹ Leben im Privaten beschränkt.

Auch die polare Gegenüberstellung von Öffentlichkeit und Privatheit im Zuge der Herausbildung der bürgerlichen Gesellschaft ist untrennbar mit der Polarisierung der Geschlechtscharaktere (Hausen 1976) und der Zuordnung der Geschlechter zu den beiden Sphären verbunden: ›public man‹ und ›private woman‹.

Gegen das Denken in den polaren Kategorien von Öffentlichkeit und Privatheit ist einzuwenden, dass die Lebenswirklichkeit, insbesondere die von Frauen, sich dieser Polarität entzieht. So war zumindest im 19. Jahrhundert der bürgerliche Haushalt keineswegs nur »Rückzugsgebiet in die politikferne Innerlichkeit« (Mettele 1996, 168) sondern durchaus »öffentlicher Ort«. Frauen waren häufig Mittelpunkt häuslicher Geselligkeit, in der über Kunst und Literatur ebenso wie über Philosophie und Politik diskutiert wurde.

Die Haus- oder Reproduktionsarbeit wird eindeutig der Privatsphäre zugerechnet, aber wenn auf einem Markt eingekauft wird, geschieht sie im öffentlichen Raum. Ebenso kann umgekehrt eine Parlamentsdebatte, also ein als genuin öffentlich definiertes Geschehen, daheim am Fernseher verfolgt werden. Die soziale Praxis, also die Handlungen und Nutzungen von Individuen und Gruppen entscheiden von Fall zu Fall, ob ein bestimmter Raum oder Vorgang der öffentlichen, der halböffentlichen oder der privaten Sphäre zugehörig ist. Statt des eindeutigen Gegenübers von öffentlicher und privater Sphäre, das sich auch räumlich manifestiert, existiert eine Fülle von Zwischensphären und Zwischenräumen; diese sind außerdem auf komplexe Weise miteinander verwoben (vgl. Holland-Cunz 1993, 38; Dörhöfer 2000).

Zum anderen wird herausgearbeitet, dass ›Öffentlichkeit‹ und ›Privatheit‹ für Männer und Frauen etwas grundsätzlich anderes bedeuten. In aller Regel wird das Verhältnis von Öffentlichkeit und Privatheit in Wissenschaft und Politik als ein hierarchisches verstanden und vom Pol der Öffentlichkeit her analysiert. Beklagt werden dann Tendenzen des Verfalls der – männlich dominierten – Öffentlichkeit (siehe zum Beispiel Sennetts Buch *The Fall of Public Man* [sic!], 1983). Von kritischen Forscherinnen verfasste Analysen der Polarität setzen dagegen häufig am Pol der Privatheit an. Sie betonen die Verflechtung von Geborgenheit und Intimität mit Ausbeutung und Gewalt in der Privatsphäre, die strukturelle Vernachlässigung der im Privaten stattfindenden Reproduktionsarbeit als dem den Frauen zugewiesenen Lebensbereich und den eingeschränkten Zugang von Frauen zur Sphäre der Öffentlichkeit (von Saldern 2000, 8). Während Männer die Trennung von öffentlicher und privater Sphäre als Basis von Emanzipation und Demokratie beschreiben, stellt sie sich aus der Sicht vieler Frauen als Eingrenzung und Unterdrückung dar, als Reduktion auf Natur, als Verdrängung all dessen, was sich den Logiken von kapitalistischer Produktion und öffentlichem Räsonnement nicht fügt (Geburt, Krankheit, Alter, Leiblichkeit, Emotionalität).

Die Trennung von Öffentlichkeit und Privatheit entfaltet nur für diejenigen ihr emanzipatorisches Potential, die gleichen Zugang zu beiden Sphären haben. Das ist in der Regel nur für bürgerliche Männer der Fall. Für Frauen wie für viele Angehörige anderer sozialer Gruppen stellt sich diese Trennung als konstitutives Moment, Ausdruck und Mittel eines Herrschaftsverhältnisses dar: »Je trennschärfer die Spaltung zwischen der öffentlichen und der privaten Sphäre ausgebildet ist, desto wahrscheinlicher werden Frauen beherrscht sein« (Holland-Cunz 1993, 42).

Über diese theoretischen und empirischen Einwände gegen die Trennung von Öffentlichkeit und Privatheit beziehungsweise Erwerbs- und Reproduktionsarbeit hinaus wird das Denken in polaren Kategorien insgesamt zum Gegenstand der feministischen Kritik. Diese zielt nicht nur auf den ungleichen Zugang von Männern und Frauen zu den solcherart polarisierten gesellschaftlichen Bereichen, das heißt auf ungleiche Chancen der Teilhabe. Sie richtet sich vielmehr grundsätzlich gegen die dualistische Struktur des westlichen patriarchalen Denkens, das die Komplexität der Welt in binäre Oppositionen aufspaltet, die polaren Extreme mit entgegengesetzter symbolischer Bedeutung auflädt, hierarchisch zueinander in Beziehung setzt und Männer und Frauen den jeweiligen Bereichen zuweist. Öffentlichkeit und Privatheit, Arbeit und Freizeit, Tauschwert und Gebrauchswert, Vernunft und Emotionalität, Geist und Körper, Expertenwissen und Alltagswissen, usw. – in diesen und durch diese (geschlechtlich codierten) Polaritäten werden unsere Gesellschaften und unsere Städte konstituiert. Nicht nur, aber vor allem die feministische Kritik stellt darauf ab, das Denken in Polaritäten von Öffentlichkeit und Privatheit, von Arbeit und Freizeit aufzuheben, weil es Bedingung und Ausdruck realer hierarchischer Beziehungen zwischen den Geschlechtern ist. Die Überwindung eines dichotomen, die Welt in jeweils zwei Hälften polarisierenden Denkens, Handelns und Gestaltens wird als die notwendige Bedingung dafür angesehen, auch die realen Hierarchien zwischen männlichen und weiblichen Lebenswelten aufzuheben.

14.5 Praktische Forderungen an Stadtpolitik und Stadtplanung

Seit dem Aufbruch der 1970er Jahre haben Frauen zahlreiche Versuche unternommen, auf die Gestaltung des städtischen Raumes Einfluss zu nehmen und Graueninteressen insbesondere in der kommunalen Planung zu institutionalisieren. Vielerorts schlossen sich feministische Stadtplanerinnen und Architektinnen in (autonomen) Projektgruppen und/oder mit städtischen Gleichstellungsbeauftragten zusammen, um *Frauen(t)räume* (Bock/Hünlein/Klamp 1989, Zimmermann 1995), *FrauenPläne* (Martwich 1991) und *Wege zur nicht-sexistischen Stadt* (Hayden 1981) zu entwickeln, umzusetzen und sich solchermaßen städtische öffentliche Freiräume (zurück) zu erobern. Auch zu diesem Zweck beziehungsweise als »symbolische Raumnahme« (Rodenstein 1999, 307) wurden seit den 1970er Jahren Frauenzentren, -cafés, -kneipen, -buchläden etc. betrieben. Eine Antwort auf die Gefährdung von Frauen in der Öffentlichkeit (»Angst-Räume«) stellten nächtliche Demonstrationen (»Wir erobern uns die Stadt zurück«) oder die Einrichtung von Frauen-Nachttaxis oder Frauen-Parkplätzen dar (Dackweiler 1990; siehe auch Steg/Jesinghaus 1987). *Frei-Räume* ist auch der Titel der seit 1983 erscheinenden »Streitschrift der feministischen Organisationen von Planerinnen und Architektinnen« (FOPA e. V.), des 1981 gegründeten Dachverbands der Stadt- und Regionalgruppen.

Es ist nicht verwunderlich, dass es vor allem Frauen waren und sind, die die ungleichen Chancen der Aneignung und Nutzung von Stadt thematisieren. Nichtsdestoweniger verhandelt die feministische Stadtkritik beileibe keine »Frauenprobleme«, sondern grundsätzliche und allgemeine soziale Probleme, die aufgrund der geschlechtshierarchischen Verfasstheit der Gesellschaft allerdings als Frauenprobleme erscheinen (müssen). Dies gilt auch für die Krise der Reproduktionsarbeit: Auch ein ›Nur-Hausmann und Vater‹ bzw. ein zugleich erwerbstätiger und familienarbeitender Mann hätte und hat dieselben Anerkennungs- und Unvereinbarkeitsprobleme. Aus diesem Grunde fordern und praktizieren viele Vertreterinnen der feministischen Stadtkritik schon seit langem die Verabschiedung von der Fixierung auf die Kategorien ›Frauen‹ und ›Weiblichkeit‹ sowie von der Forderung nach einer ›frauengerechten‹ oder gar ›weiblichen‹ Stadtplanung. Mit diesem Ansatz verbunden war und ist die Gefahr einer bloßen »Modernisierung des Patriarchats« (Becker 1997, 14; Rodenstein 1993). Damit ist eine Veränderung der städtischen Strukturen in dem Sinne gemeint, dass Frauen die ihnen gesellschaftlich zugewiesene Reproduktionsarbeit erleichtert wird, ohne aber die Zuständigkeit der ersteren für letztere in Frage zu stellen.

So steht zwar heute immer noch die Kritik an einer Stadtentwicklung im Mittelpunkt, die einseitig die Waren- bzw. Tauschwertproduktion und die Erwerbsarbeit privilegiert (Becker 1997, 13). Dem setzen feministische Forscherinnen und Planerinnen auch weiterhin ein Planungskonzept entgegen, das am Lebensalltag der Betroffenen ansetzt, die Vereinbarkeit von Beruf und Familie gewährleistet und somit

»auch der Reproduktionssphäre Raum gibt und Beachtung verleiht«. Zugleich ist aber auch klar geworden, dass es hierbei nicht primär und speziell um ›Frauenbelange‹ geht. Vielmehr sehen sich Feministinnen als Anwältinnen aller ›schwächeren NutzerInnen‹ Was Frauen (in ihrer Mehrzahl) brauchen, nützt und hilft auch Alten, Kindern, Behinderten, sozial Benachteiligten – also allen, die nicht der Norm männlich, gesund, vollzeit-erwerbstätig, individuell motorisiert und freigestellt von allen Reproduktionsaufgaben entsprechen – mit anderen Worten: der Mehrheit der Stadtbewohner. So postuliert auch die von der FOPA verabschiedete European Charter for Women in the City: »One of the presuppositions is that a woman's self-interest does not exist as such, but that women may act as catalysts in the process of change and of improvements of living conditions generally« (UNESCO 1995, 1).

Die in diesem Sinne von Feministinnen seit langem erhobenen Forderungen: eine dezentral organisierte Stadt der kurzen Wege, integrierte, multifunktionale Quartiere mit wohnortnahen Arbeitsplätzen, guten Infrastrukturen, flexiblen Wohnungsgrundrissen, qualitätsvollen und sicheren öffentlichen, halböffentlichen und privaten Räumen sowie Bürger- bzw. Bewohnerbeteiligung bei Planungsprozessen beginnen sich allmählich durchzusetzen. Würde dem Bund-Länder-Programm »Soziale Stadt« nicht durch die gleichzeitige übergeordnete Politik des Sozialabbaus permanent der Boden unter den Füßen weggezogen, könnte es in Teilen beinahe als ein feministisches Projekt erscheinen. So aber bleibt die praktische Übernahme vieler feministischer Grundsätze ein zweifelhafter Erfolg. Auch die Tatsache, dass ausgerechnet heute, da es kein homogenes Frauenbild bzw. keinen einheitlichen weiblichen Lebensentwurf (mehr) gibt, keine Kommune ohne Aktionsplan zur »frauengerechten« (und das heißt in der Regel: müttergerechten) Stadtgestaltung auskommt und sich ein Kapitel »Frauenfreundliches Planen« in jedem Planungslexikon findet, kann man als eine Ironie der Geschichte betrachten. Viele Maßnahmen zeitigen ambivalente Folgen: »Frauenräume, einst als Eroberung und Selbstbestimmung gesehen, degenerieren zu Schutzräumen unter männlicher Kontrolle« – so zum Beispiel die heute allerorten anzutreffenden Frauenparkplätze (Dörhöfer/Terlinden 1998, 20). Von den kommunalen Mittelkürzungen für soziale Einrichtungen sind die autonomen Frauenprojekte in hohem Maße betroffen.

Weniger praktisches Gehör findet insgesamt auch die Forderung nach einem veränderten gesellschaftlichen Verständnis von Mobilität, das auf Entschleunigung und Ortsbezug statt auf die schnelle Überwindung großer Distanzen, auf dezentrale Vernetzung statt einseitiger, linearer Ausrichtung auf das Zentrum und auf den Ausbau öffentlicher Verkehrsmittel statt motorisierten Individualverkehr setzt (vgl. Bauhardt 1995).

Viktoria Waltz (1997) hat auf die Notwendigkeit hingewiesen, die kulturellen und sozialen Unterschiede zwischen Frauen stärker zu berücksichtigen und vor allem Migranten bzw. deren spezifische Situationen und Bedürfnisse stärker als bisher in die theoretische Diskussion und die praktische Entwicklung von Planungskonzepten einzubeziehen – auch wenn diese Vorstellungen und Bedürfnisse dem westlich-europäischen Muster nicht entsprächen und als ›rückständig‹ erscheinen könnten. Sie erläutert die Notwendigkeit zu differenzierter Betrachtung und Planung am Beispiel muslimischer Migrantinnen, deren Lebensführung sich an traditionellen Mustern ihrer Herkunftsländer orientiert. Mit der Migration werden so Lebensweisen nach Deutschland importiert, die auf einer relativ strikten Trennung von Männer- und Frauenräumen und zu einem hohen Anteil auf Subsistenzwirtschaft als Frauenarbeit beruhen. Diese auch religiös untermauerten Lebensvorstellungen finden hier keine Räume, weder in den Wohnungen, die eine Trennung von Männer- und Frauenräumen schwer, wenn nicht unmöglich machen, noch in der durchrationalisierten Maschine Stadt bzw. in der Dienstleistungsgesellschaft, wo es keinen Platz gibt für subsistenzwirtschaftliche Aktivitäten. Migrantinnen finden also doppelt – als Frauen wie als Subsistenzwirtschaftende – »kein(en) Ort nirgends« (Wolf 1979). Und selbst wenn ein solcher Ort einmal existiert, wird er, wie Waltz zeigt, von gedankenloser Planung ignoriert und schließlich vernichtet; so zum Beispiel das Grabeland auf dem Schüngelberg in Gelsenkirchen, das als Gartenanbaufläche für ca. 50 türkische Familien diente und ein Lebens- und Identitätsraum für Frauen, ein Ort der Integration in die neue Umgebung war – und der IBA Emscher Park zum Opfer fiel.

Mit diesen Überlegungen ist die Aufforderung gerade auch an die feministische Planungsdiskussion verbunden, nicht über fremde, ›andersartige‹ Muster der Lebensführung hinwegzusehen und die Bedürfnisse und Interessen europäischer, intellektueller Mittelschichtsfrauen, die die feministische Debatte dominieren, nicht unzulässig zu verallgemeinern. Vielmehr seien auch solche Forderungen mit aufzunehmen und zu vertreten, die den eigenen Emanzipationsvorstellungen unter Umständen zuwiderlaufen können.

So jung sie auch ist – die feministische Stadtkritik hat also bereits eine Geschichte. Als emanzipatorisches Projekt in und mit der Neuen Frauenbewegung entstanden, teilt sie mit dieser auch eine Reihe von Erfolgen, Misserfolgen, Entwicklungen und Problemen. Seit die theoretische, empirische und praktische feministische Stadtkritik in den 1970er Jahren mit der Feststellung von der »Un-Weiblichkeit der Städte« (Hess 1988) einsetzte, hat sich eine Menge getan. Insbesondere die gesellschaftlichen Rollen und das Selbstverständnis von Frauen haben sich stark verändert.

Allen Veränderungsprozessen zum Trotz sind Frauen weiterhin in vielen gesellschaftlichen Bereichen Männern gegenüber strukturell benachteiligt. Da Männer nicht freiwillig von ihren gesellschaftlichen Privilegien lassen, ist eine Politik der gezielten Förderung von Frauen keineswegs obsolet. Es mehren sich allerdings die Anzeichen, dass Gleichstellungspolitik heute vor allem am Selbst- und Rollenverständnis von Männern anzusetzen hätte (Rodenstein 2000, 49).

In struktureller Hinsicht könnte vielleicht die Strategie des *Gender Mainstreaming* helfen, die von der Europäischen Union für alle Politik- und Verwaltungsprozesse verbindlich vorgeschrieben wird. ›Mainstreaming‹ heißt, etwas bislang

Randständiges in die Mitte, ins Zentrum der Aufmerksamkeit zu rücken. Gender Mainstreaming bedeutet, bei allen gesellschaftlichen Vorhaben und Entscheidungsprozessen die Perspektive des Geschlechterverhältnisses bzw. der Gleichstellung der Geschlechter von vornherein und durchgängig mit einzubeziehen. Bei Gender Mainstreaming (wie auch im Feminismus) geht es also nicht um Frauen-, sondern explizit um Geschlechterpolitik. Was diese Vorgabe des Gender Mainstreaming für die Stadt(entwicklungs)politik bedeutet beziehungsweise ob und wie erstere für letztere fruchtbar gemacht werden kann und soll, wird aktuell untersucht und debattiert (vgl. Färber et al. 2001; Bothfeld et al 2002).

Feministische Stadtkritik reflektiert die Erkenntnis, dass unsere Städte alles andere als geschlechtsneutral konstruiert sind. Annahmen über die Geschlechter und deren Rollen gingen und gehen in ihre Gestaltung ein, werden buchstäblich versteinert oder betoniert und mach(t)en sich wiederum als Voraussetzungen geltend, unter denen Geschlechterbeziehungen ausgehandelt werden. Die entscheidende Frage lautet, wie eine Stadt materiell und symbolisch, sozial und räumlich gestaltet sein muss, die allen ihren Bewohnerinnen und Bewohnern größtmögliche Lebenschancen und Entfaltungsmöglichkeiten bietet. Soziale und kulturelle Unterschiede zwischen gesellschaftlichen Gruppen und zwischen Frauen sollen dabei nicht eingeebnet, sondern wahrgenommen und anerkannt werden. In praktisch-politischer Hinsicht geht es darum, differenzierte und flexible Stadtkonzepte zu entwickeln, die helfen, gesellschaftliche Hierarchien abzubauen und allen StadtbürgerInnen passende Lebensformen und Wohnmöglichkeiten zu bieten und dabei auch unterschiedliche Normen und Lebensentwürfe berücksichtigen. Wie vor allem Ruth Becker betont, hat feministische Stadtkritik nichts (mehr) mit einer genuin ›weiblichen‹ Sicht auf die Stadt und die Welt zu tun: »›Weiblichkeit‹ als ›historische Geschlechtskrankheit‹ (Christina Thürmer-Rohr) hält Frauen in ihrer patriarchal definierten Rolle fest. Feministische Planung hat demgegenüber ein utopisches Moment: Die Utopie eines veränderten Geschlechterverhältnisses, das auf Rollenzuschreibungen verzichtet« (Becker 1997, 27). Hierin liegt ihr radikaler gesellschaftskritischer Impuls.

Fragen

- Was versteht man unter »feministischer Stadtkritik«? Wogegen richtet sie sich?

- Städte sind nicht »geschlechtsneutral« strukturiert. Inwiefern gehen Annahmen über die Geschlechter und ihre Rollen in die Gestaltung der Städte ein?

- Inwieweit hatten und haben Männer und Frauen ungleiche Chancen, sich die Stadt und ihre Möglichkeiten anzueignen?
- Im 19. Jahrhundert wurde die Großstadt für viele Frauen zum »Emanzipationsraum«. Wie wird diese These begründet?
- In welcher Weise strukturiert die geschlechtsspezifische Teilung der Arbeit die Gestaltung unserer Städte? Was versteht man unter der »Krise der Reproduktionsarbeit«? Inwiefern wirkt sie sich auf die Stadtentwicklung aus?

V. Ausblicke auf die Stadtforschung

15. Stadtsoziologische Ausblicke – ein abschließendes Gespräch

(Fragen von Jens Wurtzbacher)

Was bedeutet es, die Stadt als soziologischen Gegenstand zu betrachten?

Hartmut Häußermann: Die Stadtsoziologie thematisiert die Stadt als soziales System, als strukturiertes Geflecht von Beziehungen zwischen Menschen, Gruppen und Institutionen. Die Stadt ist ein äußerst komplexer Gegenstand, an dem sich alle gesellschaftlichen Entwicklungen ablesen lassen. Deshalb kann der soziologische Zugang allein nie genügen, und auch der alleinige Blick auf die lokale Ebene reicht für ein Verständnis der städtischen Entwicklungen und Probleme nicht aus. Die wissenschaftliche Beschäftigung mit der Stadt muss einerseits immer interdisziplinär sein, und sie muss sich auf eine ›Mehr-Ebenen-Perspektive‹ stützen, um die Einflüsse, die zum Beispiel auf Quartiersebene sichtbar werden, angemessen analysieren und verstehen zu können. ›Globalisierung‹ zum Beispiel wird zwar häufig als ein undurchschaubarer Catch-all-Begriff verwendet – aber es steht ja wohl außer Zweifel, dass sich der städtische Sozialraum durch internationale Kommunikation und ökonomische Verflechtung, durch die Veränderungen der kulturellen Inhalte und Symbole und nicht zuletzt durch die internationalen Wanderungsbewegungen stark wandelt. Dabei kann jede einzelne wissenschaftliche Disziplin einen bestimmten Ausschnitt der urbanen Wirklichkeit speziell bearbeiten. Der Gegenstand der Stadtsoziologie ist nicht primär die physisch-bauliche Struktur der Stadt, damit beschäftigen sich Stadtplaner und Architekten; Politologen wiederum beforschen die lokale Politik und Ökonomen die Erwerbsgrundlagen. Die Stadt*soziologie* zeichnet sich dadurch aus, dass sie die klassischen soziologischen Grundfragen im Hinblick auf das urbane Zusammenleben formuliert und untersucht.

Walter Siebel: Dazu zählt an prominenter Stelle die Frage nach den Erscheinungsformen und den Ursachen sozialer Ungleichheit. In den Kapiteln zur Segregation haben wir deutlich gemacht, welche Effekte die räumliche Konzentration von Haushalten mit bestimmten sozioökonomischen Merkmalen nach sich ziehen kann.

Letztlich ist die Nachbarschaft, der soziale Nahraum, der Ort, an dem sich die Kohäsion der Gesellschaft erweisen muss, hier müssen einander völlig fremde Menschen irgendwie miteinander zurechtkommen. Sie müssen sich den Raum teilen, müssen ihre unterschiedlichen Lebensentwürfe respektieren oder zumindest tolerieren und miteinander kooperieren. Wenn man vom Stadtteil ausgeht, dann kann man eine sehr sensible Perspektive auf die Frage einnehmen, wie unter den Bedingungen moderner Gesellschaften Integration weiterhin möglich ist. Darauf sind wir in den Kapiteln zur ethnischen Segregation und zur Nachbarschaft zu sprechen gekommen. Die Gemeindesoziologie bzw. die Gemeindestudien waren ein Forschungszweig, der versucht hat dies anhand des empirischen Feldes einer Stadt zu thematisieren.

Nicht zuletzt geht es natürlich auch um die Frage, wie sich die Prozesse, die die Gesellschaft insgesamt verändern, im sozialen Nahraum niederschlagen, und umgekehrt, inwiefern lokale Initiativen als Schrittmacher gesamtgesellschaftlicher Entwicklungen zu verstehen sind. In den Kapiteln zur *Stadt als Subjekt* und zum Charakter des Großstädters wird besonders deutlich, dass es sich dabei immer um eine vitale Wechselwirkung in Simmels Sinne gehandelt hat.

Das klingt so, als wäre der soziologische Zugang zur Stadt von deren materiellem Substrat völlig unabhängig?

Hartmut Häußermann: Die sozialen Verhältnisse manifestieren sich materiell in der gebauten Gestalt der Stadt. Eine soziologische Analyse urbaner Sozialverhältnisse kommt schon deshalb nie ohne einen historischen Zugang aus. Im Zusammenhang mit der Polarität zwischen Öffentlichkeit und Privatheit sind wir ja auf den geschlossenen Baublock als materielle Ausformung des Wechselverhältnisses von Öffentlichkeit und Privatheit zu sprechen gekommen. Die sozialen Verhältnisse der Stadt werden durch das politisch-administrative System beeinflusst und umgekehrt. Insofern sind die physischen und die politischen Dimensionen der Stadt ebenfalls Gegenstände der Stadtsoziologie, aber sie bilden eben nicht das Zentrum unseres Forschungsfeldes. Die Entwicklung der räumlichen Struktur der Stadt bleibt der primäre Gegenstand der Stadtgeographie, allerdings in enger Verbindung mit stadtsoziologischen Fragen. Die räumliche Struktur verweist immer auf sozialwissenschaftlich relevante Macht- und Herrschaftsverhältnisse, auf ungleich verteilte Ressourcen, den Präferenzenwandel von Haushalten und auf Ergebnisse politischer Steuerung. Das sind Ausgangspunkte für soziale Handlungsprozesse.

Walter Siebel: Aber die Stadtsoziologie gibt auch originäre Antworten auf Fragen, die sich unmittelbar aus der Erfahrung des Städtischen ergeben. Simmels Entwurf zu einer Soziologie der Großstadt thematisiert die Neuheit, die mit dem sozialen Aggregat der industriellen Großstadt in die Welt gekommen ist – die alltägliche Erfahrung der Fremdheit. Mit seiner Darstellung und Erklärung des modernen Sozialcharakters hat er eine sehr viel differenziertere, soziologisch reflektierte Antwort vorgelegt, als der damals vorherrschende Kulturpessimismus der konservativen Großstadtkritik je zu bieten hatte. Unglücklicherweise findet man dessen Thesen bis heute in den Feuilletons. Da würde man sich häufig mehr Simmel und weniger Spengler wünschen.

Wenn man sich die substantiellen Theoriebestände der Stadtsoziologie und die empirischen Forschungsstränge ansieht, dann gewinnt man den Eindruck, dass sie stark an zeitweilig aktuellen politischen Diskussionen orientiert waren.

Walter Siebel: Die Themen- und Fragestellungen der Soziologie sind niemals allein aus einer inneren Logik der Disziplin abzuleiten. Das hängt damit zusammen, dass sich ihr Gegenstand selbst in ständigem Wandel befindet. Die Bemühungen der Soziologie sind immer auch Antworten auf Fragen, die sich im Verlauf der gesellschaftlichen Entwicklung stellen. Simmels Überlegungen waren eine Reflexion der schockierenden Erfahrung einer rasanten Urbanisierung am Ende des 19. Jahrhunderts. Damals wurden Millionen von Menschen aus den vertrauten agrarisch-dörflichen Verhältnissen in die gänzlich anderen Lebensbedingungen der industriellen Großstadt geschleudert. Genauso hatten Park und Burgess an der Universität von Chicago die Realität einer explosionsartig wachsenden Einwanderungsstadt unmittelbar vor Augen, sie entdeckten in diesem scheinbaren Chaos kulturelle Inseln und entwickelten Methoden zur systematischen Beschreibung der sozialräumlichen Struktur der multikulturellen Stadt. Die Soziologie muss ihre Fragen also nicht angestrengt suchen, sie werden ihr von der Gesellschaft geradezu aufgedrängt.

Hartmut Häußermann: Die Debatte um die Mischung von Quartieren ist für die Stadtsoziologie ein klassisches Beispiel der Verknüpfung von wissenschaftlicher und politischer Themenstellung. Die Kontroverse ist alt und bis heute ungelöst. Der ›moderne‹ Städtebau wurde vor allem in Europa entwickelt, wo es seit Beginn des 20. Jahrhunderts einen starken Einfluss des Staates auf den Städte- und Wohnungsbau gegeben hat. Die Vorstellung, man könne und solle die sozialräumliche Struktur der Städte gleichsam am Reißbrett komponieren und durch Sozialplanung umsetzen, ist vor allem eine europäische Idee. Dabei spielte die Frage, ob man Quartiere für das Zusammenleben von verschiedenen sozialen Schichten (Leitbild ›Mischung‹) konzipieren oder ob man eine Absonderung der Schichten in verschiedenen Quartieren zulassen sollte, eine enorme Rolle. Es ging um das räumliche Management der sozialen Differenzierung in den modernen Städten. Der Städte- und Wohnungsbau, in dem die Spaltungen der historischen Stadt aufgehoben sein sollten, wurde zu einem Instrument der Gesellschaftsgestaltung, und der Städtebau Teil einer grundlegenden gesellschaftlichen Erneuerung, die sich auch im Einbezug der Arbeiterbewegung in die nationale und lokale Politik manifestierte. Diesen historischen Hintergrund muss man sich vor Augen halten, wenn man die wissenschaftliche und politische Bedeutung der heutigen Debatte über Bevölkerungsmischung in den Wohngebieten verstehen will.

Wenn der gesellschaftliche Wandel und der Wandel der Städte ständig miteinander korrespondieren, mit welchen neuen Fragestellungen wird dann die Stadtsoziologie in absehbarer Zeit konfrontiert sein?

Hartmut Häußermann: Ich bin mir nicht sicher, ob man unbedingt von neuen Fragen sprechen muss. Vielleicht bleiben es die alten Fragen, auf die neue Antworten gegeben werden müssen. Auf alle Fälle macht die urbane Lebensweise derzeit einen Wandlungsprozess durch. Die Städte sind schon lange nicht mehr die Orte eines ganz anderen sozialen Lebens, wie etwa im Mittelalter. Die Merkmale der urbanen Lebensweise – kapitalistische Wirtschaft, Bürokratie, Demokratie, Privatheit und Öffentlichkeit – finden sich heute praktisch überall, auf dem Land genauso wie in den Städten. Stadt und Land sind kein gesellschaftlicher Gegensatz mehr. Deshalb ist aber die soziologische Thematisierung der urbanen Lebensweise noch lange nicht obsolet. Zunächst bleibt die *Differenzierung zwischen der urbanen und der suburbanen Lebensweise* eine entscheidende thematische Achse. Wer wann wie und wo in einer Stadt wohnt, ist von erheblicher Bedeutung für die Stadtentwicklung und für deren finanzielle Basis. Es ist wichtig zu wissen, wie Angehörige einer bestimmten Schicht, die einen bestimmten Lebensstil bevorzugen, wann in ihrer Biographie was für einen Typus von Haushalt wo im Stadtgebiet haben. Es geht also um die heutigen Muster der sozialen Segregation, die angesichts der Schwächung von sozialstaatlicher Regulierung eine neue Bedeutung erlangen.

Walter Siebel: Zum andern steht die Frage nach der Zukunftsfähigkeit der urbanen Lebensweise im Raum. Die blasierte und distanzierte Lebensweise, die Simmel beschrieben hat, beruht auf zwei entscheidenden Voraussetzungen. Um so leben zu können, muss man einerseits eine gesicherte ökonomische Existenz haben und andererseits über eine spezifische Sozialisation an diese gleichgültige Toleranz gegenüber fremden Menschen herangeführt werden. Beide Bedingungen sind nicht mehr selbstverständlich. Der Umbau des Wohlfahrtsstaates, der Wandel der Arbeitsmärkte und die demographischen Perspektiven verändern hier die Voraussetzungen. Durch abnehmende Bevölkerungszahlen werden die Städte kleiner und die Agglomerationen weniger dicht. Die Folge ist ein Überangebot von Wohnungen, das mit zunehmender privater Mobilität die Bildung von sozial homogenen Quartieren ermöglicht. Je größer die Optionen auf dem Wohnungsmarkt, desto mehr Segregation findet statt. In schrumpfenden Städten kann die tägliche Konfrontation mit dem Fremden durchaus vermieden werden. Wo kann man dann die urbane Lebensweise, einen toleranten Umgang mit Fremden noch lernen? Man muss fragen, ob die Großstadt damit nicht ihre Funktion als kulturelle Sozialisationsinstanz verliert.

Das klingt jetzt ein bisschen widersprüchlich. Gibt es doch einen Rückschritt zur untergegangenen ›ländlichen‹ Lebensweise?

Hartmut Häußermann: Nein, das hat nichts mit ländlicher Lebensweise zu tun. Dass die ›wachsende Stadt‹ als dominanter Stadttypus in den früheren Industriegesellschaften durch einen zweiten, den der ›schrumpfenden Stadt‹ abgelöst oder zumindest ergänzt wird, zeichnet sich schon seit langem ab. Wir haben bei der Diskussion des Stadtmodells der Chicago-School darauf hingewiesen, dass die Kategorien, mit denen die Stadtsoziologie und alle anderen Disziplinen, die sich mit der Stadt befassen, die Stadtentwicklung thematisieren, Schrumpfungsprozessen letztlich nicht angemessen sind. Bisher fehlen über diese Schrumpfungsprozesse und deren soziale Folgewirkungen noch genauere und verallgemeinerbare empirische Kenntnisse, von angemessenen theoretischen Reflexionen ganz zu schweigen. Vertiefen sich dadurch zum Beispiel die sozialen Spaltungen, steigt das Konfliktniveau, oder wird es im Gegenteil eher gesenkt? Entstehen neue Formen einer urbanen Lebensweise, die nicht nur als zweitklassig oder als Verlust gelten müssen? Das sind wichtige Forschungsfelder.

Walter Siebel: Es gibt schon deutliche Hinweise darauf, dass sich die sozialen Spaltungen zwischen Arm und Reich vertiefen und erst recht zwischen denen, die in den Arbeitsmarkt integriert sind und denen, die dauerhaft ausgeschlossen bleiben. Selbst wenn die Arbeitslosigkeit reduziert werden kann, es bleibt eine Tatsache, dass die Dienstleistungsgesellschaft auf absehbare Zeit nicht eine ähnlich umfassende und ähnlich homogene Integration aller Erwerbstätigen in der Form leisten wird, wie es die Industriegesellschaft in den ›goldenen Jahren‹ des Kapitalismus nach dem Zweiten Weltkrieg geleistet hat. Das wird auch auf den Wohnungsmarkt durchschlagen, und zwar um so stärker, je weniger staatliche Regulierung stattfindet. Mit den sozialen Distanzen werden die räumlichen Distanzen wachsen. Auch in deutschen Städten entwickeln sich Viertel, in denen sich die sozial marginalisierten Bevölkerungsgruppen konzentrieren. Das kann man nicht immer optisch erkennen, die Armut verbirgt sich häufig hinter schön sanierten Fassaden. Wenn Armut und soziale Marginalität räumlich überhöht werden, kann sich die Ungleichheit zwischen Oben und Unten zur Ausgrenzung, also zur Spaltung der Stadt verschärfen. Das kann so weit gehen, dass die sozialräumlichen Grenzen durch Sicherheitstechnik befestigt werden, sei es durch Videoüberwachung, durch private Sicherheitsdienste oder gar dadurch, dass ein ganzes Quartier zu einer so genannten *gated community* umfunktioniert wird.

Wie werden sich die Migrationsströme entwickeln und hat das einen Einfluss auf die städtische Entwicklung?

Walter Siebel: Die Zuwanderung wird anhalten. Zuwanderung war und ist immer auf die großen Städte gerichtet. Schon im Jahr 2050 werden ungefähr 40 % der gesamten Bevölkerung unter 40 Jahren entweder selbst zugewandert sein oder von Migranten abstammen. Dieser Anteil wird in den großen Städten noch höher sein. In dem Maße, wie der Arbeitsmarkt als Integrationsmechanismus für die Zuwanderer nicht zugänglich ist, werden die Stadtteile mit ihren gemeinschaftlichen Institutionen wie

Schulen, Nachbarschaftszentren und Vereinen zu den Orten, an denen über Integration oder Ausgrenzung entschieden wird. Die Sozialwissenschaft muss sehr genau untersuchen, wann die Schleusenfunktion des Stadtteils in die neue Gesellschaft umschlägt zu einer Falle, aus der sich die Migranten aus eigener Kraft nicht mehr befreien können.

Wenn die eigenen Kräfte nicht ausreichen, wie Sie sagen, und sich der Staat zurückzieht, woher soll dann die Kraft zur Reintegration kommen?

Hartmut Häußermann: Ich denke, dass die lokale Zivilgesellschaft oder die ›endogenen Potentiale‹ eines Stadtteils hier eine Rolle spielen müssen und auch können. Im 19. Jahrhundert waren die Kommunen angesichts der hygienischen, ökonomischen und technischen Probleme der industriellen Urbanisierung gezwungen, Interventionsstrategien zu entwickeln, die vieles von dem vorweggenommen haben, was später die modernen Interventions- und Wohlfahrtsstaaten ausmachte. Das war die Epoche des *Munizipalsozialismus*. Eine entscheidende Frage für die Zukunft der Städte lautet: Kann dieser heute in neuer Form wieder an Bedeutung gewinnen? Das ist der Kerngehalt der Rede von der ›europäischen Stadt‹. Der zentralisierte Wohlfahrtsstaat zieht sich immer stärker zurück und an seine Stelle soll, zumindest zum Teil, die zivile Gesellschaft treten und Wohlfahrts- oder Fürsorgefunktionen übernehmen. Historisch ist das durchaus nicht neu, und es stellt sich die Frage, ob Stadtteile in der Lage sind, entsprechende Unterstützungsnetzwerke zu generieren. Momentan sieht es noch so aus, dass die Leistungsfähigkeit informeller sozialer Netze aufgrund zurückgehender Kinderzahlen sinkt. Man hat einfach weniger Verwandte, und die steigende großräumige Mobilität im Zuge des Lebenslaufs macht es schwerer, soziale Netze aufzubauen und zu stabilisieren. Anderseits hat in den informellen Strategien der Existenzsicherung bei Zuwanderern, aber natürlich auch in den Selbsthilfeorganisationen, dem Vereinswesen oder den Genossenschaften die zivile Gesellschaft vielfältige und teilweise neue und vor allem vornehmlich lokale Gestalt gewonnen. Auf der kommunalen Ebene gibt es auch vielfältige Ansätze, diese Bestrebungen zu unterstützen.

Walter Siebel: Das Bund-Länder-Programm *Stadtteile mit besonderem Entwicklungsbedarf – die Soziale Stadt* zielt zum Beispiel explizit auf eine Mobilisierung der zivilgesellschaftlichen Potentiale. Daneben geht es auch noch um das Experimentieren mit neuen Politikformen. Es bleibt natürlich die Frage, wie diese zivilgesellschaftlichen Potentiale beschaffen sind, wovon ihre Entstehung abhängt und bei welchen sozialen Gruppen sie vorwiegend vorhanden sind. Danach müssen auch die Möglichkeiten der Unterstützung gestaltet werden. Auch die Frage nach dem Verhältnis zwischen bürgerschaftlichem Engagement und staatlicher Organisation ist ein sehr wichtiger Punkt. Wie kann das Verhältnis zwischen individueller Emanzipation und gemeinschaftlicher Verpflichtung ausbalanciert werden?

Hartmut Häußermann: Dies sind nur ein paar Beispiele für neue Fragen, aber auch für die fortdauernde Aktualität alter Themenstellungen. Die Städte werden auch in Zukunft Kristallisationspunkte gesellschaftlicher Probleme und Konflikte sein. Aber genau deshalb werden sie auch Orte der Innovation und der Emanzipation sein. Einer Soziologie der Stadt wird der Stoff nicht ausgehen.

Wichtige Vertreter der Stadtsoziologie

Bahrdt, Hans-Paul, geb. 1918 in Dresden, gest. 1994 in Göttingen. Bahrdt wurde 1962 der Lehrstuhlnachfolger von Helmuth Plessner in Göttingen. Sein Hauptinteresse galt zunächst der Industriesoziologie, für Stadtsoziologie begann er sich erst zu Beginn der 1960er Jahre zu interessieren. In dem Buch *Die moderne Großstadt – Soziologische Überlegungen zum Städtebau* aus dem Jahr 1961 entfaltet er seine These, nach der die moderne Großstadt sich durch zwei polare Sphären auszeichnet: Öffentlichkeit und Privatheit. Dadurch wurde er zu einem einflussreichen Theoretiker in der Stadtplanung.

Burgess, Ernest W., geb. 1886 in Tilbury (Kanada), gest. 1966 in Chicago. Gemeinsam mit Robert Park spielte er eine entscheidende Rolle bei der Konzeption des stadtsoziologischen Untersuchungsprogramms *The City* (1925) der *Chicago School of Sociology*, das sich an die Pflanzenökologie anlehnte. Burgess widmete sich vor allem der Frage, wie Städte sich insgesamt entwickeln. Von ihm stammt das berühmte Modell der ›konzentrischen Kreise‹ funktional und sozial segregierter Städte.

Gans, Herbert, geb. 1927 in Köln, lebt seit 1940 in den USA und lehrt an der Columbia University in New York. Mit seiner Schrift *The Urban Villagers* (1962) erbrachte Gans am empirischen Beispiel der zweiten Generation italienischer Einwanderer den Beleg, dass auch in ›Slums‹ vitales gemeinschaftliches Leben stattfindet. In der Untersuchung *The Levitowners* (1967) setzte sich Gans mit den Interaktionsnetzwerken in suburbanen Siedlungsgebieten auseinander. Beide Arbeiten übten großen Einfluss auf die stadtsoziologischen Diskussionen aus.

König, René, geb. 1906 in Magdeburg, gest. 1992 in Köln. König zählt zu den zentralen Figuren der Soziologie in der Bundesrepublik Deutschland. 1950 übernahm er den Lehrstuhl von Leopold Wiese an der Universität Köln, wo er bis 1974 wirkte. Sein Buch *Soziologie der Gemeinde* importierte die amerikanische Sicht auf *community* als eine Grundform der Gesellschaft nach Deutschland.

Park, Robert, geb. 1864, gest. 1944. Park begann seine Karriere als Reporter und kam erst spät, im Jahr 1914, als Wissenschaftler an die Universität Chicago. Dort wurde er schnell zu einer zentralen Figur des Departments für Soziologie. Die Metropole Chicago betrachtete Park als soziales Laboratorium, in dem sich soziale Interaktionen und kollektives Verhalten ideal studieren ließen. Sein gemeinsam mit Ernest W. Burgess verfasstes Buch *The City* (1925) wurde zu einem Rahmen für eine Vielzahl stadtsoziologischer Untersuchungen.

Simmel, Georg, geb. 1858 in Berlin, gest. 1918 in Straßburg. Simmels Schriften zählen zum klassischen Kanon der Soziologie. Seinen gesellschaftstheoretischen Überlegungen legte er den Begriff der *Vergesellschaftung* zugrunde; damit vermied er sowohl ein individualistisches als auch ein holistisches Bild von Gesellschaft. Für die Stadtsoziologie grundlegend wurde sein Essay *Die Großstädte und das Geistesleben* aus dem Jahr 1903, an den die Stadtsoziologen der Chicagoer Universität in vielfältiger Weise anknüpften.

Weber, Max, geb. 1864 in Erfurt, gest. 1920 in München. Max Weber gilt als der einflussreichste moderne Sozialwissenschaftler überhaupt. Er veröffentlichte eine Fülle von Schriften, unter anderem zur vergleichenden Religionssoziologie, zur Gesellschaftstheorie und zur Ökonomie. Sein Hauptwerk *Wirtschaft und Gesellschaft* konnte er nicht mehr vollenden, es wurde 1922 veröffentlicht. In Webers Gesellschaftstheorie spielten die mittelalterlichen Städte eine Schlüsselrolle bei der Herausbildung des okzidentalen Rationalismus. Sie bildeten für Weber eigenständige soziale Akteure.

Wirth, Louis, geb. 1897 in Gemünden (Deutschland), gest. 1952 in Buffalo. Wirth studierte an der Universität Chicago, von 1931 bis zu seinem plötzlichen Tod forschte er dort als angestellter Wissenschaftler unter dem Lehrstuhlinhaber Robert Park. 1938 veröffentliche Wirth seinen Aufsatz *Urbanism as a Way of Life,* in dem er den Urbanismus als die moderne Lebensweise schlechthin darstellte und argumentierte, dass Größe, Dichte und Heterogenität einer Stadt die entscheidenden Faktoren seien, die das städtische Zusammenleben prägen.

Glossar

Allgemeines Planungsrecht: Seit dem letzten Drittel des 19. Jahrhunderts wurden in den Städten nach und nach Regeln für die Nutzung des Bodens und für die Errichtung von Gebäuden eingeführt sowie Eingriffsrechte für die Durchsetzung der Stadtplanung, die durch staatliche Gesetzgebung abgesichert wurden. Dieses Planungsrecht ist inzwischen im ›Baugesetzbuch‹ zusammengefasst.

Bebauungsplan: Grundstücksgenaue Festlegung von Art und Maß der baulichen Nutzung.

Behutsame Stadtsanierung: Verfahren zur Erneuerung und Modernisierung von Altbauten, bei dem der Verbleib der Bewohner und der Erhalt historischer Bausubstanz angestrebt wird.

Besonderes Planungsrecht: Instrumente zur Festlegung von Gebietsteilen der Stadt in Form einer Satzung, bei denen größere Eingriffsrechte für die Stadtverwaltung bestehen (zum Beispiel Stadtsanierung oder Erhaltungsgebiete).

Bestandsschutz: Das Recht, die bestehende Nutzung von Gebäuden auch dann noch aufrechtzuerhalten, wenn neueres Planungsrecht etwas anderes vorsieht.

Charta von Athen: Manifest von Architekten, die bei einem internationalen Kongress Grundsätze für die Gestaltung von modernen Städten proklamierten (1933). Zentraler Gedanke war die Funktionstrennung von Wohnen, Arbeiten und Verkehr, denen jeweils eigene Areale zugewiesen werden sollten (›Funktionalismus‹); die Charta richtete sich gegen die traditionelle Stadt mit ihren Funktionsmischungen, die angesichts der Entwicklungen in der Industrie und im Verkehr als nicht mehr zeitgemäß angesehen wurden.

Chicago School of Sociology: 1892 wurde an der Universität Chicago die erste soziologische Fakultät der USA eingerichtet. Die dort tätigen Sozialforscher und Sozialphilosophen können besser als loses Netzwerk mit ähnlicher theoretischer Grundausrichtung begriffen werden denn als fest gefügte Schule. Die für die Stadtforschung zentrale Periode der *Chicago School of Sociology* deckt sich mit der Wirkungszeit von Robert Park, Ernest Burgess und Louis Wirth in den 1920er und 1930er Jahren. Die wichtigsten Vermächtnisse der Chicagoer Schule an die Stadtforschung sind der sozialökologische Ansatz, das Konzept der Segregation sowie die Methoden zur verstehenden Erforschung städtischer Lebenswelten.

Community studies oder **Gemeindestudien:** Umfassende Untersuchungen einer einzelnen Gemeinde. Sie sollten es ermöglichen, abstrakte gesamtgesellschaftlich wirksame Prozesse auf engstem Raum zu studieren. Gemeindestudien sind empirische Untersuchungen in einem geographisch begrenzten Ausschnitt der Gesellschaft (Stadt oder kleine Gemeinde). Dabei kann die Gemeinde entweder als verkleinertes Modell der Totalität von Gesellschaft genommen werden (Gemeindestudien als Methode der gesamtgesellschaftlichen Analyse) oder als Anschauungsobjekt für einen speziellen Teilaspekt des sozialen Lebens. Schließlich kann sie auch die Besonderheiten einer bestimmten Gemeinde thematisieren.

Erhaltungssatzung: Festlegung eines Teilgebiets einer Stadt, das durch Kaufpreiskontrolle und Genehmigungspflicht von Investitionen vor allzu starken Veränderungen geschützt werden soll. Dies gilt sowohl hinsichtlich der Bevölkerungszusammensetzung (›Milieuschutz‹) als auch hinsichtlich des baulichen Erscheinungsbildes.

Europäische Stadt: Anknüpfend an Max Webers Definition der europäischen Stadt werden mit diesem Begriff die Besonderheiten der europäischen im Gegensatz zu asiatischen oder amerikanischen Städten zusammengefasst. Dazu gehören unter anderem: Selbstverwaltung, kleinteilige Eigentumsverhältnisse, lokale Handlungsspielräume, die Stadt als Marktort, die Präsenz von Geschichte im Stadtbild.

Flächennutzungsplan: Im Flächennutzungsplan werden die Nutzungsmöglichkeiten für die Teilgebiete der Stadt festgelegt. Vorstufe zur Bebauungsplanung.

Fordismus: Geht zurück auf die politischen, technischen und politischen Grundsätze des amerikanischen Fabrikanten Henry Ford. Dieser steigerte durch Arbeitsteilung und Rationalisierung der Produktionsabläufe die Produktivität; dadurch konnten frühere Exklusivgüter in Massenproduktion hergestellt und zu niedrigeren Preisen verkauft werden. So entstand der Massenkonsum. In der Regulationstheorie wird die Kombination von Produktions-, Konsum- und Steuerungsmodellen, wie sie in der Zeit zwischen den 1920er und 1970er Jahren in den entwickelten westlichen Industriegesellschaften zu beobachten war, als Fordismus bezeichnet. Nicht nur der Massenkonsum (Autos, Eigenheime) expandierte, sondern der Staat griff durch den Ausbau von Sozialleistungen und durch Konjunktursteuerung auch steuernd in die Entwicklung der kapitalistischen Gesellschaften ein. Heute spricht man in Hinblick auf die entwickelten westlichen Gesellschaften von einem Wandel zum *Post*-Fordismus. Im Zuge fortschreitender Individualisierung verlieren die Massengüter bei den Konsumenten an Attraktivität, es bilden sich stattdessen Märkte für individuell abgestimmte Dienstleistungen heraus.

Funktionalismus: Eine Auffassung von der Organisation und räumlichen Struktur einer Stadt, nach der jeder einzelnen Funktion ein separater Raum zugewiesen werden soll (Funktionstrennung). Der Funktionalismus richtete sich gegen die als ineffizient eingeschätzte Funktionsmischung. In der Architektur bezeichnet Funktionalismus die Ableitung der Form eines Gebäudes aus seiner technischen Konstruktion und sozialen Funktion.

Gebrauchswert: Der Beitrag eines bestimmten Gutes zur Befriedigung von Bedürfnissen.

Gegenkultur: Ein System von Werten und Normen, die im Widerspruch zu gesamtgesellschaftlich vorherrschenden Wertvorstellungen stehen.

Gemeinde: Der Gemeindebegriff hat eine doppelte Bedeutung. Er bezeichnet sowohl eine geographisch abgrenzbare, administrative Einheit, gleichzeitig aber bestimmte Formen gemeinschaftlichen Zusammenlebens, beispielsweise in Nachbarschaften (zum Beispiel Kirchengemeinden).

Gemeindestudien: Siehe *Community studies*.

Gentrification (von *gentry = Adel*): Sozialer und baulicher Wandel in einem städtischen Quartier, für den es zwei Gründe geben kann : a) von Verwertungsinteressen angetriebene Veränderung der Wohnqualität und der Bewohnerzusammensetzung, bei der Haushalte mit geringeren Einkommen aus dem Gebiet verdrängt werden; b) Wandel des sozialen Milieus in einem Quartier durch sozialen Aufstieg der Bewohner (›incumbent gentrification‹).

Gestaltungssatzung: Festlegung von Grundsätzen für die Gestaltung von Fassaden für (alte und neue) Häuser in einem Teilgebiet der Stadt.

Global Cities: Städte, auf deren Territorium Kontroll- und Leitungsfunktionen der globalen Ökonomie konzentriert sind.

Größe, Dichte, Heterogenität: Für Georg Simmel waren dies die drei maßgeblichen Merkmale der Städte, die ihre Urbanität bestimmen. Dabei gilt, je größer, dichter und heterogener eine Stadt ist, desto urbaner gestaltet sich das Zusammenleben der Bewohner.

Invasion: In der Stadttheorie der Chicago School wird damit das Eindringen neuer Nutzergruppen in ein städtisches Gebiet bezeichnet.

Konsumentenhaushalt: Der klassische Typus des städtischen Haushaltes. Dort werden weder die materiellen Güter des täglichen Bedarfs noch die benötigten Dienstleistungen in Eigenleistung erbracht, sondern mit Geld auf Märkten erworben. Der Gegenbegriff ist der Produzentenhaushalt, in dem diese Güter innerhalb des Haushalts selbst hergestellt wurden.

Kontexteffekt: Wirkung des Zusammentreffens verschiedener Variablen, zum Beispiel die Verschärfung und Verfestigung sozialer Problemlagen durch deren Konzentration in bestimmten städtischen Gebieten.

Lebensstil: Gestaltung der Lebensweise bestimmter Personen oder Personengruppen. Der Lebensstil umfasst spezifische materielle, kulturelle und ökonomische Präferenzen. In die Lebensstile fließen die Wert- und Normvorstellungen der Akteure ein. Sie sind häufig mit der Schichtzugehörigkeit verbunden, sind aber nicht zwangsläufig an diese gebunden.

Milieu-Reportage: Form der journalistischen Reportage, die sich in der Entstehungszeit der Massenpresse in den Großstädten entwickelte. Die Milieu-Reportage thematisiert die Großstadt selbst, sie beschreibt, wie unterschiedliche Gruppen in der Stadt leben, und macht damit die städtische Vielfalt anschaulich.

Moderne: Im soziologischen Sinn bezeichnet der Begriff der Moderne die Besonderheit des neuzeitlichen okzidentalen Rationalismus, in dessen Zuge das zweckrationale Handeln dominant wird.

Modernisierung: Bezeichnung für die gesellschaftlichen Wandlungsprozesse, die von der Agrargesellschaft zu demokratisch strukturierten, pluralen Industriegesellschaften führen. Urbanisierung und Verstädterung sind zwei wichtige Teilprozesse neben Säkularisierung, Bürokratisierung und Ökonomisierung.

Modernisierungstheorie: Soziologische (Makro-)Theorie, die den sozialen Wandel zur Moderne als eigenlogisch und in aufeinander folgenden Phasen ablaufend beschreiben.

Muckraking (»*Staub aufwirbeln*«): Genre der städtischen Enthüllungsreportage, das sich ab 1850 in den USA zu etablieren beginnt. Die Fakten liegen nicht offen zutage, sondern müssen von den Journalisten ans Licht geholt werden. Damit werden verborgene Vorgänge ins Licht einer kritischen Öffentlichkeit gezogen, zum Beispiel Korruption.

Munizipalsozialismus: Die wirtschaftliche und sozialpolitische Tätigkeit von Stadtverwaltungen während der Industrialisierung, die unter anderem eigene Betriebe für technische und soziale Dienstleistungen gründeten.

Nachbarschaft: Bezeichnung für die soziale Gruppe, deren Mitglieder aufgrund der Gemeinsamkeit des Wohnortes miteinander interagieren. Räumliche Nähe gilt dabei als entscheidend für die Auswahl der Interaktionspartner.

Natural area / moral region: *Natural areas* sind solche städtischen Gebiete, die sich aufgrund von quasi-natürlichen Selektionsprozessen der Bevölkerung als Slum, Mittelschichts- oder Luxuswohngebiet herausbilden (Segregation). Mit *moral region* wird die kulturelle Differenzierung städtischen Gebiete entsprechend den Wertvorstellungen der Bevölkerung beschrieben. Beide Begriffe entstammen dem sozialökologischen Ansatz der *Chicago School*.

Netzwerkforschung: Mit Entwicklung der Netzwerkforschung wollte man die Konzentration der Sozialforschung auf standardisierte Rollen und institutionalisierte Verhaltensmuster aufbrechen und die Aufmerksamkeit auf informelle Beziehungsstrukturen lenken, die als ebenso wichtig erachtet wurden. Was jeweils mit einem sozialen Netzwerkes gemeint ist, differiert je nach Forschungszusammenhang. Kernpunkt der Definitionen ist aber, dass es sich um dauerhafte und mehr oder weniger stark ausgeprägte Interaktionszusammenhänge sozialer Akteure handelt.

New Urban Sociology: Auf marxistischen Grundtheoremen aufbauend, wird hier die Stadt als Ort der Reproduktion der Arbeitskraft betrachtet, den man nicht isoliert von den Organisationsprinzipien der Gesellschaft betrachten kann. In der Stadt spiegeln sich die gesellschaftlichen Verhältnisse wider. Die *New Urban Sociology* wurde in den 1970er Jahren insbesondere von Manuel Castells in Opposition zum sozialökologischen Ansatz der *Chicago School* entwickelt.

Oikos: Als Oikos wurde in der Antike der private Haushalt bezeichnet. Den Gegensatz dazu bildete die Polis als zentraler Markt- und Versammlungsplatz.

Parallelgesellschaften: Bezeichnung für ethnische Kolonien, die ihren Bewohnern alle Einrichtungen zur täglichen Lebensführung bieten sowie durch ein eigenes Normen- und Wertesystem gekennzeichnet sind.

Public-Private Partnerships: Bezeichnung für zweckbezogene Bündnisse der öffentlichen Hand mit privatwirtschaftlichen Unternehmen. *Public-Private Partnerships* wurden in den letzten Jahren häufig eingegangen, um trotz schwindender kommunaler Finanzmittel beispielsweise große innerstädtische Bauprojekte zu verwirklichen.

Reserviertheit, Blasiertheit, Intellektualität: Nach Simmel zeichnen diese drei Eigenschaften den Charakter des Großstädters aus. Er bleibt zurückhaltend und distanziert gegenüber der Vielzahl von Menschen, die ihm täglich begegnen (Reserviertheit), umgibt sich mit einer Haltung der Abgestumpftheit, um mit den vielen unterschiedlichen Eindrücken zurechtzukommen (Blasiertheit), und urteilt mit rationaler Nüchternheit (Intellektualität).

Sanierungs- und Milieuschutzsatzung: rechtliche Festlegung von Teilgebieten in der Stadt, für die ein besonderes Planungsrecht gilt.

Segregation: Die Struktur oder das Muster, in dem verschiedene soziale Gruppen verschiedene Teilgebiete einer Stadt vorrangig bewohnen. Statistisch kann das Ausmaß der Segregation mittels eines Segregationsindex gemessen werden, der Abweichungen von der Gleichverteilung der Bevölkerung über das Stadtgebiet quantifiziert.

Soziale Stadt: Kurztitel eines Bund-Länder-Programms, das seit dem Jahr 2000 läuft und zum Ziel hat, die ›Abwärtsentwicklung‹ in bestimmten Stadtteilen zu bremsen oder umzukehren, die sich aus den kumulativen Effekten der Konzentration von Armut und Arbeitslosigkeit ergibt. In solchen Quartieren sollen durch Bündelung der verschiedensten Maßnahmen die Bausubstanz und die Infrastruktur verbessert und die sozialen Probleme verringert werden.

Soziales Kapital: Der Begriff wird bezogen auf das Individuum wie auf die Gesellschaft gebraucht. Im ersten Fall bezeichnet er das einem Individuum zur Verfügung stehende Netz sozialer Beziehungen, im zweiten Fall sind die Handlungsstrukturen der Zivil-Gesellschaft (zum Beispiel das Ausmaß bürgerschaftlichen Engagements) gemeint.

Sukzession: Der Begriff bezeichnet in der Soziologie der *Chicago School* den umfassenden Nutzungs- und Bewohnerwandel eines städtischen Gebietes.

Tauschwert: Der Wert eines Gutes, der sich auf dem Markt bildet. Der Ausdruck des

Tauschwertes in Geld wird als Preis bezeichnet. Der Tauschwert eines Gutes hängt von Knappheit und Nachfrage ab.

Teilnehmende Beobachtung: Methode der empirischen Sozialforschung, bei der der Forscher persönlich an dem sozialen Geschehen teilnimmt, das er erforschen möchte. Dies kann in offener oder verdeckter Form geschehen. Die Beobachtungen werden dokumentiert und systematisch ausgewertet.

Überforderte Nachbarschaften: Quartiere, in denen vielfältige Problemlagen konzentriert auftreten und dadurch Konflikte entstehen, die nicht mehr im Wege der Selbstverständigung geregelt werden können.

Urban governance (auch *local governance*) bezeichnet einen Wandel in der kommunalen Politik. Die früheren Top-down-Modelle von *government* haben sich mit schwindenden öffentlichen Ressourcen überholt und es werden mehr Akteure in die politische Gestaltung der Städte einbezogen (zum Beispiel im Rahmen von *Public-Private Partnerships*). Urban governance bezeichnet alle Formen und Institutionen, die lokale Interessen bündeln und nach außen repräsentieren sowie Ressourcen erschließen, um diese Interessen zu befriedigen.

Urban Villagers: Ursprünglich der Titel einer Studie von Herbert Gans (1962) über die zweite Generation italienischer Einwanderer im Bostoner Westend. Die Bezeichnung hat sich zu einem Begriff der Stadtforschung für urbanes Gemeinschaftsleben in Großstädten entwickelt.

Urbanisierung: Mit Urbanisierung wird der mit der Verstädterung einhergehende Wandel der Lebensweise bezeichnet.

Verstädterung: Eine Veränderung der Siedlungsstruktur aufgrund von Wanderungsbewegungen der Landbevölkerung in die Städte, in deren Verlauf ein immer größerer Anteil der Bevölkerung in Städten lebt. Diese Entwicklung vollzog sich in Deutschland erst ab Mitte des 19. Jahrhunderts, in den übrigen Staaten Westeuropas bereits ab Beginn des 19. Jahrhunderts.

Zweckentfremdungsverbot: Schutz von Wohnungen gegen die Umnutzung in gewerbliche Räume. Dieses Instrument kann von den Städten eingesetzt werden, wenn eine starke Nachfrage nach Büroflächen und Wohnungsknappheit simultan auftreten.

Weiterführende Literatur

nach stadtsoziologischen Forschungsfeldern
(Chronologische Titelreihenfolge)

Überblicks- und Nachschlagewerke, Einführungen

Häußermann, Hartmut (Hg.) 2000: Großstadt– Soziologische Stichworte. Opladen: Leske & Budrich
  Diese Sammlung von kurzen Essays zu stadtsoziologischen Themen erlaubt einen raschen Überblick über Themen und Forschungsergebnisse, der eine erste Orientierung und weiterführende Hinweise zur Lektüre gibt.

Friedrichs, Jürgen 1999: Stadtsoziologie. Opladen: Leske & Budrich
  In diesem Buch werden Forschungsprobleme und -ergebnisse vor allem zu Aspekten der Stadtentwicklung berichtet. Wie sich der sozialökologische Ansatz entwickelt hat und welche Anwendungsmöglichkeiten er heute noch bietet, wird an vielen Beispielen demonstriert.

Bahrdt, Hans-Paul 1998 (Neuausgabe des Buches von 1961): Die moderne Großstadt. Soziologische Überlegungen zum Städtebau. Opladen: Leske & Budrich
  Neben einem instruktiven Überblick über die konservative Großstadtkritik hat dieses Buch vor allem wegen der im zweiten Kapitel dargelegten Theorie zu »Öffentlichkeit und Privatheit als Grundformen städtischer Vergesellschaftung« lesenswert.

Hamm, Bernd / Neumann, Ingo 1996: Siedlungs-, Umwelt- und Planungssoziologie. Opladen: Leske & Budrich
  In diesem Buch wird der Versuch einer umfassenden Darstellung der Siedlungsentwicklung, der mit ihr verbundenen Umweltprobleme und der Steuerungsversuche unternommen. Das Buch schließt mit Szenarien einer zukünftigen Entwicklung ab.

Saunders, Peter 1987: Soziologie der Stadt. Frankfurt/Main: Campus
  Der Autor beschäftigt sich vor allem mit der Frage, ob eine ›Stadtsoziologie‹ überhaupt möglich sei, und er beantwortet sie letztlich negativ. Dabei geht er alle verschiedenen stadtsoziologischen Ansätze durch und stellt sie knapp und systematisch dar.

Häußermann, Hartmut / Siebel, Walter 1987: Neue Urbanität. Frankfurt/Main: Suhrkamp
  Die Einbettung der Stadtentwicklung in regional unterschiedliche ökonomische Tendenzen sowie die Diskussion über Orientierungen der Stadtpolitik und ihre Auswirkungen auf die Stadtkultur stehen im Mittelpunkt. Bereits früh wurde in diesem Buch auf den neuen Typ der ›schrumpfenden Stadt‹ und auf die internen Spaltungen der Städte hingewiesen.

Historische Großstadtforschung

Lindner, Rolf 2004: Walks on the Wild Side. Geschichte der Stadtforschung. Frankfurt/Main: Campus
Wer sich von der ›wilden‹ Geschichte der Stadtforschung inspirieren lassen möchte, für den ist dieses Buch ein absolutes Muss. Anschaulich stellt es uns die Pioniere der Stadtforschung sowie wesentliche Forschungsansätze und wichtige Einzelstudien vor.

Lindner, Rolf 1990: Die Entdeckung der Stadtkultur. Soziologie aus der Erfahrung der Reportage. Frankfurt/Main: Suhrkamp
Dieses spannende und gut lesbare Buch bietet eine kongeniale Einführung in die ethnologische Stadtforschung, wie sie unter Leitung von Robert Park an der Universität Chicago im ersten Drittel des 20. Jahrhunderts entwickelt worden ist. Theorien und Methoden, aber auch die gesellschaftlichen Rahmenbedingungen werden dargestellt.

Reulecke, Jürgen 1985: Geschichte der Urbanisierung in Deutschland. Frankfurt/Main: Suhrkamp
Diese sozialgeschichtliche Darstellung von Urbanisierung und Stadtentwicklung seit Beginn der Industrialisierung bis zur Mitte des 20. Jahrhunderts stellt den für die Stadtsoziologie unentbehrlichen historischen Hintergrund, die sozialen Probleme und die politischen Konflikte um Stadtentwicklung und Lebensbedingungen seit der Großstadtbildung dar.

Stadt und soziale Ungleichheit – Segregation

Kronauer, Martin 2002: Exklusion: die Gefährdung des Sozialen im hoch entwickelten Kapitalismus. Frankfurt/Main: Campus
Der Begriff Exklusion ist erst seit Mitte der 90er Jahre in der wissenschaftlichen Diskussion gebräuchlich geworden. In diesem Buch werden seine historischen und theoretischen Grundlagen vorgestellt und es wird eine exakte Begriffsbestimmung vorgenommen.

Farwick, Andreas 2001: Segregierte Armut in der Stadt : Ursachen und soziale Folgen der räumlichen Konzentration von Sozialhilfeempfängern. Opladen: Leske & Budrich
Die Frage, ob das Leben in einem segregierten Quartier, das durch hohe Armutsquoten gekennzeichnet ist, eine zusätzlich benachteiligende Wirkung hat, ist die Fragestellung dieses Buches, die empirisch anhand der Untersuchung in zwei Städten bearbeitet wird. Das Buch enthält auch einen sorgfältigen Überblick über Theorien der sozialräumlichen Segregation.

Harth, Annette / Scheller, Gitta / Tessin, Wulf (Hg.) 2000: Stadt und soziale Ungleichheit. Opladen: Leske & Budrich
Dieser Sammelband enthält zahlreiche Texte zu verschiedenen Aspekten des Zusammenhangs von sozialer Ungleichheit und Stadtentwicklung.

Alisch, Monika / Dangschat, Jens 1998: Armut und soziale Integration. Strategien sozialer Stadtentwicklung und lokaler Nachhaltigkeit. Opladen: Leske & Budrich
Die Entwicklung von Ungleichheit in den deutschen Großstädten sowie ihr räumlicher

Niederschlag werden als Polarisierung dargestellt sowie Möglichkeiten einer politischen Steuerung diskutiert.

Mingione, Enzo (Ed.) 1996: Urban Poverty and the Underclass. A Reader. Oxford: Blackwell
Dieser Reader bietet theoretische Texte zur Armutsentwicklung in den Städten in internationaler Perspektive. Anhand einiger empirischer Berichte werden Unterschiede zwischen den Ländern und zwischen Städten deutlich.

Soziale Kontrolle und kommunale Sicherheitsstrategien

Wurtzbacher, Jens 2004: Sicherheit durch Gemeinschaft? Opladen: Leske & Budrich
Der Autor thematisiert die Frage, ob bürgerschaftliches Engagement für lokale Sicherheit generell kritisch zu sehen ist. Am empirischen Fall von sog. Bürgerwachten wird deutlich, dass bürgerschaftliches Sicherheitsengagement unter bestimmten Voraussetzungen einen integrativen Effekt auf das lokale Gemeinwesen ausüben kann.

Wehrheim, Jan 2002: Die überwachte Stadt : Sicherheit, Segregation und Ausgrenzung. Opladen: Leske & Budrich
Die Untersuchung beleuchtet die sich verschärfende sozialräumliche Segregation westlicher Großstädte und eine zeitgleich feststellbare Veränderung kommunaler Sicherheitspolitiken. Detailliert werden die in westlichen Großstädten praktizierten Sicherheitsstrategien und deren Auswirkungen auf das urbane Leben erläutert.

Beste, Hubert 2000: Morphologie der Macht. Urbane ›Sicherheit‹ und die Profitorientierung sozialer Kontrolle. Leske & Budrich
Die Studie thematisiert die Entwicklung der Kontrollpolitik in der Stadt Frankfurt/Main seit Beginn der 1970er Jahre. Der empirische Schwerpunkt liegt auf der Privatisierung von sozialer Kontrolle, die vom Autor sehr kritisch gesehen wird.

Body-Gendrot, Sophie 2000: The Social Control of Cities? A Comparative Perspective. Oxford/ Malden: Blackwell
Wie hängen die Globalisierung der Wirtschaft, die zurückgehenden Investitionen der öffentlichen Hand und die verschärfte Armut in den westlichen Industriestaaten mit rassistischen Ordnungspolitiken und einem hohen Gewaltaufkommen in den Städten zusammen? Diese Frage stellt sich die Autorin anhand der politischen Situation in den Städten New York, Chicago, Paris, Lyon und Marseilles.

Eisner, Manuel 1997: Das Ende der zivilisierten Stadt? Die Auswirkungen von Modernisierung und urbaner Krise auf Gewaltdelinquenz. Frankfurt/Main: Campus
Der Autor geht der Frage nach, warum es in den Städten der Schweiz seit den 1960er Jahren zu einem Anstieg der Gewaltdelinquenz gekommen ist. Dabei identifiziert er die negativen Folgen des wirtschaftlichen Strukturwandels, die Krise der Innenstädte (durch Deindustrialisierung, Suburbanisierung, Funktionswandel des Zentrums) und sozial selektiv verteilte Handlungsressourcen als Ursachen.

Stadt und Geschlecht

Frank, Susanne 2003: Stadtplanung im Geschlechterkampf. Stadt und Geschlecht in der Großstadtentwicklung des 19. und 20. Jahrhunderts. Opladen: Leske & Budrich
Das Buch untersucht die spannungsreiche Wechselbeziehung von Stadt und Geschlecht in ihren symbolischen und materiellen, imaginären und empirischen Dimensionen am Beispiel der planerischen Entwicklung ausgewählter Großstädte im 19. und 20. Jahrhundert. (Ausführliche Fallstudien sind der Hygienebewegung, der modernen Stadtplanung und der nordamerikanischen Suburbanisierung gewidmet.)

Bauhardt, Christine / Becker, Ruth (Hg.) 1997: Durch die Wand! Feministische Konzepte zur Raumentwicklung. Pfaffenweiler: Centaurus
Der Sammelband gibt Einblicke in wichtige Fragen und Debatten der feministischen Planungsforschung am Ende der 90er Jahre. Ziel der Herausgeberinnen ist es, zu der Erarbeitung von theoretischen Konzepten und empirischen Grundlagen einer feministischen Raumplanung beizutragen und Strategien zur Durchsetzung dieser Konzepte in Politik und Planungspraxis zu entwickeln.

Bell, David / Valentine, Gill (Eds.) 1995: Mapping Desire. Geographies of Sexuality. London / New York: Routledge
Städte sind »landscapes of desire« – so lautet die These, die die zahlreichen Aufsätze dieses Sammelbands verbindet. Aus unterschiedlichen Perspektiven werden die realen und imaginären Geographien und Topographien der Erotik und des Begehrens untersucht, wie sie sich vor allem in Großstädten ausbilden.

Wilson, Elizabeth 1991: The Sphinx in the City: Urban Life, the Control of Disorder and Women. Berkeley: UCP Press
Wilsons Buch ist längst ein Klassiker der geschlechterbezogenen Stadtforschung; die Einleitung »Into the Labyrinth« fehlt in keinem Reader zum Thema »City & Gender«. Wilson zeigt, dass die Metropolen des 19. und 20. Jahrhunderts für Frauen Orte des Experimentierens mit Geschlechterrollen und insofern Emanzipationsräume waren.

Ökonomischer Wandel und Stadtentwicklung

Hamnett, Chris 2002: Unequal City. London in the Global Arena. London / New York: Routledge
Die sozialen und sozialräumlichen Folgen von Tertiarisierung und Globalisierung werden am Beispiel Londons untersucht. Dabei werden eine wachsende Dominanz der Mittelschichten in den innerstädtischen Quartieren und ein kleinräumiges Nebeneinander von Arm und Reich deutlich. Die von Sassen für London behauptete Polarisierung wird widerlegt.

Moulaert, Frank 2000: Globalization and integrated area development in European cities. Oxford [u. a.] : Oxford University Press
Globalisierung bedeutet nicht das Ende für die städtische Sozialpolitik, so Moulaerts These.

Kommunalpolitikern bleiben genug Entscheidungsspielräume, um sich um die sozial deprivierten Viertel und deren Bewohner zu kümmern. Anhand von ausgewählten europäischen Städten weist der Autor nach, dass nachbarschaftsbasierte Entwicklungsstrategien einen wichtigen Beitrag zur Stabilisierung von Sozialräumen leisten.

Krätke, Stefan 1995: Stadt, Raum, Ökonomie. Basel, Boston, Berlin: Birkhäuser Verlag
Eine Einführung in die ökonomischen Theorien der Entwicklung von Räumen, in das Konzept von Stadtsystemen sowie in die Wirkungsweise von Wohnungs- und Bodenmarkt, mit einem Schlusskapitel zur Politik der städtischen und regionalen Entwicklungsförderung.

Sassen, Saskia 1991: The Global City. New York, London, Tokyo: Princeton University Press.
Das Konzept der ›Global City‹ von Saskia Sassen hat international große Wirkung erzielt. Es handelt sich um die wirtschaftsgeographische Bestimmung eines neuen Stadttyps, dem bestimmte Wirkungen für die Sozialstruktur dieser Städte zugeschrieben werden.

Wohnsoziologie

Häußermann, Hartmut / Siebel, Walter 2000^2: Soziologie des Wohnens. München. Juventa
Die Entwicklung des ›modernen‹ Wohnens, die Herausbildung des urbanisierten Familienhaushalts sowie Ziele und Wandel der Wohnungspolitik werden dargestellt. Die soziale Bedeutung des Wohneigentums, ökologische Probleme und der aktuelle Wandel von Wohnformen schließen das Buch ab.

Hannemann, Christine 2000 (1996): Die Platte. Industrialisierter Wohnungsbau in der DDR. Berlin: Schelzky & Jeep
Politische, ideologische und technische Begründungen für den industrialisierten Wohnungsbau in der DDR, der eines der wichtigsten gesellschaftspolitischen Projekte der sozialistischen Politik darstellte, werden analysiert und in ihrem Ergebnis vorgestellt.

Saldern, Adelheid von 1995: Häuserleben. Zur Geschichte städtischen Arbeiterwohnens vom Kaiserreich bis heute. Bonn: J. H. W. Dietz Nachfolger
Eine Sozialgeschichte von Stadtentwicklung, Wohnungsbau und Quartiersleben aus der Perspektive der Arbeiter in deutschen Großstädten. Ökonomische Hintergründe und politische Auseinandersetzungen sowie die Kultur der Arbeiterviertel werden ebenso vorgestellt.

Geschichte des Wohnens, 5 Bände. Stuttgart: DVA
In diesem von der Wüstenrot-Stiftung finanzierten Publikationsprojekt bieten die fünf von verschiedenen Herausgebern mit Beiträgen von Experten aus der Geschichte, der Soziologie, der Stadtplanung und Architektur zusammengestellten Bände einen umfassenden Überblick über die Entwicklung von Wohnungsbau und Wohngeschichte seit der Antike. Überwiegende Orientierung an Themen der Architektur und der Stadtentwicklung.

Wissenschaftliche Zeitschriften

Folgende Zeitschriften enthalten regelmäßig stadtsoziologische oder stadtsoziologisch relevante Beiträge:
  International Journal of Urban and Regional Research
  Die alte Stadt. Vierteljahreszeitschrift für Stadtgeschichte, Stadtsoziologie, Denkmalpflege und Stadtentwicklung
  Deutsche Zeitschrift für Kommunalwissenschaft, vormals Archiv für Kommunalwissenschaft

Literaturverzeichnis

Albers, Gerd 1996: Stadtplanung: eine praxisorientierte Einführung. Darmstadt: Primus

Albrecht, Günter 1972: Soziologie der geographischen Mobilität: zugleich ein Beitrag zur Soziologie des sozialen Wandels. Stuttgart: Enke

Alisch, Monika 1993: Frauen und Gentrification. Der Einfluß von Frauen auf die Konkurrenz um den innerstädtischen Wohnungsmarkt. Wiesbaden: Deutscher Universitäts-Verlag

Alonso, William 1975: Eine Theorie des städtischen Grund- und Bodenmarktes. In: Barnbrock, Jörn (Hg.): Materialien zur Ökonomie der Stadtplanung. Braunschweig: Vieweg

Alpheis, Hannes 1990: Erschwert die ethnische Konzentration die Eingliederung? In: Esser, Hartmut / Friedrichs, Jürgen: Generation und Identität: theoretische und empirische Beiträge zur Migrationssoziologie. Studien zur Sozialwissenschaft, Bd. 97. Opladen: Westdeutscher Verlag, S. 147–185

Ammon, Alf 1967: Eliten und Entscheidungen in Stadtgemeinden. Berlin: Duncker & Humblot

Anderson, Nels 1923: The Hobo. Chicago: University of Chicago Press

Andritzky, Michael (Hg.) 1992: Oikos – von der Feuerstelle zur Mikrowelle: Haushalt und Wohnen im Wandel. Gießen: Anabas

Anhut, Reimund / Heitmeyer, Wilhelm 2000: Desintegration, Konflikt und Ethnisierung: Eine Problemstellung und theoretische Rahmenkonzeption. In: Heitmeyer, Wilhelm / Anhut, Reimund (Hg.): Bedrohte Stadtgesellschaft. Soziale Desintegrationsprozesse und ethnisch-kulturelle Konfliktkonstellationen. Weinheim / München: Juventa, S. 17–75

Arendt, Hannah 1960: Vita activa oder Vom tätigen Leben. München: Piper

Arensberg, Conrad M. 1974: Die Gemeinde als Objekt und als Paradigma. In: König, René (Hg.): Handbuch der empirischen Sozialforschung, Bd. 4. Stuttgart: Enke, S. 82–116

Bachrach, Peter / Baratz, Morton 1977: Macht und Armut. Eine theoretisch-empirische Untersuchung. Frankfurt am Main: Suhrkamp

Bade, Klaus J. 1994: Ausländer, Aussiedler, Asyl in der Bundesrepublik Deutschland. Hannover: Niedersächsische Landeszentrale für politische Bildung

Bagnasco, Arnaldo / Le Galès, Patrick (Hg.) 2000: Cities in Contemporary Europe. Cambridge: Cambridge University Press

Bahrdt, Hans-Paul 1998 [1961]: Die moderne Großstadt: Soziologische Überlegungen zum Städtebau. Opladen: Leske & Budrich

Barre, Klaus / Hekele, Kurt / Popplow, Hildegard 1977: Enzyklopädisches Stichwort: Nachbarschaft. In: Gronemeyer, Reimar / Bahr, Hans-Eckehard (Hg.): Nachbarschaft im Neubaublock. Empirische Untersuchungen zur Gemeinwesenarbeit, theoretische Studien zur Wohnsituation. Weinheim / Basel: Beltz, S. 364–374

Bartelheimer, Peter 2000: Soziale Durchmischung am Beispiel Frankfurt am Main – Problemwahrnehmung und empirische Befunde. In: vhw FW, Zeitschrift für Wohneigentum in der Stadtentwicklung und Immobilienwirtschaft, Verbandsorgan des vhw, 6, S. 219–229

Bauhardt, Christine 1995: Stadtentwicklung und Verkehrspolitik. Eine Analyse aus feministischer Sicht. Basel: Birkhäuser

Beauftragte der Bundesregierung für die Belange der Ausländer (Hg.) 1994: Bericht der Beauftragten der Bundesregierung für die Belange der Ausländer über die Lage der Ausländer in der Bundesrepublik Deutschland. Bonn

Beauftragte der Bundesregierung für Ausländerfragen (Hg.) 2000: Daten und Fakten zur Ausländersituation. Berlin

Becker, Ruth 1997: Frauenforschung in der Raumplanung: Versuch einer Standortbestimmung. In: Bauhardt, Christine / Becker, Ruth (Hg.): Durch die Wand! Feministische Konzepte zur Raumentwicklung. Pfaffenweiler: Centaurus, S. 11–32

Beer, Ingeborg 1994: Architektur für den Alltag: vom sozialen und frauenorientierten Anspruch der Siedlungsarchitektur in den zwanziger Jahren, Berlin: Schelzky & Jeep

Bell, Colin / Newby, Howard 1982: Community Studies: An Introduction to the Sociology of the Local Community. London: Allen & Unwin

Bergius, Hanne 1986: Berlin als Hure Babylon. In: Boberg, Jochen / Fichter, Tilman / Gillen, Eckhard (Hg.): Die Metropole: Industriekultur in Berlin im 20. Jahrhundert. München: C. H. Beck, S. 102–119

Bergmann, Klaus 1970: Agrarromantik und Großstadtfeindschaft. Marburger Abhandlungen zur politischen Wissenschaft, Bd. 20. Meisenheim / Glan: Anton Hain

Berking, Helmut / Neckel, Sighard 1990: Die Politik der Lebensstile. Beobachtungen in einem Berliner Bezirk. In: Berger, Peter (Hg.), Lebenslagen, Lebensläufe, Lebensstile. Sonderband 7 der Zeitschrift Soziale Welt

Bertels, Lothar / Herlyn, Ulfert (Hg.) 1990: Lebenslauf und Raumerfahrung. Opladen: Leske & Budrich

Bertels, Lothar / Herlyn, Ulfert (Hg.) 2002: Stadtentwicklung Gotha 1990 – 2000. Opladen: Leske & Budrich

Bertram, Hans 1994: Die Stadt, das Individuum und das Verschwinden der Familie. In: Aus Politik und Zeitgeschichte. Beilage zur Wochenzeitung Das Parlament, B 29–30 / 94, S. 15–35

Blanc, Maurice 1991: Von heruntergekommenen Altbauquartieren zu abgewerteten Sozialwohnungen. Ethnische Minderheiten in Frankreich, Deutschland und dem Vereinigten Königreich. In: Informationen zur Raumentwicklung, 7 / 8, S. 447–457

Blaschke, Joachim / Ersöz, Ahmet / Schwarz, Thomas 1987: Die Formation ethnischer Kolonien: wirtschaftliche Kleinbetriebe, politische Organisation und Sportvereine. In: Friedrichs, Jürgen (Hg.): Technik und sozialer Wandel. Deutscher Soziologentag, Hamburg 29. 9. – 2. 10. 1986. Opladen: Westdeutscher Verlag, S. 584–587

Blasius, Jörg 1988: Indizes der Segregation. In: Friedrichs, Jürgen (Hg.): Soziologische Stadtforschung, Sonderheft 29 der Kölner Zeitschrift für Soziologie und Sozialforschung, Opladen: Westdeutscher Verlag, S. 410–431

Bleek, Stefan 1989: Mobilität und Seßhaftigkeit in deutschen Großstädten während der Urbanisierung. In: Geschichte und Gesellschaft, 15. Jg., 1, S. 5–33

BMfSFJ (Bundesministerium für Familie, Senioren, Frauen und Jugend) (Hg.) 2003: Die Familie im Spiegel der amtlichen Statistik. Bonn

Bock, Stephanie / Heeg, Susanne / Rodenstein, Marianne 1997: Reproduktionsarbeitskrise und Stadtstruktur: Zur Entwicklung von Agglomerationsräumen aus feministischer Sicht. In: Bauhardt, Christine / Becker, Ruth (Hg.): Durch die Wand! Feministische Konzepte zur Raumentwicklung. Pfaffenweiler: Centaurus, S. 33–52

Dies. / Hünlein, Ute / Klamp, Heike / Treske, Monika (Hg.) 1989: Frauen(t)räume in der Geographie. Beiträge zur feministischen Geographie. Urbs et Regio 52. Kassel: Gesamthochschulbibliothek

Boettner, Johannes 2002: Vom tapferen Schneiderlein und anderen Helden. Fallstricke des integrierten Handelns – Eine Evaluation. In: Walther, Uwe-Jens (Hg.), Soziale Stadt – Zwischenbilanzen. Opladen: Leske & Budrich, S. 101–114

Böltken, Ferdinand 1994: Angleichung und Ungleichheit. Einstellungen zur Integration von Ausländern in Ost- und Westdeutschland drei Jahre nach der Einheit. In: Informationen zur Raumentwicklung, 5 / 6, S. 335–362

Booth, Charles 1969: Life and Labour of the People in London: first series: poverty. Vol. 1–5. New York: Kelley

Borst, Renate 1990: Die zweite Hälfte der Stadt: Suburbanisierung, Gentrifizierung und frauenspezifische Lebenswelten. In: Dies. / Krätke, Stefan / Mayer, Margit / Roth, Roland / Schmoll, Fritz (Hg.): Das neue Gesicht der Städte: theoretische Ansätze und empirische Befunde aus der internationalen Debatte. Stadtforschung aktuell, Bd. 29. Basel u. a.: Birkhäuser

Bothfeld, Silke / Gronbach, Sigrid / Riedmüller, Barbara (Hg.) 2002: Gender Mainstreaming – eine Innovation in der Gleichstellungspolitik. Frankfurt / New York: Campus

Bott, Elisabeth 1971: Family and Social Network: Roles, Norms and External Relationships in Ordinary Urban Families. New York: Free Press

Bourdieu, Pierre 1991: Physischer, sozialer und angeeigneter physischer Raum. In: Wentz, Martin (Hg.): Stadt-Räume. Die Zukunft des Städtischen. Frankfurter Beiträge, Bd. 2. Frankfurt / New York: Campus

Ders. / et al. 1997: Das Elend der Welt. Zeugnisse und Diagnosen alltäglichen Leidens an der Gesellschaft. Konstanz: UVK

Braudel, Fernand 1990: Sozialgeschichte des 15.–18. Jahrhunderts: Der Alltag. München: Kindler

Brech, Joachim (Hg.) 1989: Neue Wohnformen in Europa. Berichte des vierten internationalen Wohnbund-Kongresses in Hamburg. Darmstadt: Verlag für wissenschaftliche Publikationen

Bremer, Peter 2000: Ausgrenzungsprozesse und die Spaltung der Städte. Zur Lebenssituation von Migranten. Stadt, Raum und Gesellschaft, Bd. 11. Opladen: Leske & Budrich

Breton, Raymond 1964: Institutional Completeness of Ethnic Communities and the Personal Relations of Immigrants. In: American Journal of Sociology, 70, 2, S. 193–205

Brunner, Otto 1968: Das »ganze Haus« und die alteuropäische Ökonomik. In: Ders.: Neue Wege der Verfassungs- und Sozialgeschichte. Göttingen: Vandenhoeck & Ruprecht

Bucher, Hansjörg / Kocks, Martina / Siedhoff, Mathias 1991: Wanderungen von Ausländern in der Bundesrepublik Deutschland der 80er Jahre. In: Informationen zur Raumentwicklung, 7 / 8, S. 501–512

Buck, Nick 2001: Identifying neighbourhood effects on social exclusion. In: Urban Studies, Vol. 38, Nr. 12, S. 2251–2275

Bundesverband deutscher Wohnungsunternehmen e.V. (Hg.) 1998: Überforderte Nachbarschaften: Zwei sozialwissenschaftliche Studien über Wohnquartiere in den alten und den neuen Bundesländern. GdW Schriften 48. Köln / Berlin

Burgess, Ernest W. 1974: The Growth of the City: an Introduction to a Research Project. In: Park, Robert E. / Burgess, Ernest W.: The City. Chicago u. a.: University of Chicago Press, S. 47–62

Buschkühl, Angelika 1989: Frauen in der Stadt: Räumliche Trennung der Lebensbereiche, veränderte Planung mit Frauen. In: Bock, Stephanie (Hg.): Frauen(t)räume in der Geographie. Beiträge zur feministischen Geographie. Kassel: S. 101–115

Castells, Manuel 1977: Is there an Urban Sociology? In: Pickvance, Christopher G. (Hg.): Urban Sociology: Critical Essays. London: Tavistock Publications, S. 147–173

Clark, William A. V. 1992: Residential Preferences and Residential Choices in a Multiethnic Context. In: Demography, 29, S. 451–466

Cortese, Charles F. / Falk, R. Frank / Cohen, Jack K. 1976: Further considerations on the methodological analysis of segregation indices. In: American Sociological Review, vol. 41, 630–637

Cowgill, Donald O. / Cowgill, Mary S. 1951: An index of segregation based on block statistics. In: American Sociological Review, vol. 16, 825–831

Croon, Helmuth / Utermann, Kurt 1958: Zeche und Gemeinde. Untersuchungen über den Strukturwandel einer Zechengemeinde im nördlichen Ruhrgebiet. Tübingen: J. C. B. Mohr

Dackweiler, Regina 1990: Nicht die Hälfte des Himmels, sondern die ganze Stadt. Frankfurter autonome Frauenbewegung gegen sexuelle Gewalt im öffentlichen Raum. In: Forschungsjournal Neue Soziale Bewegungen. 3. Jg., 4, S. 45–54

Dangschat, Jens 1999: Warum ziehen sich Gegensätze nicht an? Zu einer Mehrebenen-Theorie ethnischer und rassistischer Konflikte um den städtischen Raum. In: Heitmeyer, Wilhelm / Dollase, Rainer / Backes, Otto (Hg.): Die Krise der Städte. Analysen zu den Folgen desintegrativer Stadtentwicklung für das ethnisch-kulturelle Zusammenleben. Frankfurt am Main: Suhrkamp, S. 21–96

Deutscher Städtetag (Hg.) / Verband Deutscher Städtestatistiker 1999: Statistisches Jahrbuch deutscher Gemeinden. Braunschweig : Waisenhausdruckerei

Dörhöfer, Kerstin 1990: Einleitung. In: Dies. (Hg.): Stadt – Land – Frau. Soziologische Analysen – feministische Planungsansätze. Forum Frauenforschung, Bd. 4. Freiburg: Kore, S. 9–29

Dies. 2000: »Halböffentlicher Raum« – eine Metapher zur Auflösung nicht (nur) räumlicher Polaritäten. In: Imboden, Monika / Meister, Franziska / Kurz, Daniel (Hg.): Stadt – Raum – Geschlecht. Zürich: Chronos

Dies. / Naumann, Jenny 1979: Stadtsanierung und -planung. Zur Lage der Frauen in städtischen Wohngebieten. In: Janssen-Jurreit, Marielouise (Hg.): Frauenprogramm. Gegen Diskriminierung. Reinbek bei Hamburg: Rowohlt, S. 239–248

Dies. / Terlinden, Ulla 1998: Verortungen. Geschlechterverhältnisse und Raumstrukturen. Basel u. a.: Birkhäuser

Dubet, François / Lapeyronnie, Didier 1994: Im Aus der Vorstädte. Der Zerfall der demokratischen Gesellschaft. Stuttgart: Klett-Cotta

Duncan, Otis D. / Duncan, Beverley 1955: A methodological analysis of segregation indexes. In: ASR, vol. 20, 210–217 und in: Peach, Ceri (1975): Urban Social Segregation, London und New York: Longman, 35–47

Eckert, Josef / Kißler, Mechthilde 1997: Südstadt, wat es dat? Kulturelle und ethnische Pluralität in modernen urbanen Gesellschaften am Beispiel eines innerstädtischen Wohngebietes in Köln. Köln: PapyRossa

Egner, Erich 1976: Der Haushalt. Eine Darstellung seiner volkswirtschaftlichen Gestalt. Berlin: Duncker & Humblot

Eichener, Volker 1988: Ausländer im Wohnbereich. Theoretische Modelle, empirische Analysen und politisch-praktische Maßnahmenvorschläge zur Eingliederung einer gesellschaftlichen Außenseitergruppe. Kölner Schriften zur Sozial- und Wirtschaftspolitik, Bd. 8. Regensburg: Transfer

Elias, Norbert / Scotson, John L. 1999: Etablierte und Außenseiter. Frankfurt am Main: Suhrkamp

Engels, Friedrich 1973: Zur Wohnungsfrage. In: Marx / Engels, Werke, Bd. 18, Berlin: Dietz Verlag Berlin (Ost), S. 209–287

Ders. 1974: Die Lage der arbeitenden Klasse in England. In: Marx / Engels, Werke, Bd. 2, Berlin: Dietz Verlag Berlin (Ost), S. 225–506

Esser, Hartmut 1985: Soziale Differenzierung als ungeplante Folge absichtsvollen Handelns: Der Fall der ethnischen Segmentation. In: Zeitschrift für Soziologie, Jg. 14, Heft 6, 435–449

Esser, Hartmut 1986: Ethnische Kolonien: »Binnenintegration« oder gesellschaftliche Isolation? In: Hoffmeyer-Zlotnik, Jürgen H. P. (Hg.): Segregation und Integration: Die Situation von Arbeitsmigranten im Aufnahmeland. Mannheim: Forschung, Raum und Gesellschaft e. V., S. 106–117

Ettrich, Frank 1992: Soziologie in der DDR. Hilfswissenschaft zwischen ideologischer Delegitimierung und partieller Professionalisierung. In: Berliner Journal für Soziologie, 2. Jg., S. 447 – 472

Färber, Christine / Spitzner, Meike / Geppert, Jochen / Römer, Susanne (Hg.) 2001: Umsetzung von Gender Mainstreaming in der Städtebaupolitik des Bundes. Auszüge aus der Expertise im Auftrag des Bundesamtes für Bauwesen und Raumordnung. Erstellt im November 2001. Internet-Fassung: http://www.urban21.de/staedtebau/download/gm_0.pdf, 16.06.2003

Farwick, Andreas 2001: Segregierte Armut in der Stadt. Ursachen und soziale Folgen der räumlichen Konzentration von Sozialhilfeempfängern. Stadt, Raum und Gesellschaft, Bd. 14. Opladen: Leske & Budrich

Fehl, Gerhard 1992: Privater und öffentlicher Städtebau. In: Die alte Stadt, 19. Jg., S.267–291

Fijalkowski, Jürgen 1988: Ethnische Heterogenität und soziale Absonderung in deutschen Städten. Zu Wissensstand und Forschungsbedarf. Reihe Ethnizität und Gesellschaft, Occasional Papers Nr. 13. Berlin: Das Arabische Buch

Fisch, Stefan 1988: Stadtplanung im 19. Jahrhundert: Das Beispiel Münchens bis zur Ära Theodor Fischer. München: Oldenbourg

Fishman, Robert 1990: Megalopolis Unbound. In: Kasinitz, Philip (Hg.) 1995: Metropolis. Centre and Symbol of Our Times. Basingstoke u. a.: Macmillan, S. 395–412

Ders. 1999: Bourgeois Utopias. The Rise and Fall of Suburbia. New York: Basic Books

Frank, Susanne 2003: Stadtplanung im Geschlechterkampf. Stadt und Geschlecht in der Großstadtentwicklung des 19. und 20. Jahrhunderts. Stadt, Raum, Gesellschaft, Bd. 20. Opladen: Leske & Budrich

Friedan, Betty 1963: The Feminine Mystique. New York: Norton

Friedrichs, Jürgen 1983: Stadtanalyse: soziale und räumliche Organisation der Gesellschaft. Opladen: Westdeutscher Verlag

Ders. (Hg.) 1986: Nord-Süd-Gefälle in der Bundesrepublik?: Sozialwissenschaftliche Analysen. Opladen: Westdeutscher Verlag

Ders. 1995: Stadtsoziologie. Opladen: Leske & Budrich

Ders. 1998 a: Do Poor Neighbourhoods Make Their Residents Poorer? Context Effects of Poverty Neighbourhoods on Residents. In: Andreß, Hans-Jürgen (Hg.): Empirical Poverty Research in a Comparative Perspective. Ashgate: Aldershot, S. 77–99

Ders. 1998 b: Ethnic Segregation in Cologne, Germany, 1984–94. In: Urban Studies, 35, 10, S. 1745–1765

Ders. 1999: Vor neuen ethnisch-kulturellen Konflikten? Neuere Befunde der Stadtsoziologie zum Verhältnis von Einheimischen und Zugewanderten in Deutschland. In: Heitmeyer, Wilhelm / Dollase, Rainer / Backes, Otto (Hg.): Die Krise der Städte. Analysen zu den Folgen desintegrativer Stadtentwicklung für das ethnisch-kulturelle Zusammenleben. Frankfurt am Main: Suhrkamp, S. 233–265

Ders. 2000: Ethnische Segregation im Kontext allgemeiner Segregationsprozesse in der Stadt. In: Harth, Annette / Scheller, Gitta / Tessin, Wulf (Hg.): Stadt und soziale Ungleichheit. Opladen: Leske & Budrich, S.174–196

Ders. / Blasius, Jörg 2000: Leben in benachteiligten Wohngebieten. Opladen: Leske & Budrich

Ders. / Brenner, Michael 1978: Stadtentwicklungen in kapitalistischen und sozialistischen Ländern. Reinbek bei Hamburg: Rowohlt

Ders. / Kecskes, Robert (Hg.) 1996: Gentrification. Theorie und Forschungsergebnisse. Opladen: Leske & Budrich

Ders. / Kecskes, Robert / Wolf, Christof 2002: Struktur und sozialer Wandel in einer Mittelstadt. Euskirchen 1952 – 2002. Opladen: Leske & Budrich

Gans, Herbert 1962: The Urban Villagers: Group and Class in the Life of Italian-Americans. New York u. a.: Free Press

Ders. 1969: Die Levittowner. Soziographie einer Schlafstadt. Gütersloh / Berlin: Bertelsmann

Ders. 1974 a: Urbanität und Suburbanität als Lebensform: eine Neubewertung von Definitionen. In: Herlyn, Ulfert (Hg.): Stadt- und Sozialstruktur: Arbeiten zur sozialen Segregation, Ghettobildung und Stadtplanung. München: Nymphenburger Verlagsbuchhandlung, S. 67–90

Ders. 1974 b: Die Ausgewogene Gemeinde: Homogenität oder Heterogenität in Wohngebieten? In: Herlyn, Ulfert (Hg.): Stadt- und Sozialstruktur: Arbeiten zur sozialen Segregation, Ghettobildung und Stadtplanung. München: Nymphenburger Verlagsbuchhandlung, S. 187–208

Gebhardt, Winfried / Kamphausen, Georg 1994: Zwei Dörfer in Deutschland. Mentalitätsunterschiede nach der Wiedervereinigung. Opladen: Leske & Budrich

Geißler, Rainer 1992: Die Sozialstruktur Deutschlands. Ein Studienbuch zur gesellschaftlichen Entwicklung im geteilten und vereinten Deutschland. Opladen: Westdeutscher Verlag

Gestring, Norbert / Heine, Hartwig / Mautz, Rüdiger / Mayer, Hans-Norbert / Siebel, Walter 1997: Ökologie und urbane Lebensweise: Untersuchungen zu einem anscheinend unauflöslichen Widerspruch. Braunschweig / Wiesbaden: Vieweg

Gleichmann, Peter 1976: Wandel der Wohnverhältnisse, Verhäuslichung der Vitalfunktionen, Verstädterung und siedlungsräumliche Gestaltungsmacht. In: Zeitschrift für Soziologie, Heft 4, S. 319–329

Goffman, Erving 2003: Wir alle spielen Theater: die Selbstdarstellung im Alltag. München u. a.: Piper

Goldberg, Andreas / Şen, Faruk 1997: Türkische Unternehmer in Deutschland. Wirtschaftliche Aktivitäten einer Einwanderungsgesellschaft in einem komplexen Wirtschaftssystem. In: Häußermann, Hartmut / Oswald, Ingrid (Hg.): Zuwanderung und Stadtentwicklung. Leviathan Sonderheft 17. Opladen: Westdeutscher Verlag, S. 63–84

Gottdiener, Mark / Feagin, Joe R. 1988: The Paradigm Shift in Urban Sociology. In: Urban Affairs Quarterly, 24, 2, S. 163–187

Granovetter, Mark S. 1973: The Strength of Weak Ties. In: American Journal of Sociology, 78, S. 1360–1380

Grundmann, Siegfried 1984: Die Stadt. Gedanken über Geschichte und Funktion. Berlin: Dietz

Haasis, Hans-Artur 1978: Kommunalpolitik und Machtstruktur: eine Sekundäranalyse deutscher empirischer Gemeindestudien. Sozialwissenschaftliche Studien zur Kommunalpolitik und Community-Power-Forschung, Bd. 1. Frankfurt am Main: Haag & Herchen

Ders. 1987: Bodenpreise, Bodenmarkt und Stadtentwicklung. Eine Studie zur sozialräumlichen Differenzierung städtischer Gebiete am Beispiel von Freiburg / Br. Beiträge zur Kommunalwissenschaft, Bd. 23. München: Minerva

Habermas, Jürgen 1990 [1961]: Strukturwandel der Öffentlichkeit: Untersuchungen zu einer Kategorie der bürgerlichen Gesellschaft. Frankfurt am Main: Suhrkamp

Hamm, Bernd 1973: Betrifft: Nachbarschaft: Verständigung über Inhalt und Gebrauch eines vieldeutigen Begriffs. Düsseldorf: Bertelsmann

Ders. 1998: Nachbarschaft. In: Häußermann, Hartmut (Hg.): Großstadt: Soziologische Stichworte. Opladen: Leske & Budrich

Han, Petrus 2000: Soziologie der Migration. Stuttgart: Lucius & Lucius (UTB)

Hanhörster, Heike / Mölder, Margit 2000: Konflikt- und Integrationsräume im Wohnbereich. In: Heitmeyer, Wilhelm / Anhut, Reimund (Hg.): Bedrohte Stadtgesellschaft. Soziale Desintegrationsprozesse und ethnisch-kulturelle Konfliktkonstellationen. Weinheim / München: Juventa, S. 347–400

Hannemann, Christine 2000: Die Platte: Industrialisierter Wohnungsbau in der DDR. Berlin: Schelzky & Jeep

Hansen, Georg 1915: Die drei Bevölkerungsstufen. Ein Versuch, die Ursachen für das Blühen und Altern der Völker nachzuweisen. München: Lindauer

Harvey, David 1985: Die Entwicklung der städtischen baulichen Umwelt im Kapitalismus: theoretisches Rüstzeug für eine Analyse. In: Krämer, Jürgen / Neef, Rainer (Hg.): Krise und Konflikte in der Großstadt im entwickelten Kapitalismus: Texte zu einer »New Urban Sociology«. Stadtforschung aktuell, Bd. 9. Basel: Birkhäuser, S. 49–71

Ders. 1988: Social Justice and the City. Oxford: Basil Blackwell

Hausen, Karin 1976: Die Polarisierung der »Geschlechtercharaktere« – Eine Spiegelung der Dissoziation von Erwerbs- und Familienleben. In: Conze, Werner (Hg.): Sozialgeschichte der Familie der Neuzeit Europas. Stuttgart: Klett S. 363–393

Häußermann, Hartmut 1983: Amerikanisierung deutscher Städte?: Einige Bedingungen der Stadtentwicklung in den USA im Vergleich zur Bundesrepublik im Bezug auf das Wohnen. In: Roscher, Volker (Hg.): Wohnen. Beiträge zur Planung, Politik und Ökonomie eines alltäglichen Lebensbereiches. Hamburg: Christians, S. 137–159

Ders. 1994: Das Erkenntnisinteresse von Gemeindestudien. Zur De- und Rethematisierung lokaler und regionaler Kultur. In: Derlien, Hans-Ulrich / Gerhardt, Uta / Scharpf, Fritz W. (Hg.), Systemrationalität und Partialinteresse. Festschrift für Renate Mayntz. Baden-Baden: Nomos, S. 223–245

Ders. 1996: Von der Stadt im Sozialismus zur Stadt im Kapitalismus. In: Häußermann, Hartmut / Neef, Rainer (Hg.), Stadtentwicklung in Ostdeutschland, Opladen: Westdeutscher Verlag, S. 5–47

Ders. 2001: Städte, Gemeinden und Urbanisierung. In: Joas, Hans (Hg.): Lehrbuch der Soziologie. Frankfurt / New York: Campus, S. 505–532

Ders. / Holm, Andrej / Zunzer, Daniela 2002: Stadterneuerung in der Berliner Republik: Modernisierung in Berlin-Prenzlauer Berg. Opladen: Leske & Budrich

Ders. / Kapphan, Andreas 2000: Berlin: von der geteilten zur gespaltenen Stadt? Sozialräumlicher Wandel seit 1990. Opladen: Leske & Budrich

Ders. / Kronauer, Martin / Siebel, Walter (Hg.) 2004: An den Rändern der Städte. Frankurt am Main: Suhrkamp

Ders. / Siebel, Walter 1978: Thesen zur Soziologie der Stadt. In: Leviathan, 6. Jg., 4, S. 484–500

Dies. 1995: Dienstleistungsgesellschaften. Frankfurt am Main: Suhrkamp

Dies. 2000 a: Soziologie des Wohnens: Eine Einführung in Wandel und Ausdifferenzierung des Wohnens. Weinheim / München: Juventa

Dies. 2000 b: Neue Urbanität. Frankfurt am Main: Suhrkamp

Hayden, Dolores 1981: What Would a Non-Sexist City Be Like? Speculations on Housing, Urban Design and Human Work. In: Rendell, Jane / Penner, Barbara / Borden, Iain (Hg.) (2000): Gender Space Architecture. An Interdisciplinary Introduction. London / New York: Routledge, S. 266–281

Heckmann, Friedrich 1992: Ethnische Minderheiten, Volk und Nation: Soziologie inter-ethnischer Beziehungen. Stuttgart: Enke

Heineberg, Heinz 2000: Grundriß Allgemeine Geographie: Stadtgeographie. Paderborn u. a.: Schöningh

Heinz, Werner (Hg.) 1993: Public Private Partnership – ein neuer Weg zur Stadtentwicklung? Stuttgart u. a.: Kohlhammer

Heitmeyer, Wilhelm 1999: Versagt die »Integrationsmaschine« Stadt? Zum Problem der ethnisch-kulturellen Segregation und ihrer Konfliktfolgen. In: Heitmeyer, Wilhelm / Dollase, Rainer / Backes, Otto (Hg.): Die Krise der Städte. Analysen zu den Folgen desintegrativer Stadtentwicklung für das ethnisch-kulturelle Zusammenleben. Frankfurt am Main: Suhrkamp, S. 443–467

Hengartner, Thomas 1999: Forschungsfeld Stadt: Zur Geschichte der volkskundlichen Erforschung städtischer Lebensformen. Lebensformen: Veröffentlichungen des Instituts für Volkskunde der Universität Hamburg, Bd. 11. Berlin u. a.: Dietrich Reimer

Herlyn, Ulfert (Hg.) 1974: Stadt- und Sozialstruktur. München: Nymphenburger Verlagshandlung

Ders. 1990 a: Die Neubausiedlung als Station in der Wohnkarriere. In: Bertels, Lothar / Herlyn, Ulfert (Hg.): Lebenslauf und Raumerfahrung. Opladen: Leske & Budrich

Ders. 1990 b: Leben in der Stadt. Lebens- und Familienphasen in städtischen Räumen. Opladen: Leske & Budrich

Ders. 1998: Zur Neuauflage des Buches »Die moderne Großstadt«. In: Bahrdt, Hans-Paul: Die moderne Großstadt: Soziologische Überlegungen zum Städtebau. Opladen: Leske & Budrich, S. 7–26

Ders. / Bertels, Lothar (Hg.) 1994: Stadt im Umbruch: Gotha: Wende und Wandel in Ostdeutschland. Opladen: Leske & Budrich

Ders. / Schweitzer, Ulrich / Tessin, Wulf / Lettko, Barbara 1982: Stadt im Wandel: Eine Wiederholungsuntersuchung der Stadt Wolfsburg nach 20 Jahren. Campus Forschung, Bd. 306. Frankfurt / New York: Campus

Ders. / Tessin, Wulf 2000: Faszination Wolfsburg 1938–2000. Opladen: Leske & Budrich

Hess, Lila 1988: Die Un-Weiblichkeit der Stadt. In: Frankfurter Rundschau vom 15. 10. 1988, ZUB

Hoffmann-Axthelm, Dieter 1975: Das abreißbare Klassenbewußtsein. Gießen: Anabas

Ders. 1995: Das Einkaufszentrum. In: Fuchs, Gotthardt / Moltmann, Bernhard / Prigge, Walter (Hg.), Mythos Metropole. Frankfurt am Main: Suhrkamp, S. 63–72

Holland-Cunz, Barbara 1993: Öffentlichkeit und Privatheit – Gegenthesen zu einer klassischen Polarität. In: Feministische Organisation von Planerinnen und Architektinnen e.V. (Hg.): Frei Räume, Sonderheft 1992 / 1993: Raum greifen und Platz nehmen. Dokumentation der 1. Europäischen Planerinnentagung, S. 36–53

Hooper, Barbara 1998: The Poem of Male Desires. Female Bodies, Modernity, and Paris, Capital of the Nineteenth Century. In: Sandercock, Leonie (Hg.): Making the Invisible Visible. A Multicultural Planning History, Berkeley: Blackwell, S. 227–254

Horkheimer, Max / Adorno, Theodor W. 1983: Gemeindestudien. In: Institut für Sozialforschung (Hg.): Soziologische Exkurse. Frankfurt am Main: Europäische Verlagsanstalt, S. 133–150

Huyssen, Andreas 1986: Mass Culture as Woman: Modernism's Other. In: Ders.: After the Great Divide. Modernism, Mass Culture, Postmodernism. Bloomington / Indianapolis: Macmillan

Ipsen, Detlev 1981: Segregation, Mobilität und die Chancen auf dem Wohnungsmarkt. Eine empirische Untersuchung in Mannheim. In: Zeitschrift für Soziologie 10, 3, S. 256–272

Ders. 1990: Wohnungsmarkt und Lebenszyklus. In: Bertels, Lothar / Herlyn, Ulfert (Hg.): Lebenslauf und Raumerfahrung. Biographie und Gesellschaft, Bd. 9. Opladen: Leske & Budrich

Ders. 1992: Stadt und Land – Metamorphosen einer Beziehung. In: Häußermann, Hartmut / Ipsen, Detlev / Krämer-Badoni, Thomas / Läpple, Dieter / Rodenstein, Marianne / Siebel, Walter: Stadt und Raum: Soziologische Analysen. Stadt, Raum und Gesellschaft, Bd.1. Pfaffenweiler: Centaurus

Ders. / Fuchs, T. 1996: Die Zukunft der Vergangenheit. Persistenz und Potential in den Altstädten der neuen Bundesländer, untersucht am Beispiel der Stadt Erfurt. In: Bertram, Hans / Hradil, Stefan / Kleinhenz, Gerhard (Hg.), Sozialer und demographischer Wandel in den neuen Bundesländern. Schriftenreihe der Kommission für die Erforschung des sozialen und politischen Wandels in den neuen Bundesländern e.V (KSPW): Transformationsprozesse Band 6 S. 235–256. Opladen: Leske & Budrich

Ders. / Glasauer, Herbert / Lasch, Vera 1986: Markt und Raum. Die Verteilungswirkungen wohnungspolitischer Subventionsformen im städtischen Raum. Frankfurt / New York: Campus

Jahoda, Marie / Lazarsfeld, Paul F. / Zeisel, Hans 2002: Die Arbeitslosen von Marienthal: Ein soziographischer Versuch über die Wirkungen langandauernder Arbeitslosigkeit. Frankfurt am Main: Suhrkamp

Janßen, Andrea 2004: Segregation in Großstädten: Das Problem von Messung und Interpretation. In: Stadtforschung und Statistik, Zeitschrift des Verbandes der Deutschen Städtestatistiker, Ausgabe 1 / 2004, S. 19–23

Kahl, Alice 2003: Erlebnis Plattenbau: eine Langzeitstudie. Opladen: Leske & Budrich, 2003 (Stadtforschung aktuell, Band 84)

Kapphan, Andreas 1995: Nichtdeutsche in Berlin-West: Zuwanderung, räumliche Verteilung und Segregation 1961–1993. In: Berliner Statistik, 12, S. 198–208

Ders. 2000: Die Konzentration von Zuwanderern in Berlin: Entstehung und Auswirkungen. In: Schmals, Klaus M.: Migration und Stadt: Entwicklungen, Defizite, Potentiale. Opladen: Leske & Budrich

Kecskes, Robert / Knäble, Stephan 1988: Der Bevölkerungsaustausch in ethnisch gemischten Wohngebieten. Ein Test der Tipping-Theorie von Schelling. In: Friedrichs, Jürgen (Hg.): Soziologische Stadtforschung. Kölner Zeitschrift für Soziologie und Sozialpsychologie, Sonderheft 29. Opladen: Westdeutscher Verlag

Keller, Carsten 1999: Armut in der Stadt: zur Segregation benachteiligter Gruppen in Deutschland. Opladen: Westdeutscher Verlag

Kempen, Ronald van / Özüekren, A. Sule 1998: Ethnic Segregation in Cities: New Forms and Explanations in a Dynamic World. In: Urban Studies, 35, 10, S. 1631–1656

Kern, Horst 1982: Empirische Sozialforschung: Ursprünge, Ansätze, Entwicklungslinien. München: C. H. Beck

Keßler, Uwe / Ross, Anna 1991: Ausländer auf dem Wohnungsmarkt einer Großstadt. Das Beispiel Köln. In: Informationen zur Raumentwicklung. 7 / 8, S. 429–438

Keupp, Heiner / Röhrle, Bernd (Hg.) 1987: Soziale Netzwerke. Frankfurt / New York: Campus

Kißler, Mechthilde / Eckert, Josef 1990: Multikulturelle Gesellschaft und Urbanität – Die soziale Konstruktion eines innerstädtischen Wohnviertels aus figurationssoziologischer Sicht. In: Migration, 8, S. 43–81

Klages, Helmut 1968: Der Nachbarschaftsgedanke und die nachbarliche Wirklichkeit in der Großstadt. Stuttgart u. a.: Kohlhammer

Kob, Janpeter 1972: Städtebauliche Konzeptionen in der Bewährung: Neue Vahr Bremen; Lehren einer Fallstudie. Göttingen: Vandenhoeck & Ruprecht

Köllmann, Wolfgang 1959: Grundzüge der Bevölkerungsgeschichte Deutschlands im 19. und 20. Jahrhundert. In: Studium generale: Zeitschrift für die Einheit der Wissenschaften im Zusammenhang ihrer Begriffsbildungen und Forschungsmethoden, 12, 6. Berlin u. a.: Springer, S. 381–392

König, René 1958: Grundformen der Gesellschaft: Die Gemeinde. Hamburg: Rowohlt

Korff, Helga 1976: Die amerikanische Kleinstadt. Untersuchungen von literarischen und soziologischen Darstellungen der Kleinstadt in den Zwanziger Jahren. Europäische Hochschulschriften. Reihe 14: Angelsächsische Sprache und Literatur. Bern: Lang u. a.

Krämer, Jürgen / Neef, Rainer (Hg.) 1985: Krise und Konflikte in der Großstadt im entwickelten Kapitalismus: Texte zu einer »New Urban Sociology«. Stadtforschung aktuell, Bd. 9. Basel: Birkhäuser

Krämer-Badoni, Thomas 1991: Die Stadt als sozialwissenschaftlicher Gegenstand – Ein Rekonstruktionsversuch stadtsoziologischer Theoriebildung. In: Häußermann, Hartmut u. a. (Hg.), Stadt und Raum: soziologische Analysen. Pfaffenweiler: Centaurus, S. 1–29

Krätke, Stefan 1991: Strukturwandel der Städte: Städtesystem und Grundstücksmarkt in der »post-fordistischen« Ära. Frankfurt / New York: Campus

Ders. 1995: Stadt, Raum, Ökonomie. Einführung in aktuelle Problemfelder der Stadtökonomie und Wirtschaftsgeographie. Basel: Birkhäuser

Krings-Heckemeier, Marie-Therese / Pfeiffer, Ulrich 1998: Überforderte Nachbarschaften: Soziale und ökonomische Erosion in Großsiedlungen. In: Bundesverband deutscher Wohnungsunternehmen e.V. (Hg.): Überforderte Nachbarschaften: Zwei sozialwissenschaftliche Studien über Wohnquartiere in den alten und den neuen Bundesländern. GdW Schriften 48. Köln / Berlin, S. 19–162

Kronauer, Martin 2002: Exklusion. Frankfurt / New York: Campus

Kuhn, Rolf 1997: Soziologische Forschung für den DDR-Städtebau – Leseproben. In: Bertram, Hans (Hg.), Soziologie und Soziologen im Übergang. Opladen: Leske & Budrich, S. 475–534

Kujath, Hans Joachim 1986: Regeneration der Stadt. Ökonomie und Politik des Wandels im Wohnungsbestand. Stadt – Planung – Geschichte, Bd. 7. Hamburg: Christians

Lange, Elmar / Schöber, Peter 1993: Sozialer Wandel in den neuen Bundesländern: Beispiel: Lutherstadt Wittenberg. Opladen: Leske & Budrich

Le Galès, Patrick 2002: European Cities: Social Conflict and Governance. Oxford u. a.: Oxford University Press

Lefèbvre, Henri 1975: Die Stadt im marxistischen Denken. Ravensburg: Otto Maier

Lewis, Oscar 1992: Die Kinder von Sánchez: Selbstporträt einer mexikanischen Familie. Göttingen: Lamuv

Lindner, Rolf 2004: Walks On The Wild Side. Eine Geschichte der Stadtforschung. Frankfurt / New York: Campus

Ders. 1990: Die Entdeckung der Stadtkultur: Soziologie aus der Erfahrung der Reportage. Frankfurt am Main: Suhrkamp

Löw, Martina 1992: Raum ergreifen. Alleinwohnende Frauen zwischen Arbeit, sozialen Beziehungen und der Kultur des Selbst. Bielefeld: Kleine

Ludwig, Andreas 2000: Eisenhüttenstadt. Wandel einer industriellen Gründungsstadt in fünfzig Jahren. Potsdam: Brandenburgische Landeszentrale für Politische Bildung

Lynd, Robert S. / Lynd, Helen M. 1957: Middletown: A Study in American Culture. San Diego u. a.: Harcourt Brace

Mackensen, Rainer / Paplekas, Johannes / Pfeil, Elisabeth / Schütte, Wolfgang / Burckhardt, Lucius 1959: Daseinsformen der Großstadt: Typische Formen sozialer Existenz in Stadtmitte, Vorstadt und Gürtel der industriellen Großstadt. Studien zur Soziologie und Ökologie industrieller Lebensformen. Tübingen: Mohr

Mackenzie, Suzanne 1988: Building Women, Building Cities: Toward Gender Sensitive Theory in the Environmental Disciplines. In: Andrew, Caroline / Moore Milroy, Beth (Hg.): Life Spaces. Gender, Household, Employment. Vancouver: University of British Columbia Print, S. 13–30

Dies. / Rose, Damaris 1982: Industrial Change, the Domestic Economy, and Home Life. In: Anderson, James / Duncan, Simon (Hg.): Redundant Spaces in Cities and Regions? London: Academic Press, S. 155–200

Malthus, Thomas R. 1977: Das Bevölkerungsgesetz. München: Deutscher Taschenbuch Verlag

Marschalck, Peter 1984: Bevölkerungsgeschichte Deutschlands im 19. und 20. Jahrhundert. Frankfurt am Main: Suhrkamp

Martwich, Barbara (Hg.) 1991: FrauenPläne: Stadtumbau, sozialer Wandel und Fraueninteressen. Darmstadt: Verlag für wissenschaftliche Publikationen u. a.

Matthes, Joachim 1978: Wohnverhalten, Familienzyklus und Lebenslauf. In: Kohli, Martin (Hg.): Soziologie des Lebenslaufs. Darmstadt u. a.: Luchterhand, S. 154–172

Mayntz, Renate 1958: Soziale Schichtung und sozialer Wandel in einer Industriegemeinde. Stuttgart: Enke

Mayr-Kleffl, Verena 1991: Frauen und ihre sozialen Netzwerke. Auf der Suche nach einer verlorenen Ressource. Opladen: Leske & Budrich

Mehrländer, Ursula / Ascheberg, Carten / Ueltzhöffer, Jörg 1996: Repräsentativuntersuchung 95: Situation der ausländischen Arbeitnehmer und ihrer Familienangehörigen in der Bundesrepublik Deutschland. Hg.: Bundesministerium für Arbeit und Sozialordnung. Berlin, Bonn, Mannheim

Mettele, Gisela 1996: Der private Raum als öffentlicher Ort: Geselligkeit im bürgerlichen Haus. In: Hein, Dieter / Schulz, Andreas (Hg.): Bürgerkultur im 19. Jahrhundert. München: C. H. Beck, S. 155–169

Milicevic, Aleksandra S. 2001: Radical Intellectuals: What Happened to the New Urban Sociology? In: International Journal for Urban and Regional Research, 25, S. 759–783

Morris, Lydia D. 1987: Local and Social Polarization: a Case Study of Hartlepool. In: International Journal of Urban and Regional Research, 11, 3, S. 331–350

Musterd, Sako / Ostendorf, Wim / Berrebart, Matthijs 1997: Segregation in European Cities: Pattern and policies. In: Tijdschrift voor Economische en Sociale Geografie, Vol. 88, 2, 182–187

Neckel, Sighard 1997: Zwischen Robert E. Park und Pierre Bourdieu: Eine dritte »Chicago School«? In: Soziale Welt, Heft 1/97: S. 71–84

Ders. 1999: Waldleben: eine ostdeutsche Stadt im Wandel seit 1989. Frankfurt / New York: Campus

Oswald, Hans 1966 a: Die überschätzte Stadt. Texte und Dokumente zur Soziologie. Olten / Freiburg i. Br.: Walter

Ders. 1966 b: Ergebnisse der deutschen Gemeindesoziologie nach 1950. In: Archiv für Kommunalwissenschaften, 5. Jg., S. 93–110

Pahl, Raymond E. 1975: Whose City? – And further Essays on Urban Society. Harmondsworth: Penguin Books

Ders. 1977: Managers, Technical Experts and the State: Forms of Mediation, Manipulation and Dominance in Urban and Regional Development. In: Harloe, Michael (Hg.): Captive Cities: Studies in the Political Economy of Cities and Regions. London u. a.: Wiley, S. 49–60

Pappi, Franz Urban / Melbeck, Christian 1988: Die sozialen Beziehungen städtischer Bevölkerungen. In: Friedrichs, Jürgen (Hg.): Soziologische Stadtforschung. Kölner Zeitschrift für Soziologie und Sozialpsychologie, Sonderh. 29. Opladen: Westdeutscher Verlag, S. 223–250

Park, Robert Ezra 1928: Human Migration and the Marginal Man. In: American Journal of Sociology, 33. Chicago: University of Chicago Press, S. 881–893

Ders. / Burgess, Ernest W. 1974: The City. Chicago u. a.: University of Chicago Press

Pfeil, Elisabeth 1972: Großstadtforschung: Entwicklung und gegenwärtiger Stand. Hannover: Jänecke

Pfister, Christian / Kaufmann-Hayoz, Ruth / Messerli, Paul / Stephan, Gunter / Lanzrein, Beatrice / Weibel, Ewald R. / Gehr, Peter 1996: »Das 1950er Syndrom«: Zusammenfassung und Synthese. In: Pfister, Christian (Hg.): Das 1950er Syndrom: Der Weg in die Konsumgesellschaft. Bern u. a.: Paul Haupt

Pickup, Laurie 1988: Hard to Get Around: A Study of Women's Travel Mobility. In: Little, Jo / Peake, Linda / Richardson, Pat (Hg.): Women in Cities. Gender and the Urban Environment. London: Macmillan, S. 98–116

Pickvance, Chris (Hg.) 1977: Urban Sociology: Critical Essays. London: Tavistock Publications

Portes, Alejandro / Sensenbrenner, Julia 1993: Embeddedness and Immigration: Notes on the Social Determinants of Economic Action. In: American Journal of Sociology, 98, 6, S. 1320–1350

Potts, Lydia 1993: Migrantinnen im Weltmarkt für Arbeitskraft. In: Arbeitsgruppe 501 (Hg.): Heute hier – morgen fort. Migration, Rassismus und die (Un)Ordnung des Weltmarkts, Freiburg: Informationszentrum Dritte Welt, S. 84–87

Préteceille, Edmond 2000: Segregation, Class and Politics in Large Cities. In: Bagnasco, Arnaldo / Le Galès, Patrick (Hg.): Cities in Contemporary Europe. Cambridge: Cambridge University Press, S. 74–97

Rau, Petra 1987: Stadtplaner sind autofahrende Männer. Die Gewalt der Stadt gegen Frauen am Beispiel Verkehr. In: Steg, Elke / Jesinghaus, Inga (Hg.): Die Zukunft der Stadt ist weiblich. Frauenpolitik in der Kommune. Bielefeld: AJZ-Druck, S. 116-121

Reulecke, Jürgen 1997: Geschichte der Urbanisierung in Deutschland. Frankfurt am Main: Suhrkamp

Rex, John 1999: Multikulturalität als Normalität moderner Stadtgesellschaften. Betrachtungen zur sozialen und politischen Integration ethnischer Minderheiten. In: Heitmeyer, Wilhelm / Dollase, Rainer / Backes, Otto (Hg.): Die Krise der Städte. Analysen zu den Folgen desintegrativer Stadtentwicklung für das ethnisch–kulturelle Zusammenleben. Frankfurt am Main: Suhrkamp, S. 123–142

Riege, Marlo/Schubert, Herbert (Hg.) 2002: Sozialraumanalyse. Grundlagen – Methoden – Praxis. Opladen: Leske & Budrich

Riehl, Wilhelm H. 1925 [1853]: Die Naturgeschichte des Volkes als Grundlage einer deutschen Social Politik. Bd. 1: Land und Leute. Stuttgart u. a.: Cotta

Riis, Jacob A. 1997 [1889]: How the Other Half Lives: Studies among the Tenements of New York. New York u. a.: Penguin

Rodenstein, Marianne 1988: »Mehr Licht, mehr Luft«: Gesundheitskonzepte im Städtebau seit 1750. Frankfurt / New York: Campus

Dies. 1993: Feministische Stadt- und Regionalforschung – Zum Stand der Diskussion städtischer Lebensverhältnisse. In: Feministische Organisation von Planerinnen und Architektinnen e.V. (Hg.): Frei Räume, Sonderheft 1992 / 1993: Raum greifen und Platz nehmen. Dokumentation der 1. Europäischen Planerinnentagung, S. 20–35

Dies. 1999: Stadtsoziologie und Geschlechterverhältnis. In: Glatzer, Wolfgang (Hg.) Ansichten der Gesellschaft. Frankfurter Beiträge aus Soziologie und Politikwissenschaft, Opladen: Leske & Budrich, S. 302–314

Dies. 2000: Frauen. In: Häußermann, Hartmut (Hg.): Großstadt. Soziologische Stichworte. Opladen: Leske & Budrich, S. 47–57

Sachs, Wolfgang 1994: Globale Umweltpolitik im Schatten des Entwicklungsdenkens. In: Ders. (Hg.): Der Planet als Patient. Über die Widersprüche globaler Umweltpolitik. Berlin u. a.: Birkhäuser

Saldern, Adelheid von 2000: Stadt und Öffentlichkeit in urbanisierten Gesellschafen. Neue Zugänge zu einem alten Thema. In: Informationen zur modernen Stadtgeschichte, 2, S. 3–15

Sassen, Saskia 1997: Metropolen des Weltmarkts. Die neue Rolle der Global Cities. Frankfurt / New York: Campus

Dies. 2001: The Global City: New York, London, Tokyo. Princeton u. a.: Princeton University Press

Saunders, Peter 1987: Soziologie der Stadt. Frankfurt / New York: Campus

Schäfers, Bernhard 1970: Soziologie als mißverstandene Stadtplanungssoziologie. In: Archiv für Kommunalwissenschaften, 9. Jg., 11, S. 240–259

Ders. 2000: Historische Entwicklung der Sozialstruktur in Städten. In: Harth, Annette / Scheller, Gitta / Tessin, Wulf (Hg.): Stadt und soziale Ungleichheit. Opladen: Leske & Budrich, S. 64–78

Schneider, Ulrike 1992: Neues Wohnen – alte Rollen? Pfaffenweiler: Centaurus

Schubert, Dirk 1997: Stadterneuerung in London und Hamburg: eine Stadtbaugeschichte zwischen Modernisierung und Disziplinierung. Braunschweig u. a.: Vieweg

Sennett, Richard 1983: Verfall und Ende des öffentlichen Lebens: die Tyrannei der Intimität. Frankfurt am Main: Fischer Taschenbuch Verlag

Simmel, Georg 1992a: Soziologie: Untersuchungen über die Formen der Vergesellschaftung. In: Rammstedt, Otthein: Georg Simmel Gesamtausgabe. Bd. 11: Soziologie. Frankfurt am Main: Suhrkamp

Ders. 1992b: Exkurs über den Fremden. In: Rammstedt, Otthein: Georg Simmel Gesamtausgabe. Bd. 11: Soziologie. Frankfurt am Main: Suhrkamp, S. 764–771

Ders. 1993: Soziologie der Sinne. In: Rammstedt, Otthein: Georg Simmel Gesamtausgabe. Bd. 8: Aufsätze und Abhandlungen 1901–1908. Frankfurt am Main: Suhrkamp, S. 276–292

Ders. 1995 [1903]: Die Großstädte und das Geistesleben. In: Rammstedt, Otthein: Georg Simmel Gesamtausgabe. Bd. 7: Aufsätze und Abhandlungen 1901–1908. Frankfurt am Main: Suhrkamp, S. 116–131

Smith, Neil / Williams, Peter (Hg.) 1986: Gentrification of the City. Boston: Allen & Hyman

Spain, Daphne 1992: Gendered Spaces. Chapel Hill / London: University of North Carolina Press

Spengler, Oswald 1950 a: Der Untergang des Abendlandes: Umrisse einer Morphologie der Weltgeschichte. Bd. I: Gestalt und Wirklichkeit. München: C. H. Beck

Ders. 1950 b: Der Untergang des Abendlandes: Umrisse einer Morphologie der Weltgeschichte. Bd. II: Welthistorische Perspektiven. München: C. H. Beck

Spiegel, Erika 1976: Neue Haushaltstypen. Frankfurt / New York: Campus

Spitthöver, Maria 1989: Frauen in städtischen Freiräumen. Pahl-Rugenstein-Hochschul-Schriften Gesellschafts- und Naturwissenschaften, 271: Frauenstudien: 16. Köln: Pahl-Rugenstein

Srubar, Ilja 1992: Zur Formierung des soziologischen Blickes durch die Großstadtwahrnehmung. In: Smuda, Manfred (Hg.): Die Großstadt als Text. München: Fink, S. 37–52

Statistisches Bundesamt (Hg.) 2000: Datenreport 1999. Zahlen und Fakten über die Bundesrepublik Deutschland. Schriftenreihe Bd. 365. Bonn: Bundeszentrale für politische Bildung

Stein, Maurice R. 1972: The Eclipse of Community: An Interpretation of American Studies. Princeton u. a.: Princeton University Press

Steg, Elke / Jesinghaus, Inga (Hg.) 1987: Die Zukunft der Stadt ist weiblich. Frauenpolitik in der Kommune. Bielefeld: AJZ-Druck

Strohmeier, Klaus Peter 1983: Quartier und soziale Netzwerke. Grundlagen einer sozialen Ökologie der Familie. Frankfurt / New York: Campus

Swanson, Gillian 1995: »Drunk with the Glitter": Consuming Spaces and Sexual Geographies. In: Watson, Sophie / Gibson, Katherine (Hg.): Postmodern Cities and Spaces. Cambridge / Oxford: Blackwell, S. 80–98

Szelenyi, Ivan 1996: Cities under Socialism – and after. In: Andrusz, Gregory / Harloe, Michael / Szelenyi, Ivan (Hg.): Cities after Socialism: Urban and Regional Change and Conflict in Post Socialist City. Oxford: Blackwell, S. 286–317

Terlinden, Ulla 1980: Baulich-räumliche HERRschaft. Bedingungen und Veränderungen. In: Beiträge zur feministischen Theorie und Praxis 4, S. 48–62

Thomas, William Isaac / Znaniecki, Florian 1995 [1918–1920]: The Polish Peasant in Europe and America. Chicago: University of Illinois Press

Tönnies, Ferdinand 1991: Gemeinschaft und Gesellschaft: Grundbegriffe der reinen Soziologie. Darmstadt: Wissenschaftliche Buchgesellschaft

UNESCO 1995: European Charter for Women in the City http: // www.unesco.org/mostwesteu 20.htm, 16. 06. 2003

Vidich, Arthur / Bensman, Joseph 1970: Small Town in Mass Society: Class, Power, and Religion in a Rural Community. Princeton: Princeton University Press

Vortkamp, Wolfgang 2003: Partizipation und soziale Integration in heterogenen Gesellschaften: Louis Wirths Konzeption sozialer Organisation in der Tradition der Chicagoer Schule. Opladen: Leske & Budrich

Wacquant, Loic J. D. 2004: Roter Gürtel, Schwarzer Gürtel: Rassentrennung, Klassenungleichheit und der Staat in der französischen städtischen Peripherie und im amerikanischen Ghetto. In: Häußermann, Hartmut / Kronauer, Martin / Siebel, Walter (Hg.): An den Rändern der Städte. Frankfurt am Main: Suhrkamp: S. 148–202.

Wagner, Michael 1989: Räumliche Mobilität im Lebensverlauf. Eine empirische Studie sozialer Bedingungen der Migration. Stuttgart: Enke

Walther, Uwe-Jens (Hg.) 2002: Soziale Stadt – Zwischenbilanzen. Opladen: Leske & Budrich

Waltz, Viktoria 1997: Muß das Kopftuch herunter? Zur Situation der Migrantinnen in unseren Städten. In: Bauhardt, Christine / Becker, Ruth (Hg.): Durch die Wand! Feministische Konzepte zur Raumentwicklung. Pfaffenweiler: Centaurus, S. 123–145

Weber, Max 2000: Studienausgabe der Max-Weber-Gesamtausgabe. Abt. I, Schriften und Reden. Bd. 22. Wirtschaft und Gesellschaft: die Wirtschaft und die gesellschaftlichen Ordnungen und Mächte; Teilband 5. Die Stadt. Tübingen: Mohr Siebeck

Wegener, Bernd 1997: Vom Nutzen entfernter Bekannter. In: Friedrichs, Jürgen / Mayer, Karl Ulrich / Schluchter, Wolfgang (Hg.): Soziologische Theorie und Empirie. Opladen: Westdeutscher Verlag, S. 427–450

Wellman, Barry 2001: Computer Networks As Social Networks. In: Science 293, 14, S. 2031–2034

Ders. / Carrington, Peter J. / Hall, Alan 1998: Networks as Personal Communities. In: Wellman, Barry / Berkowitz, S. D.: Social Structures: A Network Approach. Cambridge: Cambridge University Press, S. 130–184

Ders. / Quan Hasse, Anabel 2002: Capitalizing on the Internet: Network Capital, Participatory Capital, and Sense of Community. In: Wellman, Barry / Haythornthwaite, Caroline (Hg.): The Internet in Everyday Life. Oxford: Blackwell, S. 291–324

Wenzel, Harald 2001: Die Abenteuer der Kommunikation. Echtzeitmassenmedien und der Handlungsraum der Hochmoderne. Weilerswist: Velbrück Wissenschaft

WGSG (Women and Geography Study Group of the Institute of British Geographers) 1984: Urban Spatial Structure. In: Geography and Gender. An Introduction to Feminist Geography, London u. a.: Hutchinson u. a., S. 43–66

Willms, Johannes 1988: Paris: Hauptstadt Europas: 1789–1914. München: C. H. Beck

Wilson, Elizabeth 1991: The Sphinx in the City: Urban Life, the Control of Disorder, and Women. Berkeley: University of California Press

Wilson, William J. 1996: The Truly Disadvantaged: The Inner City, the Underclass, and Public Policy. Chicago: University of Chicago Press

Wirth, Eugen 2001: Die Orientalische Stadt im islamischen Vorderasien und Nordafrika. Städtische Bausubstanz und räumliche Ordnung, Wirtschaftsleben und soziale Organisation. Mainz: von Zabern

Wirth, Louis 1974: Urbanität als Lebensform. In: Herlyn, Ulfert (Hg.): Stadt- und Sozialstruktur: Arbeiten zur sozialen Segregation, Ghettobildung und Stadtplanung. München: Nymphenburger Verlagshandlung, S. 42–66

Wolf, Christa 1979: Kein Ort. Nirgends. Hamburg: Luchterhand

Wollmann, Hellmut 1975: Das Städtebauförderungsgesetz als Instrument staatlicher Intervention – wo und für wen? In: Leviathan, 2, S. 199–231

Ders. / Roth, Roland (Hg.) 1999: Kommunalpolitik: politisches Handeln in den Gemeinden. Opladen: Leske & Budrich

Woolf, Virginia 1999 [1929]: Ein Zimmer für sich allein. Frankfurt am Main: Fischer

Zapf, Katrin 1969: Rückständige Viertel: eine soziologische Analyse der städtebaulichen Sanierung in der Bundesrepublik. Frankfurt: Europäische Verlagsanstalt

Zimmermann, Barbara 1995: Wie Frauenräume in der Stadt entstehen, oder Von der Kuschelecke zum Millionenprojekt. Frauen bauen, nicht nur für Frauen. In: Freiburger Frauen-Studien 2, S. 9–18

Zimmermann, Clemens 1996: Die Zeit der Metropolen: Urbanisierung und Großstadtentwicklung. Frankfurt am Main: Fischer Taschenbuch Verlag

Ders. / Reulecke, Jürgen (Hg.) 1999: Die Stadt als Moloch? Das Land als Kraftquell? Wahrnehmungen und Wirkungen der Großstädte um 1900. Basel: Birkhäuser (Stadtforschung aktuell, Band 76)

ZWD 13. 06. 2003: Frauen & Politik, Newsletter: Mikrozensus 2002: Väter wollen nicht Teilzeit arbeiten. http:/ / www.zwd.info / redweb / archiv_20 / newsletter_13.06.2003.html

Sachregister

Agglomeration 128
Agrargesellschaft 84
Agrarromantik 26, 28
Alternative Lebensweise 108
Arbeiterklasse 12, 113
Arbeiterviertel 160, 162
Arbeitsteilung 40 f., 91, 196
Armutskultur 165
Ausgrenzung 160 f., 164, 171, 195, 221

Bau- und Planungsrecht 129
Bebauungsplan 129–132, 227
Behutsame Sanierung 163, 227
Benachteiligung 170, 196
Bestandsschutz 129, 227
Bevölkerungsheterogenität 94
Bevölkerungswachstum 19 f.
Binnenwanderung 20, 26
Blasiertheit 38 ff., 55, 231
Bodenpreis 131
Bodenvorratspolitik 132
Bourgeoisie 100
Brüderlichkeit 105
Bruttowohndichte 23
Bürgerbeteiligung 133
Bürgerliche Gesellschaft 61 f.
Bürgerliche Öffentlichkeit 61 f., 63
Bürgerliche Stadt 62, 65

Charta von Athen 110
Chicago School of Sociology 15, 33, 45 f., 51, 54, 108, 119, 221, 227
Circulus-vitiosus-Effekt 171
Communities 49 f., 78 f., 103, 107 f.
Community Power Studies 81
Community studies 78 f., 81 ff.

Desegregation 174
Desuburbanisierung 64
Dichte 39 f., 72, 75, 89, 94 ff., 112 f., 201, 229
Dienstleistungsgesellschaft 68 f., 95 f., 203
Digitale Kommunikation 115
Dissimilaritätsindex 140 ff.
Distanz 40, 111, 112
Distanznormen 57 f.

Einbürgerungsquoten 142
Einwohnerwachstum 24
Einwohnerzahl 24
Emanzipation 96, 200, 213
Entfremdung 51
Entlokalisierte Netzwerke 115
Exklusive Räume 140
Ethnien 108, 119, 139, 195
Europäische Stadt 67, 89 f., 92, 99, 101, 141, 149, 153, 222, 228
Exklusion 140, 161 f

Fahrstuhleffekt 160
Familie 60, 62, 64, 73, 113
Feministische Stadtkritik 196, 199, 202, 206, 211, 212
Feudalismus 84, 90
– Feudalistische ländliche Produktion 98
– Feudalistische Produktionsweise 91, 123
Flächennutzungsplan 129, 139, 228
Flächensanierung 107, 156
Fordismus 73, 134, 203, 228
Frauenerwerbstätigkeit 200, 204
Fremde 49, 57 f., 60, 62, 105
Funktionale Differenzierung 59, 131
Funktionale Zonierung 199
Funktionales Äquivalent 114
Funktionalisierung des Soziallebens 35, 44

Gastarbeiter 109, 175
Gatekeeper 173
Gebrauchswert 97 f.
Gegenkultur 163 f., 229
Gemeinde 33, 78 ff., 83, 86, 99, 103, 116, 229
Gemeindestudien 78, 82 ff., 86, 228
Gemeinschaft 103 ff., 106 f., 109, 116
Gender Mainstreaming 211 f.
Gentrification 125, 130, 229
Geschlechterdifferenz 196, 199
Gestaltungssatzung 129
Ghetto 146, 164
Global-City-System 101
Globalisierung 101, 217
Größe 39, 72, 75, 89, 94 ff., 102, 229
Großstadt 33, 37, 40, 42, 49 f., 51, 54 f.
Großstadtfeindliche Ideologien 26 ff., 42
Großstadtforschung 48
Großstadtkritik 12 f., 36, 72, 89, 92
Großwohnsiedlungen 16
Gründerjahre 21, 73

Heterogenität 72, 89, 94 ff., 102, 201, 229
Historischer Materialismus 89
Hobohemia 51 f.
Hochindustrialisierung 20

Individualisierung 57 f., 59, 62, 83
Industrialisierung 19, 21, 23 f., 69 f., 73, 78, 85, 96, 99, 105, 121, 126, 149, 155, 200, 202
Industriegesellschaft 84, 94, 96, 200, 203, 220
Integration 35, 76, 109, 112, 142 f., 211
Integriertes Handlungsprogramm – *Soziale Stadt* 171
Intellektualität 38 ff., 231
Invasion 120, 229
Investoren 132 f f., 155

Kapitalismus 84, 90 f., 97, 100, 123, 148, 196
– Kapitalismustheorie 118
– Kapitalistisch-städtische Produktion 98, 123
– Kapitalistische Industriegesellschaft 93
– Kapitalistische Produktionsweise 92, 123
Kollektives Gedächtnis 128, 170
Kontexteffekte 100, 150, 229
Kulturelles Kapital 158, 165, 196

Kulturpessimismus 49, 218
Kultursoziologie 54

Landflucht 20
Lebensstil 94, 109, 112, 115, 124, 144, 229
Lebenswelt 46, 49, 51
Lebenszyklus 96, 159

Marginal Man 49
Marginalisierung 84, 139, 150, 168, 221
Markt 39, 60, 62, 64 f., 67 f., 71 f., 92, 106, 111, 118, 123, 127 f., 132, 153
Massenkommunikation 46
Melting-Pot 110
Mietpreisregulierung 147
Mietskasernen 23, 48
Migration 70, 109, 119, 142, 147, 155, 159 f., 173 f., 195, 211, 222
Milieu 38, 53, 72, 76, 100, 109, 144, 163 f., 166, 170
– Milieu-Effekt 150, 166
– Milieu-Reportage 46, 230
– Milieuschutzsatzung 155
Mischung 144 f., 150, 160, 219
Mobilität 53, 95, 110, 114, 197
Modernisierung 25, 78, 85, 164, 230
Modernisierungstheorie 163, 230
Monetarisierung 99
Moral Region 53, 230

Nachbarschaft 109, 111 f., 116
Nationalsozialismus 28
Natural Areas 50, 53, 110, 230
Negative Integration 40
Neomarxistische Stadtanalyse 97, 123, 125
Netzwerke 112 f., 115
– Netzwerkforschung 112 f., 230
– Netzwerktheorie 166
New Urban Sociology 89, 97, 102, 118, 122, 124, 122 ff., 125, 135, 230

Öffentliche Daseinsvorsorge 68
Öffentliche Dienstleistungen 99
Öffentlicher Raum 43, 56, 58, 63, 162, 170, 198, 199, 201 f.
Öffentlichkeit 33, 55 f., 57, 59-66
Oikoswirtschaft 59, 67 f., 71, 230

Sachregister

Ökologischer Umbau 70
Ökonomie der Stadt 39
Ökonomische Differenzierung 157
Okzidentale Stadt 89, 92

Pauperismus 19
Planungsrecht 128
Politökonomische Theorie 118, 126, 133, 135
Postfordismus 133 f f.
– Postfordistische Gesellschaft 203 f.
– Postfordistische Strategien 133
Privatheit 33, 55 ff., 58 f., 60-66
Proletariat 12, 25 f., 27, 91, 100, 110, 150
Protestantische Ethik 90
Public-Private Partnership 133, 231

Rationale Herrschaft 90
Räumliche Distanz 140 f.
Räumliche Konzentration 174
Räumliche Mobilität 49
Räumliche Strukturierung 54
Räumliche Ungleichheit 162
Regulationstheorie 206
Reproduktionsarbeit 202 ff., 207, 209
Reproduktionsarbeitskrise 204, 213
Reproduktionssphäre 97
Reserviertheit 38 f., 40, 231

Sanierungsgebiete 109, 163
Sanierungsschutzsatzung 155
Schicht 94 ff., 110, 139, 148 f., 153, 198
Schrumpfende Stadt 132, 135, 220
Segregation 50 ff., 119, 139–153, 155, 159, 161 f., 174, 195, 200, 217, 220, 231
– Segregationsforschung 143
– Segregationsindizes 140 ff., 145, 149
– Segregationsmuster 121, 144, 152
– Segregierte Gebiete 50, 195, 161
– Ethnische Segregation 151 f., 173, 195, 218
– Freiwillige Segregation 159
– Funktionale Segregation 139
– Passive Segregation 159
– Residentielle Segregation 139 f., 144, 152
– Soziale Segregation 54, 139, 148 f., 151 f., 160 f., 162, 170 ff., 195, 170, 171 f., 173, 195, 220
Selektive Mobilität 160, 162

Slum 48, 92, 107 f., 169
Solidarität 105, 109
Sozialdemokratie 25, 27
Soziale Distanz 105, 140
Soziale Gruppe 50, 94, 119, 139 f.
Soziale Stadt 171, 210, 222, 231
Soziale Ungleichheit 100, 113, 125, 139, 146, 147, 151, 162, 217
Sozialer Wandel 80, 84, 97 ff., 130, 203
Sozialer Wohnungsbau 143, 147 f., 155 f., 160 f., 175, 198
Sozialisationseffekte 150, 166
Sozialkapital 114, 158, 165, 196, 231
Sozialökologie 15, 50
Sozialökologische Stadtforschung 163
Sozialökologische Theorie 118 ff., 122, 133 f.
Sozialraum 50, 84, 150, 155, 164, 171, 173, 195, 221
Sozialräumliche Differenzierung 173, 195
Stadt-Land-Gegensatz 91
Städtebaupolitik 171
Städtebaureform 151
Stadtentwicklung 118, 120, 122, 133, 197, 213, 221
Stadterneuerung 133
Stadterneuerungspolitik 109
Städtischer Konsumentenhaushalt 68
– Vergabehaushalt 70 f.
Stadtkultur 43, 46, 49
Stadtplanung 119, 133, 139, 157, 209
Stigmatisierung 169 ff.
Stilisierung des Verhaltens 58
Strukturwandel 24
Subjekte der Geschichte 90
Subkultur 139
Suburbanisierung 34, 69, 72 f., 76, 96, 124, 159, 201 f.
Süd-Nord-Gefälle 101
Sukzession 120, 231
Symbolische Benachteiligung 169
Symbolische Differenzierung von Räumen 157

Tauschwert 97 f., 231
Teilnehmende Beobachtung 46, 51, 79, 108, 232

Überforderte Nachbarschaften 160, 162, 232
Ungleichheit 137, 196, 221
Urban Underclass 125
Urban Villagers 96, 107 f., 232
Urbanität 37, 43, 55 f., 66, 69, 72, 75, 95
– Urbanisierung 19, 25, 29, 40 ff., 45 f., 85, 92, 94, 105 f., 109, 126, 219, 232

– Urbanität als Lebensform 89

Verstädterung 19, 25, 29, 93, 103 f., 109, 232

Wohnungspolitik 151, 157

Zweckentfremdungsverbot 129, 232

Personenregister

Adorno, Theodor W. 80 ff.
Albers, Gerd 129
Albrecht, Günter 158
Alonso, William 126
Ammon, Alf 27, 80
Anderson, Nels 51 f.
Andritzky, Michael 67
Arendt, Hannah 206
Arensberg, Conrad M. 80

Bachrach, Peter 80
Bade, Klaus J. 175
Bagnasco, Arnaldo 101, 122
Bahrdt, Hans-Paul 26, 33, 55–66, 74
Baratz, Morton 80
Barre, Klaus 109
Bauhardt, Christine 197, 210
Becker, Ruth 199, 209, 210
Beer, Ingeborg 198
Bell, Colin 79
Bensman, Joseph 80
Bergius, Hanne 201
Bergmann, Klaus 20, 26
Bertels, Lothar 85
Bertram, Hans 112
Blasius, Jörg 141, 171
Bleek, Stefan 158
Bock, Stephanie 204, 209
Boettner, Johannes 164
Booth, Charles 150
Borst, Renate 114, 200, 205 f.
Bothfeld, Silke 212
Bott, Elisabeth 111
Bourdieu, Pierre 159, 165, 167
Braudel, Fernand 100
Bremer, Peter 175
Brenner, Michael 121

Brunner, Otto 60, 67
Bucher, Hansjörg 175
Buck, Nick 146, 162
Burckhardt, Lucius 111
Burgess, Ernest 53 f., 120 ff.
Buschkühl, Angelika 197

Castells, Manuel 89, 97 ff.
Clark, William A. V. 174
Cochrane, Elizabeth 46
Cortese, Charles F. 141
Cowgill, Donald O. 141
Cowgill, Mary S. 141
Croon, Helmuth 82 f.

Dörhöfer, Kerstin 198 f., 210
Dubet, François 169
Duncan, Beverley 140 f.
Duncan, Otis Dudley 140 f.

Egner, Erich 67
Elias, Norbert 81
Engels, Friedrich 12 f., 16, 89 f., 92, 100 f., 150
Ettrich, Frank 16

Färber, Christine 212
Farwick, Andreas 157, 171, 173
Feagin, Joe R. 122
Fehl, Gerhard 23
Fisch, Stefan 129, 132
Fishman, Robert 74, 148, 200
Frank, Susanne 201 f., 206
Friedan, Betty 202
Friedrichs, Jürgen 43, 54, 83, 101, 111 ff., 119, 121, 130, 141, 163, 167, 171, 173

Gans, Herbert 72, 74, 94 f., 107 ff., 146
Gebhardt, Winfried 85
Glasauer, Herbert 156
Gleichmann, Peter 68
Goffman, Erving 57
Gottdiener, Mark 122
Granovetter, Mark 167
Grundmann, Siegfried 16

Haasis, Hans-Artur 110, 127, 132
Habermas, Jürgen 61 f., 63, 65
Hamm, Bernd 110
Han, Petrus 173
Hannemann, Christine 148
Hansen, Georg 26 f.
Harvey, David 66, 122, 124, 158
Hausen, Karin 207
Häußermann, Hartmut 19, 22, 60, 68, 73 f., 82 f., 93, 101, 121 f., 133, 150 f., 160, 165, 167, 171, 175, 205, 217–223
Hayden, Dolores 203
Heeg, Susanne 204 f.
Heineberg, Heinz 54
Heinz, Werner 133
Hengartner, Thomas 77
Herlyn, Ulfert 65, 74, 82 f., 85, 153, 159
Hess, Lila 211
Hobrecht, James 109 f.
Hoffmann-Axthelm, Dieter 65, 163
Holland-Cunz, Barbara 207 f.
Holm, Andrej 133
Hooper, Barabara 201
Horkheimer, Max 80 ff.
Hünlein, Ute 209
Huyssen, Andreas 201

Ipsen, Detlev 67, 156, 159, 170

Jahoda, Marie 81
Janssen, Andrea 143
Jesinghaus, Inga 209

Kamphausen, Georg 86
Kapphan, Andreas 73, 160, 171, 175
Keller, Carsten 168
Kempen Ronald van 173, 174
Kern, Horst 77

Kesckes, Robert 83, 130
Keupp, Heiner 113 f.
Klages, Helmut 111
Klamp, Heike 209
Kob, Janpeter 111
Köllmann, Wolfgang 21
König, René 78, 80 f.
Korff, Helga 77
Krämer, Jürgen 97 f., 122
Krämer-Badoni, Thomas 14
Krätke, Stefan 124, 126 f.
Krings-Heckemeier, Marie-Therese 160
Kronauer, Martin 165, 171
Kuhn, Rolf 16
Kujath, Hans Joachim 130

Lange, Elmar 85
Lapeyronie, Didier 169
Lasch, Vera 156
Lefèbvre, Henri 91
Le Galès, Patrick 93, 101, 122
Lewis, Oscar 165
Lindner, Rolf 28, 43, 45 f., 48, 51
Löw, Martina 205
Ludwig, Andreas 85
Lynd, Helen M. 78
Lynd, Robert S. 78

Mackensen, Rainer 82
Mackenzie, Suzanne 200, 203
Malthus, Thomas R. 20
Marschalck, Peter 21
Martwich, Barbara 209
Marx, Karl 16, 89–92, 97 f., 101, 118, 122 f., 150
Matthes, Joachim 159
Mayntz, Renate 83
Mayr-Kleffl, Verena 114
Melbeck, Christian 113
Mettele, Gisela 207
Milicevic, Aleksandra S. 125
Morris, Lydia D. 167
Musterd, Sako 141

Naumann, Jenny 198
Neckel, Sighard 54, 81, 85,

Neef, Rainer 97 f., 122
Newby, Howard 79
Nietzsche, Friedrich 27

Oswald, Hans 82 f.
Özüekren, A. Sule 173 f.

Pahl, Raymond 173
Pappi, Franz Urban 113
Park, Robert Ezra 43, 45, 48–54, 110, 132
Pfeiffer, Ulrich 160
Pfeil, Elisabeth 43
Pfister, Christian 69
Pickup, Laurie 197
Potts, Lydia 204
Préteceille, Edmond 148

Quan Hasse, Anabel 115 f.

Ranke, Wilfried 91
Rau, Petra 197
Reulecke, Jürgen 20 ff., 26, 156
Riege, Marlo 171
Riehl, Wilhelm H. 26
Riis, Jacob A. 47
Rodenstein, Marianne 73, 129, 197 f., 202–205, 209, 211
Röhrle, Bernd 113 f.
Rose, Damaris 203
Roth, Roland 132

Saldern, Adelheid von 208
Sassen, Saskia 101
Saunders, Peter 14, 84, 92, 98, 119, 122
Schäfers, Bernhard 14, 153
Schneider, Ulrike 205
Schöber, Peter 85
Schubert, Dirk 150, 171
Scotson, John L. 81
Sennett, Richard 201
Siebel, Walter 19, 22, 60, 68, 74, 82, 101, 122, 150 f., 165, 167, 175, 205, 218–222

Simmel, Georg 33, 35–44, 45 f., 48 ff., 55, 72, 74 f., 93, 100, 106, 218, 220
Smith, Neil 130
Spain, Daphne 200
Spengler, Oswald 27 f., 218
Spiegel, Erika 74
Spitthöver, Maria 197 f.
Srubar, Ilja 42
Steg, Elke 209
Strohmeier, Klaus Peter 113, 167
Swanson, Gillian 201
Szelenyi, Ivan 121, 126

Terlinden, Ulla 206, 210
Tessin, Wulf 83
Thomas, William Isaac 50
Tönnies, Ferdinand 104–107

Utermann, Kurt 82 f.

Vidich, Arthur 80
Vortkamp, Wolfgang 93

Wagner, Michael 158
Walther, Uwe-Jens 171
Waltz, Viktoria 210
Weber, Max 33, 67, 84, 89 f., 92 f., 101
Wegener, Bernd 114, 167
Wellman, Barry 107, 115 f.
Wenzel, Harald 46
Williams, Peter 130
Willms, Johannes 150
Wilson, William J. 100, 166, 201
Wirth, Eugen 43, 59, 72, 89, 93–96, 102
Wolf, Christa 83, 211
Wollmann, Hellmut 129, 132
Woolf, Virginia 198

Zapf, Katrin 111, 163
Zimmermann, Barbara 21, 26, 209
Znaniecki, Florian 50
Zunzer, Daniela 133

Abbildungsnachweise

Abb. 1.1 Dichte innerstädtische Bebauung. Aus: Alexander Alland, Jacob A. Riis – photographer & citizen. New York 1974, S. 53

Abb. 3.1 Wohnverhältnisse in New York an der Wende zum 20. Jahrhundert. Aus: Alexander Alland, Jacob A. Riis – photographer & citizen. New York 1974, S. 81

Abb. 6.1 Suburbanes Siedlungsgebiet in Ludwigsburg. Aus: Privatarchiv Hartmut Häußermann

Abb. 8.1 Wohnverhältnisse des städtischen Proletariats. Aus: Winfried Ranke, Vom Milljöh ins Milieu. Köln 1979, S. 28